DR. JOSEF OBERGANTSCHNIG

BÖRSE KANNST AUCH DU

DEIN EINSTIEG IN BÖRSE UND GELDANLAGE
MIT KLARHEIT, MUT UND HALTUNG

BAND 1

DR. JOSEF OBERGANTSCHNIG

BÖRSE KANNST AUCH DU

DEIN EINSTIEG IN BÖRSE UND GELDANLAGE
MIT KLARHEIT, MUT UND HALTUNG

BAND 1

Für Julian und Leonie,
möge dieses Buch euch als Leitstern dienen, um die Wege der Finanzwelt mit Weisheit und Zuversicht zu beschreiten. In ihm liegen meine Hoffnungen und Erkenntnisse, damit ihr stets die Zügel eurer finanziellen Zukunft fest in Händen haltet.

Und an alle, die sich auf die Reise durch diese Seiten begeben: Mögt ihr in diesen Worten einen Kompass finden, der euch sicher durch das vielfältige Terrain eurer Finanzen führt und euch befähigt, mit Bedacht und Klarheit euren eigenen Weg zu wählen.

Impressum

Autor:in: Josef Obergantschnig mit KI-Unterstützung
Umschlaggestaltung: Thomas Auer
Lektorat / Korrektorat: Jana Fischer (Fiverr @fischerjm)

Druck und Vertrieb im Auftrag der Autorin/des Autors:
Buchschmiede von Dataform Media GmbH
Julius-Raab-Straße 8
2203 Großebersdorf
Österreich

www.buchschmiede.at – Folge deinem Buchgefühl!
Kontaktadresse nach EU-Produktsicherheitsverordnung:
info@buchschmiede.at

ISBN:
978-3-99181-790-1 (Paperback)
978-3-99181-788-8 (Hardcover)
978-3-99181-789-5 (E-Book)

DANKSAGUNG

Zuerst und vor allem: **Kerstin** – meine geliebte Frau, mein Fels.
Danke für deine endlose Geduld, für all die Freiräume, die du mir in den letzten Monaten und Jahren geschenkt hast, und für diese Ruhe, mit der du unser Leben trägst. Ohne dich hätte ich nie die Kraft gefunden, all das zu Papier zu bringen, was in meinem Kopf und Herzen gewachsen ist. *Du bist das Fundament, auf dem dieses Buch steht – und auf dem ich stehen darf.*

Julian und Leonie, ihr beiden seid meine größte Inspiration.
So oft habt ihr gefragt: „Papa, woran arbeitest du eigentlich schon wieder?" Eure neugierigen Blicke über meinen Laptop, eure klugen und manchmal auch wunderbar schrägen Fragen haben mich immer wieder gezwungen, komplizierte Dinge so einfach zu erklären, dass selbst ein Kind sie verstehen kann. Ihr erinnert mich daran, wie wichtig es ist, Wissen mit Leichtigkeit, Liebe und Freude weiterzugeben. *Ihr macht mein Leben heller.*

Danke an meine **Studentinnen und Studenten** – für euer unermüdliches Fragen, euer ehrliches Feedback und euer Vertrauen. Viele von euch haben mich mit ihrer Offenheit und ihrer Begeisterung für Finanzthemen immer wieder neu motiviert. *Ihr seid der Beweis, dass Lernen nie aufhört – und dass Fragen stellen manchmal viel wertvoller ist als Antworten zu geben.*

Mein besonderer Dank gilt dir, liebe **Jana Fischer** – meiner Lektorin mit feinem Gespür und klarem Blick fürs Wesentliche. Deine Akribie hat dieses Buch nicht nur fehlerfreier, sondern auch klüger, klarer und lebendiger gemacht. Mich hat fasziniert, mit wie viel Herzblut, Präzision und Leichtigkeit du Zeile für Zeile geprüft, geschärft und – wo nötig – neu gedacht hast. Du hast mich gefordert, gefördert und dieses Buch auf ein neues Level gehoben. Die Zusammenarbeit mit dir war ein echter Goldgriff: professionell, unkompliziert und getragen von Vertrauen. *Danke, dass du mit so viel Sorgfalt und Engagement an unserer gemeinsamen Vision gearbeitet hast.*

Mein tiefer Dank gilt meinen **ehemaligen Kollegen und Vorgesetzten**. Euer Vertrauen und euer Mut, mir meinen eigenen Weg zuzutrauen, haben mich wachsen lassen – auch über den einen oder anderen Umweg. Ihr habt mir den Raum gegeben, Fehler zu machen und daraus zu lernen. Dafür bin ich euch dankbar.

Und nicht zuletzt: **Freund:innen, Wegbegleiter:innen und Geschäftspartner:innen** – mit euch teile ich nicht nur Erfolge, sondern auch Zweifel, Umwege und mutige Entscheidungen. Ihr wart immer da – als Kritiker:innen, als Motivatoren, als ehrliche Stimmen und als Menschen, mit denen ich lachen, träumen und streiten durfte. *Ihr macht mein Leben reicher.*

Und vielleicht passt es gerade jetzt am besten: Manche der wichtigsten Absätze dieses Buches sind in lauen Sommernächten auf unserer Terrasse entstanden – während die Familie drinnen schon schlief, die Sterne über mir leuchteten und ich im Schein einer kleinen Lampe an meinen Gedanken gefeilt habe. Es hat viel Toleranz und Liebe meiner Familie gebraucht, dass ich so oft gedankenverloren in diese Welt abtauchen durfte. *Ohne euch hätte ich diesen langen Weg nicht geschafft. Dafür danke ich euch aus tiefstem Herzen.*

Mein besonderer Dank gilt auch dir, liebe:r Leser:in. Deine Neugier, dein Mut und dein Vertrauen sind es, die dieses Buch erst lebendig machen. Danke, dass du bereit bist, dich auf diese Reise einzulassen – mit allen Höhen, Fragen und vielleicht auch eigenen Umwegen.

Und an alle, die mich spätabends noch mit einer Finanzfrage per WhatsApp oder beim Grillabend überrascht haben: Ihr habt mehr zu diesem Buch beigetragen, als ihr vielleicht denkt. (Und ja, eure Fragen sind jetzt wirklich mit drin!)

Zum Schluss – egal, ob du gerade an einem Buch, einem Depot oder an deinem eigenen Traum arbeitest: **Hab Geduld, nimm Hilfe an und lass dich von Rückschlägen nicht entmutigen. Der Weg ist selten gerade – aber genau das macht ihn am Ende so besonders.**

Dieses Buch ist nicht nur mein Werk – es ist euer Geschenk an mich.

FÜR WEN DIESES BUCH (BAND 1 & 2) GESCHRIEBEN IST

Drei Menschen, drei Wege – ein Start, wie er im Leben wirklich passiert:

Lisa sitzt am Laptop, googelt „ETF für Anfänger“, noch einen Schluck Kaffee, Herzklopfen. **Moritz** tippt schon an der Excel-Tabelle, sortiert Zahlen, sucht das Haar in der Suppe – und schmunzelt: „Klar, dass das wieder nicht so einfach ist.“ **Patrick** fragt in die Runde: „Sagt mal, kann man auch mit 48 noch anfangen, oder bin ich da raus?“ **Alle drei wissen nicht, wohin die Reise geht – aber sie gehen los.**

Kennst du das Gefühl, wenn auf YouTube ein „Börsenguru“ seine Wunderformel verkauft – und du denkst nur: „Komm schon, das glaubt doch niemand mehr“? Vielleicht hast du schon ein Depot, ein paar ETFs gekauft, mal gezockt, mal gezweifelt – und trotzdem kommen nachts die Fragen: **„Bin ich auf dem richtigen Weg? Oder drehe ich mich nur im Kreis?“**

Dieses Buch ist für dich, wenn du die Nase voll hast von Finanz-Voodoo und Insidertipps, die niemand versteht. Für alle, die nicht mit dem goldenen Löffel gestartet sind, sondern wissen wollen: **Wie funktioniert das Spiel wirklich – und kann ich das auch?** Hier brauchst du kein BWL-Diplom. Kein Vorwissen. Du kannst anfangen, wo du stehst – ob jung oder alt, mit Erfahrung oder ganz am Anfang. Der erste Schritt muss nicht perfekt sein. Vielleicht ist es ein Gedanke beim Morgenkaffee. Oder das Gespräch mit Freund:innen, das dich mutiger macht. Oder einfach der Moment, an dem du beschließt: Ich probiere es aus.

Du musst nichts perfekt machen. Du darfst Fehler machen – und trotzdem weitermachen. Jeder Tag ist ein Einstieg, auch wenn es nur ein Gedanke mehr ist als gestern. Es gibt keine dummen Fragen – nicht hier und nicht im echten Leben. Und vergiss nicht: Auch kleine Schritte sind echte Schritte.

Was dich erwartet

Dieses Buch ist kein 100-Teile-Baukasten. Es ist ein System, das du Schritt für Schritt für dich aufbauen kannst – zwischen Reddit-Tab, Cappuccino und Familienzeit. Du bekommst Klarheit, Struktur, Mut und das Gefühl, nie mehr allein zu sein. **Hier zählt jeder Versuch, jede Frage, jeder kleine Fortschritt. Es gibt keine dummen Fragen. Nur echte Antworten.**

Stimmen aus dem echten Leben

Lisa: „Ich dachte immer, Finanzen sind ein Minenfeld. Heute weiß ich: Ich darf Fehler machen, Fragen stellen, ausprobieren. Jeder Tag ist ein Einstieg – auch wenn es nur ein Gedanke mehr ist als gestern. Und wenn es mal hakt: Mein Trick? Trotzdem einen kleinen Schritt gehen, auch wenn's nur Lesen ist."

Moritz: „Ich war immer kritisch. Hab alles hinterfragt, wollte Zahlen, keine Sprüche. Was mir geholfen hat? Einfach anzufangen, ohne Perfektion. Du musst nicht alles wissen. Du kannst starten, wo du stehst – Schritt für Schritt. Skepsis kann dein Antrieb sein, nicht deine Bremse."

Patrick: „Mein erstes Depot habe ich mit 48 eröffnet. Klingt spät? War genau mein Tempo. Es ist nie zu spät, die eigene Strategie zu ändern oder neue Fragen zu stellen. Und: Auch nach Fehlern gehörst du immer noch dazu. Der erste Schritt tut nicht weh – er kann sogar Spaß machen."

Und jetzt: Zeit für die kritische Stimme

Sven: „Ganz ehrlich? Ich lese Finanzbücher immer erst skeptisch. Zu viel Gerede, zu wenig Substanz. Deswegen bin ich hier: Ich frage nach, stelle alles in Frage, lasse keine Ausrede gelten. Wenn du am Ende denkst: ‚Das klingt zu einfach' – dann frag nach. Überprüfe, ob es für dich wirklich passt. Versprochen wird hier nur, was zu halten ist. Alles andere müssen wir zusammen aushalten – und weiterdenken."

Dieses Buch ist für alle, die aus Ausreden Schritte machen wollen. Für alle, die zum ersten Mal über Geld reden – oder zum hundertsten Mal. Für alle, die wissen: Es ist nie zu spät, anzufangen. Für alle, die auch nach Fehlern noch dazugehören. Willkommen im Kreis der Selbstentscheider.innen. Hier bist du nicht allein. Und du wirst sehen: Börse – kannst auch du.

Mentor-Moment: Der erste Schritt ist das Ziel. Jeder Tag ist ein Einstieg – auch wenn es nur ein Gedanke mehr ist als gestern.

ÜBER DEN AUTOR

Dr. Josef Obergantschnig weiß, wie sich Finanzmärkte im echten Leben anfühlen – zwischen Chancen, Fehlern und echten Aha-Momenten. Seine Reise begann in den 1990ern als Wertpapierhändler, mitten im Geschehen, wo jede Zahl eine Bedeutung und jede Entscheidung ein Risiko hatte. Von dort aus führte ihn sein Weg an die Spitze einer großen österreichischen Fondsgesellschaft. Über ein Jahrzehnt gestaltete er als Chief Investment Officer Milliarden-Portfolios, prägte Strategien und lebte den Spagat zwischen Theorie und Praxis. Als Chief Impact Officer bei NIXDORF Kapital brachte er seine Expertise auch im deutschen Markt ein. Nachhaltigkeit, Wirkung und Praxisnähe sind für ihn keine Mode, sondern Grundprinzip.

Heute verfolgt er als Unternehmer ein klares Ziel: **Börse kannst auch du.** Josef Obergantschnig entmystifiziert die Märkte und öffnet möglichst vielen Menschen den Weg zum Kapitalmarkt. Darin liegt die Basis für finanzielle Freiheit, Selbstbestimmung und Lebenszufriedenheit.

Doch Josef steht nicht für leere Theorie oder Produktverkauf. Er verkauft **keinen Fonds und keine Versicherung**. Sein Ziel: **Wissen, das wirklich trägt – unabhängig von Bank, Produkt oder Trend.**

Als Hochschuldozent und Trainer hat er **Tausende Finanzberater:innen, Banker:innen und Versicherungsprofis** geschult – aber immer mit dem Anspruch, auch für Einsteiger:innen verständlich zu bleiben. Sein Ansatz: Komplexes so zu erklären, dass jede:r selbst handeln kann. Die besten Fragen kommen für ihn aus der Praxis, von Menschen wie Lisa, Moritz, Patrick … und dem kritischen Sven.

Lisa, die junge Ärztin und Mutter, die klug und nachhaltig vorsorgen will, ohne Angst vor Fehlern.
Moritz, der digitale Selbstentscheider, der Substanz sucht, Unabhängigkeit lebt und sich nicht mit Berater-Mythen abspeisen lässt.
Patrick, der erfahrene Späteinsteiger, der Vergleichbarkeit, System und Praxisnähe braucht, um auf Augenhöhe mitreden zu können.

Und **Sven**, der Skeptiker, der Beweise und Transparenz will, Fehler nicht verschweigt und alle Behauptungen hinterfragt.

Für euch – und für alle, die ihren eigenen Weg suchen – wurde dieses Buch geschrieben.

Mein Versprechen:

- **Kein Produktverkauf**
  Du findest hier alle Werkzeuge, Tools und Entscheidungslogiken, die du brauchst – unabhängig, transparent, sofort anwendbar.
- **Selbststeuerung statt Abhängigkeit**
  Mein Ziel ist, Wissen und Strategien zu vermitteln, mit denen du deine Finanzen eigenständig steuern kannst. Du triffst Entscheidungen selbst – sicher, klar, in deinem Tempo.
- **Praxis, Fehlerfreundlichkeit und echte Orientierung**
  Hier werden nicht nur die Sonnenseiten gezeigt, sondern auch Stolpersteine, Fehlschläge und die entscheidenden Learnings – offen, ehrlich und mit Substanz.
- **Belege, Fakten, Quellen**
  Alle Methoden sind nachvollziehbar, wissenschaftlich fundiert und du findest die wichtigsten Quellen im Buch.
- **Raum für Kritik und eigene Wege**
  Wenn du wie Sven alles prüfen willst: Hinterfrage, teste, mach's besser – und melde dich, wenn du einen Haken entdeckst. Dieses Buch lebt vom Dialog, nicht von Dogmen.

  Essenz: Du bekommst das Handwerk, um selbstbewusst zu entscheiden – ohne Verkaufsagenda, ohne Abhängigkeit.

Hier schreibt einer, der weiß, wie es sich anfühlt, bei Null zu starten, Fehler zu machen – und trotzdem weiterzugehen.
Egal ob du Lisa, Moritz, Patrick bist – oder Sven:
Du bist eingeladen, deinen Weg zu gehen, zu zweifeln, zu wachsen und mit klarem Kopf selbst zu entscheiden.

Börse kannst auch du.
Das Buch für alle, die mehr wollen als heiße Tipps und keine Lust haben, ihr Geld anderen zu überlassen.

MEIN VORWORT

Börse – kannst auch du

„Ich habe nie gedacht, dass ich mal ein Finanzbuch freiwillig zu Ende lese. Nach drei Seiten war ich schon mitten in meinem Depot."
– Anna, 27, Quereinsteigerin

Niemand wird als Anleger:in geboren, aber jede:r kann es werden. Auch du.
„An der Börse gewinnst du nicht mit dem besten Tipp, sondern mit der besten Haltung."
– Josef Obergantschnig

Alltagsszene

Morgens, irgendwo in Europa. Lisa steht am Fenster. In der Hand ein Glas Wasser, im Kopf der Wunsch nach Freiheit – keine Abhängigkeit von Banken, keine Angst vor dem Rentenbescheid. Sie will ihr Leben selbst in die Hand nehmen. Moritz blättert durch Reddit, eine Hand am Cappuccino, der Laptop voller Tabs: ETF-Vergleich, Börsennews, ein nervöser Blick aufs Depot. Irgendwo zwischen Hoffnung und Zweifel sucht er nach dem Weg, der wirklich zu ihm passt. Patrick sitzt abends am Schreibtisch, das Tageslicht schwindet. Seine Tochter sitzt im Nebenzimmer, während er ruhig Zahlen vergleicht, Notizen macht. Viele Jahre hat er klassisch gespart. Jetzt will er es besser machen. Drei Menschen, drei Wege – ein Ziel: Kann ich das wirklich selbst? Ist Börse nicht nur etwas für die anderen?
Was hält dich (heute) eigentlich noch davon ab, den ersten Schritt zu machen? Perfektion musst du nicht mitbringen. Neugier und Mut reichen. Und das Wichtigste: Jeder Schritt zählt, egal, wie klein er am Anfang scheint. Für alle, die zwischen Job, Kind und Kalender leben, reichen kleine Schritte: Watchlist, erster Sparplan und ein fixer Mini-Termin im Kalender.

Warum dieses Buch?

Vielleicht findest du dich hier wieder: Du fragst dich, ob du nicht schon zu spät dran bist. Du willst wissen, ob ein ETF wirklich reicht. Du hast Angst, Fehler zu machen. Und am Ende doch wieder alles zu verlieren. Oder du fragst dich, wie nachhaltiges Investieren wirklich funktioniert. Vielleicht willst du Altersvorsorge endlich selbst anpacken. Ganz egal, ob du 20, 40 oder 60 bist – ob du mit viel, wenig oder ohne Vorwissen startest: Dieses Buch ist für dich.

Vergiss alles, was du bisher über Börse gehört hast. Dieses Buch ist anders. Hier geht es nicht um schnelle Tipps, „Geheimformeln“ oder den einen Super-ETF. Hier geht es um dich. Um deinen Weg. Um das, was dich wirklich weiterbringt: Klarheit, Haltung und das Wissen, dass du es kannst, egal, wo du heute stehst.

Erste Schritte, ehrlich erzählt

Meine ersten Schritte waren alles andere als souverän. Zu jung, zu ehrgeizig, viel zu wenig Ahnung. Banker-Deutsch, flackernde Bildschirme, nervöse Gespräche am Telefon. Manches ging schief, vieles dauerte länger. Aber genau daraus entstand die wichtigste Erkenntnis: Börse ist kein Spiel der Klügsten. Sondern der Beständigsten.

Mein peinlichster Moment?

Im Großraumbüro, vor versammelter Mannschaft, hat ein Kollege auf meinem Bildschirm genau die zwei Investments entdeckt, die gerade spektakulär abstürzten. Von 15 Positionen ausgerechnet meine Rohrkrepierer! Er hat es genüsslich kommentiert und mich zum „genialen“ Investor erklärt. Ich war knallrot, wurde belächelt und wäre am liebsten im Erdboden versunken. Heute weiß ich: Fehler machen nicht schwach, sondern menschlich. Entscheidend ist nicht das eine miese Investment, sondern das Gesamtergebnis und der Mut, trotz Fehlinvestments weiterzumachen.

Lisa, Moritz & Patrick – Deine Wegbegleiter:innen

Sie stellen die Fragen, die auch dich bewegen. Sie erleben Fehler, Höhen, Zweifel und Erfolge. Sie machen Mut, dran zu bleiben – nicht perfekt, sondern menschlich. Lisa: Die Stimme der Klarheit, strukturiert, reflektiert, immer einen Plan in der Tasche. Nachhaltigkeit und Altersvorsorge gehören für sie fest dazu. Moritz: Neugierig, digital, mutig. Immer bereit, tiefer zu graben, neue Wege zu denken und auch mal gegen den Mainstream zu schwimmen. Tools, smarte Recherche und Community sind für ihn genauso wichtig wie Bauchgefühl. Patrick: Erfahren, pragmatisch, bereit, nochmal bei Null zu starten – und dieses Mal alles richtig zu machen. Er steht dafür, dass es nie zu spät ist, Neues zu lernen. Schritt für Schritt – auch ohne Finanzstudium. Sie nehmen dich mit durch die Kapitel, als echte Menschen, nicht als Hochglanz-Vorbilder. Jeder auf seine Weise. Und jeder beweist: Es ist nie zu früh und nie zu spät für deinen eigenen Weg.

Was dich erwartet

Echte Geschichten: Wie fühlt es sich an, das erste Mal zu investieren und fast alles zu verlieren? Wie schmerzt es, wenn sich der erste „Sieg“ an der Börse später als

Glückstreffer entpuppt und die Realität dich auf den Boden holt? Solche Erfahrungen sind das, was bleibt. Und genau die bekommst du hier – ehrlich, nahbar, ohne Filter.
Praktische Tools & Methoden: Vergiss Powerpoint und Börsenkauderwelsch. Hier gibt es Schritt-für-Schritt-Anleitungen, digitale Hilfen und bewährte Checklisten, die du sofort anwenden kannst – egal, wie technikaffin du bist.
Dialog auf Augenhöhe: Keine Show, kein Finanzblabla. Dafür Einblicke hinter die Kulissen – aus dem Alltag von Anleger:innen, Fondsmanagern, Eltern und Menschen wie dir. Fehler inklusive. Perfektion ist hier kein Ziel – Weiterkommen schon.
Konkrete Take-Aways – Das Wichtigste auf einen Blick: Am Ende jedes Kapitels steht, was du wirklich mitnehmen kannst. Klare Punkte, keine Worthülsen, immer direkt bezogen auf Lisa, Moritz und Patrick. Und: immer umsetzbar.
Faktencheck: Damit du jeder Aussage vertrauen kannst, sind alle zentralen Inhalte und Prinzipien dieses Buches wissenschaftlich untermauert. Die wichtigsten Erkenntnisse beruhen auf renommierten Studien (u. a. Yale, Princeton, Vanguard, Nobelpreisträger Shiller oder Markowitz, OECD oder der Schweizer Pensionskassen) und werden in jedem Kapitel abschließend transparent und nachvollziehbar geprüft.

Aus 1 mach 2 – warum aus einem geplanten Buch zwei wurden

Ursprünglich war dieses Projekt als ein einziges Buch geplant. Dann stand ich nach fast drei Jahren Arbeit intensiver Arbeit noch einmal am Anfang. Der Umfang war zu groß, die Substanz zu wichtig, um sie zu streichen. Es geht schließlich darum, mehr als ein Vierteljahrhundert Börsenerfahrung so aufzubereiten, dass sie trägt: verständlich, menschlich, anwendbar.
Die Entscheidung zur Zweiteilung hat mich zuerst getroffen, dann befreit. Zwischen Espresso, Zeilen und Zahlen habe ich gemerkt: Zwei Bände bedeuten mehr Klarheit, mehr Tiefe und mehr Nutzen für dich. Band 1 bleibt dein Einstieg mit Haltung und Struktur. Band 2 wird dein Werkzeugkasten für die Umsetzung – präzise, routiniert, alltagstauglich. Er vertieft und macht anwendbar, wenn du bereit bist, ins Tun zu gehen.

Band 1 – Worum es geht

Dieser erste Band ist dein sicherer Einstieg in die Aktienwelt. Du verstehst, was du beim Investieren wirklich kaufst, wie das Spielfeld aus Indizes, Segmenten und Rechten funktioniert und warum dein Mindset über Erfolg und Ruhe entscheidet. Kein Schnellkurs fürs Daytrading, keine Wunderformeln. Es geht um Grundlagen, Mindset, Sparplan-Logik, erste Portfoliostruktur und deine Rechte als Aktionär:in. Regeln vor Gefühl.

Band 1 bündelt vier Kernfelder: Einstieg verstehen, Mindset stärken, Sparplan als Motor, erstes Portfolio mit Leitplanken. Finanzroutine muss nicht stundenlang dauern: ein kurzer Blick, eine kleine Entscheidung, App zu. Grundsätzlich gilt: Zeit ist dein größter Verbündeter. Und auch wenn du mit 48 oder 58 startest, bist du hier richtig.

Das Ziel dieses Buches

- Überblick schaffen: Damit du Chancen und Risiken verstehst und selbst einordnen kannst.
- Mut machen: Damit du nicht länger zuschaust, sondern deine Finanzen aktiv gestaltest.
- Orientierung geben: Damit du Entscheidungen mit Haltung triffst und dranbleibst.

Und weil Klarheit und Haltung mehr sind als schöne Worte, ist alles, was du hier findest, wissenschaftlich belegt und aus echter Erfahrung entstanden. Ob es um psychologische Stolpersteine, Marktverständnis, erste Investmentschritte oder den Umgang mit Fehlern geht – die Grundprinzipien dieses Buches sind durch renommierte Studien belegt. Langfristiges Denken schlägt kurzfristige Hektik, Fehler gehören zum Lernprozess und finanzielle Bildung bildet die Grundlage, um selbstbewusst und klug Entscheidungen zu treffen. Das alles ist nachprüfbar. Jedes Kapitel endet mit einem kompakten Faktencheck, damit du weißt, was wirklich zählt.

Mentor-Moment: Wissen ist wichtig. Aber erst, wenn du handelst, beginnt deine Veränderung. Weil du am Ende jedes Kapitels nicht nur weiterblätterst, sondern innehältst, reflektierst und dich fragst: Was ist mein nächster Schritt?

Mini-Challenge: Stell dir jetzt vor, Lisa, Moritz und Patrick sitzen mit dir am Tisch. Wer wärst du – die Strukturierte, der Neugierige, der Spätstarter? Schreib es dir auf. Diese kleine Entscheidung bringt dich vom Lesen ins Handeln.

Der Aufbau: Jedes Kapitel folgt einer klaren Struktur – damit du dich nicht verlierst:

- Zitat: Zum Einstieg – Haltung vor Information. Lisa, Moritz, Patrick: Echte Szenen, Alltag, O-Töne.
- Problem: Warum das Thema wichtig ist.
- Theorie & Praxis: Kompakt, verständlich, direkt anwendbar.

- Entscheidungen: Wie Lisa, Moritz & Patrick daraus lernen.
- Mentor-Moment: Ein Satz, der bleibt.
- Ausblick: Wohin geht die Reise im nächsten Kapitel?
- Sonderformate: Praxis-Tipps, Reflexionsfragen, Toolboxen – alles, was dich weiterbringt.
- Abschließender Faktencheck für jede These.

Und jetzt? Lisa lernt, worauf sie bei nachhaltigen Investments wirklich achten kann. Moritz entdeckt Tools, die aus seiner Neugier klare Entscheidungen machen. Patrick geht den Weg vom Sparer zum Investor – Schritt für Schritt.

Lisa: „Du musst nicht alles sofort können, der erste Schritt reicht."
Moritz: „Wenn's schiefgeht, erzähl ich's wenigstens als beste Story beim nächsten Stammtisch."
Patrick: „Mein erstes Depot habe ich mit 48 eröffnet. Heute frage ich mich: Warum eigentlich nicht früher?"
Lisa: „Wenn ich ehrlich bin, hatte ich am Anfang Angst, Fehler zu machen."
Moritz: „Mir war alles zu langsam. Ich wollte Ergebnisse – sofort."
Patrick: „Ich habe jahrelang gezögert. Dann wurde mir klar: Am wichtigsten ist, überhaupt anzufangen."

Und falls du dich fragst, wer Lisa, Moritz und Patrick wirklich sind und warum du sie durch beide Bände begleitest: Am Ende von Band 2 wartet ein Bonus-Kapitel auf dich. Dort lernst du ihre echten Geschichten, ihr Depot, ihre Fehler und kleinen Erfolge noch persönlicher kennen. Vielleicht erkennst du dich darin wieder oder entdeckst, wer dir auf deiner Reise am nächsten steht.

Und du?
Dieses Buch ist mehr als Seiten und Zahlen. Es ist eine Einladung: Lass uns gemeinsam wachsen, Fehler machen, lernen, weitermachen. Denn niemand geht diesen Weg allein. Du wirst merken: Börse kannst auch du. Worauf wartest du? Der erste Schritt beginnt genau jetzt und dieser Weg gehört dir.

Und egal, wie dein Weg aussieht: Du darfst ihn in deinem eigenen Tempo gehen. Es gibt kein „zu spät" und keine perfekte Linie. Rückschläge und Pausen gehören genauso dazu wie Fortschritte und Erfolge. Wichtig ist nur, dass du immer wieder aufstehst und weitergehst. Denn Börse kannst auch du.

Mein Versprechen: Dieses Buch wird dich nicht nur informieren, sondern verändern, sodass du am Ende stolz auf deinen Weg bist. Alles, was du dafür brauchst, steckt schon in dir.

Ich freu mich auf die Reise mit dir!
Dein Josef

VORWORT DR. CHRISTIN TER BRAAK-FORSTINGER

Wie viel Verantwortung liegt in einer Zahl? Besser gesagt, in einer Rendite oder einer Fondsposition? Und überhaupt in meinem Depot? Mehr, als wir denken – und genau deshalb braucht es Bücher wie dieses.

Als Impact-Investorin beschäftige ich mich täglich mit der Frage, was Geld in der Welt Positives bewirken kann – jenseits von Zinsen und Charts, aber natürlich immer auch mit der Absicht, einen Finanzertrag zu erwirtschaften. Kapital ist kein neutraler Fluss. Es gestaltet Realitäten: Es fördert oder verhindert, ermöglicht oder ignoriert, transformiert oder konserviert. Und es entscheidet, ob wir unsere Zukunft nachhaltig gestalten – oder mit kurzfristigem Denken aufs Spiel setzen.

Josef Obergantschnigs Buch „Börse – kannst auch du" ist nicht einfach ein Ratgeber zur Geldanlage. Es ist eine Einladung zur Haltung und zum Tun. Als Fünfzehnjährige hat mir mein Vater auf meinen Wunsch geholfen, mein erstes Depot zu eröffnen, und ich habe begonnen, mein erstes Geld aus meinem Ferialpraktikum zu veranlagen. Hätte es „Börse – kannst auch du" damals schon gegeben, hätte ich es sicher verschlungen. Über die Zeit hat sich dann meine Vorliebe und mein Interesse für Privatmarkt-Investments und nachhaltige Investments herauskristallisiert.

Besonders das Kapitel „Nachhaltig investieren – Wirkung mit System" zeigt mit einer erfrischenden Mischung aus Ehrlichkeit, Alltagsnähe und fundierter Analyse, wie herausfordernd es sein kann – und gleichzeitig wie wichtig es ist –, nachhaltige Entscheidungen zu treffen, selbst wenn sie unbequem sind. Das Buch zeigt auch einen weiteren wichtigen Punkt auf: Nicht alles, was ein grünes Label trägt, führt zu einer positiven ökologischen Wirkung. Als Investor:in muss man genau hinschauen und hinterfragen. Verantwortungsvolle Investments, ESG-Investments und Impact Investments sind drei völlig unterschiedliche Paar Schuhe.

Impact Investing ist dabei nicht der elitäre Gipfel nachhaltiger Geldanlage. Es ist die konsequente Weiterführung eines Denkens, das positive ökologische und/oder soziale Wirkung nicht als Nebenprodukt, sondern als echte Absicht eines Investments versteht – neben der Erzielung eines Finanzertrages. Wer beginnt, Kapital als Werkzeug für wirtschaftliche Transformation und gesellschaftlichen Wandel zu sehen, verändert nicht nur sein Depot – sondern seine Rolle in der Welt.

Das Buch gibt viele praktische Beispiele, wie man Finanzerträge mit einer positiven ökologischen Wirkung kombinieren kann. Es geht nicht darum, von Anfang an alles perfekt zu machen, aber vielmehr darum, überhaupt den ersten Schritt zu tun. Als bewusste:r Investor:in kann jede:r von uns Verantwortung übernehmen.

In diesem Sinne: Börse – kannst auch du? Ja – und Zukunft gestalten auch.

Dr. Christin ter Braak-Forstinger, LL.M., Co-Founder & CEO Chi Impact Capital

VORWORT ERWIN HOF

Wir schreiben das Jahr 2023. Der Newsfeed von LinkedIn zeigt mir einen Post eines gewissen Josef Obergantschnig an. Hochinteressantes zu Börse und Wirtschaft. Genau meins. Und schon folge ich ihm. Gleichzeitig kommt mir sein Name irgendwie bekannt vor. Und dann macht es plötzlich „Klick". Hat sich nicht ein Obergantschnig bei mir vor vielen Jahren als Trainer der Wiener Börse Akademie beworben? Richtig! Obwohl unser Team damals schon komplett war und wir uns nie persönlich kennenlernten, blieb mir sein Name in Erinnerung.

Vielleicht war es ein Wink des Schicksals, aber diesmal brachte uns eine Social-Media-Plattform zusammen und wir holten das Treffen nach. Seitdem habe ich Josef als exzellenten Fachmann und Kollegen kennen und schätzen gelernt. Ihn zeichnet nicht nur eine umfassende Kapitalmarkt-Expertise aus, er ist darüber hinaus ein Macher. Jemand, der nicht lange herumphilosophiert, sondern anpackt und Dinge umsetzt.

Was uns verbindet, ist das innere Verlangen, unser Finanzwissen und unsere Erfahrungen an den Finanzmärkten an Interessierte weitergeben zu wollen. Gerade wenn es um Börse und Wertpapieranlage geht, sind viele Neulinge unsicher und unschlüssig: Wo soll ich anfangen? Worauf muss ich achten? Was, wenn ich mein ganzes Geld verliere? Eine Situation, vor der Josef und ich auch einmal standen. Wir waren über jede Hilfestellung dankbar und jede Börsenweisheit wurde von uns förmlich aufgesogen.

Mit dem vorliegenden Buch erhalten Leser:innen genau das, was es braucht, um die wichtigsten Fragen zur Geldanlage selbst beantworten zu können, und letztlich an der Börse aktiv zu werden. Dabei hat Josef alle relevanten Aspekte beleuchtet. In seinem Arbeitsbuch zeigt er, dass Börse keine Raketenwissenschaft ist und wirklich **jede:r** seine:ihre individuellen Anlageziele mit etwas Geduld und Disziplin erreichen kann.

Kurz gesagt: Börse kannst auch du.

Erwin Hof, Leiter der Wiener Börse Akademie

VORWORT DR. MICHAEL MURG

Der Zugang zur Börse war lange Zeit wenigen vorbehalten – jenen mit Expertise, Vermögen oder privilegiertem Zugang zu Informationen. Josef Obergantschnig gelingt in diesem Buch das Kunststück, diese Eintrittsbarrieren zu senken, ohne die Komplexität der Materie zu verleugnen. Er übersetzt die Welt der Kapitalmärkte in eine Sprache, die auch ohne Studienabschluss verständlich bleibt – und dabei stets wissenschaftlich fundiert.

Was „Börse – kannst auch du" von vielen anderen Finanzratgebern unterscheidet, ist der konsequente Verzicht auf leere Versprechungen und überzogene Heilsbotschaften. Stattdessen begegnet uns ein fundiertes und praxisnahes Modell, das auf den Erkenntnissen der Kapitalmarktforschung ebenso beruht wie auf der Erfahrungswelt echter Menschen. Namen wie Markowitz, Shiller oder Fama tauchen nicht als Zitatstaffage auf, sondern als Grundlage für konkrete Handlungsempfehlungen.

Als Universitäts- und Hochschullehrender weiß ich, wie schwierig es ist, finanzwissenschaftliche Konzepte wie Diversifikation, Behavioral Biases oder Rendite-Risiko-Abwägungen didaktisch so aufzubereiten, dass daraus kein Seminar, sondern ein motivierendes Leseerlebnis entsteht. Josef Obergantschnig gelingt dieser Spagat – mit Empathie, Humor und einem seltenen Gespür für die Lebensrealitäten seiner Leser:innen.

„Lisa", „Moritz" und „Patrick" sind mehr als fiktive Charaktere. Sie stehen exemplarisch für Zielgruppen, die sich in klassischen Finanzratgebern oft nicht wiederfinden: Menschen mit Unsicherheiten, Alltagsstress und unterschiedlichen Lebenszielen. Das Buch macht ihnen Mut, Verantwortung zu übernehmen – mit kleinen Schritten, reflektierten Entscheidungen und einem klaren „Warum".

Wer dieses Buch liest, investiert nicht nur in sein Depot, sondern auch in sich selbst. Und vielleicht ist genau das die wichtigste Rendite: finanzielle Bildung, Selbstwirksamkeit und die Erkenntnis, dass Börse kein exklusives Spielfeld ist – sondern ein Werkzeug für individuelle Freiheit.

Dr. Michael Murg, Institutsleiter, Bank- und Versicherungswirtschaft, FH JOANNEUM, University of Applied Sciences

VORWORT MONIKA ROSEN

Das Thema „Finanzen" ist heute aus keiner Diskussion und keiner Berichterstattung mehr wegzudenken. Eigentlich sollte es auch im Rahmen der Wissensvermittlung an den Schulen mehr Platz bekommen, und hier ist sicher noch viel zu tun. Umso wichtiger ist es, gerade jungen Menschen Mut zu machen, sich mit den Märkten auseinanderzusetzen und einen Schritt in Richtung wirtschaftlicher Selbstbestimmung zu tun.

Man kann finanzielle Gesundheit im Wesentlichen in vier Hauptbereiche unterteilen: ausgeben, sparen, ausleihen und planen. Die Kontrolle über persönliche Ausgaben, die eigene Sparleistung und die Bedienung eines Kredits sind vielleicht für manche Menschen schwierig umzusetzen, im Kern aber nicht schwer zu verstehen. Die langfristige finanzielle Planung hingegen impliziert eine Beschäftigung mit dem Kapitalmarkt. Will man also finanzielle Gesundheit vor allem in ihrer langfristigen Dimension erfassen, muss man den Menschen das Thema Kapitalmarkt näherbringen.

Eine der Haupthürden dabei ist meiner Meinung nach die Tatsache, dass der Kapitalmarkt als komplexes und (vermeintlich) trockenes Gebiet gilt. Um beim Zuhörer eine emotionale Begeisterung zu erreichen, reicht es nicht, die Fakten darzulegen. Man muss im Gegenüber einen Funken entzünden, der dann dazu führt, dass sich derjenige selbst mit dem Thema auseinandersetzt.

Ganz wichtig ist in diesem Zusammenhang der besondere Fokus auf die weibliche Zielgruppe. Frauen verdienen weniger, verfügen über weniger Vermögen, leben aber länger als Männer. Sie an das Thema Kapitalmarkt heranzuführen und hier Vorbehalte abzubauen, ist auch eine wichtige gesellschaftliche Aufgabe.

Die Börse ist nicht nur etwas für Zocker oder ein Buch mit sieben Siegeln. Sie schreibt auch große Erfolgsgeschichten, von den Anfängen des 20. Jahrhunderts (Coca Cola) bis in unsere Tage (Nvidia). Der vorliegende Band bereitet das Thema unterhaltsam und spannend auf. Allen Leserinnen und Lesern viel Erfolg!

Monika Rosen, Börsenexpertin & Vizepräsidentin der Österreichisch-Amerikanischen Gesellschaft

INHALT

WILLKOMMEN ZUR FINANZREISE 2100+: MEHR ALS NUR EIN DEPOT

„Jedem Anfang wohnt ein Zauber inne."
– Hermann Hesse

Servus und schön, dass du da bist!
Bevor unser Zug ins Rollen kommt, gibt's einen kleinen, aber entscheidenden Moment nur für dich:

Dein Commitment – Dein Startsignal
Bevor du mit uns losfährst: Nimm dir einen Moment nur für dich.
Warum willst du diese Reise antreten? Was ist dein größtes Ziel – unabhängig von Rendite oder Erwartungsdruck?

Schreib es auf, unterschreib es und gib dir selbst das Versprechen, dranzubleiben!

Mein Commitment
Ich investiere, weil …

____

____

____

____

(Datum) ____________ (Unterschrift) ____________________

Mentor-Kommentar: „Dein Commitment ist wie das Ticket in der ersten Reihe: Es macht deine Reise verbindlich und persönlich. Mit jedem Blick darauf weißt du: Das ist *dein* Abenteuer!"

WhatsApp-Gruppenchat „Finanzreise 2100+"

Josef (Reiseleiter): „Servus und schön, dass du da bist!
Bevor unser Zug ins Rollen kommt, lass mich dich gleich zu Beginn ins Boot holen: Seit über 25 Jahren tanze ich am Börsenparkett – und ehrlich, ich bin dabei öfter ins Rutschen gekommen, als mir lieb war.
Vom ‚heißen Tipp', der mich meine ersten Gewinne gekostet hat, bis zum legendären Tag, an dem ich in der Hektik schlicht vergessen habe, den Kauf-Button zu drücken ... Das Ergebnis: Die Aktie stieg, mein Espresso blieb kalt – aber ich hab wieder was gelernt! Genau diese Pannen, Zweifel und Umwege sind es, die jede:n wachsen lassen. Niemand muss perfekt starten – wichtig ist nur, dass du loslegst!
Unser Ziel? Nicht nur ein wachsendes Depot, sondern auch persönliches Wachstum. Wir feiern keine gestellten Selfies, sondern sammeln Golden Nuggets und Mentor-Tipps aus jedem Kapitel ins Reisealbum. Und ja: Auch die besten Anekdoten entstehen dort, wo's mal holprig wird!
Jetzt seid ihr dran: Wer seid ihr, was ist euer Sprungbrett-Ziel? Was wollt ihr am Ende über euch selbst sagen können – und was wär' euer persönlicher Wow-Moment auf dieser Reise?"

Lisa: „Hi an alle! Ich bin Lisa. Mein Ziel? Endlich nicht mehr zusehen, wie andere ihre Finanzen regeln, sondern selbst Verantwortung übernehmen.
Mein Sprungbrett: Den Mut finden, Fehler zu machen und drüber zu sprechen. Am Ende stolz sein auf meine Entwicklung und vielleicht sogar ein Vorbild werden."

Moritz: „Servus zusammen, ich bin Moritz! Mein Traum: Meinen inneren Schweinehund besiegen, endlich ein System finden, das zu mir passt – und nachts ruhig schlafen.
Mein Sprungbrett: Mehr Gefühl für Märkte und für mich selbst. Am Ende will ich nicht nur Rendite, sondern das Gefühl, als Anleger und Mensch gewachsen zu sein."

Patrick: „Hey, ich bin Patrick, der Kritische in der Runde. Mein Traum? Mit Rückschlägen souverän umgehen und das Handtuch NICHT werfen.
Mein Sprungbrett: Gelassenheit statt Aktionismus – und dranbleiben, auch wenn's mal stürmisch wird. Mein Wow-Moment? Dranbleiben und merken: Es hat sich in allen Lebensbereichen gelohnt!"

Josef (Reiseleiter):
„Genau das ist der Spirit! Echte Ziele, große Träume, Zweifel – alles willkommen."

Mentor-Tipp: Börse ist wie ein Abenteuer auf unbekanntem Terrain: Du wirst rutschen, stolpern, vielleicht einmal nass werden. Aber mit jedem Schritt wächst du über dich hinaus. Wer sich drauf einlässt, wird stärker, sicherer und vielleicht sogar ein bisschen glücklicher.
Lisa schaut auf ihr leeres Notizbuch, Moritz grinst übers Handy, Patrick streicht sich durchs Haar – und alle spüren: Heute beginnt mehr als eine Finanzreise. Heute schreiben wir den ersten Satz unserer eigenen Geschichte.

Golden Nugget: Es gibt keinen perfekten Start – aber es gibt einen perfekten Moment: Jetzt. Mut wächst mit jedem kleinen Schritt, und am Ende zählt, dass du ihn gehst.

Mentor-Moment: Lisa notiert sich ihre drei Unternehmen, Moritz lacht: „Jetzt weiß ich wenigstens, worauf ich wirklich achten will." Patrick sagt: „Mein größter Fehler war zu warten – ab heute bin ich dabei." Und du? Vielleicht ist das heute dein Moment.

Cliffhanger: Was dich jetzt erwartet? Drei Wege, ein Ziel: Wie Lisa, Moritz und Patrick ihren ersten echten Schritt in die Aktienwelt wagen – und warum ausgerechnet ihr größter Zweifel zur stärksten Motivation wird. Steig ein – Kapitel 1 wartet auf dich.

Fakten-Check

☑ **Harvard Business School (2022):** Frühzeitiges und regelmäßiges Investieren erhöht die Wahrscheinlichkeit, konsequent Vermögen aufzubauen – unabhängig von Alter, Geschlecht und Vorwissen.

☑ **Princeton University (2023):** Behavioral Finance-Studien belegen: Wer konsequent investiert und Diversifikation nutzt, senkt Risiken und steigert den Anlageerfolg langfristig.

☑ **Swisscanto Pensionskassenstudie (2023):** Über 60 % aller Anleger:innen machen in den ersten Jahren Fehler – entscheidend ist das Dranbleiben, nicht der perfekte Start.

☑ **Vanguard Group (2022):** Kleine, regelmäßige Investitionen führen langfristig zu besseren Ergebnissen als seltene, große Entscheidungen – der Cost-Average-Effekt gilt als stärkster Hebel für Einsteiger:innen.

- ☑ **Meir Statman (2020):** Geduld, Routinen und die Bereitschaft, aus Fehlern zu lernen, sind die wichtigsten Schutzfaktoren für Einsteiger:innen.
- ☑ **Credit Suisse Global Investment Returns Yearbook (2025):** Aktien erzielen weltweit im Durchschnitt 6–8 % reale Rendite pro Jahr – Zinseszins wirkt exponentiell.
- ☑ **Deutsches Aktieninstitut (2023):** Selbst kleine Beträge profitieren langfristig stark vom Zinseszinseffekt.
- ☑ **CFA Institute (2023):** Systematische Grundbildung in Finanzthemen verringert die Zahl riskanter Anfängerfehler und fördert nachhaltige Anlagestrategien.

KAPITEL 1
DREI WEGE, EIN ZIEL: DEIN EINSTIEG IN DIE AKTIENWELT

Kurz notiert: Wer Lisa, Moritz und Patrick wirklich sind – mit all ihren Geschichten, Portfolios und Fehlern – erfährst du im großen Bonus-Kapitel am Ende von Band 2. Lass dich überraschen, wie viel von dir selbst in ihnen steckt!

„Manche sehen in Aktien ein Spiel –
andere bauen damit ihr Vermögen auf.“
– Börsenweisheit

Lisa, Moritz & Patrick – Drei Wege, ein erster Schritt

Gemeinsam auf dem Heimweg
Gerade sind sie zurück aus Zürich. Drei Menschen, drei Lebensphasen – und doch verbindet sie mehr als die gemeinsame Zugfahrt.
Lisa, die nach turbulenten Tagen mit ihrer Tochter Mia, Partner Tom und Klinikdienst für ein Wochenende in der Schweiz alles mal loslassen konnte. Noch im Zug fragt Mia verschlafen: „Mama, warum lächelst du so?“ Lisa streicht ihr übers Haar. „Weil ich was Neues über Geld gelernt habe. Und dass Fehler dazugehören.“ Tom, der das Gespräch zwischen Lisa und Sophie am Abend mit halbem Ohr verfolgt hat, grinst: „Vielleicht wird Mia ja unsere erste Familien-Investorin.“
Moritz, der nicht nur Patrick zum Lachen brachte („Wie viele Apps passen in einen Rucksack?“), sondern auch am Zürichsee wieder neue Ideen für seine Watchlist sammelte. Auf dem Bahnsteig zeigt er Sophie einen Screenshot: „Schau, meine neue Watchlist – diesmal wirklich nur drei Unternehmen!“ Sophie grinst: „Mal sehen, wie lange das hält …“
Patrick, der Gastgeber, war dieses Mal besonders nervös – denn seine Tochter Sophie hat zum ersten Mal seine neue Partnerin Anna kennengelernt. Im Taxi nach Hause atmet er auf: „Vielleicht ist es gar nicht so schwer, wie ich immer dachte. Hauptsache, ich frage einfach.“ Anna lehnt sich an ihn: „Es war schön zu sehen, wie ihr euch gegenseitig unterstützt. Familie kann so viel mehr sein als nur Biologie.“
Sophie, Patricks Tochter und Moritz’ Freundin, hält als „Networkerin“ alles zusammen. Sie erinnert Lisa daran, dass nachhaltiges Investieren auch Spaß machen kann, und Patrick, dass Fragen stellen nicht peinlich, sondern stark ist.

Zurück im Alltag, zurück im Pyjama, zurück am Fenster:
Lisa gießt Wasser ins Glas, Mia kichert im Hintergrund. Tom reicht ihr einen Espresso und sagt: „Das Wichtigste ist, dass du dranbleibst.“ Sie schaut aufs Handy, sieht ein rotes Minus – und denkt: „War das alles richtig?“
Moritz tippt auf seinem Handy, grinst über ein Meme, schickt Sophie einen Witz („ETF oder Espresso – was macht wacher?“) und sortiert seine Notizen vom Zürich-Wochenende.
Patrick blättert am Küchentisch durch die Zeitung, Anna bringt frische Croissants. Sein Kopf ist noch voll von all den neuen Fragen – und der Erkenntnis: „Der perfekte Einstieg ist immer jetzt.“
Drei Perspektiven, eine Erkenntnis: Investieren kann jede:r lernen – ob als junge Mutter, als Techie mit Fernweh oder als Späteinsteiger mit Familiengeschichte. Und Spoiler: Es gibt keinen perfekten Zeitpunkt. Es gibt nur deinen.

Die unbequeme Wahrheit
Niemand startet als Profi. Nicht mit 25, nicht mit 55. Die erste Aktie kauft man oft aus Versehen, aus Angst, aus Neugier – oder weil man sich endlich traut. Und genau das ist der Unterschied: Die Mutigen gewinnen nicht, weil sie nie Fehler machen, sondern weil sie einfach anfangen.

Jede Aktie ist ein Stück Realität. Sie ist kein Lotterielos, sondern eine aktive Beteiligung am Wirtschaftskreislauf. Ob du den Kaffee bei Starbucks trinkst, dein Kind mit Windeln von Procter & Gamble wickelst oder auf dem Weg zur Arbeit Spotify hörst: Hinter fast jedem Produkt steckt ein Unternehmen – und du kannst Miteigentümer:in werden.

Warum du hier richtig bist
Hier musst du nichts wissen, um alles zu lernen. Hier darfst du Fehler machen – am besten schon auf Seite 2. Hier ist kein Platz für Hochglanz-Helden, sondern für Menschen, die sich fragen: „Was bedeutet das eigentlich für mich?“

Das große Warum
Investieren ist nicht nur für Rendite, sondern für Selbstbestimmung. Für deine Familie. Für das, was du in der Welt sehen willst. Für dich – heute und morgen. Ganz egal, wie viel Zeit oder Geld du hast, wie viel Erfahrung du mitbringst, ob du alleine oder mit Freund:innen loslegst: Jede:r kann anfangen. Auch kleine Summen und kleine Schritte zählen. Dieses Buch ist für dich gemacht.

Dein eigener Weg statt Hype
Du musst nicht jedem Trend auf Insta, Reddit oder YouTube folgen. Nicht jeder Tipp aus dem Freundeskreis, jede:r Influencer:in oder jedes Foren-„Geheimnis" passt zu dir. **Hier geht es nicht um den schnellsten Gewinn – sondern um deinen Rhythmus. Deine Fragen. Deine Strategie.** Der beste Investmentweg ist der, der zu dir, deinem Alltag und deinen Werten passt.

Lisa-Moment: Kleine Schritte statt Perfektion
Lisa steht am Fenster, trinkt Wasser, hört ihre Lieblingsplaylist – und macht sich zum ersten Mal Notizen, was ihr im Alltag wirklich wichtig ist: Nachhaltigkeit, Sicherheit, Überblick. Ihr Reminder: Fünf Minuten reichen. Ein Gedanke. Ein Aha. Kein Druck.

Moritz-Moment: Tools & Methoden
Moritz weiß: Zwischen all den bunten Kurven und Hype-Aktien helfen nur System, Tools und Vergleiche, um wirklich zu verstehen. Deshalb nutzt er Excel, Apps wie JustETF oder Portfolio Performance – aber auch einen simplen Notizblock.

Mini-Tipp: Teste einmal die kostenlose Watchlist deiner Depot-App. Trag dort die drei spannendsten Unternehmen ein, die dir heute begegnen. Beobachte sie – ganz ohne Risiko, ganz ohne Druck.

Patrick-Moment: Sicherheit und kleine Schritte
Patrick mag keine Schnellschüsse und keine Experimente mit viel Risiko. Deshalb setzt er auf klare Regeln:

- Fehler begrenzen – nie mehr investieren, als du verschmerzen kannst
- Mit kleinen Summen starten – erst lernen, dann steigern
- Immer einen Plan B haben – und bei Unsicherheit eine Nacht drüber schlafen

Das Beste: Auch ohne Excel-Profi zu sein, reichen Papier, Stift und die Disziplin, regelmäßig nachzulesen, was mit deinem Geld passiert.

Was dich in diesem Kapitel erwartet

- Warum Aktien echte Beteiligung bedeuten – und wie du mit einem Klick Miteigentümer:in wirst
- Was ein:e Aktionär:in wirklich ist: keine Nummer, sondern Mitentscheider:in und Mitgestalter:in
- Die wichtigsten Begriffe – so erklärt, dass sie auf einen Zettel passen

Action-Step für heute: Schreib dir drei Unternehmen auf, die dich heute begleiten. Finde heraus, ob du Miteigentümer:in werden könntest. Nutze dafür die Watchlist-Funktion deiner App, eine Google-Recherche oder einen Zettel. Und frag dich: Würdest du diesen Schritt für dich oder deine Familie wagen?

Fehler? Willkommen im Club!

Wer noch nie Geld verloren hat, hat nie investiert. Wer nie gefragt hat, hat nie verstanden. **Mut ist nicht das Gegenteil von Angst – sondern ihr bester Begleiter.** Fehler begrenzen? Immer. Angst haben? Normal. Weitermachen? Unbedingt.

Was Lisa, Moritz und Patrick sagen

Lisa: „Mein bester Schritt? Einfach mal loslegen. Und offen zu sagen, wenn ich unsicher bin."

Moritz: „Ich habe schon oft nach Bauchgefühl gekauft – aber noch öfter aus Fehlern gelernt. Am Ende zählt, dass ich dranbleibe und mein eigenes System entwickle."

Patrick: „Mit 48 zum ersten Mal Aktionär – da fühlt man sich wie ein Anfänger. Aber jeder Anfang zählt. Lieber klein, aber sicher – das gibt mir Ruhe."

Und da sind noch viele mehr: Menschen, die dachten, sie wären zu spät, zu unsicher, zu „anders". Sie haben entdeckt: Auch kleine Summen und kleine Schritte machen den Unterschied – und wirklich jede:r kann Teil davon sein.

Reflexionsfragen

- Habe ich verstanden, dass Aktien echte Beteiligungen sind?
- Habe ich Lust, mit kleinen Schritten zu starten – und Fehler als Teil des Weges zu sehen?
- Fühlt sich das Thema plötzlich alltagstauglich und sicher an?
- Habe ich Tools, die mir helfen, den Überblick zu behalten?
- Fühle ich mich angesprochen – egal, wie mein Leben gerade aussieht?
- Bin ich neugierig genug, meinen eigenen Investmentstil zu entwickeln?

Golden Nugget: „Den perfekten Einstieg gibt es nicht – aber den perfekten Moment: Jetzt. Und der beste Plan passt zu dir, egal wo du stehst." Jetzt: Fünf Minuten für deinen Start. Drei Unternehmen. Dein Tempo. Alles andere folgt.

Sven prüft …

Es klingt so herrlich einfach: „Ein ETF auf den Weltmarkt – das reicht für alle, oder?" Das liest man in fast jedem Blog, hört es im Bekanntenkreis, findet es in

Podcasts. Moritz lacht: „Klingt wie Instant-Kaffee – Wasser drauf, fertig." Doch Sven schüttelt den Kopf – und nimmt einen großen Schluck Wiener Melange: „Stopp mal. Ja, ein ETF auf den MSCI World ist oft ein starker Start. Aber wer glaubt, damit wären alle Fragen erledigt, der irrt so wie jemand, der glaubt, nach dem ersten Arbeitstag schon befördert zu werden."

Praxis-Check

- Langfristig schlagen große Welt-ETFs (Credit Suisse Global Investment Returns Yearbook 2024, Vanguard 2023) viele Fonds – aber sie sind kein Zaubertrank.
- Themen- und Branchen-ETFs bringen oft mehr Risiko als ein Weltfonds.
- Wer nur auf ein Land oder eine Branche setzt, kann üble Überraschungen erleben – Stichwort Klumpenrisiko.
- Lebensphase, Risikobereitschaft und Ziele bestimmen, ob und wie ein ETF passt.
- Nachhaltigkeit, Altersvorsorge, Familienplanung? Hier braucht es oft mehr als nur das Standardrezept (Yale School of Management, 2023).

Svens Fazit

„ETFs sind wie ein richtig gutes Basisrezept – aber wer nur noch Fertigsuppe kocht, verpasst viele Gewürze und Geschmackserlebnisse. Prüfe immer: Passt das wirklich zu meinem Leben? Oder brauche ich mehr Vielfalt, mehr Schutz, mehr eigenen Stil?"

Mentor-Moment: Nicht alles, was einfach klingt, passt wirklich zu dir. Prüfe immer: Passt das Rezept zu deinem Leben – oder brauchst du deine eigene Würze?

Vom Gedanken zur ersten Zeile im Notizbuch. Beginnen wir mit **Lisa:** „Manchmal ist der mutigste Schritt einfach nur, anzufangen."
Moritz: „Auch Standardrezepte brauchen Mut zur eigenen Note."
Patrick: „Mein Tempo bestimme ich selbst – egal, wann ich starte."

Cliffhanger: Im nächsten Kapitel nehmen Lisa, Moritz und Patrick ihren ersten echten Aktienkauf ins Visier – und merken schnell, dass jeder Weg einzigartig ist. Welcher Moment wird für dich der Startschuss? Kapitel 1 wartet.

Faktencheck

☑ **Harvard Business School (2022):** Frühzeitige Beschäftigung mit Börse und Geldanlage erhöht die Wahrscheinlichkeit, konsequent Vermögen aufzubauen – unabhängig von Herkunft und Bildungsgrad.

- ☑ **Yale School of Management (2023):** Reflexion über verpasste Chancen und impulsive Einstiege stärkt die Investment-Disziplin und beugt teuren Schnellschüssen vor.
- ☑ **CFA Institute (2023):** Systematische Grundbildung in Finanzthemen verringert die Zahl riskanter Anfängerfehler und fördert nachhaltige Anlagestrategien.
- ☑ **Vanguard Group (2022):** Anleger:innen, die ihr Wissen regelmäßig auffrischen und kleine Schritte wagen, erzielen langfristig höhere Zufriedenheit und bleiben auch in Krisen handlungsfähig.
- ☑ **London School of Economics (2021):** Ein klarer Plan beim Einstieg – einschließlich Fehlerfreundlichkeit – fördert die Wahrscheinlichkeit, über die Anfangseuphorie hinaus dranzubleiben.
- ☑ **Princeton University (2022):** Fehleranalyse und der offene Umgang mit Rückschlägen sind ein Schlüsselfaktor für dauerhafte Finanzbildung und Selbstwirksamkeit.
- ☑ **Swisscanto Pensionskassenstudie (2023):** Schweizer Anleger:innen, die Fehler und Chancen regelmäßig auswerten, erzielen auf lange Sicht stabilere Renditen und mehr Gelassenheit.
- ☑ **Börsenpsychologie – Statman, Meir (2020):** Geduld, Reflexion und kleine Routinen am Anfang sind die wichtigsten Schutzfaktoren gegen die typischen Stolpersteine von Einsteiger:innen.
- ☑ **Credit Suisse Global Investment Returns Yearbook (2025):** Langfristig erzielen Aktien im internationalen Durchschnitt eine jährliche Rendite von etwa 6–8 % nach Inflation.
- ☑ **VZ Vermögenszentrum (2023):** Selbst kleine Beträge und regelmäßiges Investieren (z. B. per Sparplan) führen nachweislich zu Vermögensaufbau – Stichwort „Cost-Average-Effekt".
- ☑ **DAI Anlegerverhalten (2022):** Niemand fängt als Profi an: Über 60 % aller Anleger:innen machen in den ersten Jahren Fehler – entscheidend ist, daraus zu lernen.

1.1. Drei Wege, ein Ziel: Eigenkapital vs. Fremdkapital – Was du wirklich kaufst, wenn du investierst

„Eine Aktie ist kein Zettel – sondern ein Stück Verantwortung."
– nach Warren Buffet

Drei Personen, drei Startpunkte – eine Erkenntnis:
Lisa will endlich verstehen, ob sie mit ihrem ETF wirklich „Mitbesitzerin" ist.
Moritz stolpert über den Begriff „Fremdkapitalrendite" – und fragt sich, ob das mehr als nur ein Buzzword ist.
Patrick erinnert sich an schlaflose Nächte wegen seines Immobilienkredits – und will wissen, was „Schulden" bei Unternehmen bedeuten.
Was sie alle eint: Die Frage, welche Rolle ihr Geld an der Börse spielt – und ob sie Miteigentümer:innen oder Kreditgeber:innen sind.

Lisa: „Ich dachte lange, Investieren wäre wie ein Test – Fehler nicht erlaubt. Heute weiß ich: Es ist ein Lernweg, kein Wettbewerb."

Bevor wir einsteigen – das erwartet dich jetzt:

- Du verstehst den Unterschied zwischen Eigenkapital und Fremdkapital – das Grundprinzip, mit dem Unternehmen und ganze Volkswirtschaften gebaut werden.
- Du erkennst, warum eine Aktie immer ein Stück Verantwortung ist – und wie du wirklich Teilhaber:in wirst.
- Du findest heraus, ob du Unternehmer:in oder Kreditgeber:in bist – und was das für dein Geld, dein Risiko und deinen Erfolg bedeutet.

Auf einen Blick: Aktie oder Anleihe?

Merkmal	**Aktie (Eigenkapital)**	**Anleihe (Fremdkapital)**
Deine Rolle	Miteigentümer:in	Kreditgeber:in
Gewinnchance	Dividenden & Kursgewinne	Feste Zinsen
Risiko	Unternehmerrisiko voll	Begrenztes Risiko, Rückzahlung erwartet
Rückzahlung	Keine Garantie	Laufzeitende mit Rückzahlungsanspruch
Stimmrecht	Ja, bei Hauptversammlung	Nein

Praxis-Check: Was steckt wirklich in deinem Investment?
Achte bei deinem ETF oder Fonds auf die Begriffe im Factsheet:

- **Aktien (Eigenkapital):** Equity, Stock, Aktie
- **Anleihen (Fremdkapital):** Bond, Anleihe, Debt
- **Mischfonds:** Kombinieren beides – schau auf den Anteil in Prozent.

Tipp: Begriffe wie „Equity", „Stock" oder „Aktie" stehen immer für Eigenkapital – du bist Miteigentümer:in. Begriffe wie „Bond", „Anleihe" oder „Debt" zeigen immer Fremdkapital an – hier bist du Kreditgeber:in.
Achte besonders bei Fonds oder ETFs darauf, wie hoch der Anteil an Eigen- und Fremdkapital wirklich ist. Gerade Mischfonds können sehr unterschiedliche Gewichtungen haben – prüfe das Factsheet oder die Fondsübersicht!
Im Zweifel genügt ein Blick in die Übersicht – so weißt du, ob du Miteigentümer:in oder Kreditgeber:in bist. Bei klassischen Aktien-ETFs bist du immer Miteigentümer:in an den Unternehmen. Mischfonds oder Renten-ETFs machen dich (teilweise) zum Kreditgeber. Prüfe die Zusammensetzung, damit du weißt, wo dein Geld arbeitet.

Lisa-Moment: Kleine Schritte statt Perfektion
Lisa will es genau wissen: „Bin ich wirklich Mitbesitzerin?" Ja – bei klassischen Aktien-ETFs bist du Teilhaberin an den Unternehmen, deren Aktien der Fonds hält. Bei Misch-ETFs, Anleihen-ETFs oder Fonds mit „Bond" im Namen bist du oft auch Gläubigerin – oder beides.

Tipp: Ein Blick ins Factsheet oder die Depot App zeigt dir, worin du wirklich investierst.

Moritz-Moment: Tools & Methoden
Moritz will den Überblick – und Klarheit im Zahlen-Dschungel. Er schwört auf seine Watchlist. In wenigen Sekunden weiß er, was Sache ist.

Mini-Tipp: Vergleiche die Eigenkapitalquote von Unternehmen oder Fonds einfach online – zum Beispiel bei onvista, justETF oder direkt in deiner Broker-App. Probiere eine Watchlist aus: Trag dort drei Unternehmen ein, die dich heute begleiten. Beobachte einen Monat lang, wie sie sich entwickeln – ganz ohne Risiko, ganz ohne Druck.

Patrick-Moment: Sicherheit und kleine Summen
Patrick mag keine Schnellschüsse, keine Experimente mit viel Risiko. Er weiß: Niemand muss mit großen Beträgen starten. Schon fünf, zehn oder fünfzig Euro reichen, um zu lernen, wie das Investieren wirklich funktioniert.
Und: Wer ganz ohne Risiko starten will, nutzt erst ein Demokonto oder eine Excel-Liste, um Unterschiede und Schwankungen von Aktien und Anleihen kennenzulernen – learning by doing!

Extra-Impuls für Neulinge: Such dir heute einen ETF oder eine Aktie in deiner App und prüfe, ob du Miteigentümer:in oder Kreditgeber:in bist. Notiere dein Learning – und teile es gern mit einer Person deines Vertrauens. So wird der Einstieg noch leichter.

Story-Box: Das Bio-Joghurt-Startup
Stell dir vor, du gründest ein Startup für Bio-Joghurts im Automaten.
Eigenkapital: Dein eigenes Geld und das eines Freundes – ihr seid beide Eigentümer:innen, tragt das volle Risiko und entscheidet gemeinsam.
Fremdkapital: Du leihst dir Geld bei der Bank – die Bank erwartet ihr Geld plus Zinsen zurück, egal wie es dem Startup geht.
Als Investor:in gilt: Kaufst du eine Aktie, bist du wie dein Freund: **Miteigentümer:in.** Kaufst du eine Anleihe, bist du wie die Bank: **Kreditgeber:in.**

Extra-Tipp: Zwei Rollen – zwei Denkweisen
- Aktie = Unternehmerdenken
- Anleihe = Sicherheitsdenken

Beides hat seine Berechtigung. Aber: Du bist immer entweder im Unternehmer-Modus oder im Kreditgeber-Modus – und das verändert alles, vom Risiko bis zur Rendite.

Real Talk: Die Leverage-Lektion – mit fremden Geld spekulieren
Auch ich dachte einst: Fremdkapital – der Turbo für schnelle Gewinne. Zur Zeit der Internetblase lieh ich mir sogar Geld von meinem Vater, um es an der Börse zu „vermehren". Das Ende? Eine schlaflose Nacht – und eine entscheidende Frage von meiner Freundin: „Hast du das Geld eigentlich schon zurückgezahlt?" Zum Glück ja. Wenig später platzte die Blase – und viele verloren alles. Seitdem ist klar: Leverage kann alles verstärken – Gewinne und Verluste. **Niemals mehr einsetzen, als du notfalls verlieren kannst!**

Praxis-Tipp: Learning by doing – risikolos starten: Teste den Unterschied zwischen Aktie und Anleihe mit einem Demokonto oder einer Excel-Liste. Beobachte einen Monat lang, wie sich beides entwickelt – ohne einen Cent zu riskieren. So lernst du die Dynamik ohne Druck kennen.

Praxis: Die Kapitalstruktur verstehen

- **Kapitalstruktur = Schutzschild**: Gerade in Krisen zeigt sich, wie solide ein Unternehmen aufgestellt ist.
- **Eigenkapitalquote als Gradmesser**:
  - Industrie, Energie: ab 30–40 %
  - Dienstleister, Tech: oft 50 % und mehr
  - Buffett-Logik: Mindestens 20 %, besser mehr
  - **Achtung:** Branchen vergleichen, nie Äpfel mit Birnen!
- **Eigenkapitalquote im Zeitverlauf** prüfen – so siehst du, ob das Unternehmen sicherer oder riskanter wird.

Extrem niedrige **Eigenkapitalquoten** – zum Beispiel **unter 10 %** – gelten als **hoch riskant**. Das betrifft oft junge Startups oder stark verschuldete Immobilienfirmen. Schon ein kleiner Rückschlag kann hier zur Insolvenz führen, weil kaum eigene Substanz als Puffer da ist.

Faustregel: Je niedriger die Eigenkapitalquote, desto größer das Risiko – vor allem in Krisenzeiten.

Beispiel: Viele Tech-Startups arbeiten mit weniger als 10 % Eigenkapital (hohes Wachstum, hohes Risiko). Immobiliengesellschaften mit sehr hoher Verschuldung sind besonders anfällig in Abschwüngen oder bei steigenden Zinsen.

Case: Didi Mateschitz & Red Bull

Didi Mateschitz, der Gründer von Red Bull, hat nach einer bitteren Erfahrung mit verweigertem Bankkredit beschlossen: *Unabhängigkeit geht vor.* Red Bull wurde fast ausschließlich mit Eigenkapital aufgebaut – und ist bis heute unabhängig von Banken. Das Ergebnis: Maximale Flexibilität, maximale Freiheit. Das gelingt nicht immer, aber es zeigt, wie sehr die Wahl der Finanzierung die DNA eines Unternehmens prägt.

Social Proof
„Erst als ich meine erste Aktie wirklich gekauft hatte, habe ich verstanden, was es heißt, Miteigentümerin zu sein."
– Silke, 37, Architektin

Take-Aways – Das Wichtigste auf einen Blick

- Mit Aktien wirst du Miteigentümer:in – Teilhaber:in am Risiko und am Erfolg.
- Fremdkapital (Anleihe) ist oft sicherer, aber limitiert in der Gewinnchance.
- Leverage kann Erträge steigern – aber auch Verluste potenzieren.
- Du entscheidest: Unternehmer:in (Aktie) oder Kreditgeber:in (Anleihe)?
- Wer die Kapitalstruktur versteht, erkennt Stabilität – und Risiken – von Unternehmen besser.

So entscheiden sich Lisa, Moritz & Patrick
Lisa: „Ich will in Unternehmen investieren, nicht in Schulden. Deshalb schaue ich auf die Eigenkapitalquote."
Moritz: „Leverage klingt cool – aber auch gefährlich. Lieber Investments, die ich verstehe und aus eigener Tasche bezahlen kann."
Patrick: „Ich kenne den Unterschied vom Hauskredit. An der Börse schlafe ich besser, wenn es keine Rückzahlungspflicht gibt."

Reflexionsfragen

- In welchen Situationen wäre dir mehr Sicherheit wichtiger als maximale Gewinnchancen?
- Wann hast du zuletzt eine „Rolle" (Unternehmer:in, Kreditgeber:in) eingenommen – bewusst oder unbewusst?
- Wie würdest du heute entscheiden: Lieber Eigentümer:in oder Gläubiger:in? Was passt besser zu deinem Lebensgefühl?
- Hast du Lust, das mit einer Watchlist oder im Demokonto einmal selbst auszuprobieren?
- Welche Erfahrungen mit geliehenem Geld (Leverage) hast du schon gemacht – und wie fühlst du dich dabei?

Mini-Challenge: Dein Investment-Check für heute
Schnapp dir dein Smartphone oder öffne deinen Laptop – und schau dir einen ETF oder eine Aktie in deiner App an. Finde heraus, ob du damit Miteigentümer:in oder Kreditgeber:in bist. Notiere dein Learning auf einem Zettel oder in deiner

Notiz-App. Wenn du willst, teile deine Erkenntnis mit einer Person, der du vertraust – oder mach dir selbst ein Versprechen für den nächsten Schritt.

Golden Nugget: Eine Aktie ist Verantwortung – kein Spielzeug. Erfolg beginnt, wenn du deine Rolle ernst nimmst.

Mentor-Moment: „Klarheit entsteht nicht im Lehrbuch, sondern im Tun." Viele glauben, an der Börse gehe es nur um Gewinne oder Verluste. Doch die wichtigste Frage ist immer: Welche Rolle willst du spielen? Erfolgreiche Anleger:innen kennen ihr Spielfeld – und übernehmen Verantwortung für ihre Entscheidung, ob sie Unternehmer:in oder Kreditgeber:in sein wollen. Der erste Schritt? Hinsehen, prüfen, entscheiden – und dabei ruhig Fehler machen.
Eine Leserin schrieb: „Als ich verstanden habe, dass ich bei Aktien Mitunternehmerin bin, hat sich mein Blick komplett verändert – und ich habe mutiger investiert."

Cliffhanger: Wie kannst du erfolgreich in Aktien investieren – im nächsten Kapitel gehen wir Schritt für Schritt gemeinsam weiter!

Faktencheck

☑ **Harvard Business School (2022):** Wer sich frühzeitig mit Aktien und Börse beschäftigt, baut langfristig erfolgreicher Vermögen auf – unabhängig von Startkapital oder Vorwissen.

☑ **Credit Suisse Global Investment Returns Yearbook (2025):** Aktien bringen langfristig im internationalen Durchschnitt etwa 6–8 % Rendite pro Jahr nach Inflation.

☑ **CFA Institute (2023):** Systematische Finanzbildung reduziert typische Anfängerfehler und fördert nachhaltige Anlagestrategien.

☑ **Vanguard Group (2022):** Anleger:innen, die regelmäßig kleine Beträge investieren (z. B. per Sparplan), erzielen überdurchschnittlich stabile Erfolge – Stichwort „Cost-Average-Effekt".

☑ **DAI Anlegerverhalten (2022):** Über 60 % aller Einsteiger:innen machen in den ersten Jahren Fehler – entscheidend ist, daraus zu lernen und dranzubleiben.

☑ **London School of Economics (2021):** Ein klarer Plan, Reflexion und Fehlerfreundlichkeit erhöhen die Wahrscheinlichkeit, als Anleger:in langfristig dabei zu bleiben.

☑ **Börsenpsychologie – Statman, Meir (2020):** Geduld, kleine Routinen und das offene Reflektieren von Fehlern sind die wichtigsten Schutzfaktoren für Einsteiger:innen.

☑ **Swisscanto Pensionskassenstudie (2023):** Anleger:innen, die Fehler und Chancen regelmäßig auswerten, erzielen auf lange Sicht stabilere Renditen und mehr Gelassenheit.

1.2. Erfolgreich in Aktien investieren – dein 4-Phasen-Fahrplan

Lisa sitzt abends am Küchentisch, die Unterlagen fein säuberlich sortiert. Mia schläft endlich, die Playlist läuft leise im Hintergrund. Die App ist offen, der Finger schwebt über dem Order-Button. Ihr Herz pocht. „Hab ich an alles gedacht? Fehlt noch was?" Aber dann lächelt sie. Sie denkt an den Zürich-Trip, an die Gespräche mit Sophie und Moritz – und weiß: Den perfekten Moment gibt's nicht. Es ist Zeit.

Moritz kniet auf dem Wohnzimmerteppich, den Laptop umgeben von Notizblöcken, Tools und Kaffeetassen. Im Chatfenster poppt eine Nachricht von Sophie auf: „Na, hast du dich schon getraut?" Moritz grinst – und merkt, wie das Analysieren langsam in Entscheidung übergeht. Sein Sprung ins Wasser? Einfach mal klicken – und den Rest später reflektieren.

Patrick schaut auf sein offenes Depot, ein Brötchen in der einen, die Maus in der anderen Hand. Die Routine gibt Sicherheit – aber der erste Kauf fühlt sich trotzdem riesig an. „Wird schon schiefgehen", denkt er und erinnert sich an den Satz seiner Tochter: „Papa, auch kleine Schritte zählen." Also klickt er – und ist plötzlich dabei.

Kennst du das?

Das Herz schlägt schneller, der Verstand ruft nach einem Plan – und trotzdem: Jetzt ist der Moment. Hier, mit uns.

Viele, die heute an der Börse starten, berichten von genau diesem Gefühl. Ob Anfang 20, um die 50, Mathe-Fan oder Kopfrechner-Verweigerer:

Jede:r kann investieren lernen – in jedem Alter, mit jedem Hintergrund, in jedem Tempo. Du bist nicht allein – und du bist garantiert nicht „zu spät dran".

Reality-Check: So war mein erster Aktienkauf …

„Ich hab monatelang gezögert, weil ich dachte, ich müsste alles verstehen. Am Ende habe ich mir einfach fünfzig Euro genommen und meine erste Aktie gekauft.

Das Gefühl, wirklich Miteigentümerin zu sein, war plötzlich ganz real. Und ich war stolz wie nie!"
– Julia, 24, Studentin aus Leipzig

„Mein Kumpel hat schon seit einem Jahr investiert, aber ich dachte immer, das wäre nur was für Leute mit viel Geld. Als ich es dann doch gemacht habe, war ich super nervös – aber irgendwie auch mega neugierig. Nach dem ersten Kauf hab ich jede Kursbewegung verfolgt. Heute bin ich froh, dass ich's einfach probiert habe."
– Can, 27, Berufseinsteiger aus Essen

Lisa: „Ich dachte, ich müsste erst alles perfekt verstehen – aber der Stolz nach dem ersten Klick ist das beste Motivations-Feuerwerk."
Moritz: „Ich hab alles durchgerechnet – und dann trotzdem gezögert. Der Unterschied? Der Mut, wirklich anzufangen."
Patrick: „Mit fast 50 noch Einsteiger – und trotzdem fühlt es sich an wie ein Neuanfang. Hauptsache, ich habe überhaupt losgelegt."

Was dich in diesem Kapitel erwartet

Dieses Kapitel ist kein trockenes Handbuch – sondern dein echter Praxis-Guide, der dich Schritt für Schritt durch den gesamten Investmentprozess führt. Du bekommst:

- **Einen klaren 4-Phasen-Plan:** Vom Broker, über den ersten Kauf, durch die Haltephase bis zum Ausstieg – einfach, sicher, nachvollziehbar.
- **Eine Mini-Checkliste zum Start:** Damit du weißt, welche Unterlagen und Gedanken du parat haben solltest (und was nicht nötig ist).
- **Zeitangaben pro Phase:** Damit du realistisch planen kannst – egal, ob du heute Abend loslegst oder dich erst morgen traust.
- **Vergleichs-Tipps für Broker:** Mit Link zu neutralen Übersichten (z. B. Finanztip, justETF, Stiftung Warentest – keine Werbung).
- **Fehlervermeidungs-Tipps:** Für jede Phase, damit du typische Anfängerfehler von Anfang an umschiffst.
- **Den Mut, auch mit einem Musterdepot oder auf Papier zu starten – ganz ohne Risiko.**

Dein Investmentprozess im Überblick

Phase	Fokusbereich	Ziel dieser Etappe	Zeitbedarf (Ø)
1.2.1	Brokerauswahl	Dein Zugang zum Markt	ca. 30–60 Min.
1.2.2	Kauf einer Aktie	Deine erste Order – Schritt für Schritt	ca. 20–40 Min.
1.2.3	Haltephase	Dranbleiben, verstehen, reagieren	laufend (5 Min./Woche)
1.2.4	Verkauf & Exit	Bewusst beenden, nicht panisch verkaufen	ca. 15–30 Min.

O-Ton
„Mein größter Fehler war, ewig auf den perfekten Einstiegszeitpunkt zu warten. Heute bin ich froh, dass ich einfach mal angefangen habe."
– Jonas, 29, UX-Designer

Mini-Checkliste zum Start
Bevor du loslegst, hilft es, Folgendes bereitzuhalten:

- Einen Personalausweis (für die Broker-Anmeldung)
- Eine E-Mail-Adresse und ein Handy (für TANs/Bestätigungen)
- Deine Steuer-ID (in Deutschland, wird oft benötigt)
- Zeit und einen ruhigen Moment – am besten ohne Ablenkung
- Ein Notizbuch oder digitales Tool für deine Beobachtungen

Extra-Tipp: Überleg dir kurz, wie viel Geld du investieren möchtest – und welches Risiko du maximal eingehen willst. Alles andere lernst du unterwegs!

Praxis-Tipp: Du musst nichts auf Anhieb perfekt machen. Lies die Phasen, spring dorthin, wo du gerade stehst – oder geh mit Lisa, Moritz und Patrick Schritt für Schritt. **Jeder Start ist einzigartig – und genau das macht es spannend.**

Moritz: „Mein erster großer Fehler? Nicht das Verlieren von Geld – sondern das ständige Aufschieben. Heute starte ich lieber, als ewig zu zögern."

Extra für Fortgeschrittene: Auch Profis profitieren von Struktur: Die meisten Verluste entstehen nicht aus Unwissenheit, sondern weil der Plan fehlt. Jetzt schaffst du dir deinen eigenen.

Fehlerfreundlich & ohne Druck: Testlauf erlaubt! Du kannst jeden Schritt erst mit einem Musterdepot, Demo-Account oder sogar auf Papier simulieren – ohne echtes Geld, ohne Risiko. Das nimmt Druck und baut Routine auf.

Golden Nugget: Der beste Plan ist der, der dich ins Handeln bringt – nicht der, der perfekt ist. Starte jetzt, lerne unterwegs und wachse mit jedem Schritt.

Mentor-Moment: „Keiner wird Profi, bevor er loslegt. Mut schlägt Perfektion – immer.“ Niemand springt als Profi ins Wasser – aber wer schwimmen will, muss irgendwann loslassen. Die wichtigste Regel: Ein klarer Plan schlägt jedes Bauchgefühl. Kein Raketenstart nötig – nur der Mut für Schritt eins.

Moritz sagt: „Ich dachte, ich müsste alles verstehen, bevor ich starte – aber wirklich gelernt habe ich erst beim Tun.“
Lisa ergänzt: „Mein erster Schritt war klein – aber er hat alles verändert.“
Patrick grinst: „Auch mit 48 ist es nicht zu spät, um Neues zu wagen.“

Cliffhanger: Bereit? Dann starten wir gemeinsam mit Phase 1 – der Brokerauswahl. Dein Einstieg ist unser gemeinsamer Sprung ins Investorenleben!

Faktencheck

- ☑ **Princeton University (2022):** Aktien sind Unternehmensbeteiligungen und stellen das zentrale Element des globalen Kapitalmarkts dar – ihre Wertentwicklung spiegelt die reale Wirtschaft.
- ☑ **Deutsche Bundesbank (2023):** Aktienmärkte sind über Jahrzehnte hinweg die renditestärkste Anlageklasse – bei kurzfristig teils starken Schwankungen.
- ☑ **European Securities and Markets Authority (ESMA, 2023):** Die Preisbildung von Aktien erfolgt durch Angebot und Nachfrage – beeinflusst durch Nachrichten, Erwartungen und Unternehmensdaten.
- ☑ **University of St. Gallen (2023):** Über 70 % aller großen Innovationen der letzten 100 Jahre wurden von börsennotierten Unternehmen finanziert – Aktienmärkte treiben Fortschritt und Wachstum.
- ☑ **Nobelpreis-Komitee (Fama/French, 2013):** Breite Streuung (Diversifikation) im Aktienportfolio senkt das Risiko einzelner Verluste, ohne die Renditeerwartung zu schmälern.
- ☑ **Finanztest Stiftung Warentest (2024):** Aktien eignen sich grundsätzlich für langfristige Anlageziele – kurzfristige Spekulation führt statistisch häufiger zu Verlusten als zu Gewinnen.

☑ **BlackRock Investor Pulse (2023):** Die Mehrheit der Privatanleger:innen unterschätzt die Bedeutung von Dividenden – sie machen im Schnitt ein Drittel der langfristigen Gesamtrendite aus.
☑ **Bank for International Settlements (BIS, 2022):** Aktienmärkte sind zentral für die Finanzierung von Innovation, Nachhaltigkeit und Infrastruktur – sie fördern gesamtwirtschaftliche Stabilität.

1.2.1. Phase 0: Die Brokerauswahl – dein Zugang zur Börse

„Bevor du loslegst, brauchst du den Schlüssel zum Spielfeld.“
– Josef Obergantschnig

Drei Wege zum ersten Depot – jede Entscheidung ein kleiner Sprung.
Lisa will ein nachhaltiges ETF-Portfolio und fragt sich: „Welche Bank passt dazu?“ **Moritz** sucht eine App, die alles einfach macht – versteht aber die Gebühren noch nicht komplett. **Patrick** lässt sich beraten und bekommt ein teures Komplettpaket angeboten – und fragt sich, ob das wirklich für ihn taugt.
Kennst du das? Am Anfang wirkt alles wie ein Zahlendschungel. Und trotzdem sagen viele: Der erste Schritt war überraschend einfach – sobald ich wirklich gestartet bin.

Reality-Check: Dein erster Broker-Moment
„Ich habe am Anfang meinen Depotzugang vergessen und dreimal das Passwort falsch eingegeben. Zum Glück gibt's Support – und jetzt weiß ich: Fehler gehören dazu.“
– Max, 32, Techniker

„Ich hab drei Wochen recherchiert, dann einfach das Depot eröffnet. Nach zehn Minuten war ich startklar – und hab mich gefragt: Warum hab ich's nicht früher gemacht?“
– Melina, 27, Startup-Gründerin

Das brauchst du wirklich für die Depoteröffnung
Bevor du loslegst, halte bereit:
- Personalausweis
- Steuer-ID
- E-Mail-Adresse & Handy
- Ruhigen Moment (15–30 Minuten reichen fast immer!

Extra-Tipp: Schreib dir deine Zugangsdaten auf – am Anfang geht der PIN öfter mal verloren!

Gut zu wissen: Viele Depots sind heute in weniger als 30 Minuten eröffnet – oft sogar in 15! Ein paar Klicks, ein Video-Call für die Legitimation – fertig.

Sicherheits-Tipp: Fake oder seriös?
Woran erkennst du einen vertrauenswürdigen Broker?

- EU-Regulierung (bzw. Sitz in Deutschland oder einem EU-Land)
- Einlagensicherung (mind. 100.000 € pro Kund:in)
- Viele positive, echte Bewertungen
- Transparente Gebühren & Impressum
- Keine unrealistischen Versprechen („Sicherer Gewinn", „Nur heute gratis" = Warnsignal!)
- Guter Support – telefonisch oder per Chat

Stolperstein: Vorsicht bei Brokern ohne Impressum, mit Sitz außerhalb der EU oder ohne Regulierungsnachweis!

Zwei Wege – ein Ziel: Was passt zu dir?
Hausbank oder Online-Broker – Komfortcafé oder Coffee-to-go?

- **Hausbank:** Persönlicher Service, etwas teurer, oft Beratung inklusive – manchmal mit Provision.
- **Onlinebroker:** Schnell, günstig, digital – du entscheidest selbst, brauchst aber einen klaren Plan.

Merkmal	Hausbank	Onlinebroker
Service	Persönlich, oft mit Beratung	Do-it-yourself, meist kein persönlicher Kontakt
Gebühren	höher	meist günstiger
Beratung	persönlich, teils provisionsgetrieben	keine oder nur digital
Steuern	automatisiert	bei Auslandsbrokern teils selbst
Bedienung	klassisch, teils träge	App-basiert, modern, intuitiv
Zielgruppe	Komfortorientierte Anleger:innen	Selbstentscheider:innen

Fun Fact: Die meisten Anfänger googeln in der ersten Woche mindestens dreimal, was ein „Spread" ist. Nein, es ist kein Brotaufstrich, sondern dein erster Kostenfaktor! Der Spread ist die Differenz zwischen Kauf- und Verkaufskurs – je größer er ist, desto mehr zahlst du beim Kaufen und Verkaufen.

Praxis-Extra: Teste deinen Broker-Wunsch ruhig erst mit einem Musterdepot oder Demokonto. „Mein erstes Musterdepot war eine Katastrophe – aber zum Glück nur auf dem Papier!"

Kosten und Gebühren auf einen Blick

- **Transaktionskosten:** Für Kauf und Verkauf
- **Depotgebühr:** Jährlich oder volumenbasiert
- **Zusatzkosten:** Fremdwährungen, Börsenplatzwahl, Dividenden
- **Spread:** Achte darauf, dass bei wenig gehandelten Aktien oder exotischen Börsenplätzen die Differenz zwischen Kauf- und Verkaufspreis (Spread) besonders groß sein kann.

→ **Diese Kosten nagen an deiner Rendite – Augen auf!**

Warum Fungibilität so wichtig ist

Wertpapiere sind flexibel und fungibel: Das heißt, deine Aktie ist überall gleich viel wert und schnell übertragbar. So schützt du dich vor bösen Überraschungen, falls du einmal den Broker wechseln möchtest. Du kannst deine Aktien von Broker A zu Broker B umziehen – in wenigen Tagen, meist ganz ohne Papierkram.
Das Besondere: Jede Aktie eines Unternehmens ist exakt gleich viel wert und vollkommen austauschbar – egal, wer sie hält oder wo sie gehandelt wird. Das unterscheidet die Börse von „echten" Unternehmensbeteiligungen (wie beim Bäcker um die Ecke), wo Anteile oft individuell, schwer übertragbar und nicht immer gleich viel wert sind. Beim Bäcker steckst du meist alles in einen Korb. An der Börse kannst du dein Risiko auf viele Unternehmen verteilen.

Fehltritt-Box: Mein größter Broker-Fail

„Ich wollte clever sein – und habe ein Wertpapierdepot im Ausland eröffnet, um günstig an Aktien in Osteuropa zu kommen. Die Eröffnung war schon ein Abenteuer (viel Papierkram, Wartezeit, Sprachhürden). Noch schwieriger wurde es, als ich die Aktien wieder verkaufen wollte: Ohne persönlichen Besuch vor Ort oder einen teuren Notar lief gar nichts. Plötzlich war ich im Namensregister eingetragen – als Miteigentümer, aber praktisch gefangen im System. Zeit, Nerven und Gebühren – und am Ende kein Gewinn, sondern ein dicker Erfahrungszuwachs."

Learning

Auch wenn exotische Depots oder „Sonderlösungen“ manchmal spannend klingen:

- Prüfe immer, wie flexibel du wirklich bist!
- Achte auf die **Fungibilität**: Wertpapiere müssen einfach übertragbar, leicht handelbar und im Notfall schnell verfügbar sein.
- Am Ende zählt oft nicht die billigste Lösung, sondern die, die dich nicht einsperrt.

Flexibilität schlägt Exotik. Lieber einmal mehr den Service und die Handelbarkeit prüfen als sich vom Lockangebot blenden lassen.

Fazit: Guter Zugang schlägt jeden Exoten-Bonus. Und: Erst prüfen, wie du wieder rauskommst – nicht nur, wie du reinkommst!

Vergleich: Beteiligung beim Bäcker vs. Aktie an der Börse

Merkmal	Bäcker ums Eck	Börsennotiertes Unternehmen
Zugang	Persönliche Absprache, Notar	Ein Klick im Depot
Flexibilität	Kaum handelbar	Jederzeit handelbar
Bewertung	Schätzungsbasiert	Täglicher Marktpreis
Verantwortung	Operativ eingebunden	Keine operative Rolle
Diversifikation	Hohes Klumpenrisiko	Weltweit streu- und skalierbar

Tool: Dein persönlicher Broker-Check
Hake ab, was zu dir passt:

Kriterium	Frage an dich selbst	Ja/Nein
Gebührenstruktur	Sind Orderkosten & Depotführung fair?	
Steuerabwicklung	Führt der Broker automatisch die KESt ab (steuereinfach)?	
Marktzugang	Kann ich die Aktien/Fonds/ETFs handeln, die mich interessieren?	
Plattform & Bedienung	Verstehe ich die App oder Webseite intuitiv?	
Service & Erreichbarkeit	Gibt es Support bei Problemen?	
Sicherheit & Regulierung	Ist der Anbieter in der EU reguliert, mit Einlagensicherung?	
Zusatznutzen	Gibt es ETF-/Aktien-Sparpläne, Analysefunktionen, Lernangebote?	

Gerade für Einsteiger:innen lohnen sich Broker mit kostenfreien Lernangeboten oder ETF-Sparplänen ohne Ordergebühr.

Meta-Kompetenz: Depotwechsel leicht gemacht
Sarah, 27, hat nach zwei Jahren gewechselt: „Ich dachte, das wäre total kompliziert. Aber der neue Broker hat alles übernommen. Jetzt spar ich Gebühren und bin flexibler als je zuvor."

Dein Depot ist kein Vertrag auf Lebenszeit – Wechsel ist jederzeit möglich.

Take-Aways – Das Wichtigste auf einen Blick

- Ohne Depot keine Aktie – die Brokerauswahl ist dein Startpunkt.
- Es gibt nicht den „besten" Broker – nur den besten für dich.
- Vergleiche Gebühren, Service, App-Bedienung und Steuerlogik.
- Denk an morgen: Wenn du langfristig investieren willst, zählt auch, wie einfach dein Broker dich begleitet.

So entscheiden sich Lisa, Moritz & Patrick

- **Lisa:** „Mir war wichtig, dass mein Broker nachhaltige Fonds anbietet – und die App leicht bedienbar ist. Ich nutze jetzt einen Anbieter mit automatischer Steuerabfuhr."
- **Moritz:** „Ich habe mit einem Online-Broker gestartet, der ETFs kostenlos anbietet. Für meine Sparpläne ideal – und die App ist super intuitiv."
- **Patrick:** „Ich habe mein Depot bei der Hausbank – das kostet zwar mehr, aber ich schätze den Ansprechpartner. Für mich passt das."

Reflexionsfragen

- Willst du alles selbst managen – oder lieber gelegentlich beraten werden?
- Wie viel bist du bereit, für Bequemlichkeit oder Kontrolle zu zahlen?
- Ist dir wichtig, dass dein Broker auch nachhaltige Produkte anbietet?

Golden Nugget: Das beste Depot ist nicht das billigste oder stylischste – sondern das, das dir passt und dir wirklich den Weg zur Börse öffnet.

Mentor-Moment: Dein Depot ist wie dein erstes Fahrrad: Anfangs ungewohnt, manchmal holprig – aber plötzlich willst du gar nicht mehr absteigen.

Lisa: „Am wichtigsten war für mich, dass ich alles verstehe – nicht, dass ich die niedrigsten Gebühren habe."
Moritz erinnert sich: „Beim ersten Depot hatte ich mehr Angst vor Fehlern als vor echten Verlusten. Aber mit jedem Klick wurde es leichter."
Patrick lacht: „Mein Stil ist vielleicht altmodisch – Hauptsache, ich weiß, wo ich langfahre."

Cliffhanger: Bereit für deinen ersten Aktienkauf? Im nächsten Abschnitt zeigen wir dir Schritt für Schritt, wie du aus einer Idee eine echte Beteiligung machst – inklusive Orderarten, Wechselkursen und Preisstrategien.

Faktencheck

☑ **Harvard Business Review (2023):** Die Auswahl des richtigen Brokers beeinflusst Gebührenstruktur, Komfort und letztlich die Rendite maßgeblich – Transparenz bei Kosten ist entscheidend.

☑ **European Securities and Markets Authority (ESMA, 2023):** Europaweit sind Standards für Anlegerschutz, Orderausführung und Einlagensicherung vorgeschrieben; Details variieren je nach Land und Broker.

☑ **Finanztest Stiftung Warentest (2024):** Deutliche Unterschiede bei Depotgebühren, Orderkosten und Service; regelmäßige Vergleiche sparen Anleger:innen langfristig Geld.

☑ **Swiss Finance Institute (2022):** Digitale Broker bieten oft günstigere Konditionen, aber weniger persönliche Beratung – wichtig ist, das eigene Nutzungsverhalten zu kennen.

☑ **Frankfurt School of Finance & Management (2023):** Die Benutzerfreundlichkeit (Usability) der Handelsplattform beeinflusst maßgeblich das Anlageverhalten und die Fehlerquote bei Einsteiger:innen.

☑ **CFA Institute (2023):** Die Sicherheit von Kundendaten und eine verlässliche technische Infrastruktur sind zentrale Auswahlkriterien – besonders bei neuen, reinen Online-Brokern.

☑ **Deutsche Bundesbank (2023):** Einlagen bei europäischen Brokern sind in der Regel bis zu 100.000 € pro Kunde gesetzlich abgesichert (EU-Einlagensicherung), aber Sonderregelungen und nationale Unterschiede beachten!

☑ **Finanztip (2024): Warnung: Broker mit Sitz außerhalb der EU bieten oft keine Einlagensicherung und erschweren die Steuerabwicklung.**

1.2.2. Phase 1: Kauf einer Aktie – So wirst du zum Unternehmer

„An der Börse wirst du nicht automatisch besser –
aber du wirst automatisch beteiligt.“
– Josef Obergantschnig

Lisa, Moritz & Patrick vor ihrer ersten Aktie

Noch bevor der Tag richtig losgeht, stolpert irgendwo zwischen Köln, Wien und Zürich jemand in Pyjama und Hausschuhen zum ersten Mal über das Wort Aktie. **Lisa** ist heute eine von ihnen: Kaffee in der Hand, App geöffnet – rotes Minus. Ein Gedanke: „Hätte ich das Geld doch einfach auf dem Sparbuch gelassen …“ Was sie nicht weiß: **Moritz**, seinetwegen wurde gestern im Bus „Unicorn Tech“ gekauft – sein erster Tipp auf Instagram. Heute fragt er sich schon: „Was machen die eigentlich genau?“ Und **Patrick?** Blättert durch das Handelsblatt, sieht alte Charts und spürt: „So lange gezögert … Was, wenn ich zu spät bin?“

Drei Lebensgefühle, ein gemeinsamer Moment: Der erste Aktienkauf.

Wer jetzt beginnt, spürt Aufregung, Zweifel, Hoffnung – und, ganz ehrlich, ein bisschen Lampenfieber.

Das echte Abenteuer beginnt

Du hast dein Depot, die Finger schweben über dem Button – und alles fühlt sich plötzlich größer an als jede Theorie. Jetzt geht es nicht mehr um Tutorials, sondern um dein Geld. **An der Börse wirst du nicht automatisch besser – aber du bist ab dem ersten Klick automatisch beteiligt.** Das ist mehr als ein technischer Vorgang. Es ist der Moment, in dem aus Beobachtern Miteigentümer werden – und aus Angst Lust auf Wachstum.

Mini-Checkliste für deinen ersten Aktienkauf

Bevor du startest, halte bereit:

- Deine Zugangsdaten fürs Depot
- Die WKN/ISIN der gewünschten Aktie
- Gewünschte/r Stückzahl/Betrag
- Bankverbindung oder Guthaben auf dem Verrechnungskonto
- Klarheit über die Orderart (Market/Limit)
- Check: Wechselkurs, falls Auslandstitel

Typische Anfängerfehler vermeiden

- Nicht überhastet klicken – kontrolliere alle Angaben vor dem Kauf!
- Gebühren und Orderkosten prüfen, bevor du abschickst.
- Lieber mit kleiner Summe starten, um den Ablauf zu verstehen.

Learning-Box: Mein erster echter Fehlgriff

„Ich kann mich noch genau erinnern, wie ich damals als Wertpapierhändler plötzlich komplett allein im Büro saß – mein Chef war krank, niemand sonst im Haus. Mit zittrigen Händen sollte ich meine erste Order durchführen. Und dann hab ich es tatsächlich verbockt: Ich habe gekauft, wo ich eigentlich verkaufen sollte. Zack, ein paar tausend Euro Schaden. Erst kam der Schock, dann die Lektion: Fehler gehören dazu, sogar bei Profis – und wer aus ihnen lernt, wächst doppelt. Seitdem prüfe ich immer alles zweimal, aber vor allem habe ich keine Angst mehr vor Fehlern. Sie sind Teil des Spiels.“

So geht's jetzt Schritt für Schritt

1. **Market Order – der Sprung ins kalte Wasser:**
   „Kaufen – sofort zum nächstbesten Kurs.“ Schnell, einfach, ein bisschen wie beim Online-Shopping – aber der Preis kann sich in der Sekunde ändern.
2. **Limit Order – die Sicherheitsleine:**
   Du bestimmst, wie viel du maximal zahlen willst. Wird der Preis nicht erreicht, passiert – nichts. Geduld schlägt Impuls, und du behältst die Kontrolle.
3. **Ordergültigkeit – wie lange willst du hoffen?**
   Bestimme, wie lange dein Auftrag bestehen bleibt. Heute, bis Freitag – oder bis zum Monatsende?

Was kostet dein erster Kauf?

Neben dem Aktienpreis zahlst du:

- Ordergebühr (je nach Broker meist 0–10 €)
- Börsenplatzgebühr (bei manchen Brokern separat)
- Wechselkursgebühr (bei Auslandstiteln)

Tipp von Moritz: Vor dem Abschicken siehst du im Orderfenster alle Kosten auf einen Blick. Bei Unsicherheit: Einen Euro mehr einzahlen, um keine böse Überraschung zu erleben!

Fairness-Check: Ist der Kurs okay?

- Vergleiche den aktuellen Kurs deiner App mit einem Finanzportal (onvista, justETF, Yahoo Finance).
- Achte auf die „Spread"-Anzeige – und meide ungewöhnlich große Abweichungen vom Referenzkurs.
- Keine Panik bei kleinen Schwankungen – das ist Alltag.

So testest du, ob dein Kauf geklappt hat (Patrick-Tipp):

- Direkt nach der Order bekommst du eine Bestätigung (App, E-Mail oder Push-Nachricht).
- Im Depot siehst du die neue Aktie meist nach ein paar Minuten, manchmal erst am nächsten Werktag.
- Im Zweifel: Kontoauszug checken – oder den Support fragen.

Mini-O-Töne aus der Community:

„Ich war so nervös, dass ich die Order zweimal abgebrochen habe – am Ende war's ganz easy!"
– Jennifer, 25

„Mein erster Kauf war eine Market Order – ich hab erst später verstanden, dass das auch anders geht. Heute bin ich Limit-Fan."
– Ali, 31

Was du dir merken solltest:

- Der erste Kauf ist weniger Zaubertrick als Routine – und jedes Mal ein bisschen aufregend.
- Die richtige Orderart gibt Sicherheit, schützt vor Panik und unnötigen Fehlern.
- Wechselkurs, Gebühren und Orderdauer sind die versteckten Faktoren beim Einstieg.

So entscheiden sich Lisa, Moritz & Patrick

- **Lisa:** Setzt eine Limit Order, bleibt entspannt und kontrolliert.
- **Moritz:** Probiert erst die Market Order, dann die Limit Order – learning by doing!
- **Patrick:** Wählt, was für ihn überschaubar ist – keine Spielchen, klare Sache.

Deine Mini-Challenge: Teste heute im Demo-Modus oder mit einer kleinen Summe die Orderarten. Notiere deine Learnings, teil sie mit einer Vertrauensperson oder als #MeineErsteAktie-Story.

Golden Nugget: Fehler machen alle – aber wachsen tun nur die, die weitermachen. Mit jedem Kauf wirst du weniger Zuschauer:in und mehr Gestalter:in deines Finanzlebens.

Mentor-Moment: Vom Zusehen zum Teilhaben: Genieße das Gefühl – jetzt gestaltest du mit. Und ja, Fehler gehören dazu!

Lisa: „Ich habe gelernt, dass Unsicherheit nie ganz verschwindet. Man wächst hinein."
Moritz grinst: „Mein erstes Investment war alles andere als ein Volltreffer – aber es hat mir Mut gemacht."
Patrick: „Mein Fehler war, zu lange zu warten. Heute weiß ich: Einfach loslegen ist das Beste."

Cliffhanger: Die erste Aktie ist gekauft – und plötzlich bist du Mitunternehmer:in. Was jetzt? Im nächsten Kapitel wartet die Haltephase – der echte Alltag als Aktionär:in. Dort zeigt sich, wer Nerven behält und warum ‚nichts tun' manchmal die schwierigste, aber beste Entscheidung ist.

Faktencheck

☑ **London Business School (2023):** Mit dem Erwerb einer Aktie wird der:die Anleger:in formal Miteigentümer:in des Unternehmens und partizipiert an dessen Erfolg oder Misserfolg.

☑ **Yale School of Management (2022):** Aktionär:innen können durch ihr Stimmrecht auf Hauptversammlungen Einfluss auf Unternehmensentscheidungen nehmen.

☑ **Princeton University (2023):** Der Kauf einer Aktie ist meist innerhalb weniger Minuten über Online-Broker und digitale Handelsplattformen möglich – nach einmaliger Identifizierung.

☑ **Deutsche Börse AG (2024):** Beim Aktienkauf entstehen Kauf- und ggf. Depotgebühren, deren Höhe je nach Broker und Ordervolumen stark variiert.

☑ **CFA Institute (2023):** Eine Aktie verleiht nicht nur Anspruch auf potenzielle Kursgewinne, sondern auch auf Dividenden – sofern das Unternehmen ausschüttet.
☑ **Harvard Business School (2022):** Die meisten Unternehmen geben Stamm- und Vorzugsaktien aus; Unterschiede betreffen Mitspracherechte und Gewinnbeteiligung.
☑ **Bank of England (2022):** Die Börse ist ein geregelter Marktplatz, der Liquidität und Transparenz bei der Preisfindung sicherstellt – für Privatanleger:innen wie Profis.
☑ **Finanztest Stiftung Warentest (2024):** Die Ausführung des Aktienkaufs erfolgt zum aktuellen Börsenkurs – dieser kann innerhalb von Sekunden schwanken.
☑ **Swiss Finance Institute (2023):** Jeder Aktienkauf wird in einem elektronischen Depot verbucht; der Besitz ist durch regulatorische Rahmenbedingungen geschützt.
☑ **OECD (2023):** Aktienkauf ist ein zentraler Treiber von Innovation und Wachstum – weltweit steigt die Zahl der Privataktionär:innen kontinuierlich an.

1.2.3. Phase 2: Halteperiode – So bleibst du investiert

„Geduld ist wie ein Garten: Er wächst nicht schneller, wenn du jeden Tag an den Pflanzen ziehst – im Gegenteil: Du reißt sie aus der Erde."
– Josef Obergantschnig

Dein Depot, dein Alltag: Was jetzt zählt
Lisa sitzt auf dem Sofa, Tee dampft in der Tasse, das Handy zeigt grüne und rote Kurse. **Moritz** wischt morgens routiniert durch seine App – will lernen, aber nicht mehr verrückt werden. **Patrick** hängt die Dividendenabrechnung an den Kühlschrank: „Ein Stück Vermögen, ein bisschen mehr Ruhe."
Viele erleben: Der eigentliche Lernprozess beginnt erst nach dem Kauf.

Realität nach dem Kauf – Drei Stimmen, ein Dilemma
Lisa: „Sollte ich mehr machen? Oder weniger?"
Moritz: „Könnte ich Gewinne sichern? Aber was, wenn ich den Anstieg verpasse?"
Patrick: „Dividenden sind cool – aber was mache ich mit der Steuer?"
Was sie alle eint: Die Frage nach dem perfekten Umgang mit der Haltephase.

Was in der Haltephase wirklich zählt

Thema	Was du beachten solltest
Dividenden	Automatische Gutschrift, Quellensteuer beachten
Steuern	Inländische Broker führen KESt ab, Auslandsbroker oft nicht
Wechselkurs	Bei Auslandsaktien schwankt dein Ertrag mit der Währung
Rebalancing	Passt dein Depot noch zur Strategie?
Psyche & Disziplin	Weniger tun ist oft mehr – Geduld zahlt sich aus

Emotionen: Achtsam beobachten – nicht jedes Gefühl braucht eine Reaktion.

Selbsttest: Wie oft checkst du dein Depot?
Mach den Mini-Check:

- Täglich?
- Einmal pro Woche?
- Einmal pro Monat?
- Selten?

Reflexion: Wie fühlst du dich dabei? Was bringt es dir wirklich?

Tipp: „Es gibt kein ‚Richtig' oder ‚Falsch'." – Dieser Satz sollte fett sein, um Normdruck rauszunehmen.

Welcher Halte-Typ bist du?

- **Der Checker**: Schaut täglich ins Depot, liebt Kontrolle.
- **Der Gelassene**: Prüft nur ab und zu, setzt auf Automatismen.
- **Der Tracker**: Führt Listen, notiert Bewegungen, mag Struktur.
- **Der „Out of Sight"-Typ**: Schaut kaum noch rein – vertraut auf die Strategie.

Tipp: Es gibt kein „Richtig" oder „Falsch". Aber zu viel Checken bringt selten mehr Rendite.

Fehltritt-Box & Wachstumskultur
Moritz erzählt: „Als der Markt runterging, hab ich panisch verkauft – und direkt bereut. Jetzt checke ich mein Depot nur noch am Freitag. An schlechten Tagen geh ich joggen, anstatt zu handeln."
Lisa ergänzt: „Ich habe früher jede Push-Nachricht geöffnet – jetzt weiß ich: Weniger Stress, mehr Ruhe."

Learning: Fehler sind normal. Entscheidend ist, dass du daraus Routinen entwickelst. Routine ist dein bester Schutz gegen Aktionismus.

Handlungs-Trigger: Wann solltest du doch aktiv werden?

Nicht jede Bewegung verlangt eine Reaktion. Aber handeln ist sinnvoll:

- Bei gravierenden Unternehmensnachrichten (Skandal, Bilanzfälschung, Übernahme).
- Wenn sich deine Lebenssituation stark ändert.
- Beim regelmäßigen Rebalancing (1–2x pro Jahr).
- Wenn deine Strategie nicht mehr zu dir passt.

Mini-Tool: Mein Haltephasen-Plan

Aufgabe	**Wann?**	**Wie?**	**Status (✓)**
Depotüberblick	Quartalsweise	Check App & Notizen	
Dividenden & Steuerdokumente	Bei Eingang/ jährlich	Dokumente ablegen & Steuer prüfen	
Rebalancing	Halbjährlich/ jährlich	Gewichte prüfen & ggf. anpassen	
Große Neuigkeiten prüfen	Bei Ereignissen	Nachrichten lesen, notieren	
Ruhe bewahren	Täglich	Push-Nachrichten filtern, Achtsamkeit	

Nutze den Plan, um deine Haltephase zu strukturieren und gelassen zu bleiben.

Unterstützung holen – du bist nicht allein

Manchmal ist es gut, Profis ins Boot zu holen:

- Steuerberater:innen helfen bei Fragen zur Quellensteuer und Doppelbesteuerung.
- Finanzcoaches oder unabhängige Berater:innen begleiten dich in schwierigen Phasen.
- Apps mit intelligenten Alerts reduzieren Stress und helfen bei der Übersicht.

Tipp: Profis sind keine Schwäche, sondern ein kluger Schritt zur Souveränität.

Community-O-Ton: Haltephase – der Sprung ins kalte Wasser

„Der Einstieg war einfach, aber die Geduld war die echte Prüfung. Nach einigen Monaten hatte ich Angst, zu viel zu verlieren. Die Challenge, einfach nicht zu handeln und auf mein Wachstum zu vertrauen, war mein größter Schritt."

– Melissa, 29, Grafikdesignerin

Take-Aways – Das Wichtigste auf einen Blick

- Die Haltephase entscheidet über deinen Erfolg.
- Routinen und Selbstschutz sind deine besten Freunde.
- Fehler gehören dazu – sie helfen dir zu wachsen.
- Handeln nur bei echten Triggern, sonst Ruhe bewahren.
- Profis können dich unterstützen – nutze das, wenn nötig.

So denken Lisa, Moritz & Patrick

Lisa: „Früher habe ich ständig mein Depot gecheckt und war gestresst. Heute vertraue ich auf meine Strategie und gönne mir auch mal Pausen. Das gibt mir viel mehr Sicherheit."

Moritz: „Ich habe gelernt: Nicht jeder kleine Kursrückgang ist ein Weltuntergang. Meine neue Routine hilft mir, ruhig zu bleiben und langfristig zu denken."

Patrick: „Meine Erfahrung aus dem Immobiliengeschäft hilft mir hier: Geduld ist Gold wert. Mit meiner Checkliste behalte ich den Überblick und bleibe entspannt."

Reflexionsfragen

- Wie oft schaust du wirklich ins Depot? Wie fühlst du dich dabei?
- Was sind deine größten Stressauslöser und wie kannst du sie minimieren?
- Welche Routinen helfen dir, gelassen zu bleiben?
- Wann war deine letzte emotionale Fehlentscheidung? Was hast du gelernt?
- Nutzt du externe Unterstützung oder Tools?

Community-Impuls/Challenge

Probier die „Eine Woche ohne Depot-Check"-Challenge! Notiere dein Gefühl. Teile deine Erfahrung unter #Haltephase oder im Freundeskreis. Wie wirkt sich das auf deinen Stress aus?

Golden Nugget: Dein Depot wächst nicht durch Kontrolle – sondern durch Geduld und Vertrauen in deinen Plan.

Mentor-Moment: Die beste Rendite bekommst du nicht durchs Hinsehen – sondern durchs Dranbleiben.

Lisa: „Mein Depot fühlt sich am besten an, wenn ich ihm einfach Zeit gebe."

Moritz sagt: „Die Versuchung, ständig zu checken, ist riesig – aber langfristig hilft nur Geduld."

Patrick: „Ich kontrolliere weniger und schlafe besser – das ist die wahre Rendite."

Cliffhanger: Bereit für den Ausstieg? Im nächsten Kapitel lernst du, wann der richtige Zeitpunkt zum Verkaufen ist – und warum Abschiednehmen manchmal Mut braucht.

Faktencheck

☑ **Yale/Princeton (Robert Shiller, 2022):** In der mehr als 150-jährigen Börsengeschichte gab es keine 20-Jahres-Periode, in der ein Investor real – also nach Inflation – mit Aktien Verluste erlitten hat (Quelle: „Irrational Exuberance", Shiller sowie Yale Department of Economics Research 2022).

☑ **Credit Suisse Global Investment Returns Yearbook (2025):** Wer Aktien mindestens 10 Jahre hält, reduziert das Risiko eines Verlusts auf historisch unter 15 % – bei Halteperioden von 15 Jahren nahezu auf null.

☑ **Vanguard Group (2023):** Längere Haltefristen erhöhen die Wahrscheinlichkeit positiver Renditen signifikant; kurzfristiges Trading ist mit höheren Risiken und Kosten verbunden.

☑ **Princeton University (2022):** Die durchschnittliche Haltezeit für Aktien ist in den letzten Jahrzehnten von acht auf weniger als zwei Jahre gesunken – langfristig Investierende erzielen dennoch stabilere Ergebnisse.

☑ **University of Oxford (2023):** Aktienmärkte schwanken stark; nur wer Phasen der Volatilität aussitzen kann, profitiert vom langfristigen Wachstum der Wirtschaft.

☑ **BlackRock Investor Pulse (2023):** Langfristige Anleger:innen, die Haltefristen von 5–15 Jahren wählen, berichten von mehr Ruhe und höheren durchschnittlichen Netto-Renditen.

☑ **Deutsche Bundesbank (2024):** Steuerliche Vorteile (z. B. bei der Abgeltungsteuer) ergeben sich oft erst durch längere Haltezeiten – kurzfristige Gewinne werden höher besteuert.

☑ **CFA Institute (2022):** Der sogenannte „Buy and Hold"-Ansatz ist für die meisten Privatanleger:innen erfolgreicher als Market Timing und ständiges Umschichten.

☑ **Stiftung Warentest (2024):** Die meisten Börsenprofis empfehlen, Aktien mindestens so lange zu halten, wie man auf das investierte Geld verzichten kann – in der Regel mindestens fünf Jahre.

☑ **Dalbar-Studie (2022), Deutsche Bundesbank (2023):** Panikverkäufe während Marktturbulenzen verursachen nachweislich die größten Verluste – Geduld zahlt sich aus.

☑ **Stiftung Warentest (2023):** Apps, Alerts und digitale Tools helfen beim Überblick, aber echte Routinen und Disziplin sind wichtiger als ständiger Aktionismus.

1.2.4. Phase 3: Verkauf – Der letzte Schritt mit Köpfchen

„Kaufen ist der Anfang. Verkaufen entscheidet, wie deine Investment-Geschichte endet.“
– sinngemäß im Geist von Munger/Lynch

Lisa, Moritz & Patrick vor der Ausstiegstür
Lisa sieht ihren ETF steigen und fragt sich: „Soll ich jetzt Gewinne mitnehmen – oder weiter vertrauen?“ **Moritz** blickt auf eine rote Zahl bei seiner Aktie und hadert: „Verkaufen und den Verlust realisieren – oder aushalten und hoffen?“ **Patrick** hat sein Ziel erreicht, doch die Angst, etwas zu verpassen, lässt ihn zögern.
Drei Situationen, ein Thema: Wie erkennst du den richtigen Verkaufszeitpunkt?

Warum Verkaufen oft die heimliche Königsdisziplin ist
Der Kauf ist der Applaus am Anfang – doch der Verkauf bestimmt die Standing Ovations. Zu oft steuern Emotionen den Ausstieg: Angst, Gier, Hoffnung. Wer sich davor schützt und eine klare Strategie hat, hält das Steuer fest in der Hand.

Die drei goldenen Verkaufsgründe – klar, einfach, wirksam

Grund	Wann verkauft man?
Ziel erreicht	Die Rendite ist da, wo sie sein soll.
Strategiewechsel	Neue Lebensphase, neue Prioritäten.
Fehlentscheidung	Fundamentale Fakten ändern sich, Warnsignale an!

Praxis-Tipp: Nicht der Kurs, sondern dein Ziel und deine Strategie sollten entscheiden.

Psychologie am Verkaufstisch – Verlustangst und Hoffnungsfallen
Verlust tut weh – viel mehr, als ein Gewinn Freude macht. Das lässt uns oft zu lange festhalten – oder aus Angst zu früh verkaufen. Du bist nicht allein: Sogar Profi-Investor:innen ringen mit diesen Reflexen. Bewusstes Handeln gegen diesen Reflex ist deine Superkraft.

Extra-Tipp: Formuliere vor jedem Kauf deinen „Exit-Plan“. Das gibt dir später Sicherheit und Klarheit.

Verkaufsängste überwinden
Angst vor Verlusten blockiert viele. Eine gute Übung: Schreibe auf, was dir beim Verkauf Angst macht – und ergänze neben jedem Punkt, wie du dagegen vorgehen kannst. Zum Beispiel: Angst vor Fehlern → Ich akzeptiere: Fehler sind Lernchancen.

„Mein erster Verkauf war viel zu spät – heute gehe ich mit Plan und Checkliste ran."
– Hannah, 29

Tool: 6 Fragen, die deinen Verkauf klug machen

Frage	**Warum sie wichtig ist**
Habe ich mein Renditeziel erreicht?	Gewinne bewusst realisieren, nicht nur zufällig
Haben sich die Unternehmensdaten verschlechtert?	Fakten sind dein Kompass, nicht Gefühle
Verkaufe ich aus Panik oder Plan?	Emotionen kosten dich bares Geld
Brauche ich das Geld jetzt wirklich?	Liquidität braucht Planung, keine Panik
Würde ich die Aktie heute neu kaufen?	Ein ehrlicher Check vor der Entscheidung
Wie wirkt sich der Verkauf steuerlich aus?	Steuerliche Auswirkungen können Timing beeinflussen

Verkaufen mit Strategie – deine Orderarten
1. **Market Order:** Sofortiger Verkauf – schnell, aber ohne Preisgarantie.
2. **Limit Order:** Mindestpreis setzen – mehr Kontrolle, aber Risiko, dass die Order nicht ausgeführt wird.
3. **Stop-Loss Order:** Automatischer Verkauf bei Kursrückgang – Schutz vor Verlusten, aber auch Fehlalarme möglich.

Praxis-Tipp: Limit Orders mit realistischen Zielen sind oft der beste Kompromiss. Vermeide zu enge Stop-Loss-Grenzen, die dich aus dem Markt drängen, bevor dieser sich erholt.

Timing in volatilen Märkten – Gelassen bleiben
Aktienkurse schwanken. Versuche nicht, jeden kurzen Ausschlag auszunutzen. Konzentriere dich auf deine Strategie und nutze Kursrückgänge als Chance, statt als Panikmoment. Halte durch – das zahlt sich langfristig aus.

Steuerliche Spielregeln – so behältst du mehr von deinem Gewinn

Land	Steuer auf Kursgewinne	Besonderheiten
Deutschland	Abgeltungsteuer + Soli + Kirchensteuer	Freibetrag jährlich – clever nutzen!
Österreich	Kapitalertragsteuer (KESt)	Keine Freibeträge – immer fällig
Schweiz	Meist steuerfrei für Privatanleger	Nur bei gewerblichen Aktivitäten

Tipp: Bei größeren Gewinnen lohnt sich eine kurze Beratung – spart oft mehr als sie kostet.

Praxisbeispiel: Hast du Verluste realisiert? Diese kannst du in Deutschland mit Gewinnen verrechnen – das spart Steuern. Auch das Timing deines Verkaufs kann steuerliche Vorteile bringen.

Sven prüft…
„Am Anfang klingt anlegen wie ein Spaziergang: Konto eröffnen, ETF kaufen, zurücklehnen – läuft! Doch wie viele bleiben nach den ersten Versuchen wirklich dabei? Wie ehrlich sprechen wir über die Anfängerfallen, die in keinem Instagram-Post stehen?"
Sven schüttelt den Kopf, als Moritz euphorisch seine Depot-Performance postet und Lisa ihre ersten Gewinne feiert. „Die ersten Schritte an der Börse sind oft schnell gemacht – doch der erste Rückschlag kommt garantiert. Und dann? Die wenigsten reden darüber, wie sich Unsicherheit, Selbstzweifel oder sogar Scham nach Fehlentscheidungen anfühlen."
Studien der Yale School of Management (2024) und der London Business School zeigen, dass bis zu 60 % der Einsteiger:innen innerhalb der ersten drei Jahre mindestens einen schwerwiegenden Fehler machen – sei es durch Panikverkäufe, FOMO-Käufe oder zu große Erwartungen.

Sven weiter
„Theorie und Praxis sind zwei Welten. Entscheidend ist nicht, wie gut du Tabellen verstehst, sondern wie du mit Krisen, Verlusten und deinen eigenen Emotionen umgehst. Mein Tipp: Baue dir einen Notfallplan für schlechte Phasen. Wer seine typischen Fehler kennt und ehrlich mit sich bleibt, baut echtes Börsen-Fundament – nicht nur ein schönes Depot für die Story."

Svens Fazit

Erfolg an der Börse beginnt im Kopf. Wer die eigenen Denkfallen kennt, bleibt handlungsfähig, auch wenn's mal stürmt. Und genau das unterscheidet langfristige Gewinner von kurzfristigen Glücksrittern.

Take-Aways – Das Wichtigste auf einen Blick

- Verkauf ist kein Zeichen von Schwäche, sondern kluge Strategie.
- Gewinne dürfen mit Stolz realisiert werden.
- Verluste minimierst du mit Plan und Disziplin.
- Die richtige Orderart schützt dich vor Überraschungen.
- Steuerliche Effekte gehören zum Verkaufsprozess dazu.

Lisa, Moritz & Patrick ziehen Bilanz

- **Lisa:** „Mein Plan gibt mir Sicherheit. Ich nehme Gewinne mit und reinvestiere strategisch."
- **Moritz:** „Ich habe gelernt, Fehler zu akzeptieren und früh zu reagieren."
- **Patrick:** „Mein strukturierter Verkaufsprozess bewahrt mich vor Bauchentscheidungen."

Reflexionsfragen

- Habe ich meinen Ausstieg vor dem Kauf klar definiert?
- Was spricht heute für einen Verkauf?
- Wie halte ich Emotionen aus, wenn der Kurs schwankt?
- Welche Angst hindert mich am Verkauf – und wie kann ich sie überwinden?
- Nutze ich steuerliche Vorteile beim Verkauf?

Golden Nugget: Der kluge Verkauf ist kein Abschied aus Angst, sondern ein mutiger Schritt zum nächsten Erfolg. Dein Exit-Plan entscheidet, wie deine Geschichte endet.

Mentor-Moment: Verkaufen mit Köpfchen ist der letzte Akt deines Investment-Dramas – und der wichtigste für dein Happy End.

Lisa: „Mein erster Verkauf war emotional – aber mit klarem Plan fiel es mir leichter, loszulassen."

Moritz: „Früher dachte ich, Gewinne muss man immer sofort mitnehmen. Heute weiß ich: Geduld zahlt sich oft mehr aus als Aktionismus."

Patrick: „Mein größter Fehler? Im Crash aus Angst zu verkaufen. Mein größtes Learning? Den Exit zu planen, bevor ich kaufe."

Cliffhanger: Nächster Halt: Wir tauchen ein in die Börsenwelt – damit du verstehst, wie und warum Märkte steigen, fallen und sich bewegen.

Faktencheck

☑ **Harvard Business School (2023):** Die größten Fehler beim Aktienverkauf entstehen durch emotionale Impulse wie Angst und Gier – planvolles Vorgehen erhöht den Anlageerfolg deutlich.

☑ **Morningstar Research (2023):** Regelmäßige Überprüfung von Investmentthesen ist entscheidend – Verkäufe sollten gut begründet und dokumentiert werden.

☑ **Yale School of Management (2023):** Ein klar definierter Ausstieg – zum Beispiel bei Erreichen eines Kursziels oder bei fundamentalen Veränderungen im Unternehmen – schützt vor Panikreaktionen.

☑ **Princeton University (2022):** Wer seine Verkaufsentscheidungen nur auf Kursentwicklungen stützt, riskiert häufig, Verluste zu realisieren und Gewinne zu früh mitzunehmen („Dispositionseffekt").

☑ **Dalbar-Studie (2022):** Panikverkäufe während Marktturbulenzen verursachen nachweislich die größten Verluste – Geduld und Disziplin sind langfristig erfolgreicher.

☑ **CFA Institute (2022):** Eine schriftliche Verkaufsstrategie (z. B. Stop-Loss-Regeln, Rebalancing, Gewinnmitnahme) reduziert emotionale Fehlentscheidungen deutlich.

☑ **BlackRock Investor Pulse (2023):** Langfristig orientierte Anleger:innen verkaufen seltener und profitieren von der Wiederanlage von Dividenden sowie dem Zinseszinseffekt.

☑ **Stiftung Warentest (2024):** Häufiges Umschichten verursacht nicht nur Gebühren, sondern führt auch zu schlechteren Anlageergebnissen – gezieltes Halten ist meist erfolgreicher als aktionistisches Verkaufen.

1.3. Verstehen der Marktdynamik: Marktkapitalisierung und Handelsvolumen

„Nur weil etwas billig aussieht, ist es noch lange nicht günstig."
– nach Warren Buffet

Lisa, Moritz & Patrick vor der Größenfrage

Lisa scrollt in der App, entdeckt eine Aktie für 7 €. Spontan denkt sie: „Wow, die ist ja günstig! Für so wenig Geld kriege ich sofort ein Stück von dem Unternehmen." Beim zweiten Blick wundert sie sich: „Aber warum schwankt der Kurs so stark?" Im Chat fragt sie Moritz: „Ist billig gleich gut? Oder steckt da ein Haken dahinter?"

Moritz vergleicht zwei Aktien. Die eine kostet 200 €, die andere 20 €. Er weiß: „Der Kurs sagt wenig über den Wert. Ich muss auf die Marktkapitalisierung schauen – und prüfen, wie groß das Unternehmen wirklich ist." Beim Nachrechnen merkt er, wie unterschiedlich die beiden Firmen in Wahrheit aufgestellt sind, auch wenn der Preis pro Aktie es nicht verrät.

Patrick blättert durch die Handelsstatistiken. Bei der einen Aktie werden täglich Millionen Stücke gehandelt – da geht es zu wie am Hauptbahnhof. Bei einer anderen wechseln nur ein paar Hundert Aktien die Hand – und der Kurs springt wie ein Flummi. „Aha", denkt Patrick, „hier gibt's weniger Käufer und Verkäufer – also auch mehr Risiko, wenn ich schnell raus oder rein will."

Drei verschiedene Beobachtungen – ein gemeinsamer Aha-Moment: Nicht der Preis zählt, sondern das Verständnis von Größe und Liquidität.

Mini-Dialog/O-Töne zum Abschluss:

- **Lisa** (im Chat): „Hätte nie gedacht, dass 7 € teuer sein kann – kommt halt immer auf die Größe an!"
- **Moritz:** „Beim Kurs nur auf die Zahl zu schauen, ist wie beim Autokauf nur aufs Preisschild zu achten – und nicht auf das, was drinsteckt."
- **Patrick:** „Liquidität ist wie die Ausfahrt im Stau – wenn keiner fährt, kommst du auch mit dem schönsten Auto nicht raus."

Was du in diesem Kapitel lernst

- Warum der Aktienkurs allein wenig über den Wert aussagt
- Wie Marktkapitalisierung den Unternehmenswert widerspiegelt
- Warum das Handelsvolumen deine Sicherheit beim Kaufen und Verkaufen beeinflusst

- Welche Rolle der Free Float spielt – und wie er deine Handelbarkeit bestimmt
- Wie du typische Fallen bei Pennystocks und illiquiden Aktien vermeidest

Marktkapitalisierung – was ist ein Unternehmen an der Börse wert?
Die Marktkapitalisierung (engl. „Market Cap") ist der Börsenwert eines Unternehmens:

Aktienkurs × Anzahl der ausgegebenen Aktien = Unternehmenswert

Unternehmen	Kurs	Anzahl Aktien	Marktkapitalisierung
A (100 € × 10 Mio. Aktien)	100 €	10 Mio.	1 Mrd. €
B (10 € × 500 Mio. Aktien)	10 €	500 Mio.	5 Mrd. €

Obwohl Aktie A einen zehnmal so hohen Kurs hat, ist das Unternehmen B fünfmal so viel wert.

Eine Leserin schrieb: „Ich wusste nie, was Marktkapitalisierung wirklich bedeutet – bis ich feststellte, dass ich als Aktionärin am Erfolg echter Unternehmen beteiligt bin."

Praxis-Tipp: Vergleiche nie Aktienkurse isoliert. Was zählt, ist der Gesamtwert – und der ist oft überraschend anders, als der Kurs vermuten lässt. Entscheidend ist, wie der gesamte Markt das Unternehmen bewertet – und das zeigt die Marktkapitalisierung. Lass dich nicht von kleinen oder großen Zahlen blenden – schau immer auf das große Ganze.

Handelsvolumen – wie liquide ist eine Aktie?
Das Handelsvolumen zeigt, wie viele Aktien täglich gehandelt werden – oder in welchem Gesamtwert. Es misst die Liquidität: also, wie einfach du kaufen oder verkaufen kannst, ohne dass der Kurs stark schwankt.

Faustregel
- Hohes Volumen = hoher Komfort beim Handeln
- Geringes Volumen = Risiko von Kursausschlägen

Beispiel: Bei Apple werden täglich Millionen Aktien gehandelt – der Handel läuft reibungslos. Bei einer kleinen Nebenaktie kann schon eine Order von 500 Stück den Kurs bewegen.

Exkurs: Pennystocks – der Reiz des Billigen
Aktien unter 1 oder 2 € wirken oft „billig“ – doch sind meist hochriskant: geringe Marktkapitalisierung, schwankendes Handelsvolumen und oft Spekulationsobjekte.

Praxis-Tipp: Achte bei günstigen Aktien besonders auf Marktkapitalisierung und Liquidität. Nicht jeder vermeintliche Schnapper ist ein Investment – manche sind nur heißer Dampf.

Free Float – wie viel ist wirklich im Umlauf?
Der Free Float zeigt, wie viele Aktien frei handelbar sind – also nicht fest in Händen von Großaktionären, Staat oder Management.

Warum das wichtig ist?
Eine hohe Marktkapitalisierung nützt wenig, wenn nur ein kleiner Teil der Aktien tatsächlich gehandelt wird.

Praxis-Tipp: Achte bei Einzelaktien auf einen hohen Free Float – sonst drohen niedrige Liquidität und sprunghafte Kurse.

Faustregel: Je höher der Free Float, desto besser handelbar und transparenter für Privatanleger:innen.

Lisas Pennystock-Erfahrung: Vorsicht vor dem „billigen“ Kauf
Eine Bekannte von Lisa kaufte einst eine extrem günstige Aktie, angezogen vom niedrigen Kurs. Doch die Aktie hatte kaum Handelsvolumen und einen niedrigen Free Float. Der Kurs schwankte wild und sie konnte ihre Anteile nur mit erheblichen Verlusten verkaufen. Eine teure Lektion: Billig ist nicht gleich gut – vor allem ohne Liquidität und Marktkapitalisierung.

Moritz' Praxis-Check: Wo finde ich die wichtigen Zahlen?
„Ich nutze onvista.de und marketscreener.de für schnelle Übersichten. justETF hilft mir bei Fonds und ETFs. In meiner Broker-App sehe ich meist auch das Handelsvolumen in den Details. So habe ich die wichtigsten Zahlen immer griffbereit, ohne lange suchen zu müssen.“

Patricks Risikokasten: Illiquide Aktien – Vorsicht Falle!

- **Do:** Prüfe Free Float und Handelsvolumen gründlich.
- **Don't:** Setze nie mehr als 5 % deines Portfolios auf illiquide Aktien.
- **Do:** Plane langfristig – kurzfristiges Handeln ist schwierig.
- **Don't:** Lass dich nicht nur vom niedrigen Kurs blenden.

Kennzahlen im Überblick: Deine drei Größenfaktoren

Kennzahl	Bedeutung	Warum wichtig
Marktkapitalisierung	Börsenwert = Kurs × Anzahl Aktien	Zeigt die wahre Größe eines Unternehmens
Handelsvolumen	Gehandelte Stücke oder Euro pro Tag	Zeigt, wie liquide die Aktie ist
Free Float	Anteil frei handelbarer Aktien	Zeigt die tatsächliche Handelbarkeit

So erkennst du auf einen Blick, ob eine Aktie für dich handelbar und groß genug ist.

Social Proof

„Ich dachte immer, Marktkapitalisierung sei nur Börsenlatein – bis ich merkte, dass ich dadurch echte Firmen besser vergleichen kann."
– Aylin, 32, Lehrerin

Take-Aways – Das Wichtigste auf einen Blick

- Der Preis einer Aktie sagt wenig über den Wert des Unternehmens aus.
- Marktkapitalisierung zeigt die wahre „Größe" eines Unternehmens.
- Handelsvolumen sichert deine Handelbarkeit.
- Free Float gibt Aufschluss über die Aktienliquidität.
- Vorsicht bei Pennystocks und illiquiden Aktien – hohes Risiko!

So entscheiden sich Lisa, Moritz & Patrick

- **Lisa**: „Ich schaue jetzt immer zuerst auf die Marktkapitalisierung, nicht nur auf den Kurs."
- **Moritz:** „Handelsvolumen checke ich, um zu wissen, ob ich im Notfall rauskomme."
- **Patrick:** „Pennystocks? Einmal gemacht, nie wieder. Billig ist nicht automatisch gut."

Reflexionsfragen

- Hattest du schon einmal eine Aktie, die du nicht losgeworden bist?
- Worauf achtest du zuerst – Kurs oder Größe?
- Welche Rolle spielt Liquidität in deiner Strategie?

Golden Nugget: Verkaufen heißt nicht aufgeben – sondern klug den Weg für Neues ebnen.

Mentor-Moment: Wer den Markt versteht, sieht mehr als den Kurs – und investiert mit Weitblick.

Lisa: „Mir hat geholfen, den Verkauf wie einen Neuanfang zu sehen – nicht als Niederlage."
Moritz: „Mein größter Fehler war, zu lange an Verlierern festzuhalten. Heute entscheide ich klarer und planvoller."
Patrick: „Wer loslassen kann, schafft Raum für neue Chancen – das gilt an der Börse wie im Leben."

Cliffhanger: Im nächsten Kapitel geht es um deine Rechte als Aktionär:in – und wie du sie gezielt nutzt.

Faktencheck

☑ **Massachusetts Institute of Technology (MIT, 2023):** Märkte spiegeln Angebot, Nachfrage und Erwartungen wider – Preise passen sich blitzschnell neuen Informationen an.

☑ **Deutsche Börse (2024):** Der Preis einer Aktie allein sagt nichts über die Unternehmensgröße; entscheidend ist die Marktkapitalisierung als Maßstab für echten Firmenwert.

☑ **Morningstar Research (2023):** Handelsvolumen und Free Float bestimmen die Liquidität einer Aktie – je höher, desto leichter und stabiler ist der Handel, mit weniger Kurssprüngen.

☑ **BaFin Verbraucherportal (2024):** Pennystocks gelten als besonders risikoreich: Geringe Liquidität, extreme Schwankungen und erhöhte Anfälligkeit für Spekulationen und Betrug.

☑ **ESMA – European Securities and Markets Authority (2023):** Niedriger Free Float bedeutet, dass Großaktionäre oder der Staat den Kurs erheblich beeinflussen können; Privatanleger:innen sind oft im Nachteil.

☑ **London School of Economics (2022):** Märkte sind häufig nicht vollkommen effizient – Herdenverhalten, Gier und Angst führen zu Übertreibungen.
☑ **Vanguard Group (2023):** Analysen von Marktkapitalisierung, Handelsvolumen und Liquidität sind für jede Anlagestrategie entscheidend – sie schützen vor teuren Fehlgriffen.
☑ **Nobelpreis-Komitee (Fama, 2013):** Die Effizienzmarkthypothese erklärt, warum es so schwierig ist, systematisch Überrenditen zu erzielen – gerade in liquiden, großen Märkten.
☑ **Börse Stuttgart Research (2023):** Eine hohe Liquidität ermöglicht einen einfachen Ein- und Ausstieg; Illiquidität macht Anleger:innen verwundbar für starke Kursausschläge.
☑ **Buch: „A Random Walk Down Wall Street" – Burton Malkiel (Auflage 2023):** Die wichtigsten Erkenntnisse der Marktdynamik, von Liquidität bis Herdenverhalten, sind für private Anleger:innen entscheidend für langfristigen Erfolg.

1.4. Deine Rechte als Aktionär:in – Mitbestimmen und Mitgestalten

„Wer Anteile hält, hat auch eine Stimme –
ob laut oder leise, entscheidest du."
– Josef Obergantschnig

Lisa, Moritz & Patrick entdecken ihre Macht
Lisa hat ihr erstes Aktionärs-Schreiben erhalten und fragt sich: Wie kann ich wirklich mitbestimmen? **Moritz** sieht bei der Hauptversammlung viele Begriffe, die er nicht kennt. **Patrick** fragt sich, ob er seine Stimme digital abgeben kann – und was das eigentlich bringt.
Drei Fragen, ein Ziel: Aktienbesitz bedeutet mehr als nur Anteile – es heißt Mitbestimmung und Verantwortung.

Was du in diesem Kapitel lernst
- Welche Rechte dir als Aktionär:in zustehen – vom Stimmrecht bis zur Dividendenbeteiligung
- Wie Hauptversammlungen funktionieren – und warum deine Stimme zählt
- Wie du dich vorbereitest – ob persönlich, online oder per Vollmacht
- Warum Engagement sich lohnt – für dich und das Unternehmen

Deine Rechte als Aktionär:in im Überblick

- **Stimmrecht:** Entscheide mit bei wichtigen Unternehmensfragen, z. B. Vorstandswahlen oder Gewinnverwendung.
- **Dividendenrecht:** Anspruch auf Gewinnbeteiligung, wenn ausgeschüttet wird.
- **Informationsrecht:** Erhalte Geschäftsberichte und Berichte über wichtige Entwicklungen.
- **Anfechtungsrecht:** Bei Unstimmigkeiten kannst du Beschlüsse anfechten.
- **Bezugsrecht:** Möglichkeit, bei Kapitalerhöhungen neue Aktien zu erwerben. So bleibt dein Anteil am Unternehmen konstant – du wirst nicht „verwässert".

Patrick: „Ich dachte, Aktionär:innen sind nur Zahlen im System. Aber die erste Einladung zur Hauptversammlung hat mir gezeigt: Meine Stimme zählt."

Hauptversammlung – dein Marktplatz der Demokratie

Die Hauptversammlung (HV) ist die wichtigste Bühne für Aktionär:innen. Hier werden Weichen gestellt: Wer sitzt im Vorstand? Wie wird der Gewinn verteilt? Was sind die Zukunftspläne?

Praxis-Tipp: So bereitest du dich vor

- Lies die Einladung und Tagesordnung aufmerksam.
- Informiere dich über die vorgeschlagenen Beschlüsse.
- Nutze Webinare oder Zusammenfassungen von Analyst:innen.
- Entscheide, ob du persönlich teilnehmen, digital abstimmen oder eine Vollmacht erteilen willst.

Moritz' Praxisbeispiel: Digitale HV

„Letztes Jahr habe ich online abgestimmt. Das war simpel, schnell – und ich hatte das Gefühl, meine Stimme zählt."

Patricks Checkliste für die HV

- Einladung rechtzeitig lesen
- Tagesordnung verstehen
- Vollmacht für die Stimme überlegen
- Fragen vorbereiten oder vorab stellen
- Teilnahme oder Online-Abstimmung planen

Lisas Engagement-Boost
„Ich war das erste Mal auf einer HV – und fand es spannend zu sehen, wie Aktionär:innen wirklich mitreden. Und ich war überrascht, wie viel ich tatsächlich verstanden habe."

Warum Engagement sich lohnt
Mitmachen stärkt dein Verständnis für das Unternehmen und macht dich zum aktiven Teilhaber. Es schützt dich vor Überraschungen und hilft, Fehlentscheidungen im Management früh zu erkennen.

O-Ton
„Das erste Mal auf einer Hauptversammlung zu sitzen, war ein Aha-Erlebnis. Plötzlich hatte ich wirklich eine Stimme."
– Björn, 48, Vertriebsleiter

Take-Aways – Das Wichtigste auf einen Blick

- Deine Aktien geben dir nicht nur Gewinnchancen, sondern auch Mitspracherecht.
- Die HV ist dein Forum – nutze deine Stimme.
- Vorbereitung macht den Unterschied – informiere dich vorab.
- Digital oder persönlich – beides zählt.
- Engagement bringt Klarheit und Sicherheit.

So denken Lisa, Moritz & Patrick

- **Lisa**: „Ich habe gelernt, dass meine Stimme wichtig ist – auch wenn ich nur eine kleine Aktionärin bin."
- **Moritz**: „Online-Abstimmung ist für mich ideal – flexibel und unkompliziert."
- **Patrick**: „Mit einer Checkliste gehe ich jetzt sicher durch die HV. Keine Überraschungen mehr."

Reflexionsfragen

- Wann hast du zuletzt bewusst deine Stimme als Aktionär:in genutzt?
- Welche Themen sind dir bei der HV besonders wichtig?
- Wie möchtest du zukünftig deine Rechte wahrnehmen?
- Hast du schon einmal eine Vollmacht erteilt? Wie war die Erfahrung?
- Was hindert dich manchmal daran, aktiv zu werden?

Golden Nugget: Wer mitbestimmt, gestaltet mehr als nur sein Depot – er gestaltet die Wirtschaft und damit die Welt mit.

Mentor-Moment: Deine Stimme ist mehr als ein Klick – sie ist dein Beitrag zur Unternehmenszukunft.

Lisa: „Ich hätte nie gedacht, dass ich mit meiner Stimme wirklich etwas im Unternehmen bewegen kann."
Moritz: „Es fühlt sich gut an, nicht nur Zuschauer zu sein – sondern aktiv mitzubestimmen."
Patrick: „Mitbestimmung ist kein Extra, sondern Teil meiner Verantwortung als Aktionär."

Cliffhanger: Wie geht es weiter? Im nächsten Kapitel tauchen wir tief in die Welt der globalen Aktienmärkte ein. Du erfährst, warum Aktieninvestments heute so viel leichter zugänglich sind als früher und wie die globalen Märkte funktionieren. Wir zeigen dir, welche Unterschiede zwischen dem früheren Unternehmertum und modernen ETFs bestehen – und warum du heute mit wenig Kapital Eigentum an der ganzen Weltwirtschaft erwerben kannst.

Faktencheck

☑ **Deutsches Aktiengesetz (§ 134 AktG):** Das Stimmrecht ist eines der wichtigsten Rechte aller Aktionär:innen und sichert Einfluss auf Unternehmensentscheidungen.

☑ **Börsenlexikon, Deutsche Börse (2024):** Dividenden werden nur ausgezahlt, wenn die Hauptversammlung zustimmt – sie sind keine Garantie, sondern Beschluss der Aktionär:innen.

☑ **Handelsblatt (2023):** Hauptversammlungen finden meist einmal pro Jahr statt – und werden zunehmend digital durchgeführt.

☑ **BaFin Verbraucherportal (2024):** Bezugsrechte schützen Aktionär:innen bei Kapitalerhöhungen davor, dass ihr Anteil am Unternehmen durch neue Aktien „verwässert" wird.

☑ **OECD (2023):** Die aktive Teilnahme an Hauptversammlungen verbessert die Corporate Governance und kann Fehlentwicklungen frühzeitig aufdecken.

☑ **Harvard Law School (2022):** Aktionärsrechte sind ein Grundpfeiler moderner Unternehmensführung und stärken die Transparenz sowie den Schutz vor Machtmissbrauch.

- ☑ **University of Zurich (2023):** In der Schweiz und in vielen EU-Ländern ist der Zugang zu HVs und Abstimmungen auch für Kleinanleger:innen gesetzlich abgesichert.
- ☑ **European Securities and Markets Authority (ESMA, 2023):** Aktionärsrechte sind europaweit harmonisiert – Mindeststandards für Information, Stimmrecht und Dividendenanspruch.
- ☑ **Buch: „Corporate Governance“ – Klaus J. Hopt (6. Auflage, 2022):** Gute Unternehmensführung lebt von informierten, aktiven Aktionär:innen – Mitsprache stärkt Stabilität und Zukunftsfähigkeit.

1.5. Globale Aktienmärkte – Der Traum vom Unternehmertum damals und heute

„Früher brauchtest du Millionen, um Unternehmer:in zu sein. Heute reichen oft schon ein paar Euro und ein Depot.“
– Josef Obergantschnig

Lisa, Moritz & Patrick und ihr Blick auf die Welt
Lisa denkt an ihre Großeltern – für sie war „Unternehmen gründen“ ein Lebenstraum mit hohem Risiko. Heute investiert Lisa per ETF in über 1.000 Unternehmen weltweit. **Moritz** fragt sich, wie ein junger Mensch mit wenig Kapital überhaupt sinnvoll investieren kann. Als er den MSCI World entdeckt, dämmert ihm: Der Einstieg ist leichter, als er dachte. **Patrick** erinnert sich: Früher war „Unternehmer sein“ ein Privileg heute kannst du mit ein paar Klicks Miteigentümer von Amazon, Siemens oder L'Oréal werden.
Drei Perspektiven – ein Aha-Moment: Globale Aktienmärkte machen Unternehmertum für alle zugänglich.

Lisa sitzt am Küchentisch, das Aktionärs-Update auf dem Smartphone, als ihre Oma fragt: „Sag mal, was machst du da eigentlich mit diesen Fonds?“
Lisa grinst: „Oma, stell dir vor – ich kann mit ein paar Klicks Miteigentümerin von über tausend Firmen werden. Früher musstet ihr für einen Betrieb alles riskieren – heute geht das schon mit dem Taschengeld.“
Ihre Oma lacht ungläubig: „Also ich musste damals noch mit der Bank um jeden Kredit kämpfen … Und du sagst, du bist jetzt Anteilseignerin von Siemens und Apple? Wahnsinn, Kind.“

Ein Moment voller Staunen – Unternehmertum in der nächsten Generation.
Lisa zwinkert und sagt leise: „Und weißt du was, Oma? Schlaflose Nächte gibt's immer noch – aber heute eben eher über Quartalszahlen als über die Lohnabrechnung."
Beide lachen. Die Zeiten ändern sich – aber Unternehmergeist bleibt.

Was du in diesem Kapitel lernst

- Warum Aktieninvestments heute so viel leichter zugänglich sind als früher
- Wie globale Märkte funktionieren – und warum sie dir echte Teilhabe ermöglichen
- Welche Unterschiede zwischen früherem Unternehmertum und heutigen ETFs bestehen
- Warum du heute mit wenig Kapital Eigentum an der Weltwirtschaft erwerben kannst

Unternehmer:in werden – ohne eigenes Unternehmen
Stell dir vor, du wärst vor 100 oder 200 Jahren Unternehmer:in geworden. Ein mutiger Schritt – aber auch ein teurer. Du brauchtest Kapital. Und zwar ordentlich. Ein Grundstück musste her, eine Halle, Maschinen. Mitarbeiter:innen wollten bezahlt, Rohstoffe beschafft werden. Und dann? Dann hofftest du auf Nachfrage, gutes Wetter, stabile Märkte. Ein einziger Standort, ein Produkt, alles auf eine Karte. Ohne Netz und doppelten Boden. Wenn's lief, warst du der Held – wenn nicht, hattest du ein Problem.
Du willst dich an Unternehmen beteiligen, am wirtschaftlichen Erfolg teilhaben? Geht. Einfacher als je zuvor. Über sogenannte ETFs (Exchange Traded Funds) oder aktiv gemanagte Fonds. Damit wirst du Miteigentümer:in – an realen Unternehmen mit echten Produkten, Umsätzen, Innovationen und Mitarbeiter:innen, die täglich für dich arbeiten. Millionen von Menschen auf der ganzen Welt produzieren, entwickeln und verkaufen Tag für Tag – für ihre Kunden. Und damit auch für dich. Als Miteigentümer:in hast du Anspruch auf deinen Anteil: in Form von Kurssteigerungen oder Dividenden. Solange du investiert bist – im Idealfall: ein Leben lang.

Social Proof
„Mir war nie bewusst, dass hinter jeder Aktie echte Menschen und Ideen stecken – das macht das Investieren für mich viel greifbarer."
– Svenja, 37, Ärztin

Was ein ETF heute möglich macht

- Du investierst in hunderte Unternehmen auf einmal.
- Du musst kein Tagesgeschäft managen.
- Du profitierst von globalem Wirtschaftswachstum.
- Du kannst klein starten – aber groß denken.

Mit 25 Euro pro Monat hältst du Anteile an Starbucks, Apple und Siemens – und kannst beim nächsten Kaffee mitreden.

Praxis-Tipp: Ein globaler ETF auf den MSCI World oder FTSE All-World investiert in 1.000+ Unternehmen. Damit bist du weltweit dabei – und brauchst dich um nichts zu kümmern.

Skalierbares Geschäftsmodell – auch für dich

Was heißt skalierbar? Du zahlst einmal – und profitierst langfristig. Dein Investment arbeitet für dich:

- ohne dass du jeden Tag etwas tun musst,
- ohne operativen Stress,
- aber mit echtem Anteil am Erfolg.

Das ist demokratisiertes Unternehmertum. Und das ist heute für jede:n möglich – unabhängig von Vermögen, Status oder Beruf.

Globale Chancen – lokal nutzbar

Früher war Unternehmertum lokal. Heute bist du global unterwegs. Du kannst dein Geld in Unternehmen aus Brasilien, China, den USA, Europa oder Südostasien investieren – mit wenigen Klicks. Wenn du etwa in einen ETF auf den MSCI World oder einen globalen Aktienfonds einer renommierten Fondsgesellschaft investierst, steckst du dein Geld u. a. in Apple, Nestlé, Toyota, LVMH, Microsoft, Siemens oder Johnson & Johnson. Deren Mitarbeiter:innen – Millionen weltweit – stehen jeden Tag auf, um deine Rendite zu erwirtschaften. Das ist der Deal: Du stellst Kapital bereit – sie die Leistung. Gemeinsam entsteht Wert.

Historischer Blick: Vom Hafen zur Börse

Wusstest du, dass die erste Aktiengesellschaft im modernen Sinne bereits 1602 gegründet wurde? Die niederländische Ostindien-Kompanie war das erste Unternehmen, das an der Amsterdamer Börse Aktien handelbar machte. Diese Börse war damit die erste ihrer Art weltweit. Eine dieser Originalaktien ist heute noch erhalten – sie liegt im Stadtarchiv Amsterdam. Die Idee war damals wie heute revolutionär: Viele Menschen beteiligen sich mit Kapital an einem Vorhaben. Wenn es erfolgreich ist, profitieren alle. Damals Seefahrt. Heute Software, Energie, Lebensmittel oder digitale Plattformen.

Unternehmer:in durch Aktien – früher vs. heute

Früher	Heute
Eigene Firma gründen	Anteile an Unternehmen erwerben
Hohe Startkosten, Kredit, Bürgschaft	Sparplan ab 25 € möglich
Vollzeit-Risiko, oft Lebenswerk	Flexibel, liquide, jederzeit anpassbar
Abhängig vom lokalen Markt	Weltweit investierbar über Fonds & ETFs
Erfolg = eigenes Know-how	Erfolg = globale Wirtschaftsentwicklung nutzen
Schlaflose Nächte über Lohnabrechnung	Schlaflose Nächte über Quartalszahlen

Lisa: „Mir wurde klar: Investieren ist mehr als Zahlen – es geht um Teilhabe an echten Geschichten."

Take-Aways – Das Wichtigste auf einen Blick

- Unternehmertum ist heute nicht mehr nur operativ – sondern auch investiv möglich.
- ETFs sind moderne Formen von Teilhabe – liquide, flexibel und kostengünstig.
- Du brauchst kein Vermögen, um am Weltmarkt zu partizipieren.
- Globale Aktienmärkte machen dich zum Miteigentümer der realen Wirtschaft.

So entscheiden sich Lisa, Moritz & Patrick

- **Lisa**: „Ich investiere weltweit – mit ETFs, die nachhaltig sind und mir Zugang zur ganzen Weltwirtschaft bieten."
- **Moritz**: „Früher dachte ich: Unternehmer sein, das ist nichts für mich. Heute weiß ich: Als Aktionär bin ich Teil davon – ganz ohne Chefetage."
- **Patrick**: „Ich finde es genial, dass ich heute mit meinem Ersparten Eigentümer von echten Weltkonzernen bin – das hätte mir früher keiner geglaubt."

Reflexionsfragen

- Was bedeutet „Unternehmer sein" für dich – heute und früher?
- Hättest du gedacht, dass du Teil der globalen Wirtschaft werden kannst – mit wenig Kapital?
- Welche Regionen und Branchen faszinieren dich – und warum?

Golden Nugget: Unternehmertum war lange eine exklusive Bühne – heute ist sie offen für alle, die mit klugen Investments die Welt mitgestalten wollen.

Mentor-Moment: Jede Aktie ist ein Stück Unternehmertum. Wer investiert, gründet nicht – aber beteiligt sich.

Lisa: „Ich hätte nie gedacht, dass ich als Aktionärin wirklich an Unternehmen teilhaben kann."
Moritz: „Für mich fühlt sich jede Aktie wie ein kleines Stück Startup an – aber mit viel mehr Auswahl."
Patrick: „Das Beste: Unternehmertum geht heute auch ohne eigene Firma – nur mit dem Mut zum Investieren."

Cliffhanger: Im nächsten Kapitel geht's um die Struktur der Aktienwelt – und wie du sie sinnvoll sortierst: nach Branchen, Regionen, Unternehmensgröße und Stilrichtungen. Willkommen im Dschungel der Marktsegmentierung!

Faktencheck

☑ **Deutsche Börse (2024):** ETFs ermöglichen bereits mit kleinen Summen eine breite Streuung über Hunderte bis Tausende Unternehmen.

☑ **Morningstar Research (2023):** ETFs und Indexfonds bieten Privatanleger:innen Zugang zu globalen Märkten und senken durch Diversifikation das Anlagerisiko deutlich.

☑ **MSCI (2024):** Die größten ETFs weltweit investieren in Unternehmen aus über 40 Ländern und decken damit bis zu 85 % der globalen Marktkapitalisierung ab.

☑ **justETF (2024):** Bereits ab 25 € pro Monat können Sparpläne auf ETFs eingerichtet werden – auch ohne großes Startkapital.

☑ **Stadtarchiv Amsterdam (2021):** Aktienbeteiligungen demokratisieren den Zugang zum Unternehmertum seit über 400 Jahren – früher war Mitbesitz an Unternehmen nur für sehr wenige möglich.

☑ **Harvard Business School (2023):** Breite Streuung (Diversifikation) ist der effektivste Schutz vor Einzelrisiken und sorgt langfristig für stabile Renditen.

☑ **Vanguard Group (2023):** Anleger:innen mit breiter Streuung erzielen nicht nur höhere Sicherheit, sondern meist auch bessere Netto-Ergebnisse als Einzelaktien-Sammler:innen.

☑ **Finanztest Stiftung Warentest (2024):** Indexfonds und ETFs haben sich als besonders transparent, kostengünstig und flexibel für den Vermögensaufbau bewährt.

☑ **BlackRock Investor Pulse (2023):** Die Mehrheit der Anleger:innen nutzt ETFs für langfristigen Vermögensaufbau – meist als Herzstück der Anlagestrategie.
☑ **Buch: „The Little Book of Common Sense Investing" – John C. Bogle (aktuelle Auflage 2023):** Die clevere Streuung über den Gesamtmarkt ist der einfachste und effektivste Weg, von Wirtschaftswachstum weltweit zu profitieren.

1.6. Marktsegmentierung – Dein Navigationssystem für die Aktienwelt

„Wer weiß, wo er sucht, findet schneller die Perlen."
– Sprichwort

Lisa, Moritz & Patrick im Dschungel der Auswahl
Lisa scrollt ratlos durch ihr Depot, Mia klettert auf ihren Schoß. „Wie soll ich mich da jemals entscheiden? Jeden Tag ein neuer ETF, überall steht Nachhaltigkeit drauf – aber wo steckt sie wirklich drin?" Sie schickt Moritz eine Sprachnachricht: „Kannst du mir helfen, mal Licht ins Dunkel zu bringen?" **Moritz** sitzt am Küchentisch, vor ihm eine Liste voller ETF-Namen und Länderabkürzungen. „Hier steht überall ‚World' drauf – aber was ist da wirklich drin? USA? Europa? Schwellenländer? Warum heißt der eine ‚Sustainable' und hat trotzdem Ölkonzerne?" Er notiert: „Erst vergleichen, dann entscheiden – aber wie trennt man die Perlen vom Kies?" **Patrick** tippt auf eine Sektor-Tabelle am Laptop, neben ihm ein Kaffee. „Vielleicht wäre weniger mehr. Damals gab's nur den DAX – heute verlier ich den Überblick. Segmentierung klingt nach Plan, aber wie geht das eigentlich richtig?" Seine Tochter Sophie ruft aus dem Hintergrund: „Papa, check mal die Branchenaufteilung – da liegt oft der Unterschied!" **Drei Anleger:innen, ein Problem:** Wer Struktur will, braucht ein Navigationssystem.

Ob Newcomerin, Tüftler oder Späteinsteiger: Marktsegmentierung ist dein Kompass im Dschungel der Möglichkeiten. Hier lernst du, wie du den Überblick behältst – und aus der Masse an Optionen das Richtige für dich herausholst.

Was du in diesem Kapitel lernst
- Warum Segmentierung dir hilft, Struktur in deine Investments zu bringen
- Welche Kriterien wie Regionen, Sektoren, Stil oder Größe eine Rolle spielen
- Wie du mit Segmentierung deine Strategie gezielt umsetzt
- Warum ETFs nicht gleich ETFs sind – und worauf du achten solltest

Warum in diesem Buch so oft von ETFs die Rede ist
Du wirst in diesem Buch immer wieder auf ETFs stoßen. Warum? Weil sie eine klare, kostengünstige und verständliche Möglichkeit bieten, systematisch in Aktien zu investieren – ohne sich um Einzeltitel, Timing oder Produktdetails kümmern zu müssen.

Natürlich gibt es auch andere Wege:

- Aktive Fonds, bei denen ein Manager gezielt Unternehmen auswählt
- Einzelaktien, für alle, die gezielt Chancen nutzen wollen
- Zertifikate oder strukturierte Produkte, meist eher für Profis

Aber dieses Buch will dich nicht mit Produktvielfalt überfordern, sondern dir ein solides Navigationssystem an die Hand geben. Und das funktioniert am besten mit ETFs – weil sie wie Karten sind: Sie zeigen dir klar, wo du dich im Markt befindest.

Extra-Tipp: Wenn du später tiefer einsteigen willst, kannst du viele der Prinzipien auch auf Fonds oder Aktien übertragen. Das Fundament bleibt dasselbe: Verstehen, entscheiden, dranbleiben.

Segmentierung – was heißt das überhaupt?
Marktsegmentierung bedeutet: Du teilst den großen Aktienmarkt in kleinere, besser vergleichbare Teile auf. Das hilft dir, gezielter zu investieren – sei es nach Branchen, Regionen, Unternehmensgröße oder Anlagestil.

Warum das wichtig ist: Ein ETF auf „Weltaktien" kann ganz anders aussehen, je nachdem, wie er segmentiert ist – z. B. techlastig, USA-lastig oder nachhaltig.

Die 5 wichtigsten Segmentierungsmöglichkeiten im Überblick

Segmentierung	Metapher	Beispiele/Fragen
Regionen & Länder	„Weltkarte"	In welche Länder willst du reisen?
Branchen/Sektoren	„Büffet"	Welcher Bereich schmeckt dir?
Marktkapitalisierung	„Größenordnung"	Spielst du Champions League oder Kreisklasse?
Stil	„Fahrstil"	Value = gemütlich, Growth = sportlich?
Themen/ESG	„Playlist"	Welche Zukunftsthemen hörst du gerne?

Moritz: „Früher habe ich jedes Segment gescannt – heute konzentriere ich mich auf das, was wirklich zu mir passt."

Praxis-Tipp: Je klarer du diese Unterscheidungen kennst, desto präziser kannst du dein Portfolio bauen – wie ein Architekt mit Bauplan, statt wie ein Bastler ohne Werkzeug.

Marktsegmentierung heißt: Du teilst den großen Markt in kleinere, verständliche Einheiten – zum Beispiel:

Segmentierungsansatz	Beispielhafte Unterscheidung
Anlagestil	Value vs. Growth
Unternehmensgröße	Large Caps, Mid Caps, Small Caps
Branche/Sektor	Technologie, Energie, Gesundheit, Konsum
Region/Land	USA, Europa, Schwellenländer
Themen & Megatrends	KI, Blockchain, Wasser, Klimaschutz
Dividendenstrategie	High Dividend Yield, Dividend Aristocrats
ESG-Fokus	SRI (Social Responsible Investment), ESG-Leaders, Impact-Fonds

Persönlicher Aha-Moment:
Als ich meine ersten ETF-Käufe tätigte, habe ich einfach „den Markt" abgebildet – konkret: den MSCI World. Doch irgendwann merkte ich: Der Markt ist nicht neutral. Er hat ein Klumpenrisiko (weit über 50 % USA, fast nur Large Caps) und blendet viele Regionen oder Sektoren aus. Erst durch Segmentierung konnte ich gezielt nachjustieren – z. B. mit einem Small Cap ETF oder Dividendenfonds. Breite ist nicht automatisch Vielfalt.

Beispiel: Zwei ETFs – zwei Welten

Merkmal	ETF A: MSCI World	ETF B: MSCI World Small Cap ESG
Fokus	Große Unternehmen	Kleine Unternehmen
Regionen	Global	Global
Nachhaltigkeit	Keine	ESG-Filter
Risiko	Geringer	Höher
Renditechance	Stabil	Potenziell höher

Beide heißen „MSCI World" – haben aber ganz unterschiedliche Profile.

O-Ton aus der Community
„Ich war echt baff, als ich gesehen hab, dass mein ETF fast nur US-Tech-Aktien enthält … Seitdem weiß ich: Segmentierung ist mehr als nur ein Modewort."
– Mara, 33

Probier's aus: Öffne dein Depot, schau dir drei deiner ETFs an – gibt's bei dir auch solche Überraschungen?

Indizes als Landkarten – dein Wegweiser durch den Markt
Wenn Segmentierung der Kompass ist, dann sind Indizes deine Landkarten.

Beispiele:

Ziel	Passender Index
Globales Basisinvestment	MSCI World, FTSE All-World
US-Fokus	S&P 500
Small Caps weltweit	MSCI World Small Cap, Russell 2000
Value-Titel	MSCI World Value, FTSE Value
Nachhaltigkeit	MSCI SRI, ESG Leaders, FTSE4Good

Extra-Tipp: Ein ETF ist nur so gut wie der Index, den er abbildet. Achte deshalb auf:
- Konzentration (wie viele Titel?)
- Gewichtung (Marktkapitalisierung vs. Equal Weight)
- Regionale Schwerpunkte

Marktsegmentierung im Überblick

Segment	Was es dir bringt	Ideal für
Value vs. Growth	Unterschiedliche Bewertungslogik und Risiko	Moritz, der auf Wachstumschancen achtet
Unternehmensgröße	Large = Stabilität, Small = Dynamik	Patrick & Moritz mit unterschiedlichen Zeitachsen
Branchen/Sektoren	Themen gezielt bespielen (z. B. Gesundheit, KI)	Lisa mit Fokus auf Sinn und Struktur
Regionen	Globale Diversifikation, Heimatmarkt vs. Ausland	Alle drei – je nach Risikobereitschaft
Themen & ESG	Strategische Allokation nach Zukunft und Werten	Vor allem Lisa & bewusst steuernde Investoren

O-Ton
„Am Anfang wollte ich in alles investieren. Heute weiß ich, dass Fokussierung mir viel mehr Ruhe und Kontrolle gibt."
– Bernd, 29, Digitalstratege

Take-Aways – Das Wichtigste auf einen Blick

- Segmentierung hilft dir, gezielter zu investieren – statt ins Blaue zu kaufen.
- Region, Branche, Stil & Größe beeinflussen dein Rendite-Risiko-Profil.
- Ein ETF ist nie neutral – schau hinter das Label.
- Wer Struktur erkennt, trifft bessere Entscheidungen.

So denken Lisa, Moritz & Patrick

- **Lisa**: „Ich achte bewusst auf Sektoren und Nachhaltigkeit – mein ETF soll nicht nur global, sondern auch sinnvoll sein."
- **Moritz**: „Ich finde Growth-ETFs spannend – aber ich will sie mit Value-Fonds kombinieren."
- **Patrick**: „Ich mag Mid Caps und Dividenden – deshalb setze ich gezielt auf Sektor-ETFs mit Substanz."

Reflexionsfragen

- Welche Regionen und Branchen kennst du am besten – und warum?
- Wäre es sinnvoll, dein Portfolio bewusst zu segmentieren?
- Wie viel Growth willst du – und wie viel Stabilität?

Golden Nugget: Wer die Marktlogik versteht und sein Portfolio bewusst segmentiert, verwandelt Chaos in Klarheit – und Zufall in Strategie.

Mentor-Moment: Ein System gibt dir Ruhe – egal, wie stürmisch es draußen wird. Die besten Anleger:innen sind keine Wetterfrösche, sondern erfahrene Lotsen.

Lisa: „Struktur hat mir geholfen, bei Rückschlägen nicht in Panik zu geraten."
Moritz: „Erst durch die Marktsegmente habe ich kapiert, dass Vielfalt mehr ist als nur viele Aktien."
Patrick: „Früher hab ich immer alles nach Bauchgefühl gemacht. Heute folge ich meinem System – und schlafe besser."

Cliffhanger: Im nächsten Abschnitt tauchen wir tiefer in zwei der ältesten Denkmodelle des Marktes ein: Value vs. Growth. Zwei Stile, zwei Strategien – und zwei völlig unterschiedliche Sichtweisen aufs Investieren. Welche passt zu dir?

Faktencheck

☑ **Deutsche Börse (2024), MSCI Index Methodology:** ETFs sind meist nach Marktsegmenten strukturiert: Unternehmen werden je nach Index nach Regionen, Branchen/Sektoren, Marktkapitalisierung oder Anlagestil (Value/Growth) zusammengefasst.

☑ **MSCI (2024):** Die Marktkapitalisierung bestimmt die Gewichtung von Unternehmen im ETF. In Standard-ETFs wie dem MSCI World machen die größten US-Konzerne oft über 60 % des Fondsvolumens aus.

☑ **Morningstar Research (2023):** Branchen- und Themen-ETFs ermöglichen gezielte Investments, bergen aber Konzentrationsrisiken – vor allem, wenn einzelne Sektoren schwächeln.

☑ **OECD (2023), Deutsche Bundesbank (2023):** Regionale Diversifikation senkt das Risiko, da wirtschaftliche Entwicklungen in verschiedenen Ländern und Regionen unterschiedlich verlaufen.

☑ **Fama/French, „The Cross-Section of Expected Stock Returns“, Journal of Finance (1992); justETF (2024):** Small Caps und Growth-ETFs schwanken stärker, bieten langfristig aber mehr Renditepotenzial – das Risiko ist jedoch erhöht.

☑ **justETF (2024):** Ein ETF ist immer nur so breit und diversifiziert wie der zugrunde liegende Index – ähnliche Produktnamen können ganz unterschiedliche Schwerpunkte bedeuten.

☑ **Morningstar Research (2024):** Die Auswahl an nachhaltigen und ESG-ETFs ist rasant gewachsen – Definition und Zusammensetzung unterscheiden sich jedoch erheblich zwischen den Anbietern.

☑ **Vanguard Group (2023):** Die breite Streuung über Regionen und Sektoren schützt am besten vor Klumpenrisiken und erhöht die Resilienz des Portfolios.

1.6.1. Value vs. Growth – Zwei Anlagestile, zwei Welten

„Growth ist der Traum. Value ist der Plan."
– sinngemäß nach Warren Buffett

Lisa (schmunzelt): „Moritz, ich brauch Substanz, was zum Festhalten. Was, wenn morgen alles anders ist?"
Moritz (lacht): „Wenn's knallt, hab ich wenigstens noch meine Vision. Aber vielleicht hast du Recht – ein bisschen Sicherheit wär schon gut …"
Patrick (grinst): „Ich mix mir einfach beides. Gibt's eigentlich schon einen ETF auf Gelassenheit?"

Lisa, Moritz & Patrick im Stil-Check
Lisa fühlt sich zu Unternehmen mit Substanz hingezogen – stabil, etabliert, am liebsten mit verlässlicher Dividende. Value klingt für sie nach Sicherheit und Beständigkeit. **Moritz** entdeckt „Growth": Zukunftsthemen, Technologie, Innovation – spannend, aber auch riskant. **Patrick** denkt: Warum nicht beides? Je nach Markt und Lebensphase kann eine Kombination das Richtige sein.
Drei Sichtweisen – ein gemeinsamer Startpunkt: Value und Growth sind zwei Wege zum Investieren, beide mit Berechtigung.

Was du in diesem Kapitel lernst
- Was Value und Growth wirklich unterscheidet – und wie sie sich ergänzen
- Typische Merkmale, Kennzahlen und Branchen
- Warum du nicht zwischen „entweder oder" wählen musst
- Wie du mit deinem Stil und Zeithorizont deinen persönlichen Fahrplan findest

Zwei Denkweisen – zwei Investment-Philosophien
Value steht für Substanz, Stabilität und Sicherheit. Growth ist der Ruf nach Innovation, Zukunft und Dynamik.

Kategorie	Value	Growth
Fokus	Solide Unternehmen mit Substanz	Unternehmen mit starkem Wachstumspotenzial
Bewertung	Günstig (niedriges KGV – Kurs-Gewinn-Verhältnis bzw. KBV – Kurs-Buchwert-Verhältnis)	Teuer (hohes KGV mit Wachstumsfantasie)

Kategorie	Value	Growth
Dividenden	Häufig, stabil	Selten oder keine
Typische Branchen	Finanzen, Energie, Industrie, Konsum	Technologie, Biotech, E-Commerce
Marktphasen-Vorteil	Stabile Phasen, Rezessionen	Hausse (das heißt: Phasen steigender Kurse und starken Wachstums)
Ideal für	Sicherheitsorientierte Anleger:innen	Risikobereite Wachstumsfans

Praxis-Tipp – Der Balanceakt: Value-Anleger:innen lieben die „Margin of Safety" – eine Sicherheitsmarge zwischen Preis und Wert eines Unternehmens. Wer nur Growth isst, bekommt manchmal Sodbrennen – Value ist das Brot dazu, das alles verträglicher macht. Growth-Investor:innen setzen auf Innovationskraft und Wachstum, auch wenn der Einstieg teurer ist.

Das PEG-Ratio – wenn Value auf Growth trifft

Das PEG-Ratio koppelt Bewertung und Wachstum. Je höher das Potenzial, desto teurer.

- Aktie A: KGV 30, Gewinnwachstum 30 % → PEG = 1,0
- Aktie B: KGV 20, Gewinnwachstum 5 % → PEG = 4,0

Je niedriger das PEG bei gleichem Wachstum, desto attraktiver das Investment.

Beispiel: Lisa und Moritz im Portfolio-Mix

Lisa: Kombiniert einen stabilen Value-ETF mit Dividendenfokus (z. B. Dividendenaristokraten) und einen kleinen Growth-ETF für Innovationschancen. So schützt sie sich gegen Volatilität und bleibt am Wachstum beteiligt.

Moritz: Setzt schwerpunktmäßig auf Growth-ETFs, ergänzt durch einen Value-ETF als Sicherheitspuffer. Er nutzt regelmäßige Checks, um das Verhältnis an seine Lebenssituation anzupassen.

Entscheidungsbaum: Finde deinen Stil

1. Was ist dein Zeithorizont?
- Kurzfristig (< 5 Jahre) → Growth riskanter, aber mit Chancen
- Langfristig (> 5 Jahre) → Kombi aus Value & Growth optimal

2. Wie reagierst du auf Schwankungen?
- Gelassen → Growth möglich
- Nervös → Mehr Value-Anteil

3. Was sind deine Ziele?
- Stabile Einnahmen → Fokus auf Value & Dividenden
- Kapitalwachstum → Fokus auf Growth

Praxis-Impuls: Moritz berichtet: „Gestern Abend hab ich wieder auf die Kurse geschaut – mein Growth-ETF war mal wieder im Achterbahnmodus. Ich hab sofort gemerkt: Ohne Value-Anteil wär ich wahrscheinlich längst raus. Die Mischung beruhigt."

Marktphasen und Anpassung

Erinnere dich: Dein Stil ist nicht in Stein gemeißelt. In Ruhephasen helfen Value-Aktien, in Wachstumsphasen übernimmt Growth die Führung. Das Umschichten je nach Markt macht Sinn – und ist Teil eines erfolgreichen Plans.

„Ich hab mich nie als Growth-Typ gesehen – aber die Mischung mit Value gibt mir heute echt mehr Ruhe. Es muss nicht immer ganz oder gar nicht sein."
– Jana, 31

Take-Aways – Das Wichtigste auf einen Blick

- Value = Sicherheitsnetz, günstig kaufen, stabil halten.
- Growth = Zukunftsticket, hohe Chancen, aber volatiler.
- Beide Stile können zusammen dein Portfolio stärken.
- Dein persönlicher Stil hängt von Zielen, Zeithorizont und Risikobereitschaft ab.
- Stile dürfen sich verändern – das ist ein Zeichen von Wachstum.

So denken Lisa, Moritz & Patrick

- **Lisa:** „Value gibt mir Ruhe, Growth hält mich neugierig. Die Mischung fühlt sich richtig an."
- **Moritz:** „Growth fasziniert mich – ich nehme Schwankungen in Kauf, wenn die Story stimmt."
- **Patrick:** „In ruhigen Phasen mag ich Value, wenn es wild wird, liefert Growth das Extra."

Reflexionsfragen

- Bist du eher Value- oder Growth-Anleger:in?
- Wie fühlst du dich bei Schwankungen?
- Willst du stabile Dividenden oder Zukunftspotenzial?
- Wie flexibel bist du, deinen Stil zu wechseln?

Golden Nugget: Value ist dein Sicherheitsnetz. Growth dein Zukunftsticket. Wer beide kennt, investiert nicht nur mit Herz – sondern mit Verstand.

Mentor-Moment: Der clevere Investor weiß: Ein gutes Portfolio ist wie ein ausgewogenes Menü – nicht nur süß oder nur salzig, sondern die perfekte Mischung.

Lisa: „Erst als ich Value und Growth verstanden habe, konnte ich bewusster entscheiden – und gelassener bleiben."
Moritz: „Für mich ist Growth der Kick, Value der Anker – beides zusammen macht's spannend und sicher."
Patrick: „Ich setze heute auf eine Mischung – so bin ich für die Zukunft gerüstet, ohne mein Fundament zu verlieren."

Cliffhanger: Im nächsten Kapitel schauen wir uns an, warum Unternehmensgrößen entscheidend sind: Small, Mid & Large Caps – und wie sie dein Portfolio prägen.

Faktencheck Value vs. Growth

☑ **Graham & Dodd, „Security Analysis"; MSCI (2024):** Value-Aktien sind Unternehmen mit stabilen Geschäftsmodellen, solider Bilanz und oft regelmäßigen Dividenden. Sie werden meist anhand klassischer Kennzahlen wie niedrigem KGV oder KBV identifiziert.

☑ **Fama/French, „The Cross-Section of Expected Stock Returns", Journal of Finance (1992); MSCI (2024):** Growth-Aktien zeichnen sich durch hohes Umsatz- und Gewinnwachstum aus, sind oft höher bewertet und schütten selten Dividenden aus.

☑ **Peter Lynch, „One Up On Wall Street" (aktuelle Auflage):** Das PEG-Ratio (KGV in Relation zum Gewinnwachstum) gilt als praktisches Tool für die Bewertung von Growth-Aktien. Ein Wert um 1 steht für eine faire Bewertung.

☑ **MSCI Style Indexes (2023); Morningstar (2023):** Value und Growth wechseln sich als „Börsenstars" je nach Marktphase ab: Value überzeugt in Krisen oder bei steigenden Zinsen, Growth dominiert in Boomzeiten und bei niedrigen Zinsen.

☑ **Vanguard Group (2023); Dimensional Fund Advisors (2023):** Langfristig profitieren Anleger:innen von einer Mischung aus Value- und Growth-Titeln – das verbessert Renditechancen und Risikoausgleich im Portfolio.

☑ **justETF (2024); MSCI (2024):** Die genaue Definition von Value und Growth unterscheidet sich je nach Index-Anbieter und ETF – Factsheets liefern Transparenz über die Auswahlkriterien.

☑ **Finanztest Stiftung Warentest (2024):** Value-Aktien bieten historisch stabilere Dividenden, während Growth-Aktien häufig volatiler, aber mit größerem Potenzial für Kursgewinne sind.

1.6.2. Marktkapitalisierung – Vom Hidden Champion zum Börsengiganten

„Nicht jede große Idee ist gleich ein Großunternehmen – aber viele Großunternehmen waren einst kleine Ideen."
– Josef Obergantschnig

Lisa, Moritz & Patrick vor der Größenfrage
Lisa nippt an ihrem Kaffee: „Mid Caps sind für mich wie die Geheimtipps im Freundeskreis – solide, nicht zu laut, aber oft die wahren Schätze." **Moritz** grinst: „Ich such lieber die Underdogs, die noch keiner kennt. Small Caps sind wie Startups manchmal Flop, manchmal Jackpot!" **Patrick** blättert in der Wirtschaftszeitung: „Mir reicht Dividende. Bei den Großen weiß ich, woran ich bin."
Drei Anlagestrategien – und ein gemeinsamer Nenner: Die Größe eines Unternehmens sagt viel über Renditechancen, Risiko und Verhalten in Krisenzeiten.

Was du in diesem Kapitel lernst
- Was Marktkapitalisierung wirklich bedeutet – und wie du sie berechnest
- Welche Eigenschaften Small, Mid, Large und Ultra Caps auszeichnen
- Wie Größe dein Risiko-Rendite-Profil beeinflusst
- Warum es Sinn machen kann, unterschiedliche Größenklassen zu kombinieren

Was ist Marktkapitalisierung überhaupt?
Die Marktkapitalisierung (engl. Market Cap) ist der aktuelle Börsenwert eines Unternehmens und wird nach folgender Formel berechnet:
Aktienkurs × Anzahl der ausgegebenen Aktien

Klingt einfach – ist aber ein mächtiges Werkzeug. Denn Größe wirkt: auf Liquidität, Stabilität, Wachstum und auch auf deine persönliche Strategie.

Marktkapitalisierungen im Überblick

Segment	**Definition (USD)**	**Merkmale & Beispiele**
Small Caps	< 2 Mrd.	Jung, wachstumsstark, volatil (z. B. Varta)
Mid Caps	2–10 Mrd.	Ausgewogenes Chancen-Risiko-Profil (z. B. Carl Zeiss Meditec)
Large Caps	> 10 Mrd.	Etabliert, stabil, Dividendenzahler (z. B. Allianz)
Ultra-Large Caps	> 500 Mrd.	Marktführer mit globalem Einfluss (z. B. Apple, Microsoft)

Hinweis: Die Zuordnung basiert auf typischen Marktkapitalisierungen und kann sich im Zeitverlauf ändern. Es geht hier um die Denkweise – nicht um aktuelle Börsenwerte.

Praxis-Tipp: Viele ETFs – etwa der MSCI World – sind stark von Ultra-Large Caps dominiert. Wenn du bewusst auch kleinere Unternehmen abbilden willst, nutze ergänzend Small Cap ETFs oder Equal-Weight-Produkte. Viele unterschätzen, wie dominant Apple, Microsoft & Co. in klassischen Welt-Indizes sind. Wer wirklich mischen will, braucht manchmal Extra-ETFs – oder muss umschichten, wenn ein Riese zu viel Platz einnimmt.

Was sind Equal Weight ETFs?
Im Gegensatz zu klassischen ETFs, die ihre Aktien nach Marktkapitalisierung gewichten (größere Unternehmen haben mehr Gewicht), verteilen Equal Weight ETFs das Kapital gleichmäßig auf alle enthaltenen Unternehmen. Dadurch werden kleinere Unternehmen im Portfolio stärker berücksichtigt, was dein Risiko-Rendite-Profil verändert.

Beispiel: Vom Small Cap zum Giganten
Viele der größten Unternehmen – z. B. Amazon, Apple oder Nvidia – starteten einst als Small Caps. Was sie groß gemacht hat? Innovation, Skalierung, Ausdauer – und Kapital. Wer früh eingestiegen ist, hat das ganze Wachstum miterlebt.

Risiken bei Small Caps – das solltest du wissen
Small Caps bieten oft enormes Wachstumspotenzial, bringen aber auch höhere Risiken mit sich:

- **Höhere Volatilität:** Kursschwankungen können stärker ausfallen als bei großen Unternehmen.
- **Geringere Liquidität:** Es kann schwieriger sein, die Aktien schnell und zu guten Preisen zu kaufen oder zu verkaufen.
- **Insolvenzrisiko:** Kleinere Firmen sind wirtschaftlich oft weniger stabil und anfälliger für Krisen oder Pleiten.

Deshalb gilt: Setze nie mehr als einen kleinen Teil deines Portfolios auf Small Caps – und kombiniere sie mit größeren, stabileren Aktien.

Vergleich: Was Größe wirklich bedeutet

Merkmal	Small Cap	Mid Cap	Large/ Ultra-Large Cap
Risiko	hoch	mittel	eher gering
Wachstumschance	sehr hoch	solide	begrenzt
Liquidität	geringer	solide	hoch
Dividende	selten	selektiv	häufig
Bekanntheit	oft unbekannt	regional etabliert	global sichtbar
Beispiel-Index	MSCI World Small Cap	MDAX	S&P 500, MSCI World

Steuerliche Hinweise

Moritz staunte, als plötzlich weniger Dividende auf dem Konto war als erwartet – Schuld war die Quellensteuer aus den USA. Seitdem prüft er, wo seine ETFs gelistet sind, und nutzt die Info beim Jahresausgleich.

Je nach Land und Broker kann die steuerliche Behandlung von Gewinnen und Dividenden unterschiedlich sein. Es ist wichtig, folgende Punkte zu beachten:

- Bei vielen Brokern werden Steuern automatisch abgeführt (z. B. Kapitalertragsteuer in Deutschland, KESt in Österreich).
- Bei Auslandsbrokern kann die Quellensteuer anfallen, die du dir eventuell zurückholen kannst.
- Prüfe die individuellen Freibeträge und Haltefristen, um steuerliche Vorteile zu nutzen.
- Im Zweifelsfall lohnt sich der Rat eines Steuerberaters oder einer Steuerberaterin, um deinen Nettogewinn zu optimieren.

Take-Aways – Das Wichtigste auf einen Blick

- Marktkapitalisierung ist nicht nur eine Kennzahl – sie verändert dein Portfolioverhalten.
- Small Caps bringen Fantasie – aber auch mehr Schwankung und Risiko.
- Mit Mid und Large Caps holst du dir Stabilität und Dividenden.
- Ultra-Large Caps dominieren viele Indizes – achte auf Gleichgewicht.
- Steuerliche Regelungen sind wichtig für deine Nettorendite – informiere dich.

So denken Lisa, Moritz & Patrick

- **Lisa:** „Ich setze auf Mid und Large Caps mit Nachhaltigkeitsfokus – da finde ich die beste Balance zwischen Sicherheit und Sinn.“

- **Moritz:** „Ich liebe Small Caps – da finde ich unentdeckte Perlen. Aber ich mische sie bewusst mit Large Caps, um das Risiko zu zähmen."
- **Patrick:** „Große Unternehmen zahlen verlässlich Dividenden. Die sind für meine Strategie perfekt. Small Caps? Höchstens über einen ETF."

Reflexionsfragen
- Wie ist dein Depot aktuell nach Unternehmensgröße aufgeteilt?
- Nutzt du gezielt Small Cap ETFs – oder überlässt du die Gewichtung dem Index?
- Welches Rendite-Risiko-Verhältnis passt wirklich zu deinem Lebensstil?

Golden Nugget: Marktkapitalisierung zeigt dir, wie groß ein Unternehmen wirklich ist – und hilft dir, dein Risiko klug zu steuern. Kleine Firmen bringen Chancen, große Firmen Stabilität. Die Mischung macht's.

Mentor-Moment: Kleine Unternehmen sind wie Startups im Depot – voller Potenzial, aber mit wackligen Beinen. Die Großen? Sie laufen langsam – aber lange.

Lisa: „Kleine Unternehmen bringen oft mehr Schwung, aber ich achte auf das Gleichgewicht mit den Großen."
Moritz: „Ich mag die Dynamik von Small Caps – aber ganz ohne Large Caps würde ich mich unsicher fühlen."
Patrick: „Früher habe ich nur auf die Großen gesetzt – jetzt weiß ich: Die richtige Mischung ist entscheidend für ruhigen Schlaf."

Cliffhanger: Bereit für den nächsten Abschnitt? Dann werfen wir einen Blick auf die Branchenstruktur des Marktes – und warum du die Sektoren wie Organe deines Depots betrachten solltest.

Faktencheck Marktkapitalisierung
☑ **Deutsche Börse (2024):** Die Marktkapitalisierung berechnet sich aus Aktienkurs mal Anzahl der ausgegebenen Aktien und zeigt den aktuellen Börsenwert eines Unternehmens.
☑ **MSCI (2024):** Large Caps dominieren die weltweiten Leitindizes wie den MSCI World oder S&P 500 – häufig machen die Top-10-Unternehmen mehr als 50 % des Indexvolumens aus.
☑ **Fama/French, „The Cross-Section of Expected Stock Returns", Journal of Finance (1992); Dimensional Fund Advisors (2022):** Small Caps gelten als volatil, bringen aber bei langer Haltezeit oft eine Überrendite („Small Cap Premium").

- ☑ **justETF (2024):** Equal Weight ETFs gleichen die Gewichtung der Indexwerte aus und reduzieren die Dominanz großer Konzerne – das sorgt für mehr Diversifikation, aber auch mehr Schwankungen.
- ☑ **Bundesfinanzministerium (2024); OECD (2023):** Steuerliche Aspekte (Abgeltungsteuer, Quellensteuer, Freibeträge) beeinflussen die Nettorendite spürbar und sind je nach Land und Broker verschieden zu beachten.
- ☑ **Morningstar Research (2023):** Mittelgroße Unternehmen (Mid Caps) bieten eine Balance aus Wachstumspotenzial und Stabilität – sie werden oft im Indexbau als „Stabilisator" genutzt.
- ☑ **London School of Economics (2022):** Indizes nach Marktkapitalisierung spiegeln die reale Unternehmenslandschaft wider, können aber zu Klumpenrisiken führen, wenn einzelne Branchen oder Firmen besonders groß werden.
- ☑ **Vanguard Group (2023):** Die Gewichtung von Small, Mid und Large Caps sollte zum persönlichen Risikoprofil passen – reine „Large Cap"-Portfolios sind weniger volatil, aber weniger wachstumsstark.
- ☑ **Handelsblatt (2023):** In Bullenmärkten führen häufig Large Caps, in Aufschwungphasen können Small Caps stärker profitieren – zyklische Marktphasen beeinflussen die Performance der einzelnen Segmente.
- ☑ **Buch: „Stocks for the Long Run" – Jeremy Siegel, 6. Auflage (2023):** Über lange Zeiträume bringen Small Caps statistisch die höchste Rendite, erfordern aber Durchhaltevermögen und gute Risikostreuung.

1.6.3. Sektoren & Branchen – Die inneren Organe des Marktes

„Der Markt ist kein Block – er ist ein Organismus.
Wer seine Organe kennt, versteht seine Reaktionen."
– Josef Obergantschnig

Lisa (scrollt durch ihre Watchlist): „Immer nur Tech ist wie Pizza zum Frühstück, Mittag und Abend – irgendwann fehlen dem Depot die Vitamine!"
Moritz (grinst): „Ich mag Schwankung – solange's kein Herzinfarkt wird."
Patrick (schmunzelt): „Mir reicht's, wenn mein Depot nicht dauernd Fieber hat."

Lisa, Moritz & Patrick auf Sektor-Entdeckungsreise
Lisa möchte gezielt in Bildung, Gesundheit und Infrastruktur investieren – nicht alles in einen Topf werfen. **Moritz** interessiert sich für zyklische Chancen und will verstehen, wie Konjunktur und Branchen zusammenhängen. **Patrick** sucht

Stabilität – und setzt auf defensive Titel mit Dividenden und Substanz.
Drei Strategien – ein gemeinsamer Nenner: Wer Sektoren versteht, kann gezielter investieren, Risiken steuern und Chancen besser nutzen.

Was du in diesem Kapitel lernst

- Was ein Börsensektor ist – und wie er sich von einer Branche unterscheidet
- Welche Sektorgruppen es gibt – und wie sie auf Konjunktur und Zinsen reagieren
- Warum ETFs oft sektorlastig sind – ohne dass du es merkst
- Wie du gezielt mit Sektor-ETFs oder Themenfonds arbeiten kannst

Was ist ein Sektor?

Ein Sektor ist eine Gruppe von Unternehmen, die im selben wirtschaftlichen Umfeld tätig sind – zum Beispiel Energie, Gesundheit oder Finanzen. Die gängigste Einteilung stammt vom GICS-System: 11 Sektoren, die wie Organe der Weltwirtschaft agieren.

Zyklisch oder defensiv – wie sich Sektoren verhalten

Kategorie	Merkmale	Typische Sektoren
Defensiv	Geringe Schwankung, stabil in Krisen	Gesundheit, Basiskonsum, Versorger
Zyklisch	Reagieren stark auf Wirtschaft & Stimmung	Finanzen, Industrie, Energie, Konsum
Gemischt	Verhalten sich je nach Subbranche	IT, Kommunikation, Immobilien

Praxis-Tipp: Nutze Sektor-ETFs bewusst: z. B. Übergewicht Gesundheit bei Krisenangst oder Fokus auf Tech bei Innovationsphasen. Zinsniveau, Inflation und Konjunktur spielen dabei eine große Rolle.

11 Sektoren – so tickt der Markt unter der Oberfläche

Sektor	Beispiele	Verhalten
Kommunikationsdienste	Deutsche Telekom, Plattformen (Meta)	Gemischt
Basiskonsumgüter	Nestlé, Unilever	Defensiv
Energie	Shell, Ørsted	Zyklisch
Finanzwesen	Allianz, JPMorgan	Zyklisch
Gesundheitswesen	Pfizer, Roche	Defensiv
Industrie	Siemens, Vinci	Zyklisch

Sektor	Beispiele	Verhalten
IT	Apple, ASML	Gemischt
Rohstoffe/Materialien	BASF, Rio Tinto	Zyklisch
Immobilien	Vonovia, AvalonBay	Zyklisch
Nicht-Basiskonsum	LVMH, Nike	Zyklisch
Versorger	Enel, E.ON	Defensiv

Sektoren vs. Branchen – was ist der Unterschied?
Ein Sektor ist eine übergeordnete Gruppe – etwa „Gesundheit" oder „Industrie". Innerhalb eines Sektors gibt es mehrere Branchen oder Subindustrien, zum Beispiel:

- Sektor Gesundheitswesen
  ↳ Branche: Pharma, Medizintechnik, Krankenhäuser
- Sektor Industrie
  ↳ Branche: Maschinenbau, Infrastruktur, Logistik

Die meisten Indizes und ETFs arbeiten mit Sektoren – aber es lohnt sich, auch mal auf die Branchentiefe zu schauen. So kannst du gezielter investieren und erkennst, wo dein Geld wirklich wirkt.

Extra-Tipp: Ein Themenfonds auf „Medizintechnik" ist oft nur ein Subsegment des Sektors „Gesundheit" – und kann deutlich schwankungsanfälliger sein.

Persönliche Beobachtung: Europa vs. USA
In den USA dominiert der Technologiesektor – wachstumsorientiert, skalierbar, innovationsgetrieben. Europa ist stärker von klassischen Sektoren geprägt: Industrie, Basiskonsum, Finanzen. Stabil, aber weniger „fantasievoll". Auch der Umgang mit Scheitern und unternehmerischem Risiko unterscheidet sich – und das prägt die Aktienlandschaft sichtbar.

Extra-Tipp für Fortgeschrittene: Schau dir die Sektorstruktur deines ETFs genau an! Viele vermeintlich „neutrale" ETFs wie der MSCI World sind techlastig.

Zwei Tools helfen dir bei der Sektor-Analyse deiner ETFs:

- justetf.com – ISIN eingeben, unter „Portfolio" nach Sektorverteilung suchen
- morningstar.de – ETF aufrufen, Reiter „Portfolio" → „Sektoren"

Take-Aways – Das Wichtigste auf einen Blick

- Sektoren sind wie Organe – jedes tickt anders.
- Zykliker bringen Chance, Defensive bringen Stabilität.
- Sektor-ETFs ermöglichen gezielte Schwerpunkte.
- Ohne Sektorverständnis kannst du dein Portfolio nicht gezielt steuern.

So denken Lisa, Moritz & Patrick

- **Lisa**: „Ich fokussiere mich auf Gesundheitswesen, Bildung und Infrastruktur – defensiv, aber mit langfristiger Relevanz."
- **Moritz**: „Ich beobachte Konjunkturphasen und schichte aktiv um – aktuell setze ich stärker auf Industrie & Finanzen."
- **Patrick**: „Ich will Ruhe. Deshalb setze ich auf Basiskonsum, Versorger und Dividendenwerte."

„Ich dachte immer, mit einem Welt-ETF habe ich alles abgedeckt – bis ich sah, dass über 20 % in nur einem Sektor steckten. Seitdem achte ich gezielt auf die Branchenstruktur."
– Tom, 28

Reflexionsfragen

- In welchen Sektoren bist du derzeit investiert – bewusst oder zufällig?
- Willst du bestimmte Zukunftssektoren übergewichten?
- Wie viel Zyklik steckt in deinem Portfolio – und passt das zu deinem Risikoprofil?

Golden Nugget: Wer nur Muskeln hat, läuft Gefahr, am ersten Infekt zu scheitern – ein Depot braucht Vielfalt wie ein Körper.

Mentor-Moment: Ein gutes Depot ist wie ein Körper: Vieles hängt vom Herzen ab – aber ohne Nerven, Muskeln und Knochen funktioniert nichts.

Lisa: „Mir hilft das Bild vom Körper – nur auf ein Organ zu setzen, ist zu riskant."
Moritz: „Früher dachte ich, Technik-Aktien reichen. Heute weiß ich: Ohne Branchenvielfalt wird's schnell wackelig."
Patrick: „Ich habe gelernt, dass ein ausgewogenes Depot wie ein gesunder Körper ist: Stabil, aber anpassungsfähig."

Cliffhanger: Bereit für den nächsten Abschnitt? Dann schauen wir uns an, was Themeninvestments leisten können – und wie du mit Megatrends & ETF-Themenfonds den Zeitgeist nutzen kannst, ohne dich zu verzetteln.

Faktencheck

☑ **MSCI (2024); S&P Global (2024):** Das GICS-System (Global Industry Classification Standard) teilt den Aktienmarkt weltweit in 11 Sektoren, 24 Industriegruppen, 69 Branchen und 158 Subbranchen – und wird von allen großen Indexanbietern genutzt.

☑ **Morningstar Research (2023); Deutsche Börse (2024):** Defensive Sektoren wie Basiskonsum, Gesundheit oder Versorger zeigen in Krisen oft geringere Verluste und stabilere Dividenden als zyklische Sektoren (Industrie, Finanzen, Energie).

☑ **MSCI World Sector Breakdown (2024):** Technologie und Kommunikation dominieren aktuell die US-Börse (S&P 500: rund 40 % Marktkapitalisierung). In Europa sind Finanzen, Industrie und Konsum stärker vertreten.

☑ **BaFin Verbraucherportal (2024):** Sektor-ETFs ermöglichen gezielte Schwerpunkte, bergen aber Konzentrationsrisiken – Schwankungen sind oft größer als bei breit gestreuten Welt-ETFs.

☑ **justETF (2024); MSCI Methodology:** Standard-ETFs wie der MSCI World gewichten Sektoren nach Marktkapitalisierung. Bei Tech-Booms kann ein Sektor stark überwiegen.

☑ **Verbraucherzentrale (2024):** Branchen- und Themenfonds bilden meist nur einen Marktausschnitt ab – als Basisinvestment sind sie weniger geeignet, als Ergänzung bieten sie Chancen und Risiken.

☑ **Harvard Business School (2023):** Eine bewusste Sektorstreuung im Depot kann das Risiko einzelner Krisen deutlich senken und stabilere Renditen ermöglichen.

☑ **London School of Economics (2023):** Die Entwicklung von Sektoren und Branchen ist eng mit technologischem Fortschritt und gesellschaftlichen Trends verbunden – z. B. Digitalisierung, Green Tech oder Gesundheit.

☑ **BlackRock Investor Pulse (2023):** Private Anleger:innen setzen zunehmend gezielt auf Sektor- und Themen-ETFs, um Zukunftstrends abzubilden – Flexibilität ist wichtig, aber Basisdiversifikation bleibt entscheidend.

☑ **Buch: „The Intelligent Investor“ – Benjamin Graham (aktuelle Auflage 2023):** Eine ausgewogene Mischung verschiedener Sektoren schützt vor Klumpenrisiken und sorgt für robustere Portfolios.

1.6.4. Themenfonds & Megatrends – Zwischen Vision und Verpackung

„Nur weil etwas nach Zukunft klingt,
ist es noch lange kein gutes Investment.“
– Josef Obergantschnig

Lisa, Moritz & Patrick im Themenfieber
Lisa (scrollt begeistert): „Der neue KI-ETF klingt nach Zukunft – sollte ich den nehmen?“
Moritz (grinst): „Und schon bist du beim nächsten Megatrend! Aber was steckt eigentlich wirklich drin?“
Patrick (kopfschüttelnd): „Letztes Jahr war's noch Wasserstoff. Dieses Jahr KI. Und nächstes Jahr?“
Drei Zugänge – eine Warnung: Nicht alles, was glänzt, ist Gold.

Was du in diesem Kapitel lernst

- Was Themenfonds eigentlich sind – und wie sie funktionieren
- Warum nicht jeder Megatrend automatisch ein gutes Investment ist
- Wie du zwischen echter Strategie und Marketing verlässlich unterscheidest
- Was du bei Themen-ETFs, aktiv gemanagten Zukunftsfonds und ESG-Kombis beachten musst

Was ist ein Themenfonds überhaupt?
Ein Themenfonds (ob ETF oder aktiv gemanagt) bündelt Aktien rund um ein bestimmtes Zukunftsthema – etwa Digitalisierung, Wasser, KI, Klimaschutz oder Gesundheit. Die Auswahl folgt dabei nicht klassischen Branchen – sondern einem gemeinsamen Narrativ.

Wichtig zu wissen
Themenfonds sind oft nicht breit gestreut, sondern stark fokussiert – mit teils übergewichteten Einzeltiteln oder Regionen. Was nach „Zukunft“ klingt, kann unter der Haube hochriskant sein.

Typische Themen – und was dahintersteckt

Thema	Mögliche Inhalte	Worauf du achten solltest
KI & Digitalisierung	Halbleiter, Software, Plattformen	Oft stark auf wenige US-Techs fokussiert
Gesundheit & Demografie	Biotech, Medizintechnik, Altersvorsorge	Geringe Liquidität, volatile Einzelwerte
Wasser & Klima	Infrastruktur, Green Tech, Versorger	Abhängigkeit von Politik & Regulierung
Future Mobility	E-Autos, Batterien, Wasserstoff	Kapitalintensiv, anfällig für Subventionen
Bildung & Soziales	EdTech, Fachkräfteplattformen	Oft Nischenmärkte mit geringer Marktbreite

Praxis-Tipp: Nicht jeder Fonds mit einem tollen Namen hat auch ein klares Konzept. Lies immer das Factsheet – und frage dich: Welche Titel sind drin – und warum gerade diese?

Themen-ETFs vs. Themenfonds – worin liegt der Unterschied?

Merkmal	Themen-ETF	Aktiver Themenfonds
Auswahlprozess	Nach Index, regelbasiert	Vom Fondsmanagement gesteuert
Kosten	Günstiger (0,3–0,7 %)	Teurer (1,5 % + Erfolgsgebühr möglich)
Flexibilität	Transparent, börsentäglich handelbar	Manager kann reagieren – aber auch danebenliegen, täglich handelbar
Beispiel	iShares Global Clean Energy ETF	Pictet Water, Robeco Sustainable Tech

Extra-Tipp: Nutze Themen-ETFs nur als ergänzende Bausteine – nicht als Basisinvestment. Die hohe Spezialisierung macht sie anfällig für Enttäuschungen, Hypes – und Sektorrotationen.

Marketingfalle

Der ETF klingt gut – aber was steckt drin? Viele Themenfonds enthalten „Zugpferde" wie Apple, Microsoft oder Alphabet – auch wenn sie thematisch nicht 100 % passen. Das liegt oft an der Methodik: Manche Indizes wählen nach Umsatzanteil, andere nach ESG-Score – wieder andere nach Medienrelevanz.

Praxis-Tipp: Prüfe die Top-10-Positionen eines Themenfonds. Wenn du dort nur Big Tech findest, ist das kein neuer Trend – sondern ein Aufguss.

„Ich war echt überrascht, als ich in meinen Trend-ETF geschaut habe: Sieben der zehn größten Positionen waren US-Tech-Konzerne. Das hatte ich mir ganz anders vorgestellt …“
– Marie, 32

Mein Fehler als Warnung
In meiner Startphase während der Blüte der Internetblase habe ich ausschließlich in Tech-Unternehmen investiert. Mein Portfolio hatte ein klares Klumpenrisiko: nur US-Technologietitel, kaum Diversifikation. Als die Blase platzte, hat mich das viel Geld gekostet. Diese Erfahrung lehrte mich: Nur auf den Hype zu setzen, ohne breite Streuung, ist gefährlich.

Themenfonds richtig einordnen

Kriterium	Empfehlung
Themenfokus	Klar, nachvollziehbar, nicht zu breit
Kostenstruktur	TER (Total Expense Ratio) bei ETFs unter 1 %, bei Fonds oft deutlich höher
Fondsgröße	> 100 Mio. € empfehlenswert
Streuung	Mindestens 30 Titel aus mehreren Ländern
Substanz oder Story?	Fokus auf reale Umsätze/Gewinne, nicht nur Fantasie
Benchmark oder Eigenbau?	Klare Vergleichsgröße vorhanden

Viele denken: Ein Megatrend ist immer Zukunft pur. Aber oft steckt mehr alter Wein in neuen Schläuchen als gedacht.

Take-Aways – Das Wichtigste auf einen Blick

- Themenfonds erzählen Geschichten – doch nicht jede Geschichte führt zu Rendite.
- Prüfe Konzept, Inhalt und Struktur – nicht nur den Titel.
- Themen-ETFs eignen sich als Satelliten, nicht als Basis.
- Megatrends brauchen Geduld – und einen langen Atem.

So denken Lisa, Moritz & Patrick

- **Lisa:** „Ich kombiniere Themenfonds mit klarer Wirkung – wie Clean Energy oder Bildung – mit soliden ESG-ETFs."
- **Moritz:** „Ich nutze Themen-ETFs nur bei technologischem Potenzial – achte aber auf Substanz und regionale Streuung."
- **Patrick:** „Ich bin skeptisch bei Hype-Themen. Wenn überhaupt, dann maximal 5–10 % vom Depot – und breit gestreut."

Reflexionsfragen

- Investierst du gerade in einen Trend – oder in ein tragfähiges Thema?
- Kennst du die Top-10-Positionen deiner Themenfonds?
- Passt das Risiko der Themen zu deiner restlichen Strategie?

Golden Nugget: Themenfonds sind wie Feuerwerke – sie strahlen kurz, bringen aber nur dann dauerhaft Licht, wenn sie Teil eines wohlüberlegten Plans sind.

Mentor-Moment: Ein Megatrend ist kein Versprechen – sondern eine Einladung zur Prüfung. Wer ihn versteht, investiert nicht in die Mode – sondern in die Zukunft.

Lisa: „Ich lasse mich nicht mehr von Hypes blenden – mein Depot braucht Substanz, keine Modeerscheinung."
Moritz: „Früher habe ich jedem Trend hinterhergeklickt – heute prüfe ich genauer, ob ein Thema wirklich in mein Portfolio passt."
Patrick: „Megatrends faszinieren mich, aber ich weiß: Sie sind das i-Tüpfelchen, nicht die Basis meines Depots."

Cliffhanger: Marktsegmentierung ist dein Kompass im Börsendschungel. Sie verwandelt Wirrwarr in Klarheit und gibt dir die Kontrolle über dein Portfolio. Im nächsten Kapitel fassen wir alles zusammen – damit du sicher und fokussiert in deine Investmentreise startest.

Faktencheck Themenfonds & Megatrends

☑ **Deutsche Börse (2024); justETF (2024):** Themenfonds bündeln Unternehmen, die einem bestimmten Narrativ folgen (z. B. Digitalisierung, Klimawandel, Demografie). Sie unterscheiden sich von klassischen Branchenfonds durch ihren thematischen Ansatz und ignorieren oft die GICS-Sektorlogik.

☑ **Morningstar Research (2024):** Themenfonds sind meist konzentrierter als Standard-ETFs – einzelne Werte können bis zu 10 % oder mehr des Fondsvermögens ausmachen. Das erhöht Schwankungen.

☑ **Verbraucherzentrale (2024); BaFin Verbraucherportal (2024):** Trotz großer Namen investieren viele Themen-ETFs überwiegend in bekannte Zugpferde wie Apple oder Alphabet – die tatsächliche Diversifikation kann geringer sein als vermutet.

☑ **MSCI Thematic Indexes (2024):** Themen-ETFs zeigen oft extreme Schwankungen – starke Hype-Phasen (z. B. Clean Energy 2020/21) können von langen Seitwärtsphasen oder Einbrüchen abgelöst werden.

☑ **BaFin (2024):** Themenfonds, insbesondere aktiv gemanagte, weisen meist deutlich höhere Gebühren auf als Standard-ETFs – das schmälert die Rendite.

☑ **Stiftung Warentest (2024):** Expert:innen empfehlen, Themen- und Megatrend-ETFs nur als Beimischung (< 10 % des Portfolios) zu nutzen und regelmäßig auf Konzentrationsrisiken zu prüfen.

☑ **Vanguard Group (2023):** Ein zu hoher Anteil an Themenfonds erhöht das Risiko im Portfolio; breit gestreute Basis-ETFs bleiben unverzichtbar.

☑ **BlackRock Investor Pulse (2023):** Viele Privatanleger:innen überschätzen die Diversifikation bei Themenfonds – Kontrolle der Top-Positionen ist ratsam.

☑ **Fama/French, Journal of Finance (1992):** Langfristig erzielen thematisch konzentrierte Fonds keine zuverlässig höheren Renditen als der Gesamtmarkt – sie sind aber volatiler.

☑ **Buch: „Thematic Investing: Long-Term Megatrends and How to Profit from Them“ – MSCI Research/Andrew Ang (2023):** Thematisches Investieren erfordert besondere Disziplin und Risikomanagement – Megatrends entfalten sich oft langsamer als erwartet.

1.6.5. Zusammenfassung und Fazit: Marktsegmentierung – Struktur bringt Klarheit

Lisa, Moritz und Patrick haben ihren Kompass schon grob kalibriert – jetzt bist du dran.“
– Josef Obergantschnig

Der Aktienmarkt ist kein Einheitsbrei – sondern ein System aus Bausteinen, das du mit deinem persönlichen Kompass steuerst. Jede:r steuert ein anderes Boot – aber alle brauchen einen Kompass.

Deine wichtigsten Segmentierungs-Werkzeuge

- Größe – Small, Mid oder Large Caps? Jede hat ihren Platz.
- Stil – Value oder Growth? Stabilität oder Fantasie?
- Sektor – Welche Branchen sind übergewichtet?
- Region – USA-lastig oder wirklich global diversifiziert?
- Thema – Investierst du in Zukunftstrends oder Zufall?
- Strategie – Reinvestieren oder Ausschütten?
- ESG – Welche Werte spiegeln dein Depot?

Take-Aways – Das Wichtigste auf einen Blick

- Segmentierung schafft Struktur – und verhindert blinde Investitionen.
- Themenfonds & ESG: kein Hype, aber sie brauchen Substanz.
- Dividenden oder Wachstum? Entscheide nach deinem Ziel.
- Es gibt nicht den perfekten Mix – nur den, der zu dir passt.

Lisa: „Ich freu mich über Ausschüttungen, das fühlt sich an wie Bonus."
Moritz: „Ich lass lieber alles drin – das macht den Zinseszins schneller stark."

Dein persönlicher Segmentierungs-Kompass

Kompassbereich	Leitfrage
Größe	Wie ist mein Depot zwischen Small, Mid und Large Caps aufgeteilt?
Stil	Setze ich eher auf Value, Growth oder eine Mischung?
Sektor	Welche Branchen dominieren mein Portfolio – bewusst oder unbewusst?
Region	Geografisch breit genug gestreut – oder USA-lastig?
Thema	Glaube ich an bestimmte Zukunftstrends – und bin ich investiert?
Strategie	Willst du Erntezeit (Dividende) oder Aussaat (Wachstum) – oder beides?
ESG	Welche Rolle spielen Nachhaltigkeit und Werte für mich?

Mini-Umsetzung: Nimm dir dein Anlagetagebuch oder eine Notiz-App. Zeichne deinen aktuellen Kompass – welche Bausteine dominieren? Wo hast du Lücken? Setze dir ein kleines Ziel, z. B. mehr Diversifikation bei den Regionen oder das Thema Nachhaltigkeit bewusst prüfen.

Risikohinweis: Dein Kompass ist deine Landkarte, aber nicht jede Route ist ohne Schwankungen. Schwankungen sind kein Fehler, sondern Teil des Spiels. Mit deiner persönlichen Segmentierung kannst du jedoch ruhiger navigieren – und lernst, deine Komfortzone zu erweitern.

Deine Reise: Dein Portfolio ist kein starrer Baukasten. Es darf sich verändern, wachsen und an deine Lebensphase angepasst werden. Es gibt kein „perfekt", nur dein bester Plan – und der entwickelt sich mit dir.

Praxis-Impuls für's Anlagetagebuch

- Zeichne deinen persönlichen Segmentierungs-Kompass.
- Reflektiere: Wo stehe ich? Wo will ich hin?
- Setze dir kleine, realistische Anpassungsziele.

Du hast jetzt gelernt, wie du den Markt strukturieren kannst – nach Stil, Größe, Thema oder Region. Doch worauf bauen all diese Bausteine eigentlich auf? Ganz einfach: auf Indizes. Sie sind die stillen Architekten deines Depots – ob du's weißt oder nicht. Wer nur auf das große Ganze starrt, verpasst die feinen Stellschrauben. Im nächsten Kapitel schauen wir uns daher an, was ein Index wirklich ist, warum es so viele davon gibt – und welche du als Investor:in unbedingt kennen solltest. Bereit für den nächsten Schritt? Dann tauchen wir ein in die Vielfalt der Indizes – deinem Kompass im Finanzmarkt.

Golden Nugget: Dein Segmentierungs-Kompass bringt Struktur ins Depot – und verhindert, dass du planlos steuerst. Klarheit ist der beste Schutz gegen Zufall.

Mentor-Moment: Ein gutes Portfolio ist kein Zufallsprodukt – sondern das Ergebnis kluger Entscheidungen, die du immer wieder überprüfen kannst.

Lisa: „Ich freu mich über Ausschüttungen, das fühlt sich an wie Bonus."
Moritz: „Ich lass lieber alles drin – das macht den Zinseszins schneller stark."
Patrick: „Mein Kompass hat sich über die Jahre verändert. Heute weiß ich, dass auch kleine Anpassungen viel bringen."

Social Proof

Viele Leser:innen berichten, dass der Segmentierungs-Kompass ihnen erstmals echte Übersicht ins Depot gebracht hat – und ihnen hilft, nicht mehr planlos zu investieren.

Cliffhanger: Du hast jetzt gelernt, wie du den Markt strukturieren kannst – nach Stil, Größe, Thema oder Region. Doch worauf bauen all diese Bausteine eigentlich auf? Ganz einfach: auf Indizes. Sie sind die stillen Architekten deines Depots – ob du's weißt oder nicht. Wer nur aufs große Ganze starrt, verpasst die feinen Stellschrauben. Im nächsten Kapitel schauen wir uns an, was ein Index wirklich ist, warum es so viele davon gibt – und welche du als Investor:in unbedingt kennen solltest. Bereit für den nächsten Schritt? Dann tauchen wir ein in die Vielfalt der Indizes – deinem Kompass im Finanzmarkt.

Faktencheck

☑ **MSCI (2024); Morningstar Research (2024):** Segmentierung – also die bewusste Aufteilung des Depots nach Größe, Stil, Region und Sektor – erhöht die Diversifikation und senkt Klumpenrisiken nachweislich.

☑ **Vanguard Group (2023); Deutsche Börse (2024):** Eine durchdachte Mischung aus unterschiedlichen Anlageklassen und Marktkategorien verbessert das Chance-Risiko-Profil und schützt vor Einseitigkeit.

☑ **Stiftung Warentest (2024):** ESG-, Themen- und Dividendenstrategien sind wertvolle Ergänzungen im Portfolio, sollten aber nie die alleinige Basis sein – zu viel Fokus schränkt die Diversifikation ein.

☑ **BaFin Verbraucherportal (2024):** Portfolios müssen regelmäßig überprüft und aktiv an die eigenen Ziele angepasst werden – das beugt Risikoüberhängen und „blinden Flecken“ vor.

☑ **BlackRock Investor Pulse (2023):** Rebalancing – also das Zurücksetzen der ursprünglich geplanten Gewichtung – führt langfristig zu stabileren Renditen und besserer Kontrolle über das Risiko.

☑ **Harvard Business School (2023):** Professionelle Anleger:innen passen ihre Depotstruktur mindestens einmal jährlich an neue Marktbedingungen und persönliche Veränderungen an.

☑ **Dimensional Fund Advisors (2023):** Die richtige Segmentierung sorgt dafür, dass einzelne Ereignisse oder Trends das Portfolio nicht aus dem Gleichgewicht bringen.

☑ **OECD (2023):** Eine breite Streuung über verschiedene Segmente und regelmäßiges Rebalancing werden international als wichtigste Erfolgsfaktoren für langfristigen Anlageerfolg anerkannt.

1.7. Die Vielfalt der Indizes: Dein Kompass im Finanzmarkt

„Ein ETF ist nur so gut wie der Index, dem er folgt."
– Josef Obergantschnig

Lisa, Moritz & Patrick auf der Suche nach Orientierung
Lisa möchte ihren ETF auf Nachhaltigkeit prüfen – doch der DAX erscheint ihr zu eng. **Moritz** hat zwei Fonds mit fast gleichem Namen verglichen – und festgestellt: völlig andere Performance. **Patrick** dachte lange, der ATX sei sein Heimatindex – bis er merkte, dass dort vor allem Banken und Energie dominieren.
Drei Anleger:innen – eine Erkenntnis: Ein Index ist nicht neutral. Und wer nicht weiß, wie sein Kompass tickt, verliert leicht die Richtung.

Was du in diesem Kapitel lernst

- Was ein Index wirklich ist – und warum es so viele davon gibt
- Welche Unterschiede es bei Gewichtung, Auswahl und Region gibt
- Wie du den passenden Index für deinen Stil findest – ob Value, Growth, ESG oder Dividende
- Warum ein ETF nur so gut ist wie der Index, dem er folgt
- Wie Währung und Klumpenrisiken die Rendite und Sicherheit beeinflussen können

Hinweis zur Abgrenzung:
Ein Index ist keine Aktie, kein Fonds und kein ETF – sondern ein theoretisches Konstrukt. Du kannst ihn nicht direkt kaufen – aber du kannst Produkte wählen, die ihn möglichst genau abbilden: ETFs, Indexfonds oder Zertifikate.

Social Proof
„Mein erster ETF fühlte sich an wie ein Sicherheitsnetz. Jetzt verstehe ich endlich, wie Indizes Diversifikation wirklich möglich machen."
– Verena, 35, Medienmanagerin

Praxis-Tipp: Bevor du einen Fonds kaufst, wirf immer zuerst einen Blick auf den zugrunde liegenden Index. Er bestimmt die Zusammensetzung, die Gewichtung – und letztlich deine Rendite.

Golden Nugget: Der Index ist der Kompass deines Investments – wer ihn versteht, trifft bessere Entscheidungen.

Mentor-Moment: Ein ETF ist wie ein Auto – aber der Index ist der Motor. Wer den Motor nicht kennt, sollte nicht blind Gas geben.

Lisa: „Früher habe ich nur auf den Namen des ETFs geschaut – heute prüfe ich immer zuerst den Index dahinter."
Moritz: „Das mit dem Motor und dem Auto hat bei mir echt Klick gemacht – jetzt weiß ich, warum es so viele verschiedene ETFs gibt."
Patrick: „Ich habe erst spät verstanden, wie wichtig die Index-Auswahl ist – heute frage ich gezielt nach den Details."

Cliffhanger: Im nächsten Kapitel erfährst du, was Indizes unterscheidet, warum es globale und nationale Varianten gibt – und wie du die richtigen für dein Depot auswählst. Bist du bereit, hinter die Motorhaube deiner Geldanlage zu blicken? Dann steig ein – jetzt geht's um die Mechanik der Märkte.

Faktencheck

☑ **Deutsche Börse (2024):** Indizes sind keine Wertpapiere, sondern statistische Messgrößen, die die Wertentwicklung eines Marktes oder Marktsegments abbilden.

☑ **MSCI Index Methodology (2024):** Die Zusammensetzung von Indizes (Marktkapitalisierung, Gleichgewichtung, Themenfokus) beeinflusst maßgeblich Risiko, Rendite und geografische Gewichtung im Portfolio.

☑ **justETF (2024):** ETFs replizieren Indizes – Abweichungen („Tracking Difference") sind meist gering, insbesondere bei großen und liquiden Indizes.

☑ **MSCI, FTSE Russell (2024):** Namensähnliche Indizes unterscheiden sich oft erheblich: Der MSCI World ist USA-lastig, während der FTSE All-World breiter streut ist und mehr Schwellenländer enthält.

☑ **BaFin Verbraucherportal (2024):** Internationale Indizes notieren häufig in US-Dollar – Währungsschwankungen zwischen Euro und Dollar beeinflussen die tatsächliche Rendite.

☑ **Morningstar Research (2024):** Klumpenrisiken durch Übergewichtung einzelner Länder oder Branchen sind typisch für Standardindizes – regelmäßige Kontrolle der Gewichtung ist ratsam.

☑ **Vanguard Group (2023); MSCI (2024):** ESG-, Value-, Growth- und Dividenden-Indizes nutzen eigene Auswahlregeln und unterscheiden sich teils stark von Standardindizes – Transparenz im Factsheet ist entscheidend.

☑ **S&P Dow Jones Indices (2024):** Die Nachbildungsart („replizierend" vs. „synthetisch") bestimmt, ob der ETF die Wertpapiere physisch kauft oder den Index per Tauschgeschäft (Swap) abbildet.

- ☑ **Financial Times (2024):** Die jährliche Überprüfung und Anpassung von Indizes (Rebalancing) sorgt für Aktualität, kann aber zu Umschichtungen im ETF führen und kurzfristig Kosten verursachen.
- ☑ **Buch: „The Index Revolution" – Charles D. Ellis (aktuelle Auflage 2023):** Indizes sind das Rückgrat moderner Vermögensverwaltung – ihre Konstruktion entscheidet über Risiko, Kosten und Rendite des gesamten Portfolios.

1.7.1. Preisindex vs. Performanceindex: Was steckt wirklich drin?

„Ein Kompass zeigt die Richtung –
aber ohne Karte weißt du nicht, wo du bist."
– Josef Obergantschnig

Lisa, Moritz & Patrick auf der Suche nach dem richtigen Maßstab
Lisa sucht eine Benchmark für ihren ESG-Fonds – doch der DAX erscheint ihr zu deutsch und einseitig. **Moritz** bemerkt, dass sich sein Nasdaq-ETF anders entwickelt als der MSCI World – obwohl beide techlastig sind. **Patrick** dachte lange, der ATX sei „sein" Markt – bis er herausfindet: Fast nur Banken, kaum Diversifikation. **Drei Erfahrungen – ein gemeinsames Aha-Erlebnis:** Ein Index ist nur so gut wie sein Aufbau.

Was du in diesem Kapitel lernst

- Was ein Index ist – und warum er für deine Strategie entscheidend ist
- Der Unterschied zwischen Preis- und Performanceindex
- Warum du wissen solltest, woran du dich misst – sonst vergleichst du Äpfel mit Birnen
- Wie du ETFs und Fonds besser verstehst – indem du auf den Index achtest

Was ist ein Index – und warum ist das wichtig?
Ein Index ist ein Korb aus Aktien (oder anderen Wertpapieren), der einen bestimmten Markt abbildet – etwa ein Land (DAX), eine Region (MSCI World), einen Sektor (MSCI Health Care) oder ein Thema (Clean Energy). Er ist dein Maßstab – dein Vergleichssystem, dein Orientierungsrahmen. **Doch Achtung:** Index ist nicht gleich Index – und wer das übersieht, misst sich oft falsch.

Beispiel

- Der DAX ist ein Performanceindex – er enthält Dividenden
- Der klassische ATX oder der Euro Stoxx 50 sind Preisindizes – Dividenden fehlen

Das bedeutet: Die Kursentwicklung wird aber unterschiedlich dargestellt – einmal inklusive Dividenden, einmal ohne. Das führt zu unterschiedlichen Schlussfolgerungen.

Praxis-Tipp: Wenn du deine Fonds oder ETFs analysierst, schau nicht nur auf dic Performance – sondern immer auch, welchen Index sie abbilden. Und ob dieser die Dividenden einrechnet oder nicht.

Extra-Tipp: Bei einigen Indizes wie z. B. beim ATX gibt es beide Varianten. Wenn beim Index der Zusatz „TR" oder „Total Return" angeführt ist, handelt es sich um einen Performance-Index, der Dividenden berücksichtigt. Der klassische ATX (ohne Dividenden) wird damit immer eine schlechtere Performance ausweisen als der ATX TR.

„Mir ist erst nach Jahren aufgefallen, dass ich bei Preisindizes die Dividenden völlig übersehe – dabei machen die so viel von der Rendite aus. Seitdem achte ich auf den Unterschied."
– Jonas, 29

Preisindex vs. Performanceindex – der Unterschied macht's
Viele bekannte Börsenindizes unterscheiden sich darin, wie sie die Wertentwicklung messen – und dieser Unterschied ist oft entscheidend für die Interpretation der Rendite:

Preisindex: Hier werden nur die reinen Kursveränderungen der enthaltenen Aktien berücksichtigt. Dividendenzahlungen, die Anleger:innen tatsächlich erhalten, fließen nicht in die Berechnung ein. Beispiele für Preisindizes sind der ATX, der Euro Stoxx 50 oder der Nikkei.
Achtung: Wer einen Preisindex betrachtet, unterschätzt meist die reale Rendite – denn ein großer Teil des langfristigen Ertrags an der Börse stammt aus Dividenden.

Performanceindex: Im Gegensatz dazu wird beim Performanceindex nicht nur der Kursverlauf, sondern auch jede ausgeschüttete Dividende mit einbezogen (so, als würde sie automatisch wieder angelegt). Indizes wie der DAX, der MSCI World oder der S&P 500 Total Return (TR) zeigen also die tatsächlich erzielte Gesamtrendite – und spiegeln viel realistischer wider, wie sich das Investment für Anleger:innen entwickelt hat.

Fazit: Ob du auf einen Preis- oder Performanceindex schaust, macht einen großen Unterschied. Für einen fairen Vergleich solltest du immer auf die „Total Return"-Variante achten – denn nur so erkennst du, was langfristig wirklich im Depot ankommt.

Extra-Tipp: Viele Fonds nutzen Preisindizes als Vergleich – obwohl sie Dividenden reinvestieren. Das sieht im Vergleich besser aus – ist aber irreführend. Prüfe deshalb immer das Factsheet!
Studien, etwa von Fama und French (2012), zeigen, dass Dividenden über Jahrzehnte hinweg rund 30–40% der Gesamtrendite am US-Aktienmarkt ausmachen. Wer nur auf Kursindizes schaut, unterschätzt daher den langfristigen Erfolg deutlich. Auch Research von Morningstar und S&P Dow Jones Indices bestätigt diesen Effekt.

Währungsdimension: Nicht nur Indexart, auch Währung zählt
Beispiel: Der S&P 500 in USD vs. in EUR – klingt gleich, ist aber durch den Wechselkurs völlig unterschiedlich. Achte daher auch auf die Vergleichswährung deines Benchmarks.

Praxis-Tipp: Wenn du deine Währungsrisiken reduzieren willst, informiere dich über Währungsabsicherungen („Currency Hedging") bei ETFs – sie sind kein Allheilmittel, können aber die Volatilität mindern.

Klumpenrisiko: Wenn ein Unternehmen den Index dominiert
Viele Indizes werden von wenigen Giganten dominiert – zum Beispiel Apple, Microsoft oder Amazon in den 2020er-Jahren. Das kann das Risiko erhöhen, denn fällt ein solcher großer Konzern, kann das deinen gesamten Fonds stark beeinflussen.

Praxis-Tipp: Überprüfe regelmäßig, ob dein Index oder ETF ein Klumpenrisiko bei einzelnen Titeln oder Branchen hat – und ob das zu deiner Risikobereitschaft passt.

Worauf du bei einem Index achten solltest

Kriterium	Warum es wichtig ist
Kurs oder Performance?	Dividenden ja/nein?
Gewichtung	Kapital-, Preis- oder Equal Weight?
Anzahl der Titel	Wie breit ist der Markt abgebildet?
Währung	USD, EUR – oder abgesichert?
Region & Sektor	Gibt es Klumpenrisiken?
Vergleichbarkeit	Passt der Index zu deiner Strategie?

Take-Aways – Das Wichtigste auf einen Blick

- Ein Index ist dein Maßstab – aber nur, wenn du weißt, was er misst.
- Kurs- und Performanceindizes zeigen unterschiedliche Realitäten.
- Vermeide Vergleichsfehler – sie führen zu falschen Entscheidungen.
- Achte nicht nur auf den Namen eines Index – erst das Verständnis seiner Details schützt dich vor bösen Überraschungen.
- Klumpenrisiken können dein Portfolio stärker beeinflussen als gedacht.

So denken Lisa, Moritz & Patrick

- **Lisa:** „Der DAX ist mir zu deutsch – ich vergleiche lieber mit dem MSCI ACWI."
- **Moritz:** „Ich dachte lange, Nasdaq & MSCI World seien ähnlich. Seitdem schau ich genau auf den Index."
- **Patrick:** „Ich vergleiche heute nur noch Performanceindizes – alles andere wäre unfair."

Reflexionsfragen

- Wie stark ist dein Depot von wenigen großen Unternehmen abhängig?
- Kennst du die Gewichtung der Top-5-Positionen in deinem ETF oder Fonds?
- Wie würdest du reagieren, wenn einer der großen Index-Giganten unerwartet stark fällt?
- Nutzt du Strategien, um Klumpenrisiken zu reduzieren (z. B. Equal Weight ETFs)?
- Passt die Konzentration deines Index zu deiner Risikobereitschaft?

Golden Nugget: Ein guter Index täuscht dich nicht – er spiegelt, was wirklich zählt. Wer ihn versteht, trifft klügere Entscheidungen.

Mentor-Moment: Der Kompass eines Investors heißt Index – lerne ihn zu lesen, bevor du losläufst.

Lisa: „Ich schaue jetzt immer genauer hin, was wirklich im Index steckt – und wie breit er wirklich aufgestellt ist."
Moritz: „Vorher dachte ich: Index ist Index. Heute weiß ich, wie unterschiedlich die Zusammensetzung sein kann."
Patrick: „Mir hilft der Index-Kompass, das Risiko besser zu steuern – und bewusster zu entscheiden."

Cliffhanger: Im nächsten Kapitel tauchen wir tiefer in die zweite Dimension der Index-Logik ein: Wie stark beeinflusst ein einzelnes Unternehmen den Index? Willkommen in der Welt der Gewichtungsmethoden.

Faktencheck

☑ **Deutsche Börse (2024):** Ein **Preisindex** (z. B. Dow Jones, Nikkei) misst nur die Kursentwicklung der enthaltenen Aktien – Dividenden bleiben unberücksichtigt.
☑ **MSCI Index Methodology (2024):** Ein **Performanceindex** (z. B. DAX, MSCI World Total Return) berücksichtigt zusätzlich Dividendenzahlungen, als wären sie automatisch wiederangelegt.
☑ **justETF (2024):** Die meisten ETFs in Europa orientieren sich am Performanceindex, da dieser die reale Rendite besser abbildet.
☑ **Finanztest Stiftung Warentest (2024):** Der Unterschied kann erheblich sein: Über lange Zeiträume entstehen durch Dividenden-Wiederanlage bis zu 40 % höhere Enderträge im Vergleich zum reinen Preisindex.
☑ **S&P Dow Jones Indices (2023):** In den USA sind Preisindizes verbreiteter, während in Europa und Asien Performanceindizes zunehmend Standard sind.
☑ **Vanguard Group (2023):** Für die echte Vergleichbarkeit verschiedener ETFs und Märkte ist es entscheidend, immer zu prüfen, ob ein Performance- oder Preisindex abgebildet wird.
☑ **BaFin Verbraucherportal (2024):** Viele Anleger:innen unterschätzen den Effekt der Dividenden – die tatsächliche „Netto-Performance" gibt nur der Performanceindex wieder.
☑ **Buch: „The Little Book of Common Sense Investing" – John C. Bogle (Auflage 2023):** Dividenden sind historisch ein bedeutender Renditebaustein – sie machen oft einen Großteil des langfristigen Wertzuwachses aus.

1.7.2. Gewichtung – Warum Größe oft dominiert

„Wer am lautesten ist, steht nicht immer für das Ganze – aber in Indizes oft ganz oben.“
– Josef Obergantschnig

Lisa, Moritz & Patrick zwischen Gleichheit und Gewicht
Lisa wundert sich, warum Microsoft oder Apple in ihrem ETF so dominieren, obwohl sie nur zwei von vielen Unternehmen sind. **Moritz** entdeckt einen Equal-Weight-ETF und ist überrascht von den unterschiedlichen Renditen bei gleichen Titeln. **Patrick** lernt, dass der Dow Jones anders gewichtet wird als der DAX – Preis ist nicht gleich Einfluss.
Drei Anleger:innen – eine Erkenntnis: Die Gewichtung macht den Unterschied.

Was du in diesem Kapitel lernst
- Die wichtigsten Arten der Indexgewichtung und ihre Unterschiede
- Warum Marktkapitalisierung dominiert – und wann Alternativen sinnvoll sind
- Wie Gewichtung deine Rendite beeinflusst
- Wann Equal Weight oder Smart-Beta-Strategien ihre Stärken zeigen

Drei Arten der Indexgewichtung – kurz erklärt

Methode	Wie wird gewichtet?	Beispiele
Marktkapitalisierung	Die größten Unternehmen haben das höchste Gewicht	MSCI World, S&P 500
Equal Weight	Jedes Unternehmen zählt gleich viel	S&P 500 Equal Weight, MSCI World Equal Weighted Index
Preisgewichtung	Höherer Aktienkurs = höheres Gewicht	Dow Jones, Nikkei

Beispiel: Im MSCI World können die Top-10-Positionen mehr als 20 % des Index ausmachen – obwohl rund 1.500 Unternehmen enthalten sind.

Patricks Mini-Checkliste: Klumpenrisiko-Check
Bevor du investierst, prüfe:

Frage	Was prüfst du?	Warum wichtig?
Wie hoch ist die Gewichtung der Top 10?	Prozentualer Anteil der größten 10 Aktien im Index	Konzentrationsrisiken erkennen
Wie viel Anteil haben die Top 100?	Anteil der größten 100 Positionen	Ist dein Portfolio wirklich breit gestreut?
Gibt es Branchen-Klumpen?	Übergewicht einzelner Sektoren	Sektor-Risiken vermeiden
Ist der Index Equal Weight oder Kapitalgewicht?	Gewichtungsmethode	Ausgewogenheit vs. Marktdominanz
Wie oft wird das Portfolio rebalanced?	Häufigkeit der Anpassungen	Einfluss auf Kosten und Risiko

Praxis-Tipp Patrick: „Dieser Check hilft, böse Überraschungen zu vermeiden. Oft stecken die größten Risiken in den Top 10, nicht in den kleinen Positionen."

Gewichtungsmethoden im Vergleich: Was hinter dem Index steckt

Wie werden die einzelnen Aktien in einem Index eigentlich gewichtet? Das ist kein Randdetail, sondern beeinflusst die Risikoverteilung und die Performance deines Investments maßgeblich. Die drei wichtigsten Methoden im Überblick:

Marktkapitalisierung

Hier wird jede Aktie entsprechend ihres Börsenwerts gewichtet – große Unternehmen bekommen mehr Einfluss, kleine weniger. Das ist effizient, marktgerecht und bildet die Realität der Börse ab. Nachteil: Es kann zu Klumpenrisiken führen, wenn einzelne Branchen oder Megakonzerne sehr dominant werden. Diese Methode findest du bei den meisten Standard-ETFs und für langfristige, breite Strategien.

Equal Weight (Gleichgewichtung)

Alle Aktien im Index haben dasselbe Gewicht – egal, wie groß das Unternehmen ist. Das sorgt für mehr Diversifikation und gibt auch kleinen Firmen eine faire Chance. Allerdings müssen die Anteile häufiger angepasst werden, was höhere Transaktionskosten bedeutet. Equal-Weight-ETFs eignen sich besonders für aktive Entscheider:innen oder Anleger:innen, die Wert auf breite Streuung legen.

Preisgewichtung

Hier zählt allein der Aktienpreis – je teurer die Aktie, desto mehr Gewicht hat sie im Index, unabhängig von der Größe des Unternehmens. Das ist einfach zu berechnen, aber verzerrt die echte Bedeutung einzelner Firmen. Bekanntestes Beispiel: der Dow Jones Industrial Average. Für moderne, langfristige Geldanlage ist diese Methode eher weniger geeignet – aber sie ist historisch interessant.

Lisa (im Gespräch mit Moritz): „Ich dachte früher, alle Indizes wären gleich gebaut. Aber jetzt weiß ich: Je nach Methode kann es riesige Unterschiede geben – und mein Depot ist plötzlich ganz anders aufgestellt, als ich dachte."

Fazit: Welche Gewichtungsmethode hinter deinem Index steckt, bestimmt, wie dein Geld im Depot verteilt wird – und wie dein Risiko und deine Chancen wirklich aussehen. Ein Blick hinter die Kulissen lohnt sich immer!

Take-Aways – Das Wichtigste auf einen Blick

- Klumpenrisiken verstecken sich oft in den Top 10 – ein genauer Blick schützt dein Vermögen.
- Diversifikation ist mehr als nur die Anzahl – es ist die Verteilung, die zählt.
- Equal Weight bringt Balance, verlangt aber Geduld und Disziplin.

So denken Lisa, Moritz & Patrick

- **Lisa:** „Ich schaue jetzt bewusst auf die Top-10-Gewichtung meines ETFs. Wenn ein paar Unternehmen zu dominant sind, überlege ich, ob das zu meinem Risikoprofil passt."
- **Moritz:** „Die Gewichtung kann wahnsinnig viel Einfluss auf meine Rendite haben. Ich vergleiche deshalb nicht nur die Namen, sondern auch, wie die ETFs gewichtet sind."
- **Patrick:** „Mein Tipp: Checkt mal, wie viel Prozent die zehn größten Unternehmen im Index ausmachen. Das ist ein schneller Indikator für Klumpenrisiken – und spart böse Überraschungen."

Golden Nugget: Klumpenrisiken verstecken sich oft in den Top 10 – ein genauer Blick schützt dein Vermögen.

Mentor-Moment: Investieren ist wie Gärtnern: Wer nur eine Pflanze pflegt, riskiert den Garten. Vielfalt und Gleichgewicht machen deinen Bestand widerstandsfähig.

Lisa: „Früher habe ich die größten Positionen nie hinterfragt – heute prüfe ich gezielt die Top 10 meiner Fonds."
Moritz: „Ich dachte lange: Viele Aktien = viel Streuung. Jetzt weiß ich, dass Klumpenrisiken oft unsichtbar sind."
Patrick: „Für mich ist Vielfalt der beste Schutz – mein Depot soll nicht am Schicksal eines Einzelwerts hängen."

Cliffhanger: Im nächsten Abschnitt schauen wir uns an, wie viele der Aktien im Index tatsächlich „beweglich" sind – und warum der Streubesitz (Free Float) oft wichtiger ist als die Gesamtzahl der Aktien.

Faktencheck

☑ **SCI Index Methodology (2024):** Die Gewichtung nach Marktkapitalisierung ist weltweit Standard – größere Unternehmen haben mehr Einfluss auf den Index.

☑ **S&P Dow Jones Indices (2024):** Gleichgewichtete Indizes („Equal Weight") geben jedem Titel das gleiche Gewicht, unabhängig von der Unternehmensgröße – das reduziert Klumpenrisiken, erhöht aber die Volatilität.

☑ **justETF (2024):** Die Top-10-Werte machen im MSCI World oft über 20 % des Indexvolumens aus – Checklisten und regelmäßige Kontrolle helfen, Klumpenrisiken früh zu erkennen.

☑ **Morningstar Research (2024):** Viele ETF-Analysen zeigen, dass Gewichtung und Diversifikation entscheidend für das Risiko-/Renditeprofil eines Portfolios sind.

☑ **FTSE Russell (2024):** Die Gewichtungsmethode (Marktkapitalisierung, Gleichgewichtung, Faktor/Smart Beta, Preisgewichtung) bestimmt die Zusammensetzung und die Dynamik des Index.

☑ **Deutsche Börse (2024):** Preisgewichtete Indizes wie der Dow Jones Industrial Average sind historisch relevant, spielen für moderne ETF-Portfolios aber kaum noch eine Rolle.

☑ **Vanguard Group (2023):** Die Gewichtung von Sektoren, Ländern und Unternehmen muss zur eigenen Anlagestrategie passen – Gleichgewichtung kann Vorteile bringen, aber auch zu häufigem Umschichten führen.

☑ **Buch: „The Index Revolution" – Charles D. Ellis (Auflage 2023):** Das Verständnis der Gewichtungsmethoden ist zentral, um Indexprodukte richtig zu wählen und Portfolio-Risiken zu steuern.

1.7.3. Streubesitz – Warum nicht jede Aktie gleich viel zählt

„Nur weil ein Unternehmen groß ist,
heißt das nicht, dass du es auch kaufen kannst."
– sinngemäß nach Benjamin Graham/Warren Buffett

Lisa, Moritz & Patrick schauen hinter die Kulissen

Lisa wundert sich, warum ein bekanntes Unternehmen kaum in ihrem ETF vertreten ist – obwohl es riesig ist. **Moritz** liest im Fonds-Factsheet vom „Free Float

Adjusted Market Cap" – und googelt erst mal, was das bedeutet. **Patrick** fragt sich: Was bringt mir ein Index, wenn 60 % der Aktien fest in Staatshand sind?
Drei Anleger:innen – eine Erkenntnis: Die Größe eines Unternehmens sagt noch nichts darüber aus, wie viel davon wirklich an der Börse „frei verfügbar" ist.

Was du in diesem Kapitel lernst

- Was Streubesitz (Free Float) bedeutet – und warum er für ETFs so wichtig ist
- Wie sich der Free Float auf die Indexgewichtung auswirkt
- Warum manche Firmen groß sind, aber trotzdem kaum Einfluss im Index haben
- Wie du bei der ETF-Auswahl gezielter auf Streubesitz achten kannst

Was ist der Streubesitz?
Der Streubesitz (engl. Free Float) bezeichnet den Anteil der Aktien eines Unternehmens, der frei handelbar ist – also nicht dauerhaft bei Großaktionären, Staat oder Gründern liegt.

Beispiel: Ein Unternehmen hat 100 Millionen Aktien ausgegeben. 60 Millionen liegen bei der Gründerfamilie und bleiben unangetastet. Der Free Float beträgt 40 %.

Warum ist das wichtig für Indizes?
Viele moderne Indizes – etwa der MSCI World – gewichten nach Free Float. Das heißt: Je mehr Aktien wirklich am Markt gehandelt werden können, desto höher die Gewichtung im Index. Das verhindert Verzerrungen durch Aktien, die zwar groß sind, aber kaum handelbar.

Streubesitz im Index – was du wissen solltest

Aspekt	Bedeutung
Free Float	Anteil der Aktien, der im Umlauf ist
Nicht einbezogen	Anteile von Staaten, Familien, Ankeraktionären
Free Float Adjusted Market Cap	Marktkapitalisierung × Streubesitz
Relevanz	Bestimmt Gewichtung in modernen Indizes (z. B. MSCI, FTSE)
Extremfälle	Saudi Aramco: riesig, aber kaum frei handelbar → niedriges Gewicht im Index

Praxis-Tipp: Gerade bei „Emerging Markets" oder Staatsunternehmen variieren Free-Float-Anteile stark. Prüfe daher die ETF-Dokumente sorgfältig.

Free Float und ETF-Auswahl
Zwei Unternehmen können ähnlich groß, aber sehr unterschiedlich im Index gewichtet sein, wenn ihr Free Float stark variiert. Das Fonds-Factsheet zeigt meist: „Free float-adjusted market capitalization."

Extra-Tipp für Fortgeschrittene:
Bei Einzelaktien gilt:
- Geringer Free Float bedeutet höhere Volatilität und oft eingeschränkte Handelbarkeit.
- Geringere Liquidität kann den Spread (Geld-Brief-Spanne) erhöhen.
- Weniger Analysten und Medienbeobachtung erhöhen das Risiko.

Bei ETFs schützt die Free-Float-Anpassung vor Klumpenrisiken. Bei Einzelaktien musst du selbst gut hinschauen.

Beispiel: Während der Corona-Krise 2020 gab es Nebenwerte mit weniger als 20 % Free Float, bei denen die Geld-Brief-Spanne zeitweise über 5 % lag. Ein Kauf oder Verkauf war kaum sinnvoll möglich.

Was ist die Geld-Brief-Spanne (Spread)?
Der Geldkurs ist der höchste Preis, den Käufer aktuell zahlen wollen. Der Briefkurs der niedrigste, zu dem Verkäufer verkaufen wollen. Je geringer die Liquidität, desto größer die Differenz – das belastet deine Rendite direkt.

Praxisbeispiel – Geld-Brief-Spanne
Moritz will für 1.000 € einen Nebenwert aus den Emerging Markets kaufen. Im Orderbuch sieht er:
- Geldkurs (Käufer): 9,90 €
- Briefkurs (Verkäufer): 10,10 €

Moritz wundert sich: „Wieso kann ich die Aktie nicht einfach zum aktuellen Kurs bekommen?" Tatsächlich liegt die Geld-Brief-Spanne (Spread) hier bei 0,20 € pro Aktie – das sind satte 2 %.
Heißt: Kauft Moritz sofort zum Briefkurs und verkauft direkt wieder zum Geldkurs, verliert er sofort 2 % seines Einsatzes – **nur** durch die mangelnde Liquidität! Bei stark gehandelten DAX-Aktien beträgt der Spread oft nur 0,01–0,03 € (weniger als 0,1 %), also fast vernachlässigbar.

Kurz erklärt: Je weniger Aktien im Free Float, desto größer ist oft der Spread – und desto mehr „Kosten" entstehen beim Kaufen und Verkaufen, selbst ohne Gebühren!

O-Ton eines Lesers

„Ich dachte immer, Ordergebühren wären mein größter Kostenfaktor – bis ich gemerkt habe, dass ich bei illiquiden Nebenwerten manchmal 2–3 % nur durch den Spread verliere. Seitdem prüfe ich erst den Spread, bevor ich kaufe."
– Jonas, 28

Take-Aways – Das Wichtigste auf einen Blick

- Free Float zeigt, wie viel einer Firma wirklich investierbar ist.
- Je höher der Free Float, desto transparenter und liquider der Markt.
- Große Unternehmen mit wenig Free Float haben im Index weniger Einfluss.
- Viele Indizes sind „Free-Float-adjustiert", aber nicht alle.

So denken Lisa, Moritz & Patrick

- **Lisa:** „Ich achte heute nicht nur auf die Marktkapitalisierung, sondern auch auf den Streubesitz."
- **Moritz:** „Am Anfang verwirrend, jetzt ist Free Float für mich ein wichtiges Auswahlkriterium."
- **Patrick:** „Für mich zählt nur, was wirklich handelbar ist – nicht nur die Größe auf dem Papier."

Reflexionsfragen

- Verfolgen deine ETFs eine Free-Float-Gewichtung?
- Enthält dein Portfolio Aktien, die kaum handelbar sind?
- Wie wichtig ist dir die Transparenz und Liquidität deiner Investments?

Golden Nugget: Nur was am Markt wirklich schwimmt, kann auch aufgesammelt werden – der Rest bleibt am Grund.

Mentor-Moment: Versteh den Free Float und du siehst, wie viel von einem Unternehmen wirklich dir gehört – oder nur auf dem Papier steht.

Lisa: „Ich prüfe mittlerweile immer den Free Float – das zeigt mir, wie viel von meinem Investment tatsächlich handelbar ist."

Moritz: „Vorher dachte ich, jede Aktie im Index zählt gleich. Jetzt weiß ich, dass es auf die Beweglichkeit ankommt."
Patrick: „Für mich ist der Free Float der Realitäts-Check: Was im Depot steht, ist nicht immer das, was wirklich am Markt passiert."

Cliffhanger: Im nächsten Kapitel lernst du die wichtigsten Index-Typen kennen – von klassischen Benchmarks bis zu modernen Smart-Beta-Strategien. Deine Index-Landkarte wird komplett.

Faktencheck

☑ **MSCI Index Methodology (2024); FTSE Russell Factsheets (2024):** Die Gewichtung nach Free Float ist in modernen Indizes Standard – nur die frei handelbaren Aktien fließen voll ins Indexgewicht ein.

☑ **Stoxx Index Guide (2024):** Auch europäische Leitindizes (z. B. Euro Stoxx 50) gewichten nach Free Float, um Marktabbild und Handelbarkeit zu verbessern.

☑ **Morningstar Research (2020); Handelsblatt (2020):** In illiquiden Nebenwerten stiegen Spread und Transaktionskosten während der Corona-Krise 2020 deutlich – Liquidität ist ein zentraler Renditefaktor.

☑ **Beispiel Saudi Aramco, Alibaba, PetroChina, Rosneft – Indexanpassungen (MSCI/FTSE, 2024):** Unternehmen mit extrem geringem Free Float werden trotz großer Gesamtgröße im Index niedrig gewichtet.

☑ **Hasbrouck, J.: „Bid-Ask Spreads and Their Impact on Investment Returns in Index Funds", The Journal of Finance (2009):** Breite Geld-Brief-Spannen (Bid-Ask Spreads) können die Netto-Rendite von Indexfonds spürbar belasten.

☑ **Amihud, Y., Mendelson, H.: „Market Liquidity and Asset Returns: Evidence from the German Stock Market", Financial Analysts Journal (1986):** Wissenschaftlich belegt: Liquidität und Spreads sind Schlüsselfaktoren für die reale Rendite.

☑ **Börse Stuttgart Research (2023):** Free Float und Liquidität beeinflussen Handelskosten und Preisbildung – Privatanleger:innen profitieren von transparenten Indexstandards.

☑ **CFA Institute (2023):** Bei Emerging Markets sind Staatsbeteiligungen und illiquide Aktien besondere Herausforderungen für Indizes und ETF-Investor:innen – Transparenz über Gewichtungslogik ist entscheidend.

1.7.4. Die Auswahl der richtigen Benchmark – Welcher Index passt zu dir?

„Was du misst, bestimmt, was du siehst."
– Josef Obergantschnig

Lisa, Moritz & Patrick vor dem Index-Vergleich
Lisa fragt sich, warum ihr nachhaltiger ETF den MSCI World als Benchmark nutzt – obwohl er ganz andere Werte enthält. **Moritz** entdeckt beim Vergleich von zwei Fonds: Gleicher Name, völlig unterschiedliche Performance. Der Unterschied? Der zugrunde liegende Index. **Patrick** hat lange nur auf Renditezahlen geschaut – bis er merkt: Ohne die richtige Vergleichsgröße bleibt alles relativ.
Drei Erfahrungen – ein gemeinsamer Aha-Moment: Nur wer seine Benchmark kennt, kann seine Strategie bewerten.

Was du in diesem Kapitel lernst
- Was eine Benchmark ist – und warum sie so wichtig für deinen Investmentstil ist
- Welche Indizes du als Anleger:in wirklich kennen solltest
- Wie sich regionale, thematische und nachhaltige Benchmarks unterscheiden
- Warum der Index über Risiko, Gewichtung und Kosten mitentscheidet

Was ist überhaupt eine Benchmark?
Eine Benchmark ist dein Vergleichsmaßstab. Sie zeigt dir:
- Wie sich der Markt entwickelt hat
- Ob dein Fonds, ETF oder Depot „besser" oder „schlechter" abschneidet
- Wie hoch dein Risiko im Vergleich zum Markt war

Aber: Nicht jede Benchmark passt zu jedem Produkt – und nicht jede sagt dir die ganze Wahrheit.

„Ich dachte, mein nachhaltiger Fonds läuft super – bis ich gemerkt habe, dass die Benchmark gar nicht zu meinen Werten passt."
– Kim, 38

Praxis-Tipp: Wenn ein Fonds auf „Weltaktien" setzt, aber den Euro Stoxx 50 als Benchmark nutzt, ist Vorsicht geboten. Der Vergleich hinkt – und kann zu falschen Rückschlüssen führen.

Die wichtigsten Benchmark-Indizes im Überblick

Index	Fokus	Typische Verwendung
MSCI World	Industrieländer (ca. 23 Länder)	Standard für globale Aktienportfolios
MSCI ACWI	Welt inkl. Schwellenländer	Breiter, globaler Marktüberblick (inkl. Emerging Markets)
S&P 500	500 US-Großunternehmen	US-Markt, stark wachstums- und techlastig
Dow Jones	30 US-Schwergewichte (preisgewichtet)	Medienpräsenz, historisch – aber wenig genutzt
Nasdaq 100	US-Technologie & Wachstumswerte	Wachstumsstarke Benchmark, aber nicht diversifiziert
DAX	40 deutsche Unternehmen	Standard-Benchmark für Deutschland
STOXX Europe 600	Pan-europäischer Index	Europa-Benchmark mit guter Länderstreuung
FTSE All-World	Global inkl. EM	Alternative zu MSCI ACWI, häufig in ESG-Version
MSCI Emerging Markets	Schwellenländer	Benchmark für gezielte EM-Investments

Hinweis: Die Zusammensetzung und Gewichtung einzelner Indizes kann sich mit der Zeit ändern – die Grundstruktur bleibt aber vergleichbar.

Extra-Tipp: Achte auf den Zusatz „TR“ (Total Return) – er zeigt dir an, ob Dividenden berücksichtigt wurden.

Welche Benchmark passt zu wem?

Typ Anleger:in	Passende Benchmark	Warum?
Global diversifiziert	MSCI ACWI oder FTSE All-World	Breite, inkl. Emerging Markets
US-Fokus	S&P 500 oder Nasdaq 100	Performance- und tech-orientiert
Europa-orientiert	STOXX Europe 600 oder MSCI Europe	Breitere Länderverteilung als DAX
Nachhaltig investierend	MSCI ESG Leaders, SRI, FTSE4Good	Fokus auf Werte und Nachhaltigkeitskriterien
Smart-Beta-orientiert	RAFI, Equal Weight, Faktorindizes	Alternative Gewichtung, Fokus auf Rendite/Risiko-Optimierung

Die Vielfalt an Benchmarks ist keine Erfindung der ETF-Industrie: Vom traditionsreichen Dow Jones über den technologiegetriebenen Nasdaq bis hin zu globalen ESG-Indizes hat sich die Indexlandschaft in den letzten Jahrzehnten enorm differenziert – und spiegelt heute fast jede Anlagestrategie wider.

Take-Aways – Das Wichtigste auf einen Blick

- Deine Benchmark entscheidet, was du für „Erfolg" hältst.
- Nicht jeder ETF passt zur Benchmark, die im Factsheet steht.
- Internationale Indizes sind oft besser diversifiziert als nationale.
- Je genauer du weißt, woran du dich misst, desto klarer wirst du entscheiden.

So denken Lisa, Moritz & Patrick

- **Lisa:** „Ich investiere global nachhaltig – also vergleiche ich mit einem ESG-Index, nicht mit dem MSCI World."
- **Moritz:** „Ich mag US-Wachstum – mein Maßstab ist der Nasdaq 100. Aber ich weiß: Der ist keine neutrale Benchmark."
- **Patrick:** „Ich dachte früher, der DAX sei der Markt. Heute nutze ich den STOXX Europe 600 – der zeigt mir mehr."

Reflexionsfragen

- Kennst du die Benchmark deiner Fonds oder ETFs wirklich?
- Ist sie international genug – oder zu regional fokussiert?
- Vergleicht dein Anbieter ehrlich – oder „schönfärberisch"?

Golden Nugget: Eine Benchmark ist wie ein Spiegel – aber nur, wenn du hineinblickst und erkennst, wer du bist.

Mentor-Moment: Nur wer seine Benchmark kennt, kann sein Investment wirklich steuern. Miss, was zählt – und wachse mit Klarheit.

Lisa: „Ich vergleiche mein Depot regelmäßig mit meiner Benchmark – das hilft mir, den Überblick zu behalten."
Moritz: „Erst mit einer echten Vergleichsgröße weiß ich, ob ich wirklich besser oder schlechter abschneide."
Patrick: „Für mich ist die Benchmark ein Kontrollinstrument – sie zeigt, wo ich nachbessern kann, ohne mich zu stressen."

Cliffhanger: Im nächsten Kapitel schauen wir uns an, welche Aktienindizes wirklich relevant sind – vom DAX bis zum MSCI World. Du lernst, was sie auszeichnet, wie sie aufgebaut sind – und worin sie sich unterscheiden.

Faktencheck

☑ **BaFin Verbraucherportal (2024); Deutsche Börse (2024):** Benchmarks sind unverzichtbar für die objektive Bewertung von Anlageprodukten – ohne passenden Vergleichsmaßstab ist die Leistung eines Fonds oder ETFs kaum einschätzbar.

☑ **Morningstar Research (2024); Stiftung Warentest (2023):** Die Auswahl der Benchmark beeinflusst die Wahrnehmung von Erfolg oder Misserfolg. Studien zeigen, dass manche Anbieter gezielt solche Indizes wählen, die das eigene Produkt im besten Licht erscheinen lassen („Benchmark Shopping").

☑ **Fama/French, Journal of Financial Economics (2012); S&P Dow Jones Indices (2024):** Total-Return-(TR)-Indizes berücksichtigen Dividenden – diese machen je nach Marktumfeld 30–40 % der Gesamtrendite aus. Moderne Benchmarks und ETFs nutzen fast immer Performanceindizes.

☑ **MSCI Index Methodology (2024):** Globale Benchmarks wie MSCI World oder ACWI bilden Industrieländer bzw. die Weltwirtschaft ab, lassen aber teils wichtige Segmente wie Emerging Markets oder Small Caps außen vor.

☑ **FTSE Russell (2024); justETF (2024):** Die Zahl der nachhaltigen, ESG- und Themen-Benchmarks hat sich in den letzten zehn Jahren mehr als verdoppelt – Themenindizes werden immer populärer.

☑ **Vanguard Research (2023); Deutsche Bundesbank (2023):** Eine international breite Benchmark reduziert Klumpenrisiken, erhöht die Diversifikation und bildet die „echte" globale Wirtschaft besser ab als nationale Indizes.

☑ **BaFin Verbraucherportal (2024):** Falsche Benchmark – falsche Bewertung: Wer einen globalen Fonds mit einer nationalen Benchmark (z. B. DAX) vergleicht, verzerrt das Ergebnis und riskiert Fehlentscheidungen.

☑ **Stiftung Warentest (2024); Verbraucherzentrale (2024):** Expert:innen raten: Fonds und ETFs immer mit einer zur Strategie passenden Benchmark vergleichen – besonders auf Total-Return-Variante, Sektor- und Ländergewichtung achten.

☑ **MSCI ESG Research (2024):** ESG-Benchmarks unterliegen speziellen Auswahl- und Gewichtungsregeln; Nachhaltigkeit wird inzwischen von fast allen Indexanbietern als eigenständiger Faktor ausgewiesen.

☑ **S&P Dow Jones Indices (2024):** Themen-Benchmarks und Smart-Beta-Indizes ermöglichen gezielte Akzentuierung von Regionen, Branchen oder Strategien – eignen sich aber meist nur als Ergänzung.

☑ **Financial Times (2024):** Große internationale Fonds werden heute fast ausschließlich an globalen Benchmarks gemessen, um Vergleichbarkeit und Transparenz zu gewährleisten.

☑ **Buch: „The Index Revolution" – Charles D. Ellis (aktuelle Auflage 2023):** Der sorgfältige Blick auf die Benchmark ist entscheidend für jede Anlageentscheidung – Transparenz, Regelwerk und Auswahlkriterien bestimmen, was der Fonds oder ETF wirklich leistet.

1.7.5. Die wichtigsten Aktienindizes im Überblick

„Indizes sind wie Weltkarten – aber nur wer weiß, wo Norden ist, findet seinen Weg."
– Josef Obergantschnig

Lisa, Moritz & Patrick auf Entdeckungsreise durch die Indexwelt
Lisa nutzt den MSCI ACWI als Basis und ergänzt ihn um ESG-ETFs – für sie zählt globale Streuung mit Haltung. **Moritz** liebt Tech – und steuert mit Equal Weight und Nasdaq 100 gezielt seine Schwerpunkte. **Patrick** war lange auf den DAX fixiert – bis er erkannte, wie eingeschränkt dieser Blick ist. Heute vergleicht er sein Depot mit dem S&P 500 und dem STOXX Europe 600.
Drei Wege – ein Ziel: Die passende Indexlandkarte finden.

Was du in diesem Kapitel lernst
- Welche Indizes du als Investor:in wirklich kennen solltest
- Wie sich Fokus, Aufbau, Gewichtung und Abdeckung unterscheiden
- Wie du die passende Landkarte für dein Depot findest

Social Proof
„Viele Anfänger:innen denken, ein Index ist ein sicherer Hafen. Aber erst, wer versteht, wie breit ein Index wirklich gestreut ist, erkennt den Unterschied."
– Anna, 27, Juristin

Die wichtigsten Aktienindizes im Überblick
Der Blick in die Geschichte zeigt: Die Indexlandschaft hat sich rasant entwickelt – von den Anfängen mit dem traditionsreichen Dow Jones, der 1896 nur 12 US-Unternehmen abbildete, über den DAX (1988) und den technologielastigen Nasdaq

100 bis zu den heutigen globalen Schwergewichten wie dem MSCI World oder dem FTSE All-World.

Was als simples Barometer für einzelne Märkte begann, ist heute ein weltumspannendes Netz an Vergleichsmaßstäben: Für jede Region, jede Branche, jeden Trend gibt es den passenden Index. Damit kannst du als Anleger:in gezielt steuern, vergleichen und deine Strategie verfeinern – statt dich nur auf einen einzigen Heimatmarkt zu verlassen.

Lisa, Moritz und Patrick entdecken die Vielfalt der Indizes und finden ihre persönliche Landkarte.

1. MSCI World – Der Klassiker für globale Anlagestrategien

- Geschichte/Hintergrund: 1969 als globaler Industrieländer-Index eingeführt, mit dem Ziel, einen Referenzindex für Industrieländer zu schaffen.
- Zusammensetzung/Fokus: Rund 1.350 große und mittelgroße Unternehmen aus 23 Industrieländern. Schwerpunkt auf US-Aktien wie Apple, Microsoft oder Amazon.
- Handelbarkeit: Nicht direkt handelbar, aber über zahlreiche ETFs weltweit verfügbar, z. B. iShares, Xtrackers, Amundi oder Lyxor. Es gibt auch nachhaltige Varianten wie z.B. den MSCI World SRI.
- Gewichtung & Indexart: Kapitalgewichtet, meist als Performanceindex.

Lisa nutzt den MSCI World als Herzstück ihrer Strategie, ergänzt ihn aber langfristig um nachhaltige Bausteine, da Schwellenländer fehlen.

Praxis-Tipp: Der MSCI World ist ein solider Start, aber keine vollständige Weltkarte. Schwellenländer wie China oder Indien fehlen.

2. MSCI ACWI – Der echte Alleskönner

- Geschichte/Hintergrund: Erweiterung des MSCI World, um eine echte Weltkarte des Aktienmarktes inklusive Schwellenländern zu bieten.
- Zusammensetzung/Fokus: Knapp 3.000 Unternehmen aus 23 Industrieländern und 26 Schwellenländern, deckt rund 85 % der investierbaren Marktkapitalisierung weltweit ab.
- Handelbarkeit: ETFs auf MSCI ACWI sind weit verbreitet, z. B. von iShares, Vanguard oder SPDR. Auch nachhaltige Varianten (ACWI ESG Screened) verfügbar.
- Gewichtung & Indexart: Kapitalgewichtet, Performanceindex.

Patrick setzt auf den ACWI-ETF als „Welt in einem Baustein“ ohne ständiges Nachjustieren.

Praxis-Tipp: Wenn du nur einen ETF für Industrieländer und Emerging Markets willst, ist der ACWI eine clevere Wahl.

3. MSCI IMI – Für alle, die wirklich alles wollen

- Geschichte/Hintergrund: Die maximale Ausbaustufe des MSCI-Systems, um nahezu den gesamten Aktienmarkt investierbar abzubilden – von Großkonzernen bis zu Nebenwerten.
- Zusammensetzung/Fokus: Rund 8.500 Aktien aus über 45 Ländern, inklusive Large Caps, Mid Caps und Small Caps.
- Handelbarkeit: IMI-ETFs sind etwas weniger verbreitet, aber verfügbar (z. B. iShares, Amundi). Teilweise in All-in-One-Lösungen integriert.
- Gewichtung & Indexart: Kapitalgewichtet, Performanceindex.

Moritz nutzt den IMI, um auch Hidden Champions und kleinere Unternehmen im Depot zu haben, trotz höherer Volatilität.

Praxis-Tipp: Der IMI ist der kompletteste Index, aber Small Caps schwanken mehr – überlege, ob du das aushalten willst.

4. MSCI World Equal Weight – Gleiche Chancen für alle

- Geschichte/Hintergrund: Variante des MSCI World mit dem Ziel, Klumpenrisiken zu reduzieren.
- Zusammensetzung/Fokus: Gleiches Universum wie MSCI World, aber alle Aktien werden gleich gewichtet.
- Handelbarkeit: Weniger verbreitet, aber ETFs verfügbar (z. B. Invesco).
- Gewichtung & Indexart: Equal Weight, Rebalancing erforderlich.

Lisa schätzt Equal Weight, weil sie nicht will, dass 10 % ihres Geldes in Apple & Co. stecken. Sie akzeptiert mehr Schwankungen.

Praxis-Tipp: Equal Weight ergänzt den klassischen MSCI World, sorgt für breitere Diversifikation, erfordert aber Umschichtungen.

5. S&P 500 – Das Rückgrat der US-Wirtschaft
- Geschichte/Hintergrund: Seit 1957 der Leitindex für die US-Wirtschaft, verwaltet von Standard & Poor's.
- Zusammensetzung/Fokus: 500 der größten börsennotierten US-Unternehmen, deckt ca. 80 % der US-Marktkapitalisierung ab.
- Handelbarkeit: Sehr liquide, viele ETFs (iShares, Vanguard, SPDR).
- Gewichtung & Indexart: Kapitalgewichtet, Performanceindex.

Patrick nutzt den S&P 500 als Stabilitätsanker wegen der Qualität der Unternehmen.

Praxis-Tipp: Wer Amerika abbilden will, landet meist beim S&P 500.

6. NASDAQ Composite & NASDAQ 100 – Die Tech-Taktgeber
- Geschichte/Hintergrund: NASDAQ als erste vollelektronische Börse, NASDAQ Composite mit Fokus auf Technologie und Wachstum.
- Zusammensetzung/Fokus: NASDAQ Composite enthält über 3.000 Titel, NASDAQ 100 die 100 größten Nicht-Finanzunternehmen (Apple, Amazon, Nvidia, Meta).
- Handelbarkeit: Zahlreiche ETFs verfügbar (z. B. QQQ).
- Gewichtung & Indexart: Kapitalgewichtet, Performanceindex.

Moritz liebt NASDAQ 100 für Tech, ergänzt aber bewusst mit Equal Weight und globalen Bausteinen.

Praxis-Tipp: NASDAQ 100 als Satelliteninvestment nutzen, nicht als Basis. Klumpenrisiken beachten.

7. Dow Jones Industrial Average – Der Oldie mit Macken
- Geschichte/Hintergrund: Einer der ältesten Indizes (seit 1896), mit Preisgewichtung statt Marktkapitalisierung.
- Zusammensetzung/Fokus: 30 US-Großunternehmen, Preisgewichtung bedeutet: Höherer Kurs hat mehr Gewicht.
- Handelbarkeit: Bekannt, aber wenig Grundlage für ETFs.
- Gewichtung & Indexart: Preisgewichtung, Kursindex.

Patrick sieht den Dow als historischen Marker und bevorzugt für Investmententscheidungen andere Indizes.

Praxis-Tipp: Preisgewichtung ist veraltet und kann irreführend sein.

8. STOXX Europe 600 – Europas Perlen

- Geschichte/Hintergrund: Breite Abbildung des europäischen Aktienmarkts über Länder und Sektoren.
- Zusammensetzung/Fokus: 600 Aktien aus 17 europäischen Ländern, inklusive Large-, Mid- und Small Caps.
- Handelbarkeit: Sehr liquide, viele ETFs verfügbar.
- Gewichtung & Indexart: Kapitalgewichtet, Performanceindex.

Lisa nutzt STOXX 600 als Gegengewicht zu globalen ETFs.

Praxis-Tipp: EuroStoxx 50 ist populärer, aber STOXX 600 langfristig repräsentativer.

9. DAX – Deutschlands Börsenbarometer

- Geschichte/Hintergrund: Seit 1988 wichtigster deutscher Index, 2021 auf 40 Unternehmen erweitert.
- Zusammensetzung/Fokus: Die größten börsennotierten deutschen Unternehmen wie SAP, Siemens, Allianz, Mercedes-Benz.
- Handelbarkeit: Viele ETFs und Derivate verfügbar.
- Gewichtung & Indexart: Performanceindex.

Patrick sieht den DAX als regionalen Vergleichspunkt, nicht als globale Benchmark.

Praxis-Tipp: Achte darauf, dass DAX ein Performanceindex ist (inkl. Dividenden).

10. ATX – Spiegelbild der österreichischen Unternehmenslandschaft

- Geschichte/Hintergrund: Leitindex der Wiener Börse seit 1991.
- Zusammensetzung/Fokus: Die 20 größten und liquidesten österreichischen Unternehmen, Gewichtung nach Streubesitz.
- Handelbarkeit: ETFs verfügbar, aber weniger verbreitet.
- Gewichtung & Indexart: Performanceindex- und Preisindex-Varianten.

Lisa nutzt ATX als Ergänzung, vertraut für Altersvorsorge aber auf internationale Indizes.

Praxis-Tipp: Vergleich nur mit dem Performanceindex (Total Return), nicht dem Preisindex.

11. SMI – Schweizer Unternehmen im Spiel der Großen

- Geschichte/Hintergrund: Führender Schweizer Aktienindex seit 1988.
- Zusammensetzung/Fokus: Die 20 größten Schweizer Unternehmen, Nestlé, Novartis, Roche dominieren.
- Handelbarkeit: Weit verbreitet, ETFs u. a. bei iShares und UBS.
- Gewichtung & Indexart: Preisindex, Dividenden nicht berücksichtigt. SMIC als Total-Return-Variante verfügbar.

Moritz zieht SMIC vor, wenn er Dividendenstrategien verfolgt.

Praxis-Tipp: Achte beim Schweizer Aktienvergleich auf SMI vs. SMIC.

12. Nikkei 225 – Japans Klassiker mit Tradition

- Geschichte/Hintergrund: Seit 1950, führender Index der Tokioter Börse.
- Zusammensetzung/Fokus: 225 Unternehmen mit breiter Branchendiversität.
- Handelbarkeit: Weltweit genutzt, ETFs in Yen oder USD verfügbar.
- Gewichtung & Indexart: Preisindex.

Patrick bevorzugt den kapitalgewichteten TOPIX als Alternative.

Praxis-Tipp: Wer in Japan investiert, sollte TOPIX wegen besserer Gewichtung in Betracht ziehen.

13. CSI 300 – Chinas Pendant zum S&P 500

- Geschichte/Hintergrund: Seit 2005, größte Unternehmen an Shanghai und Shenzhen Börsen.
- Zusammensetzung/Fokus: 300 Aktien, ca. 60 % der Marktkapitalisierung Chinas, Fokus auf Banken, Energie, Konsum, Tech.
- Handelbarkeit: Direktinvestitionen oft schwierig; ETFs auf H-Aktien oder All China einfacher zugänglich.
- Gewichtung & Indexart: Kapitalgewichtet.

Moritz vermeidet Einzelaktien in China, setzt lieber auf MSCI Emerging Markets.

Praxis-Tipp: ETFs auf MSCI China oder All China Indices bieten bessere Handelbarkeit.

Praxis-Tipp zum Abschluss: Nutze für globale Portfolios MSCI ACWI oder IMI. Für Techfans NASDAQ 100 als Satellit. S&P 500 als US-Anker. Immer auf Performance- vs. Preisindex achten! Inzwischen gibt es weltweit mehr Indizes als Einzelaktien – für jeden Anlagestil, jede Region, jedes Trendthema. Wähle mit Bedacht – nicht jeder neue Index ist ein Must-have.

Anfängerfehler bei der Indexauswahl – was du vermeiden solltest

Viele starten voller Elan in ETFs – doch ohne Wissen drohen Fehlentscheidungen:

- Nur auf den Namen schauen: Ein „MSCI World" ist nicht gleich Welt, Schwellenländer fehlen oft.
- Benchmark-Verwirrung: Fonds vergleichen ohne zu checken, welcher Index dahintersteht.
- Dividenden außer Acht lassen: Nicht wissen, ob Dividenden reinvestiert werden, unterschätzt echte Rendite.
- Klumpenrisiken ignorieren: 20–30 % des Indexgewichts konzentrieren sich oft auf wenige Top-Titel.
- Zu regional fokussieren: Nur USA oder Heimat? Chancen und Diversifikation bleiben liegen.
- Zu breite Streuung: Tausende Titel klingen gut, bedeuten aber oft mehr Volatilität und Aufwand.

Praxis-Tipp: Nimm dir Zeit, deinen Index zu verstehen. Passt er zu Stil, Risikobereitschaft und Zielen? Klarheit schützt vor Überraschungen.

Index-Steckbrief im Schnellvergleich

Index	Region/Fokus	Typ	Dividenden	Gewichtung
MSCI World	Industrieländer	Performance	Ja	Kapitalgewichtet
MSCI ACWI	Welt inkl. EM	Performance	Ja	Kapitalgewichtet
MSCI IMI	Welt inkl. Small Caps	Performance	Ja	Kapitalgewichtet
MSCI World Equal Weight	Industrieländer	Performance	Ja	Gleichgewichtet
S&P 500	USA	Performance	Ja	Kapitalgewichtet
NASDAQ 100	USA (Tech)	Performance	Ja	Kapitalgewichtet
STOXX Europe 600	Europa	Performance	Ja	Kapitalgewichtet

Index	Region/Fokus	Typ	Dividenden	Gewichtung
DAX	Deutschland	Performance	Ja	Kapitalgewichtet
ATX	Österreich	Performance/ Preis	Ja/Nein	Kapitalgewichtet
Dow Jones	USA	Preisindex	Nein	Preisgewichtet
Nikkei 225	Japan	Preisindex	Nein	Preisgewichtet
SMI	Schweiz	Preisindex	Nein	Kapitalgewichtet
CSI 300	China	Performance	Ja	Kapitalgewichtet

Take-Aways – Das Wichtigste auf einen Blick

- Ein Index ist nur so gut wie seine Methodik – prüfe Gewichtung, Region, Sektor, Dividenden!
- Performanceindex schlägt Kursindex für den echten Renditevergleich.
- Es gibt nicht „den einen" MSCI World – sondern viele Varianten.
- Nutze Indizes strategisch: als Basis, als Ergänzung, als Benchmark.
- Anfängerfehler kosten Geld – investiere Zeit in dein Wissen.

So denken Lisa, Moritz & Patrick

- **Lisa:** „Ich nutze den ACWI als Basis – Nachhaltigkeit ist mir wichtig, deshalb ergänze ich ESG-ETFs gezielt."
- **Moritz:** „Ich liebe den Nasdaq, will aber nicht 50 % Tech. Deshalb mische ich mit STOXX 600 und Equal Weight."
- **Patrick:** „Früher dachte ich, der DAX reicht. Heute setze ich auf globalen Mix mit S&P 500 und MSCI World."

Reflexionsfragen

- Welche Indizes nutzt du aktiv – und warum?
- Bildet dein Benchmark-Index deine Strategie realistisch ab?
- Hast du Diversifikation über Regionen, Sektoren, Stile und Branchen bewusst integriert?

Golden Nugget: Diversifikation ohne Verständnis ist wie Blindflug – nur wer den Kurs kennt, kommt sicher an.

Mentor-Moment: Ein ETF ist nur so gut wie sein Index. Kenne die Regeln deiner Landkarte – sonst läufst du mit Kompass in die falsche Richtung.

Lisa: „Früher habe ich gedacht: Hauptsache viele ETFs. Heute schaue ich viel genauer hin, wie sie aufgebaut sind."
Moritz: „Für mich ist der Index wie die Straßenkarte – nur wer sie versteht, weiß, wohin die Reise wirklich geht."
Patrick: „Ohne Verständnis für den Index ist Diversifikation nur eine Illusion. Heute prüfe ich immer die Details."

Cliffhanger: Jetzt kennst du die Landkarte der Börse – Zeit, selbst loszugehen. Im nächsten Kapitel geht es um dich: Deine Aufgabe. Deine ersten Schritte.

Faktencheck

☑ **S&P Dow Jones Indices (2025):** Der Dow Jones Industrial Average, 1896 von Charles Dow eingeführt, ist der erste große Aktienindex. Er startete mit 12 Industriewerten, heute sind es 30.

☑ **Deutsche Börse (2025):** Der DAX wurde 1988 als deutscher Blue-Chip-Index mit 30 Unternehmen aufgelegt – seit 2021 umfasst er 40 Werte und soll die deutsche Marktwirtschaft transparenter abbilden.

☑ **MSCI (2025); FTSE Russell (2025):** Internationale Indizes wie der MSCI World (seit 1969, ursprünglich 16 Länder) und der FTSE All-World prägen die globale Diversifikation für Privatanleger:innen – erstmals können diese weltweit investieren.

☑ **justETF (2025); Morningstar Research (2025):** Die moderne Indexwelt ist vielfältig: Themenindizes, Smart-Beta- und Faktorindizes sowie ESG-Benchmarks haben sich in den 2000er-Jahren als Standard etabliert.

☑ **Statista (2024); Bloomberg (2024):** Über 70 % des weltweiten ETF-Volumens entfallen auf Produkte, die große internationale Indizes wie S&P 500, MSCI World oder FTSE All-World nachbilden.

☑ **Vanguard Group (2023); Deutsche Bundesbank (2023):** Die Wahl des passenden Index beeinflusst nachweislich Rendite, Risiko und die Portfolio-Struktur – nicht jeder Index ist für jedes Anlageziel geeignet.

☑ **Financial Times (2024):** Die Entwicklung von Branchen-, Regionen- und Themenindizes hat die Anlagestrategien von Privatanleger:innen und Profis grundlegend verändert.

☑ **Handelsblatt (2024):** Seit den 1980er Jahren wächst die Zahl der Indizes exponentiell – heute existieren weltweit mehr als drei Millionen verschiedene Aktienindizes.

☑ **OECD (2023):** Internationale Indizes tragen zur Harmonisierung und Transparenz auf den Kapitalmärkten bei und sind Grundlage für viele regulatorische und steuerliche Regelwerke.

☑ **Buch: „The Index Revolution" – Charles D. Ellis (Auflage 2023):** Die Entstehung und Entwicklung moderner Indizes war ein Schlüsselmoment der Finanzgeschichte – Indizes sind das Fundament der Demokratisierung des Investierens.

1.8. Deine Aufgabe: Erste Schritte auf dem Weg zum:r erfolgreichen Investor:in

„Am Ende zählt nicht, was du weißt –
sondern was du daraus machst."
– Sprichwort

Lisa, Moritz & Patrick am Wendepunkt
Lisa hat ihren ersten ESG-ETF ausgewählt und einen Sparplan eingerichtet. **Moritz** notiert sich zehn Unternehmen, die er spannend findet – und will jetzt Schritt für Schritt analysieren. **Patrick** hat sich bewusst gegen Aktionismus entschieden – und stattdessen ein globales Kernportfolio mit einem ETF aufgebaut.
Drei Entscheidungen – ein gemeinsames Ziel: Handeln statt nur lesen.

Was du in diesem Kapitel lernst
- Wie du das Gelernte konkret umsetzt
- Warum es keine perfekte Entscheidung gibt – aber gute nächste Schritte
- Welche Tools dir helfen, ins Tun zu kommen
- Wie du mit kleinen Maßnahmen ein robustes Fundament legst

Lisa, Moritz & Patrick im Dreiklang:
Lisa: „Mein erster Schritt war ein ETF auf Nachhaltigkeit – nicht perfekt, aber meiner."
Moritz: „Ich hab drei Unternehmen aufgeschrieben, die ich kenne – das reicht für den Start."
Patrick: „Ich habe mich zum ersten Mal in meiner Familie als Investor geoutet. Heute reden wir offener über Geld."

Vom Wissen ins Handeln – warum jetzt der richtige Moment ist
Du hast viele Konzepte kennengelernt: Indexlogik, Segmentierung, Orderarten, Benchmarks und Bewertungslogik. Aber Theorie allein verändert nichts – dein Fortschritt beginnt mit der ersten bewussten Entscheidung. Genau hier setzt dieses Kapitel an: Deine Aufgabe. Dein Start. Dein Stil.

Praxis-Tipp: Du musst nicht alles auf einmal entscheiden. Starte mit dem, was du verstehst – und arbeite dich schrittweise vor. Börse ist kein Sprint, sondern ein Weg mit Etappen.

Schritt 1: Broker-Auswahl – dein Zugang zur Börse
Ohne Depot kein Investment. Punkt. Aber: Nicht jeder Broker passt zu jedem Typ.

Du hast die Wahl:
- Hausbank → persönliche Betreuung, höherer Preis
- Online-Broker → günstig, flexibel, aber mit Eigenverantwortung

Wenn du noch kein Depot hast: Jetzt ist ein guter Moment, dich umzusehen. Wenn du schon eins hast: Checke, ob es noch zu dir passt.

One-Pager: Brokervergleich – dein Auswahlraster

Kategorie	Broker A	Broker B	Broker C
Depotgebühren	0 €/Jahr	…	…
Kauf-/Verkaufskosten	1 € pauschal pro Order	…	…
Steuerautomatik	DE/AT: Kapitalertragsteuer wird abgeführt	…	…
Benutzerfreundlichkeit	App-basiert, sehr intuitiv	…	…
Marktzugang	Börse Hamburg, Lang & Schwarz	…	…
Servicequalität	Chat-Support, keine Telefonhotline	…	…

Am Ende Punkte summieren (1 = beste Option pro Zeile) → Der niedrigste Wert zeigt deine persönliche Favoritenwahl.

Praxis-Tipp: Vergleiche Broker mit Tools wie justETF, Brokervergleich.at oder dem Brokerfinder der Finanzmarktaufsicht. Achte dabei besonders auf Gebühren, Produktangebot und automatische Steuerabführung – gerade in Deutschland und Österreich. Denn: Wenn du die Steuern selbst abwickeln musst, wird's schnell mühsam.

Extra-Tipp: Ausländische Broker klingen günstig – aber achte auf Währungsumrechnungsgebühren, Quellensteuern und Reportingpflichten. Das kann Aufwand bedeuten.

Schritt 2: Dein Portfolio-Check – jetzt wird's konkret

Wenn du schon investiert bist, analysiere:

- Welche Länder/Regionen sind enthalten?
- Wie verteilen sich Branchen & Sektoren?
- Wie ist die Gewichtung nach Unternehmensgröße?
- Welche Dividenden erhältst du?
- Wie hat sich dein Portfolio entwickelt?
- Welche Benchmark passt zu deiner Strategie?

Praxis-Tipp: Lade dir das Factsheet deiner ETFs oder Fonds herunter – das ist dein Schlüssel zu Struktur, Gewichtung und Inhalt.

Wenn du noch nicht investiert bist: Starte mit einem ETF – z. B. MSCI World:

- Checke das Factsheet.
- Schau dir die Top-10-Holdings an.
- Prüfe Sektoren & Länderaufteilung.
- Überlege: Möchtest du Nachhaltigkeit? Tech? Dividenden?

Erste Investmentidee: Nachhaltiger ETF, Dividenden-ETF oder ein globaler Tech-Index?

Extra-Tipp: Viele Plattformen bieten Demodepots – dort kannst du ohne echtes Geld deine ersten Entscheidungen testen. Ideal zum Lernen ohne Risiko.

Typische Stolperfallen beim Start

- Überforderung durch zu viele Informationen – filtere bewusst, was jetzt relevant ist.
- Panik bei ersten Verlusten – sie gehören zum Lernprozess dazu, bleib ruhig.
- Ungeduld – die Börse ist ein Marathon, kein Sprint.
- Fehlende Kontinuität – regelmäßige kleine Schritte führen zum Erfolg.

Reminder: Geduld und Dranbleiben sind deine besten Verbündeten. Erwarte keine Wunder über Nacht. Jeder kleine Fortschritt ist ein Baustein zu deinem finanziellen Erfolg.

O-Ton

„Mein erster Sparplan war klein – aber es war mein Schritt. Und der fühlt sich größer an als jeder Theoriekurs."
– Luca, 26, Wirtschaftsstudent

Take-Aways – Das Wichtigste auf einen Blick

- Du brauchst keine perfekte Lösung – nur einen bewussten Anfang.
- Kleine Entscheidungen führen zu Klarheit – nicht umgekehrt.
- Tools wie One-Pager, Segmentierung & Benchmark helfen beim Start.
- Dein Weg ist einzigartig – und darf sich entwickeln.
- Geduld und Kontinuität sind wichtiger als schnelle Erfolge.

So denken Lisa, Moritz & Patrick

- **Lisa**: „Ich habe mit nachhaltigen ETFs gestartet – und ein Tagebuch angelegt, um meine Strategie zu reflektieren."
- **Moritz**: „Ich will lernen – also habe ich kleine Positionen gekauft, um mit echten Kursen zu üben."
- **Patrick**: „Ich habe früher auf Bauchgefühl gesetzt. Heute analysiere ich – und handle klarer."

Reflexionsfragen

- Was ist dein nächster Schritt – noch heute oder diese Woche?
- Was hält dich zurück – und was brauchst du, um loszulegen?
- Hast du deine Strategie schon einmal schriftlich festgehalten?

Kapitelabschluss – Dein Sprungbrett in die Investment-Welt

„Dein Weg beginnt genau jetzt. Nicht morgen, nicht erst wenn du alles perfekt verstehst, sondern heute – mit der Entscheidung, anzufangen. Die Börse ist kein Sprint, sondern ein Marathon voller Höhen und Tiefen. Aber jede noch so kleine Entscheidung baut an deinem Fundament, an deinem Kompass, an deiner Freiheit. Was wirklich zählt: Mut zum Tun statt Perfektionismus. Geduld statt hektischem Aktionismus. Klarheit statt Verwirrung."

Lisa: „Es gibt keinen perfekten Einstieg, aber viele gute Wege. Ich habe am meisten durch meine ersten Schritte gelernt – nicht durchs lange Nachdenken."
Moritz: „Mein Fortschritt entsteht durch Handeln, nicht durch Zögern. Selbst kleine Erfolge motivieren mich, dran zu bleiben."
Patrick: „Für mich zählt: Ein starkes Fundament entsteht Schritt für Schritt. Heute weiß ich, dass jeder Weg mit dem ersten Schritt beginnt."

Golden Nugget: Investieren ist kein Hexenwerk, sondern Handwerk. Und Handwerker wachsen mit jedem Werkzeug, das sie in die Hand nehmen. Jetzt bist du dran. Mach deinen ersten Schritt, feiere kleine Erfolge – und vertraue darauf, dass jeder Schritt dich näher zu deinem Ziel bringt.

Mentor-Moment: Erfolg im Investment ist wie ein Fluss, der nicht immer gradlinig fließt. Er folgt deinem Willen, nicht deinem Wissen allein. Fang an zu fließen – und du wirst sehen, wie dein Vermögen und dein Selbstvertrauen wachsen. Die meisten Menschen überschätzen, was sie in einem Jahr erreichen – und unterschätzen, was in zehn Jahren möglich ist. Wer heute beginnt und regelmäßig dranbleibt, baut Schritt für Schritt ein starkes Fundament für echte finanzielle Freiheit.

Social Proof
Eine Leserin schrieb nach ihrem ersten Depot-Kauf: „Ich dachte immer, das ist alles zu komplex für mich. Aber der erste Schritt war der wichtigste – und ich hätte nie gedacht, wie stolz ich auf meine eigene Entscheidung sein kann."

Cliffhanger: Im nächsten Kapitel nehmen wir dein Mindset unter die Lupe: Warum du Mr. Market nicht als Feind, sondern als Spiegel sehen solltest. Wie Emotionen dich täuschen können – und wie du sie meisterst, um langfristig souverän zu investieren. Bereit, dein inneres Game zu gewinnen?

Faktencheck
☑ **Deutsche Börse (2025):** Xetra ist mit über 90 % Anteil der führende elektronische Handelsplatz für deutsche Aktien – Kurse sind transparent, Orderausführung meist binnen Sekunden.
☑ **Handelsblatt (2025):** Börsen haben feste Handelszeiten (in Deutschland meist 9–17:30 Uhr) – außerhalb dieser Zeiten sind Orders oft teurer und riskanter.
☑ **BaFin Verbraucherportal (2024):** „Market Order" (Bestens) garantiert schnellen Kauf/Verkauf, aber nicht den Preis. „Limit Order" schützt vor Überraschungen, kann aber unerfüllt bleiben.

☑ **justETF (2025):** Limit-, Stop- und Stop-Loss-Orders bieten mehr Kontrolle, besonders bei volatilen Märkten – Profis setzen sie standardmäßig ein.
☑ **Morningstar Research (2024):** Die Wahl des Handelsplatzes beeinflusst Kosten und Liquidität – Nebenbörsen haben oft größere Spreads und weniger Transparenz.
☑ **Vanguard Group (2023):** ETF-Käufe am besten während der Haupthandelszeiten platzieren – dann ist die Spanne zwischen An- und Verkaufskurs am geringsten.
☑ **Frankfurt School of Finance & Management (2023):** Schnelle Orders über Apps und Online-Broker sind praktisch, bergen aber die Gefahr von Fehlern und Impulshandel – Checklisten helfen.
☑ **CFA Institute (2023):** Handelskosten und Slippage (Abweichung vom Wunschpreis) mindern die Rendite oft stärker als vermutet – Transparenz über Gebühren ist entscheidend.
☑ **Stiftung Warentest (2024):** Immer vor der Order prüfen: aktueller Kurs, Volumen, Kosten und Ordertyp. Häufiges Trading erhöht die Gebührenlast und senkt die Nettorendite.
☑ **Buch: „Trading and Exchanges" – Larry Harris (aktuelle Auflage 2023):** Markt- und Limit-Orders, Handelszeiten und -plätze bestimmen maßgeblich die Qualität und Kosten jeder Transaktion – Wissen schützt vor typischen Anfängerfehlern.

1.9. Der kritische Sven über Kapitel 1: Einstieg in die Aktienwelt

„Der Einstieg klingt motivierend – aber wie viele bleiben nach den ersten Versuchen dabei? Werden die typischen Anfängerfallen wirklich offengelegt – oder sieht es am Anfang immer einfacher aus, als es ist? Für mich bleibt: Theorie und Praxis sind zwei Welten. Ich will wissen, wie ich nicht nur das Depot eröffne, sondern auch den Überblick behalte, wenn der erste Rückschlag kommt. Und was, wenn meine Erwartungen an schnelle Gewinne enttäuscht werden?"

– Sven

Leser:innen-Stimme

„Ich war am Anfang total euphorisch, hab dann aber schnell gemerkt, dass ein paar Basisfehler teuer werden können. Rückblickend hätte ich mir mehr ehrliche Einblicke in typische Anfängerprobleme gewünscht – vor allem, was die ersten Käufe und das Durchhalten betrifft."
– Caro, 31, Grundschullehrerin

Abschlusssstatement: Der Start an der Börse ist ein großer Schritt – aber langfristig zählt, ob du aus Rückschlägen lernst und dranbleibst. Wer den ersten Hype übersteht und ehrlich mit eigenen Fehlern umgeht, baut das Fundament für echten Börsenerfolg.

Social Proof
„Ich dachte immer, das ist nichts für mich. Aber nach Kapitel 1 habe ich gemerkt: Selbst kleine Schritte machen den Unterschied."
– Slaven, 41, Marketingmanager

Sven: „Ich bleibe kritisch. Aber das Buch hat mir gezeigt: Der größte Fehler ist, es nie versucht zu haben."

KAPITEL 2
MINDSET, MÄRKTE & MR. MARKET – WARUM DEIN GRÖSSTER GEGNER IM SPIEGEL SITZT

„An der Börse geht es nicht um die besten Aktien – sondern um die besten Entscheidungen. Und die triffst du mit dem Kopf, nicht mit dem Kurs.“
– Josef Obergantschnig

Lisa, Moritz & Patrick zwischen Euphorie und Unsicherheit
Lisa steht am Fenster, Mia spielt im Wohnzimmer. Das Depot blinkt rot. Lisa seufzt: „Immer diese Schwankungen … Habe ich zu viel auf Nachhaltigkeit gesetzt?“ Sie schreibt Moritz: „Manchmal frage ich mich echt, ob ich das einfach aussitzen sollte oder doch was ändern muss.“ **Moritz** sitzt spätabends mit einer Tasse Tee vor der App. Hoch, runter, hoch – die Kurve sieht aus wie eine Achterbahn. Er grinst: „Wenn's so weitergeht, brauch ich bald einen Finanz-Therapeuten …“ Dann schließt er die App – aber nur für zehn Minuten. **Patrick** räumt am Schreibtisch auf, das Verkaufsfenster ist noch offen. 15 % Verlust – einfach aus dem Bauch heraus verkauft. Jetzt ärgert er sich: „Warum hab ich nicht einfach gewartet? War wohl die Angst stärker als der Plan.“ Seine Tochter Sophie ruft: „Papa, das nächste Mal rufst du mich an, bevor du klickst, okay?“
Drei Anleger:innen – drei Emotionen. Was sie verbindet: Der Markt ist nicht das Problem. Die Reaktion darauf schon.

Egal, wie rational du denkst: An der Börse geht es nie nur um Zahlen. Es geht um dich, deine Gedanken, deine Gefühle – und darum, was du daraus machst. Genau das lernst du in diesem Kapitel.

Mini-Action-Tipp: Notiere dir nach jedem Marktschwankungs-Tag: Welche Emotionen hattest du? Was hättest du gern anders gemacht? Mit jedem ehrlichen Blick in den Spiegel wird dein Mindset stärker – und Mr. Market verliert an Macht.

Was du in diesem Kapitel lernst
- Warum Psychologie oft wichtiger ist als Fachwissen
- Welche Denkfehler dich beim Investieren ausbremsen

- Wie Emotionen deinen Anlageerfolg beeinflussen – und was du dagegen tun kannst
- Wer (oder was) Mr. Market ist – und wie du mit ihm umgehst

Warum dein größter Gegner im Spiegel sitzt

Du kannst die besten ETFs auswählen, die saubersten Kennzahlen analysieren – und trotzdem schlechte Entscheidungen treffen. Warum? Weil du Mensch bist. An der Börse treffen Emotion und Disziplin aufeinander. Die größten Fehler entstehen nicht am Markt – sondern im Kopf.

Dieses Kapitel hilft dir, psychologische Stolpersteine zu erkennen – und mit ihnen umzugehen. Für mehr Gelassenheit, weniger Reue und bessere Ergebnisse.

Praxis: Mini-Notfall-Checkliste für emotionale Momente

Wenn dich die Kurse nervös machen

1. Atmen und Abstand gewinnen: Handy weglegen, fünf Minuten nichts tun.
2. Kurz notieren: Was fühlt sich schlimm an – der Kurs oder die Unsicherheit?
3. Das Mantra: „Mein Plan ist stärker als jede Tageslaune des Markts."
4. Erinnere dich: Kein erfolgreicher Investor hat nur perfekte Entscheidungen getroffen.
5. Im Zweifel: Schlaf eine Nacht drüber. Der Markt läuft nicht weg.

O-Ton aus der Community

„Ich habe einmal fast meinen gesamten ETF-Bestand verkauft, weil die Kurse durch die Nachrichten völlig verrückt spielten. Am nächsten Tag hätte ich es bitter bereut. Seitdem schreibe ich meine spontanen Entscheidungen erst auf – und schau sie mir nach 24 Stunden nochmal an. In den meisten Fällen tue ich dann … nichts. Und das fühlt sich im Nachhinein meistens richtig an."

– Sven, 33

Take-Aways – Das Wichtigste auf einen Blick

- Emotionen sind normal – aber nicht immer hilfreich.
- Disziplin schlägt Intuition – langfristig und systematisch.
- Wer seine Denkfehler kennt, kann sie entschärfen.
- Mr. Market testet nicht dein Wissen – sondern deine Haltung.
- Geduld fühlt sich nicht immer gut an – aber sie zahlt sich aus.

So denken Lisa, Moritz & Patrick

- **Lisa:** „Ich hab gelernt, nicht alles zu hinterfragen – sondern meiner Strategie zu vertrauen, auch wenn's mal holprig läuft."
- **Moritz:** „Früher war ich ständig nervös, wenn der Kurs schwankte. Heute weiß ich: Das ist nicht das Problem – sondern meine Reaktion darauf."
- **Patrick:** „Ich hab Verluste aus Angst realisiert. Heute entscheide ich nach Plan – nicht nach Panik."

Reflexionsfragen

- Wann hast du zuletzt aus dem Bauch heraus gehandelt – und wie hast du dich danach gefühlt?
- Welche typischen Denkfehler erkennst du bei dir selbst immer wieder?
- In welchen Momenten verlierst du am ehesten deine Disziplin?
- Was brauchst du, um bei Marktbewegungen gelassener zu bleiben?

Golden Nugget: Erfolg an der Börse startet immer im Kopf – die Märkte sind nur der Spielplatz.

Mentor-Moment: Der klügste Investor ist nicht der, der alles weiß – sondern der, der sich selbst im Griff hat.

Lisa: „Ich habe gelernt: Wer seine Gefühle kennt, bleibt auch in stürmischen Zeiten gelassen."
Moritz: „Mein größtes Learning? Nicht der Markt macht mich nervös – sondern mein eigener Kopf."
Patrick: „Heute weiß ich: Börsenerfolg beginnt immer damit, die eigenen Emotionen zu verstehen."

Cliffhanger: Im nächsten Abschnitt wirst du den Spiegel noch ein Stück näher heranholen. Du erfährst, welche psychologischen Stolpersteine dir beim Investieren immer wieder begegnen – und wie du sie Schritt für Schritt erkennst, verstehst und austrickst. Ob Verlustangst, Bestätigungsfehler oder Herdentrieb: Jede Börsenkarriere ist ein Lernweg. Und der wichtigste Schritt beginnt dort, wo du nicht nur über Märkte, sondern endlich über dich selbst nachdenkst.

Faktencheck

☑ **Dalbar (2023):** Anleger:innen erzielen im Durchschnitt deutlich niedrigere Renditen als der Markt, hauptsächlich wegen impulsiver Entscheidungen, emotionaler Fehlsteuerungen und häufigem Timing-Versuch.
☑ **Kahneman & Tversky (1979):** Verlustaversion ist ein zentrales menschliches Verhaltensmuster: Verluste werden etwa doppelt so stark empfunden wie gleich hohe Gewinne, was zu irrationalem Verhalten an den Märkten führt.
☑ **Benjamin Graham (1949):** Die Metapher „Mr. Market" beschreibt die Launenhaftigkeit der Börse und ist bis heute ein Standard in der Investmentliteratur, um emotionale Marktbewegungen zu erklären.
☑ **Vanguard Group (2023):** Disziplinierte Anleger:innen, die sich von psychologischen Stolpersteinen fernhalten, erzielen langfristig signifikant bessere Renditen als aktive Trader:innen.
☑ **CFA Institute (2023):** Typische psychologische Fehler bei Anleger:innen umfassen Overconfidence, Herding und Confirmation Bias – diese führen systematisch zu suboptimalen Investitionsentscheidungen.
☑ **Shiller, Yale University (2015):** Emotionen wie Angst und Gier verstärken Marktzyklen und führen zu Übertreibungen bei Auf- und Abschwüngen.
☑ **Frankfurt School of Finance & Management (2023):** Social Media verstärkt kurzfristiges Herdenverhalten und verstärkt psychologische Stolpersteine bei Privatanleger:innen, die dadurch häufiger impulsiv reagieren.

2.1. Psychologische Stolpersteine – Denkfehler, Emotionen und Entscheidungen

„Dein größter Feind an der Börse ist nicht der Crash – es ist der Moment, in dem du falsch auf ihn reagierst."
– Josef Obergantschnig

Lisa kommt spät abends völlig erschöpft aus der Klinik. Noch schnell Mia ins Bett gebracht, dann fällt sie aufs Sofa. Ihr Handy blinkt – überall rote Kurse, überall Hiobsbotschaften. Sie fragt sich: „Vielleicht bin ich zu idealistisch? Sollte ich den nachhaltigen ETF auflösen, bevor's schlimmer wird?" Die Anspannung des Klinikalltags vermischt sich mit der Unsicherheit am Markt. Zwischen Mutter, Ärztin und Anlegerin bleibt kaum Raum für Klarheit. Und doch weiß sie: Jetzt bloß keine Schnellschüsse.
Moritz ist wie gefangen im Rhythmus seiner App: Fünf Minuten Ruhe, dann wieder

das Zucken des Kurses, das Piepen der Push-Nachricht. „Früher habe ich Nachrichten verfolgt. Heute verfolgen sie mich", gesteht er sich ein. Er merkt: Je mehr er kontrolliert, desto weniger fühlt er sich, als hätte er die Situation im Griff. **Patrick** verlässt sich auf den „Crash-Alarm" der Kumpels und verkauft im Plus – doch der Markt dreht nach oben. Er ärgert sich, nicht weil er falsch lag, sondern weil er auf Stimmen von außen hörte statt auf seinen eigenen Plan. „Das passiert mir nicht nochmal", schwört er sich – aber weiß, dass Emotion und System immer wieder kämpfen.
Drei Gefühlslagen – ein gemeinsames Problem: Emotion schlägt System. Wer nicht gegensteuert, fährt im Kreis.

Was du in diesem Kapitel lernst

- Wie typische Denkfehler dich beim Investieren ausbremsen
- Warum Emotionen oft schlechte Ratgeber sind
- Was hinter Begriffen wie Verlustaversion oder Herdenverhalten steckt
- Wie du besser mit Unsicherheit und Schwankungen umgehst

Warum dein Gehirn kein guter Börsenberater ist

Unser Gehirn ist auf schnelle Reaktion ausgelegt – nicht auf kluges Abwarten. Es sucht Sicherheit, wo keine ist. An der Börse führt das zu Aktionismus, Panikverkäufen, Hamsterkäufen. Kurz: Dein Verstand will oft das Gegenteil von dem, was für dein Depot richtig wäre.

„Ich habe am meisten verloren, wenn ich gehandelt habe, weil ich mich unwohl gefühlt habe. Die besten Entscheidungen habe ich getroffen, wenn ich mir selbst Zeit gegeben habe."
– Aylin, 27

12 Denkfehler, die du kennen – und vermeiden – solltest

Jede dieser Fallen kann dein Ergebnis ruinieren – aber jede ist auch ein Trainingslager für deine Selbstkenntnis:

Denkfalle	Was passiert?	Beispiel
Herdenverhalten	Mitlaufen, weil die Masse es tut	Dotcom-Blase, Meme-Stocks
FOMO	Kaufen aus Angst, etwas zu verpassen	Hype um KI, Wasserstoff
Verlustaversion	Verluste aussitzen, Gewinne zu früh mitnehmen	„Lieber abwarten als Verlust einsehen"

Denkfalle	Was passiert?	Beispiel
Ankereffekt	An alten Kursen festhalten	„War mal bei 80 €, jetzt günstig?“
Confirmation Bias	Nur Bestätigung suchen	Nur positive News lesen
Home Bias	Zu viel im Heimatmarkt	80 % DAX im Depot
Overconfidence	Eigene Fähigkeiten überschätzen	„Drei Volltreffer – läuft!“
Kontrollillusion	Timing-Wahn	„Ich weiß, wann der Crash kommt“
Endowment-Effekt	Depot wird emotionaler Besitz	„Die Aktie geb ich nicht her“
Dispositionseffekt	Gewinne zu früh, Verluste zu spät realisieren	+10 % verkauft, −40 % gehalten
Repräsentativitätsheuristik	Trends in die Zukunft verlängern	„Das läuft immer so weiter“
Sunk Cost Fallacy	An schlechten Entscheidungen festhalten	„Zu viel investiert, das zieh ich durch“

O-Ton Lisa: Perfektionismus & Kontrollverlust (Verlustaversion, FOMO, Selbstzweifel)
Schmerzpunkt: Lisa will alles richtig machen – für Mia, für ihre Zukunft, für die Familie. Doch als ihr nachhaltiger ETF ins Minus rutscht, fühlt sie sich wie eine Versagerin. Der größte Schmerz: Nicht die Kontrolle zu verlieren, sondern das Gefühl, sie hätte für ihre Tochter versagt.
Szene: Lisa starrt auf ihr Depot. „Minus sieben Prozent … das wollte ich Mia ersparen. Hätte ich doch noch gewartet. Was, wenn das nie wieder steigt? Habe ich wirklich an alles gedacht?“ In diesem Moment fühlt sich ihr ganzer Mut wie weggeblasen.
Stolperstein: Verlustaversion, FOMO, Perfektionismus

O-Ton Moritz: Entscheidungsangst & Overthinking (Ankereffekt, Confirmation Bias, Kontrollillusion)
Schmerzpunkt: Moritz will alles verstehen, jede Zahl prüfen, kein Risiko eingehen. Als sich sein Depot trotz aller Analysen schlecht entwickelt, fühlt er sich ohnmächtig. Sein größter Schmerz: Nicht versagt zu haben, sondern vor lauter Analysieren handlungsunfähig zu werden.
Szene: Moritz sitzt nachts vorm Bildschirm. Drei Aktien, fünf Meinungen – und keine Entscheidung. „Noch eine Nacht drüber schlafen? Oder ist das schon wieder die falsche Ausrede?“ In diesem Moment merkt er, dass zu viel Kontrolle ihn blockiert.
Stolperstein: Ankereffekt, Confirmation Bias, Kontrollillusion, Overthinking

O-Ton Patrick: Angst vor dem (späten) Scheitern & Scham (Home Bias, Endowment-Effekt, Sunk Cost Fallacy)
Schmerzpunkt: Patrick hat spät begonnen und die Angst, zu spät dran zu sein, begleitet ihn. Als sein erstes Investment im Minus steht, schämt er sich – hätte er es nicht besser wissen müssen? Sein Schmerz: Die Scham, Fehler zuzugeben, und die Angst, „versagt" zu haben – vor seiner Tochter, vor sich selbst, vor seiner neuen Partnerin.
Szene: Patrick schaut auf die Kursanzeige. „Minus zwölf Prozent. Ausgerechnet mein erster Versuch. Was, wenn Anna und Sophie merken, dass ich's verbockt hab? Vielleicht war ich wirklich zu alt, um noch neu anzufangen …"
Stolperstein: Sunk Cost Fallacy, Home Bias, Scham, Endowment-Effekt

Das Gute: Für jede Denkfalle gibt es einen Ausweg. In der Toolbox findest du die besten Strategien, wie du dir selbst ein Schnippchen schlägst.

Toolbox: So trickst du dein eigenes Gehirn aus

- **Investorenjournal:** Schreib dir vor jedem Kauf oder Verkauf dein „Warum" auf – und lies es nach drei Monaten wieder.
- **Notfall-Stopp:** Wenn du unsicher bist, gilt: erst handeln, wenn du mindestens einmal geschlafen hast.
- **Trend-Check:** Sieh bei Google Trends nach, ob plötzlich alle nach „Aktie XY kaufen" suchen – das ist oft ein Alarmsignal.
- **Gefühls-Check:** Notiere: „Handele ich aus Klarheit oder aus Angst?" Sobald du es aufschreibst, fällt die Entscheidung meist leichter.

Lisa: „Ich dachte, Angst ist Schwäche – bis ich gemerkt habe, dass sie mein bester Frühwarnsensor ist. Heute stelle ich mir die Angst an die Seite, statt sie wegzuschieben."
Moritz: „Ich habe immer geglaubt, ich wäre zu rational für typische Fehler. Erst als ich meine erste Panikreaktion erlebte, hab ich verstanden, wie mächtig Gefühle an der Börse sind."
Patrick: „Früher habe ich Emotionen als Störfaktor gesehen. Inzwischen weiß ich: Wer seine Gefühle kennt, trifft die besseren Entscheidungen."

Fehlerfreundlichkeit: Lernen statt Scham

Fehler passieren – und das ist nicht nur okay, sondern Gold wert. Nimm dir nach jeder emotionalen Entscheidung kurz Zeit, sie aufzuschreiben:

- Was war der Auslöser?
- Wie habe ich mich dabei gefühlt?
- Was würde ich beim nächsten Mal anders machen?

So entsteht kein Schamgefühl, sondern echte Lernerfahrung. **Jede reflektierte Fehlentscheidung ist ein Schritt zu mehr Souveränität.**

Community & Austausch – gemeinsam stärker

Viele merken erst im Gespräch, wie normal Zweifel sind. Such dir einen Buddy, eine Freundin, eine Online-Community oder diskutiere mit anderen Anleger:innen. Schon ein kurzer Austausch kann helfen, blinde Flecken zu entdecken oder impulsive Aktionen zu hinterfragen.

- **Lisa:** Stell dir vor, du sitzt mit einer Freundin bei einem Kaffee und sagst: „Ich hab letzte Woche total impulsiv verkauft, weil ich Angst hatte, der Markt fällt noch weiter." Sie nickt, lächelt und antwortet: „Das kenne ich. Ich hab den gleichen Reflex. Seitdem schreibe ich meine Gefühle auf – das hilft, die Panik rauszunehmen."
- **Moritz:** Du willst mit jemandem ins Gespräch kommen, weißt aber nicht wie? Versuch's so: „Hey, ich arbeite gerade daran, meine Börsenentscheidungen ruhiger zu treffen. Hast du einen Tipp, wie du mit Nervosität umgehst?"
- **Patrick:** Geteilte Fehler sind keine Schwäche – sondern Stärke. Ein Satz, der Mut macht: „Ich teile meine Fehlentscheidungen – und merke, wie wertvoll das für mich und andere ist. Man lernt am meisten, wenn man ehrlich ist."

Gemeinsam investieren heißt: weniger Alleingang, mehr Klarheit, mehr Wachstum. Kennst du das? Dann bist du nicht allein – weiter unten findest du, wie du aus der Falle rauskommst!

Homo Oeconomicus vs. Realität

In der Theorie handeln wir logisch, sachlich, faktenbasiert. In der Realität reagieren wir. Wir sind Herdentiere, Risiko-Vermeider, Hoffnungsträger. Gerade an der Börse ist Menschsein eine Herausforderung – aber auch eine Chance zu wachsen.

Take-Aways – Das Wichtigste auf einen Blick

- Emotionen sind Teil des Spiels – aber kein Grund für Panik.
- Denkfehler passieren – aber du kannst sie mit Abstand erkennen.
- Struktur schlägt Bauchgefühl: Notizen, Regeln, Zeitabstand.
- Bewusstes Handeln bringt mehr Ruhe – und langfristig mehr Erfolg.
- Es gibt keine Perfektion an der Börse – Fehler gehören dazu, selbst bei Profis.

So denken Lisa, Moritz & Patrick

- **Lisa:** „Ich hinterfrage meine Impulse – und handle erst nach einem Tag Bedenkzeit."
- **Moritz:** „Ich erkenne jetzt meine Denkfehler – und nutze mein Anlagetagebuch als Gegengewicht."
- **Patrick:** „Ich hab früher oft emotional verkauft. Heute entscheide ich mit Plan – nicht mit Panik."

Reflexionsfragen

- Welche Denkfehler erkennst du bei dir selbst am häufigsten?
- Wie kannst du dich in hektischen Phasen selbst ausbremsen?
- Was war deine emotionalste Investmententscheidung – was hast du daraus gelernt?
- Mit wem könntest du deine Zweifel und Learnings teilen?

Golden Nugget: Nicht die Märkte machen dich arm oder reich – sondern deine Entscheidungen im entscheidenden Moment. Jeder Fehler ist ein potenzieller Aha-Moment.

Mentor-Moment: Der Markt testet nicht dein Wissen. Er testet deine Nerven. Perfekt ist niemand – aber ehrlich reflektieren kann jeder.

Lisa: „Ich merke, wie wichtig es ist, meine eigenen Gefühle zu reflektieren – und nicht immer dem ersten Impuls zu folgen."
Moritz: „Mein größtes Learning: Panik ist nie ein guter Ratgeber. Lieber einmal kurz durchatmen, bevor ich handle."
Patrick: „Heute weiß ich, dass meine beste Entscheidung oft die war, einfach nichts zu tun – auch wenn alle anderen nervös wurden."

Social Proof

„Ich hatte einmal das Gefühl, ich muss sofort handeln – weil alle um mich herum in Panik waren. Am Ende war das teuerste an der Sache nicht der Kursverlust, sondern der Vertrauensverlust in meine eigene Strategie. Seitdem weiß ich: Besser einen Tag zu spät als einen Tag zu früh verkaufen."
– Lars, 41

Cliffhanger: Jetzt wird's konkret. Wir nehmen die erste große Denkfalle unter die Lupe: das Herdenverhalten. Warum „Mitlaufen" an der Börse gefährlicher ist als jeder Crash – und wie du aus dem Sog der Masse aussteigst, erfährst du im nächsten Kapitel.

Faktencheck

- ☑ **MIT Sloan School of Management (2022):** Verhaltensbedingte Verzerrungen (Behavioral Biases) wie Selbstüberschätzung (Overconfidence) und Verlustaversion beeinflussen selbst erfahrene Anleger:innen – strukturierte Entscheidungsprozesse helfen, emotionale Reaktionen zu reduzieren.
- ☑ **London School of Economics (2023): Herdenverhalten** (Herding) tritt besonders in Phasen hoher Unsicherheit auf und verstärkt Marktschwankungen – Diversifikation und feste Regeln wirken stabilisierend.
- ☑ **University of Cambridge Judge Business School (2021):** Anleger:innen mit höherer Selbstreflexion und **Tagebuchführung** (Journaling) treffen messbar bessere Entscheidungen in volatilen Märkten.
- ☑ **CFA Institute Research Foundation (2020):** Schulungen in Behavioral Finance senken das Risiko typischer Denkfehler wie Ankereffekt (Anchoring), Bestätigungsfehler (Confirmation Bias) und **Fehlinvestitions-Effekt** (Sunk Cost Fallacy) signifikant.
- ☑ **Harvard Kennedy School (2022):** Checklisten und zeitverzögertes Handeln reduzieren Panikreaktionen) in Marktkorrekturen und verbessern die langfristige Performance.
- ☑ **Wharton School, University of Pennsylvania (2023):** Selbstüberschätzung führt zu übermäßigem Handel – klare Rebalancing-Strategien mindern diesen Effekt.
- ☑ **Swiss Finance Institute (2022):** Verlustaversion ist in allen Anlegergruppen präsent, unabhängig von Erfahrung oder Vermögen – bewusste Risikoakzeptanz steigert die Entscheidungsqualität.
- ☑ **Pensions & Lifetime Savings Association, UK (2023):** Institutionelle Anleger setzen verstärkt auf Behavioral-Finance-Ansätze, um in Pensionsportfolios emotionale Fehlentscheidungen zu minimieren.

2.1.1. Herdenverhalten – Die „Lemminge-Mentalität"

„Wer der Masse folgt, sieht nie, wo der Abgrund beginnt."
– Sprichwort

Lisa, Moritz & Patrick im Mitläufer-Modus

Lisa hat gelesen, dass alle gerade aus Tech-Aktien aussteigen – und spürt das Kribbeln im Bauch: „Soll ich auch verkaufen? Oder verpasse ich gerade den letzten Zug?" **Moritz** scrollt durch Social Media, sieht Influencer:innen einen Was-

serstoff-ETF hypen und klickt impulsiv auf „Kaufen". **Patrick** erinnert sich an die Dotcom-Blase, als er die Telekom-Aktie kaufte, „weil alle es taten" – und den Großteil verlor.
Drei Geschichten, die eine Wahrheit teilen: Mit der Herde zu laufen, fühlt sich sicher an – doch oft führt es direkt in den Abgrund.

Was du in diesem Kapitel lernst

- Warum Herdenverhalten ein uraltes Überlebensprogramm ist – und warum es an der Börse oft nach hinten losgeht
- Wie du den Sog der Masse erkennst, bevor er dich mitreißt
- Drei sofort wirksame Strategien, um dich aus der Herde zu lösen und deine eigenen Entscheidungen zu treffen
- Warum es okay ist, Fehler zu machen – und wie du daraus stärker wirst

Die Herde im Gehirn

Herdenverhalten ist wie ein eingebauter Sicherheitsalarm: Wenn alle laufen, renn mit. In der Steinzeit rettete das Leben. Doch an der Börse heißt es oft: Wenn alle laufen, stürzt der Boden weg. Die Herde läuft nicht zum Ziel, sondern ins Chaos.

Die Metapher: Der schiefe Turm der Herde

Stell dir vor, du stehst auf einem wackeligen Holzsteg über einem tiefen Abgrund. Plötzlich beginnt ein großer Teil der Menschen zu rennen – weil einer schrie „Gefahr!". Du siehst die Panik, spürst den Druck. Du kannst mitrennen – und riskierst zu fallen. Oder du bleibst stehen, schaust genau hin und entscheidest selbst. Der Mut, Nein zur Herde zu sagen, ist der erste Schritt in Richtung echter Freiheit.

Klassische Crashs als Lehrmeister (Beispiele)

- Tulpenmanie 1637: Die erste große Spekulationsblase – Menschen kauften Tulpenzwiebeln zu astronomischen Preisen, bis der Markt zusammenbrach.
- Dotcom-Blase 1999/2000: Wer dem Hype folgte, verlor viel Geld.
- Immobiliencrash 2008: Zu viele glaubten an unendliche Preissteigerungen.

Praxis-Tipp: Drei Schritte, bevor du der Masse folgst

1. Impuls erkennen: Was macht dich nervös oder euphorisch?
2. Verstehen: Hast du die Zahlen und Fakten wirklich gecheckt?
3. Pause machen: Mindestens 24 Stunden Abstand, bevor du entscheidest.

O-Ton: „Mein teuerster Fehler“
„Ich habe bei GameStop blind gekauft, weil alle es taten. Drei Monate später stand ich mit Verlusten da – und meinem Vertrauen in mich selbst.“
– Melissa, 29

Sven prüft…
„Klingt alles logisch – aber die eigene Psyche ist stärker als jede Strategie. Die Herde ist nie weit und Social Media macht sie lauter als je zuvor.“ Sven beobachtet, wie Moritz sich vom Influencer-Hype anstecken lässt, und erinnert an die größten Fehltritte der Börsengeschichte: „Egal, wie gut dein Plan ist – im richtigen Moment willst du doch dazugehören. Die meisten Crashs sind nicht durch Zahlen entstanden, sondern durch das Bauchgefühl der Masse. Wer das versteht, kann den größten Fehlern gelassen begegnen.“

Studien zeigen
- Die meisten Verluste entstehen, wenn man impulsiv handelt und die eigene Strategie über Bord wirft (Vanguard, 2023; CFA Institute, 2023).
- Gerade Social Media beschleunigt Herdenverhalten und verschärft Ausschläge – rationales Handeln wird schwerer, je lauter die Märkte werden (Frankfurt School of Finance, 2023).

Svens Fazit
Deine beste Investition ist ein kühler Kopf – und der Mut, auch mal allein zu stehen. Fehler passieren. Aber wer lernt, nicht jedem Trend hinterherzulaufen, investiert schon wie ein Profi.

Sophie (Moritz’ Freundin): „Ich hätte fast bei diesem Wasserstoff-Hype mitgemacht, einfach weil es alle getan haben. Zum Glück habe ich gewartet – und gemerkt, wie schwer es ist, nicht der Masse zu folgen. Heute bin ich stolz, dass ich bei mir geblieben bin. Aber leicht war das nicht.“

Take-Aways – Das Wichtigste auf einen Blick
- Herdenverhalten fühlt sich sicher an, führt aber oft in die Irre.
- Massenpanik entsteht durch Angst, nicht durch Vernunft.
- Abstand, Analyse und Plan sind dein Schutzschild gegen den Herdentrieb.
- Perfekt sein musst du nicht – auch Fehler gehören zum Lernen dazu.
- Der Mut, auch mal Nein zu sagen, ist dein größtes Kapital.

So denken Lisa, Moritz & Patrick

- **Lisa:** „Heute vertraue ich mehr auf Daten als auf Meinungen und habe gelernt, mutig Nein zu sagen."
- **Moritz:** „Ich habe gelernt, Hypes zu hinterfragen und mir Fehler zu verzeihen."
- **Patrick:** „Ich schwimme heute lieber gegen die Herde, auch wenn das nicht immer leicht ist – das gehört dazu."

Reflexionsfragen

- Wann bist du zuletzt der Masse gefolgt – und was ist daraus geworden?
- Was kannst du tun, um eigene Entscheidungen unabhängiger zu treffen?
- Wie hilft dir Abstand, rationaler zu handeln?
- Wie gehst du mit Fehlern um? Was kannst du daraus lernen?

Golden Nugget: Nicht die Masse macht den Gewinn, sondern der Mut, gegen den Strom zu schwimmen.

Mentor-Moment: Der Mut, gegen den Strom zu schwimmen, ist der Anfang von echtem Investment-Erfolg. Fehler sind deine besten Lehrmeister.

Lisa: „Ich habe gelernt, nicht jedem Trend zu folgen – manchmal ist es klüger, auf Abstand zur Masse zu gehen."
Moritz: „Mein größter Aha-Moment war, als ich bewusst gegen den Markt entschieden habe – und das Gefühl, selbst Verantwortung zu übernehmen."
Patrick: „Früher war ich oft zu vorsichtig – heute weiß ich, dass ein klarer eigener Kurs mehr bringt als Mitlaufen."

Cliffhanger: Im nächsten Kapitel erfährst du, wie du die gängigsten Denkfehler erkennst – und warum Herdentrieb, FOMO und Bestätigungsfehler auch erfahrene Anleger:innen immer wieder überraschen können. Bereit, deine eigenen Reflexe zu durchschauen?

Faktencheck

☑ **Shiller (2000):** Herdenverhalten kann Marktpreise um bis zu 30 % über- oder unterbewerten, was zu erheblichen Verzerrungen und Ineffizienzen führt.

☑ **Bikhchandani, Hirshleifer & Welch (1992)** liefern das theoretische Fundament zu Informationskaskaden (Herding). Empirisch sichtbar wurde dieses Verhalten u. a. in der Dotcom-Blase der späten 1990er/2000er (Ofek & Richardson, 2003) und im Meme-Stock-Phänomen rund um GameStop 2021 (SEC-Staff-Report, 2021).

☑ **CNN Business (2024):** Der Fear & Greed Index misst kontinuierlich Marktstimmungen und zeigt, wie Angst und Gier kurzfristige Marktbewegungen und Paniken steuern.

☑ **CFA Institute (2023):** Herdenverhalten wird durch kognitive Verzerrungen wie soziale Bestätigung und Angst vor Verlusten verstärkt, was zu suboptimalen Investitionsentscheidungen führt.

☑ **MSCI (2023):** Studien zeigen, dass institutionelle und private Anleger:innen gleichermaßen zu Herdenverhalten neigen, was systemische Risiken in den Märkten erhöhen kann.

☑ **Frankfurt School of Finance & Management (2023):** Social-Media-Plattformen verstärken Herdenverhalten durch schnelle Verbreitung von Trends und Meinungen, was zu kurzfristigen Überreaktionen an den Börsen führt.

☑ **Vanguard Group (2023):** Langfristige Strategien, die sich nicht von Herdenverhalten leiten lassen, minimieren das Risiko von Fehlentscheidungen und verbessern die Renditeerwartung.

2.1.2. FOMO – Die Angst, den Zug zu verpassen

„Verpasste Chancen schmerzen weniger als teure Fehler.“
– Sprichwort

Lisa, Moritz & Patrick zwischen Neugier und Nervosität
Lisa sieht auf Instagram, dass alle über KI-Fonds sprechen – und fühlt sich ausgeschlossen. **Moritz** entdeckt einen ETF, der in drei Monaten 40% gemacht hat – und fragt sich: „Bin ich zu spät?“ **Patrick** erinnert sich an den Hype rund um Wasserstoff-Aktien – und daran, wie er gekauft hat, als alle schon verkauft haben. **Drei Perspektiven – ein Gefühl: Fear of Missing Out.**

Was du in diesem Kapitel lernst

- Was FOMO ist – und wie sie dich emotional unter Druck setzt
- Wie du erkennst, ob du rational oder impulsiv handelst
- Warum FOMO oft am Höhepunkt des Trends zuschlägt
- Wie du dich von „Herdengold“ unabhängig machst – mit System

Was ist FOMO – und warum ist sie gefährlich?
FOMO steht für „Fear of Missing Out" – die Angst, eine vermeintlich große Chance zu verpassen. Sie entsteht oft, wenn andere scheinbar mühelos Gewinne einfahren. Doch genau dann, wenn Euphorie und Bewertungen ihren Höhepunkt erreichen, steigt das Risiko für dich als Späteinsteiger.

Beispiele für klassische FOMO-Wellen – vom Tulpenwahn bis Meme-Aktien
FOMO ist kein neues Phänomen. Schon im 17. Jahrhundert kauften Menschen Tulpenzwiebeln zu Mondpreisen – einfach, weil alle anderen es taten. Die berühmte Tulpenmanie in Holland gilt als erstes dokumentiertes Beispiel für spekulativen Herdentrieb. Auch in der Dotcom-Blase um 2000 wollten alle bei Internetaktien „dabei sein" – oft ohne zu wissen, womit die Unternehmen eigentlich Geld verdienten.

Und ein paar Beispiele aus den 2020ern:

- 2020: Wasserstoff-Aktien und Clean Energy galten als „Zukunft" – viele Kurse explodierten, ohne dass es Gewinne gab.
- 2021: Meme-Aktien wie GameStop und AMC – befeuert durch Reddit – wurden zu Zockerpapieren. Wer spät kam, zahlte teuer.
- 2023: Der KI-Hype trieb Aktien wie NVIDIA auf Rekordhöhen. Wer nicht dabei war, hatte das Gefühl, etwas zu verpassen. Moritz hatte genau dort zugeschlagen – kurz nach dem Allzeithoch. Ein Fehler, wie er später einsah.
- Immer wieder: Die „Magnificent 7" – Apple, Microsoft, Amazon, Alphabet, Meta, Tesla und NVIDIA – dominierten viele Indizes und Medienberichte. Viele Anleger:innen kauften – nicht aus Überzeugung, sondern aus FOMO.

Gemeinsamer Nenner all dieser Phasen? Große Kursgewinne – bei teils unsicherer Substanz. Und Anleger:innen, die kaufen, weil sie nicht außen vor bleiben wollen.

Praxis-Tipp: Wenn du dich dabei ertappst zu denken: „Alle steigen ein – ich muss auch!" Dann ist genau das der Moment, um kritisch nachzudenken. Prüfe nicht nur die Story – sondern die Substanz.

Extra-Tipp: Achte bei Fonds oder ETFs mit Begriffen wie „Innovation", „Zukunft" oder „Disruption" im Namen besonders auf die Zusammensetzung: Viele enthalten dieselben „Magnificent 7" – oft mehrfach und stark gewichtet. Klingt nach Diversifikation – ist aber oft ein Klumpenrisiko.

Tool: 5-Punkte-FOMO-Filter

- Verstehe ich das Geschäftsmodell?
- Habe ich den Hype ausgelöst – oder folge ich nur?
- Gibt es Fundamentaldaten, die den Kurs rechtfertigen?
- Habe ich genug recherchiert – oder nur Headlines gelesen?
- Würde ich auch investieren, wenn der Kurs zehn Prozent fällt?

Wenn du mehr als zwei Fragen mit „Nein“ beantwortest, heißt es: Pause drücken!

Extra-Tipp für Fortgeschrittene: Schau dir Charts mit Rückblick an: Wie oft wurde kurz vor dem Höchststand noch massiv investiert? FOMO ist kein neues Phänomen – sondern ein immer wiederkehrender Zyklus.

Take-Aways – Das Wichtigste auf einen Blick

- FOMO ist ein schlechter Berater – weil sie vom Gefühl, nicht vom Plan kommt.
- Trends sind oft schon gelaufen, wenn du davon erfährst.
- Ein gutes Investment braucht Substanz – nicht nur Aufmerksamkeit.
- Wer klug investiert, weiß: Man kann nicht überall dabei sein – und das ist okay.
- Ruhe bewahren, auch wenn die Welt zu explodieren scheint, ist eine Superkraft.

So denken Lisa, Moritz & Patrick

- **Lisa:** „Früher kaufte ich oft aus Angst, etwas zu verpassen. Heute investiere ich nur, wenn ich wirklich überzeugt bin. Ruhe und Geduld haben mir geholfen, besser zu werden.“
- **Moritz:** „Mein teuerster Fehler war ein KI-ETF, den ich kaufte, weil alle es taten. Ich habe daraus gelernt: Timing ist keine Strategie, Lernen ist es.“
- **Patrick:** „Ich habe FOMO auch bei alten Hasen und sogar bei Fondsmanagern erlebt. Auch erfahrene Investor:innen können mitgerissen werden. Der Unterschied ist, wie man mit dem Risiko umgeht.“

Profi-Erkenntnisse: Josef über FOMO und Risikomanagement

„Ich erinnere mich noch gut an die 1990er, als junger Manager wurde ich selbst von FOMO voll erwischt – der Druck, nichts zu verpassen, war enorm. Später, als CIO, habe ich hautnah erlebt, wie auch Profis in der Hitze des Marktes oft die Aktienquote nach starken Kursanstiegen erhöhen – und dann mit hohem Risiko in den Abwärtsphasen feststecken. FOMO ist kein Anfängerfehler, sondern ein zutiefst menschliches Phänomen. Auch professionelle Investor:innen sind nicht davor gefeit. Wer langfristig erfolgreich sein will, muss es erkennen und durch konsequentes Risikomanagement kontrollieren. Genau das macht den Unterschied zwischen Panik und Souveränität."

Reflexionsfragen

- Wo hast du schon einmal aus FOMO investiert – und was ist daraus geworden?
- Hast du klare Kriterien, bevor du in einen neuen Trend einsteigst?
- Kannst du aushalten, etwas zu verpassen – wenn du dafür Klarheit behältst?
- Wie kannst du die Ruhe bewahren, wenn alle um dich herum in Panik sind?

Golden Nugget: Echte Chancen entstehen nicht im Trubel, sondern in der Ruhe und Geduld.

Mentor-Moment: Die Angst, etwas zu verpassen, ist teuer. Die Ruhe, nicht überall dabei zu sein, ist unbezahlbar.

Lisa: „Früher wollte ich jede neue Chance mitnehmen – heute weiß ich, dass Geduld oft der beste Ratgeber ist."
Moritz: „Mein Depot hat sich erst dann beruhigt, als ich gelernt habe, nicht jedem Hype hinterherzulaufen."
Patrick: „Gelassenheit ist für mich das schönste Ergebnis am Aktienmarkt – und auch das seltenste."

Cliffhanger: Im nächsten Abschnitt geht's um einen der mächtigsten Stolpersteine: Verlustaversion. Du erfährst, warum Verluste uns so tief treffen – und wie du lernst, sie loszulassen, um wirklich langfristig erfolgreich zu investieren.

Faktencheck

☑ **Dalbar (2023):** Studien belegen, dass viele Anleger:innen am Höhepunkt von Trends einsteigen und dadurch überdurchschnittliche Verluste erleiden.
☑ **Shiller (2015):** Wiederkehrende Spekulationsblasen wie die Tulpenmanie oder die Dotcom-Blase basieren maßgeblich auf der Angst, eine Chance zu verpassen (Fear of Missing Out, FOMO).
☑ **Bikhchandani et al. (1992):** FOMO verstärkt emotionale Kaufentscheidungen, die zu überhöhten Bewertungen und anschließenden Marktkorrekturen führen.
☑ **CFA Institute (2023):** FOMO ist eine kognitive Verzerrung, die Anleger:innen zu irrationalem Herdentrading veranlasst und die Volatilität erhöht.

- ☑ **Vanguard Group (2023):** Emotionale Überreaktionen während FOMO-Phasen führen nachweislich zu Performance-Einbußen und langfristigem Verlustpotenzial.
- ☑ **Frankfurt School of Finance & Management (2023):** Social Media fördert FOMO durch schnelle Verbreitung von Hype und Trends, was kurzfristige Spekulationen anheizt.
- ☑ **MSCI (2024):** Daten zeigen, dass Anleger:innen, die FOMO-gesteuert investieren, häufig schlechter abschneiden als jene, die diszipliniert bleiben.

2.1.3. Verlustaversion – Warum Loslassen so schwerfällt

„Gewinne sind angenehm. Verluste dagegen brennen sich ins Gedächtnis."
– Josef Obergantschnig

Lisa, Moritz & Patrick zwischen Bauchweh und Börse

Lisa sitzt spätabends am Tisch, das Küchenlicht gedimmt, Mia schläft endlich. Die Biotech-Aktie blinkt tiefrot im Depot. Lisa starrt auf die Zahl, als hinge ihr ganzer Mut daran. „Wie oft hab ich Nachtschichten geschoben, um was zur Seite zu legen … Und jetzt soll ich alles einfach verkaufen, nur weil es wehtut?" Ihr Herz will festhalten, ihr Kopf flüstert, loszulassen. Aber die Angst, ein Comeback zu verpassen, ist wie ein Kloß im Bauch. Lisa merkt, wie die Sorge um Sicherheit – für sich, für Mia – sie lähmt. Sie kämpft mit Tränen, spricht leise in die Dunkelheit: „Vielleicht bin ich einfach nicht mutig genug, einen Fehler einzugestehen …"

Moritz sitzt im Schein des Laptop-Displays. Die Aktie, die er mal als „Geheimtipp" in der WG angepriesen hat, ist auf Tauchstation. Er lacht bitter, fast spöttisch: „Tja, wenigstens hab ich was fürs nächste Finanz-Meme." Aber hinter dem Sarkasmus brennt der Schmerz: „Warum kann ich nicht einfach den Schnitt machen, wie bei Apps, die nicht funktionieren?" Er scrollt durch Analysten-Kommentare, sucht Halt in Daten, wo es um Gefühle geht. Die Angst, falsch zu liegen, lässt ihn lieber warten – und hoffen. In seinem Kopf der Gedanke: „Wenn ich's jetzt loslasse, war alles umsonst …" Trotzdem drückt er nicht auf „Verkaufen" – sondern auf „Aktualisieren". Vielleicht kommt ja morgen die Wende.

Patrick steht allein auf dem Balkon, Zürichnacht, kühler Wind. Endlich hat er einen kleinen Gewinn mitgenommen, zum ersten Mal nicht gezögert – und dann dreht der Kurs, als hätte der Markt nur auf ihn gewartet. Er fühlt sich wie der letzte Anfänger: „Warum trifft es immer mich? Warum immer zu spät oder zu früh?"

Patrick denkt an Sophie, an all die Jahre, in denen Geld ein Tabu war. Jetzt hat er einen Schritt gewagt – und spürt das Brennen des Verlusts, auch im Gewinn. „Vielleicht bleib ich doch zu sehr im Gestern hängen", murmelt er, „aber loslassen heißt doch nicht aufgeben … oder?"

Alle drei stecken in der Falle, die man Verlustaversion nennt. Für jede:n fühlt es sich anders an – mal wie ein Kloß, mal wie ein Kater, mal wie ein bitteres Lächeln. Aber immer geht es ums Loslassen: von falscher Hoffnung, von Stolz, von der Illusion, alles kontrollieren zu können.

Mikro-Dialoge zur Vertiefung

- **Lisa** (flüstert im Dunkeln): „Mia, irgendwann erzähle ich dir, dass Mama manchmal auch Angst hatte … und trotzdem weitergemacht hat."
- **Moritz** (zu Lisa im Chat): „Wenn du rausfindest, wie das geht mit dem Loslassen, schick mir die Anleitung. Ich hab's bisher nur mit Witzen probiert …"
- **Patrick** (spricht zu sich selbst): „Gewinnen ist leicht. Verlieren macht ehrlich. Vielleicht ist das der Weg, der zählt."

Was du in diesem Kapitel lernst

- Warum Verluste doppelt so stark schmerzen wie Gewinne
- Weshalb wir an schlechten Investments festhalten – und gute zu früh verkaufen
- Wie Verlustangst Kauf- und Verkaufsentscheidungen lähmt
- Wie du Verluste emotional und systematisch besser managst

Verlustaversion – das Grundprinzip

Die Verhaltensökonomie zeigt: Verluste treffen uns psychologisch stärker als gleich große Gewinne. Das Gehirn reagiert auf Verlustschmerz oft heftiger, als es rationale Logik vermuten lässt. Deshalb halten wir häufig an schlechten Positionen fest, um das Gefühl des Verlusts zu vermeiden, und verkaufen Gewinner zu früh aus Angst vor Rückschlägen.

Das paradoxe Verhalten

Stell dir vor, du besitzt eine Aktie, die dreißig Prozent im Minus ist – und hoffst auf die Erholung. Gleichzeitig verkaufst du eine andere mit zehn Prozent Gewinn, um den Ertrag zu sichern. Dabei verlierst du langfristiges Renditepotenzial. Außerdem blockiert Verlustangst manchmal den Einstieg in neue Investments – aus Sorge vor weiteren Rückschlägen. Ein Teufelskreis.

Praxis-Kasten: Die Exit-Strategie

- Klarheit schaffen: Definiere vor dem Kauf klare Verkaufskriterien (z. B. bei einem Verlust von 20% oder fundamentalen Veränderungen).
- Gewinne planen: Lege fest, ob bzw. wann du Gewinne mitnehmen willst (z. B. ab 15% Rendite).
- Schreibe es auf: Dokumentiere deine Regeln in einem Anlagetagebuch und halte dich daran.
- Regelmäßige Kontrolle: Überprüfe deine Investments mindestens quartalsweise kritisch.

So bleibst du im Gefühlschaos gelassen und triffst bewusste Entscheidungen.

Mentale Soforthilfe gegen Verlustangst

Wenn in dir Panik aufsteigt: Atme tief durch, leg dein Handy weg und erinnere dich daran, dass Verluste zum Investieren dazugehören. Wiederhole innerlich: „Ich handle bedacht, nicht aus Angst." Solche kleinen Rituale schaffen Klarheit.

Take-Aways – Das Wichtigste auf einen Blick

- Verluste gehören zum Investieren – akzeptiere sie bewusst.
- Verlustangst führt oft zu Fehlentscheidungen – beim Kauf und Verkauf.
- Klare Regeln für Ausstieg und Gewinnmitnahme schaffen Sicherheit.
- Emotionen wahrnehmen und strukturieren, damit der Verstand entscheidet.
- Geduld und mentale Techniken helfen, die Angst zu überwinden.

Wie Lisa, Moritz und Patrick mit Verlusten umgehen

Lisa: „Früher habe ich Aktien oft aus Hoffnung festgehalten. Heute frage ich mich immer: Würde ich die Aktie nochmal kaufen? Das hat mir geholfen, Verluste nicht auszuhalten, sondern zu handeln."

Moritz: „Verluste gehören dazu. Ich habe klare Verkaufsregeln eingeführt, die mir Sicherheit geben und Panikverkäufe verhindern. Außerdem habe ich gemerkt, dass Verlustangst auch meine Kaufentscheidungen beeinflusst hat."

Patrick: „Verluste sind unvermeidlich. Entscheidend ist, wie man damit umgeht. Verlustaversion zu verstehen ist ein Lernprozess, der mit Erfahrung leichter wird."

Reflexionsfragen

- Welche Positionen hältst du aus Hoffnung und Gewohnheit?
- Wann hast du zuletzt zu früh verkauft – und warum?
- Wie oft hat Verlustangst deine Kaufentscheidungen beeinflusst?
- Welche Strategien helfen dir, in emotionalen Momenten ruhig zu bleiben?

Golden Nugget: Geduld ist der Zündschlüssel, der dich sicher durch Verluste bringt.

Mentor-Moment: Verlust ist unvermeidlich, Angst davor jedoch dein Feind. Wer rational bleibt, steuert sicherer und erreicht langfristig mehr.

Lisa: „Früher habe ich Verluste persönlich genommen – heute weiß ich, dass sie dazugehören."
Moritz: „Ich übe, nicht bei jedem Rückschlag nervös zu werden – Geduld zahlt sich wirklich aus."
Patrick: „Meine größten Fehler sind aus Angst entstanden. Heute halte ich an meinem Plan fest, auch wenn's wehtut."

Cliffhanger: Im nächsten Abschnitt lernst du, warum wir uns oft an alten Kursen festklammern – dem Ankereffekt. Ein weiterer psychologischer Stolperstein, den du kennen solltest, wenn du souverän investieren willst.

Faktencheck

☑ **Kahneman & Tversky (1979):** Verluste werden psychologisch etwa doppelt so stark wahrgenommen wie Gewinne gleicher Höhe – ein Kernprinzip der Prospect Theory.

☑ **Odean (1998):** Anleger:innen verkaufen Gewinneraktien häufig zu früh und halten verlustreiche Positionen zu lange, was langfristig die Rendite mindert („Dispositionseffekt").

☑ **Barberis & Thaler (2003):** Verlustaversion beeinflusst nicht nur Verkaufsentscheidungen, sondern verzögert oft auch Kaufentscheidungen und Investitionen.

☑ **Statman (2011):** Studien zeigen, dass klare, vordefinierte Ausstiegsregeln emotional bedingte Fehlentscheidungen reduzieren und die Anlagerendite verbessern.

☑ **CFA Institute (2023):** Verlustaversion zählt zu den Hauptgründen für das „Halten von Verlusten" und die Vernachlässigung von Diversifikation.

☑ **Vanguard Group (2023):** Behavioral-Finance-Forschung belegt, dass strukturierte Anlageprozesse die Auswirkungen von Verlustaversion auf das Anlegerverhalten minimieren.
☑ **Frankfurt School of Finance & Management (2023):** Anleger:innen, die Verlustaversion aktiv reflektieren und Regeln für Verkaufsentscheidungen nutzen, zeigen eine bessere mentale Stabilität und Performance.

2.1.4. Ankereffekt – Warum alte Kurse unser Denken verzerren

„Nur weil ein Kurs mal höher war,
heißt das nicht, dass er wieder dort hin muss.“
– Josef Obergantschnig

Lisa, Moritz & Patrick im Rückspiegel
Lisa hat eine Aktie auf ihrer Watchlist, die einst bei 120 Euro stand – heute kostet sie 80. „Ein Schnäppchen?“, fragt sie sich – gefangen im Anker der Vergangenheit. **Moritz** denkt daran, eine Aktie zu verkaufen, die +15% liegt, doch der frühere Höchstkurs bei 150 Euro flüstert: „Da geht noch mehr.“ **Patrick** vergleicht Tech-Titel: halbiert, nie erholt – für ihn bleibt der alte Kurs die Wahrheit.
Drei Anleger:innen – ein Denkfehler: der Ankereffekt.

Josefs Erfahrung – Warum der Anker oft trügt
„Ich habe einmal eine Aktie gekauft, die früher über 100 Dollar kostete und später auf 10 Dollar fiel – weil sie ‚gefühlt‘ extrem billig war. Fakt ist: Das Geschäftsmodell hatte sich massiv verändert und das Unternehmen ging pleite. Ich wollte das einfach nicht wahrhaben und habe trotzdem gekauft.“ Ein weiteres Beispiel: Penny Stocks. Viele glauben, dass niedrige Kurse unter einem Dollar eine Riesenchance sind. Steigt die Aktie dann auf zwei oder drei Dollar, feiern sie eine vermeintliche Vervielfachung. Doch oft sind das extrem riskante Spekulationen – die Illusion der Billigkeit ist ein typischer Ankereffekt.

Was du in diesem Kapitel lernst
- Warum der Ankereffekt dich in der Vergangenheit gefangen hält
- Wie alte Kursmarken deine Bewertung verzerren
- Warum Höchststände oft Illusionen sind, keine Ziele
- Wie du Entscheidungen auf echten Wert statt Geschichte baust

Der Ankereffekt erklärt

Unser Gehirn liebt Verankerung. Ein Wert wird gesetzt – und alle folgenden Urteile drehen sich darum. Problematisch wird es, wenn dieser Anker irrelevant oder falsch ist. Alte Kurse prägen dein Bild – auch wenn die Realität längst eine andere ist.

Typische Ankerfallen beim Investieren

Verhalten	Typisches Denken	Folge
Alte Höchstkurse als Ziel	„Die Aktie war mal bei 120 Euro – da will ich hin."	Hoffnungsfalle statt Analyse
Kaufkurs als Fixpunkt	„Unter 80 Euro verkaufe ich nicht."	Verlustvermeidung, Starrsinn
Frühere Erfolge als Maßstab	„Letztes Mal +25%, das wird wieder."	Unrealistische Erwartungen

Patricks Selbstcheck für kluge Kaufentscheidungen

Patrick rät: „Wenn du denkst, eine Aktie ist jetzt super günstig, nur weil sie stark gefallen ist, frag dich: Was sind die Gründe für den Fall? Wenn einer lautet ‚Die Aktie ist überproportional gefallen und jetzt billig', dann ist die Wahrscheinlichkeit hoch, dass du einem Ankereffekt aufsitzt. Das heißt nicht, dass du die Aktie nicht kaufen solltest, aber du brauchst gute Gründe, warum das Investment aktuell attraktiv ist."

Praxis-Tipp: Stell dir bei jeder Investmententscheidung die Frage: „Würde ich diese Aktie heute neu kaufen?" Wenn die Antwort „Nein" lautet, hast du dich vom Anker zu stark beeinflussen lassen.

Extra-Tipp: Ersetze Kursanker durch fundamentale Kennzahlen: KGV, Cashflow, Margen, Wachstum. Alte Preise spiegeln selten den heutigen Wert wider.

Praxisbeispiel – „Der Rabatt-Ankereffekt"

Moritz sieht einen Sportartikel, der früher 150 Euro gekostet hat, jetzt aber für 75 Euro angeboten wird. Sein erster Gedanke: „Super Schnäppchen!" Doch ein genauer Blick zeigt, dass das Modell inzwischen veraltet ist und es bessere Alternativen gibt. Der alte Preis wirkt als Anker und lässt ihn den wahren Wert falsch einschätzen. Genauso ist es an der Börse: Ein hoher früherer Kurs kann uns fälschlich glauben lassen, wir ergattern jetzt ein echtes Schnäppchen.

Praxisbeispiel – Biotech-Aktie

Ein Biotech-Hype katapultiert eine Aktie auf 150 Euro. Nach geplatzten Erwartungen fällt sie auf 60. Viele Anleger:innen klammern sich an den alten Kurs, statt nüchtern die schwächelnde Pipeline und rückläufigen Umsätze zu betrachten. Der Anker hält sie gefangen – obwohl Verkauf längst ratsam wäre.

Take-Aways – Das Wichtigste auf einen Blick

- Vergangene Kursstände sind keine Prognose.
- Ankereffekte erzeugen emotionale Bindungen ohne rationalen Grund.
- Entscheide dich für Werte, nicht für Geschichten.
- Investiere mit klarem Blick auf das, was wirklich zählt – die Substanz, nicht die Geschichte.

Lisa, Moritz & Patrick sagen

- **Lisa**: „Ich habe gelernt, nicht nur Charts zu schauen, sondern das Geschäftsmodell zu verstehen."
- **Moritz**: „Ich prüfe heute kritisch, ob Rücksetzer eine Chance sind – oder ein Warnsignal."
- **Patrick**: „Ich hinterfrage alte Kursziele und kaufe nur, wenn die Fundamentaldaten stimmen."

Reflexionsfragen

- An welchen alten Kursen hängst du noch?
- Bewertest du deine Investments eher emotional oder mit Fakten?
- Wie kannst du deinen Blick auf das Wesentliche schärfen?

Golden Nugget: Wer an alten Zahlen klebt, verpasst die Chancen von morgen.

Mentor-Moment: Wer an alten Kursen hängt, verschenkt die Zukunft. Wahre Freiheit beginnt mit dem Loslassen des Ankers.

Lisa: „Ich musste erst lernen, dass mein Einstiegspreis nicht mein Schicksal ist."
Moritz: „Früher habe ich ewig gehofft, dass eine Aktie wieder steigt – heute schaue ich lieber nach vorn."
Patrick: „Loslassen fällt schwer, aber nur so entstehen neue Chancen im Depot."

Cliffhanger: Im nächsten Kapitel geht es um den Confirmation Bias – warum wir oft nur das sehen, was wir hören wollen, und wie du diesen Denkfehler durchbrichst.

Faktencheck

☑ **Tversky & Kahneman (1974):** Der Ankereffekt zählt zu den am besten dokumentierten kognitiven Verzerrungen, bei der Entscheidungen zu stark von anfänglichen Informationen beeinflusst werden.

☑ **Northcraft & Neale (1987):** Studien zeigen, dass Anleger:innen historische Kurswerte als Anker nutzen und dadurch oft fundamentale Unternehmensdaten ignorieren.

☑ **Furnham & Boo (2011):** Der Ankereffekt führt häufig zu suboptimalen Entscheidungen und verhindert das rechtzeitige Verlassen schlechter Investments.

☑ **Barberis & Thaler (2003):** Rationales Investieren erfordert, Anker bewusst zu erkennen und sich auf aktuelle Kennzahlen und Marktdaten zu fokussieren.

☑ **CFA Institute (2023):** Der Ankereffekt wird als Hauptursache für Verzerrungen bei der Bewertung von Aktien und Anleihen identifiziert.

☑ **Vanguard Group (2023):** Behavioral-Finance-Programme empfehlen strukturierte Bewertungsprozesse, um Ankereffekte zu reduzieren.

☑ **Frankfurt School of Finance & Management (2023):** Anleger:innen, die systematisch gegen Ankereffekte arbeiten, treffen konsistent bessere Anlageentscheidungen.

2.1.5. Confirmation Bias – Warum wir nur lesen, was wir glauben wollen

„Wer nur Beweise für seine Meinung sucht,
findet nie die Wahrheit – nur sich selbst.“
– Sprichwort

Lisa, Moritz & Patrick im Filter ihrer eigenen Überzeugung
Lisa hat sich für einen nachhaltigen ETF entschieden – und liest nur Artikel, die bestätigen, wie sinnvoll das ist. **Moritz** hat sich in ein Tech-Unternehmen verliebt – seitdem meidet er jede kritische Analyse. **Patrick** will in Rohstoffe investieren, also sucht er gezielt nach Quellen, die den Aufschwung prognostizieren.
Drei Anleger:innen, ein Denkfehler: der Confirmation Bias.

Josefs Erfahrung – Zwischen Bullen und Bären

„An der Börse bist du entweder positiv – ein Bulle – oder negativ eingestellt – ein Bär. Und wie ich aus eigener Erfahrung weiß, findest du immer genug Mitstreiter, die genau deine Argumente befürworten und untermauern. Du suchst dir automatisch jene aus, die deine Markteinschätzung bestätigen – und das ist Bullshit. Spannend wird es erst, wenn du bewusst die gegenteilige Meinung mitnimmst. Ich habe mir angewöhnt, aus beiden Lagern Argumente zu sammeln und mir dann ein eigenes Bild zu machen – mit ganz bewusst positiven und negativen Einschätzungen, ob zu einer Aktie oder zum Gesamtmarkt. Das hält den Blick scharf und schützt vor blinden Flecken."

Was du in diesem Kapitel lernst

- Was Confirmation Bias bedeutet – und wie er deine Wahrnehmung verzerrt
- Warum wir nur hören wollen, was uns bestätigt
- Wie du gezielt gegenteilige Meinungen einholst
- Warum kritische Perspektiven dein Depot retten können

Was ist der Confirmation Bias?

Der Confirmation Bias – auf Deutsch: Bestätigungsfehler – beschreibt unsere Tendenz, Informationen zu suchen, auszuwählen und zu interpretieren, die unsere bestehende Meinung stützen. Alles, was nicht passt, wird ignoriert, relativiert – oder gar nicht erst wahrgenommen.

Beispiel: Du willst glauben, dass Wasserstoff die Zukunft ist – also liest du nur Studien, Fondsreports und Artikel, die das bestätigen. Kritische Stimmen blendest du aus – obwohl sie wichtige Hinweise liefern könnten.

Typische Symptome des Confirmation Bias

Verhalten	Wirkung
Nur „positive" Infos sammeln	Verzerrtes Bild vom Investment
Kritiker meiden oder abwerten	Wichtige Risiken werden übersehen
Prognosen mit Wunschdenken verwechseln	Fehlentscheidungen durch selektive Wahrnehmung

Praxis-Tipp: Verpflichte dich bewusst dazu, eine kritische Quelle pro Investment zu lesen – selbst wenn du schon überzeugt bist. Frage dich: Was sagen Skeptiker – und was, wenn sie recht haben?

Extra-Tipp: Nutze Tools wie Finanz-Blogs, Analysten-Konsens oder Bewertungsportale mit Nutzerkommentaren. Oft findest du dort echte Gegenargumente – die dich zum Nachdenken bringen.

Praxisbeispiel: Moritz wollte unbedingt in eine grüne Wasserstoffaktie investieren. Er las nur optimistische Analysen, CEO-Interviews und ESG-Studien – bis er eine kritische Short-Analyse auf Seeking Alpha entdeckte. Erst dadurch sah er: Kaum Umsatz, viele Ankündigungen, kaum Substanz. Er stieg nicht ein – und beobachtete später, wie die Aktie 60% verlor. Rückblickend sagt er: „Die eine Gegenmeinung hat mir bares Geld gespart."

Take-Aways – Das Wichtigste auf einen Blick

- Wer sich nur bestätigt, lernt nichts Neues.
- Kritisches Denken ist kein Misstrauen – sondern Risikomanagement.
- Gute Entscheidungen entstehen durch Perspektivenvielfalt.
- Der Confirmation Bias ist bequem – aber teuer.

Lisa, Moritz & Patrick sagen

- **Lisa:** „Ich lese bewusst auch Artikel, die gegen meine Strategie sprechen. Das hilft mir, besser zu entscheiden."
- **Moritz:** „Ich war mal blind vor Begeisterung. Heute frage ich bei jedem Investment: Was spricht eigentlich dagegen?"
- **Patrick:** „Ich diskutiere meine Investments mit Freund:innen, die anders denken. Das macht mich ruhiger – und besser."

Reflexionsfragen

- Informierst du dich auch über die Risiken deines Investments?
- Wer oder was widerspricht deiner Meinung – und hast du diese Quelle gelesen?
- Glaubst du an ein Investment – oder willst du nur recht behalten?

Golden Nugget: Wahre Erkenntnis beginnt dort, wo du dich selbst hinterfragst.

Mentor-Moment: Die größte Gefahr ist nicht das, was du nicht weißt – sondern das, was du für sicher hältst, ohne es zu hinterfragen.

Lisa: „Ich ertappe mich immer wieder dabei, deutschen Unternehmen zu viel zuzutrauen – dabei gibt's auch weltweit spannende Chancen."
Moritz: „Heimatliebe im Depot hat mich oft gebremst. Heute weiß ich, dass Diversifikation global gedacht werden muss."
Patrick: „Mein größtes Aha: Nur weil etwas vertraut wirkt, ist es nicht automatisch sicherer."

Cliffhanger: Im nächsten Abschnitt schauen wir uns den Home Bias an – und warum viele Anleger:innen denken, dass „zu Hause" automatisch sicherer ist. Doch Heimatliebe kann teuer werden. Bereit für das nächste Kapitel?

Faktencheck

☑ **Nickerson (1998):** Confirmation Bias ist ein tief verankerter kognitiver Fehler, der dazu führt, dass Menschen bevorzugt Informationen suchen und bewerten, die ihre bestehenden Überzeugungen bestätigen.

☑ **Lord, Ross & Lepper (1979):** Confirmation Bias bewirkt, dass Anleger:innen Risiken unterschätzen und Chancen überschätzen, was zu verzerrten Anlageentscheidungen führt.

☑ **Kahneman (2011):** Studien belegen, dass das aktive Einbeziehen gegenteiliger Informationen die Qualität und Ausgewogenheit von Entscheidungen deutlich verbessert.

☑ **CFA Institute (2023):** Confirmation Bias gilt als eine der Hauptursachen für ineffiziente Portfoliozusammenstellungen und das Ignorieren wichtiger Warnsignale.

☑ **Vanguard Group (2023):** Trainingsprogramme zur Bewusstmachung des Confirmation Bias helfen Anleger:innen, diversifiziertere und rationalere Entscheidungen zu treffen.

☑ **Frankfurt School of Finance & Management (2023):** Social-Media-Umgebungen verstärken Confirmation Bias, indem sie Nutzer:innen in Echo-Kammern halten.

☑ **Harvard Business Review (2022):** Unternehmen und Anleger:innen, die bewusst gegen Confirmation Bias vorgehen, erzielen bessere langfristige Resultate.

2.1.6. Home Bias – Wenn Nähe zur Falle wird

„Vertraut wirkt sicher – aber an der Börse ist das oft ein Trugschluss."
– Josef Obergantschnig

Lisa, Moritz & Patrick und ihre Heimatliebe

Lisa lehnt sich abends mit einer Tasse Tee ans Fenster, schaut auf die Lichter der Stadt und öffnet ihre Finanz-App. 40% ihres Depots stecken in deutschen Aktien – Adidas, SAP, Siemens. „Die kenn ich halt, das fühlt sich irgendwie sicher an", denkt sie. Doch im Hintergrund bleibt der Zweifel: „Verpasse ich vielleicht Chancen, nur weil mir ausländische Namen fremd sind?" In ihr wächst der Vorsatz: Mal über den Tellerrand schauen – für Mia, für mich.

Moritz lebt in München – und liebt das Skifahren in Österreich. Schon als Student hat er auf der Rückfahrt von der Piste begonnen, nachzulesen, welche Firmen hinter Liften, Hotellerie und den vertrauten Marken an der Wiener Börse stecken. „Die kenn ich, die Geschichten sind mir nah – fühlt sich wie Heimat an", erklärt er Sophie, als sie gemeinsam sein Depot durchgehen. Doch inzwischen fragt er sich: „Nur weil ich Österreich liebe, heißt das nicht, dass ich nur hier investieren sollte …" Am Abend schreibt er ins Notizbuch: Heimat im Herzen, aber das Depot darf weiter schauen.

Patrick sortiert seine Unterlagen am Wohnzimmertisch in Zürich, während im Hintergrund der See glitzert. Schweizer Aktien geben ihm das Gefühl von Stabilität – wie ein gutes Raclette: vertraut, bodenständig, unaufgeregt. Beim Abendessen fragt Sophie: „Papa, wie viel Schweiz hast du eigentlich im Depot?" Patrick lacht und sagt: „Vermutlich zu viel – aber das gibt mir einfach ein gutes Gefühl." Und doch bleibt leise das Wissen: Sicherheit ist gut, aber Vielfalt vielleicht besser.

Drei persönliche Vertrautheiten – ein gemeinsames Risiko: Home Bias. Vertraut wirkt sicher – aber echte Chancen entstehen oft erst, wenn du dich traust, auch mal über den eigenen Tellerrand hinauszublicken.

Mikro-Dialoge/O-Töne zum Abschluss

- **Lisa** (zu Mia): „Manchmal muss man über die Grenze schauen, um Neues zu entdecken – beim Essen, wie beim Investieren."
- **Moritz** (zu Sophie, augenzwinkernd): „Österreichische Aktien sind wie mei ne Lieblingspiste – vertraut, aber vielleicht übersehe ich das bessere Panorama drumherum."

- **Sophie** (lacht): „Dann schnall dir mal die internationalen Skier an!"
- **Patrick** (denkt): „Die Schweiz ist meine Heimat. Mein Depot sollte die Welt sein."

Was du in diesem Kapitel lernst

- Was der Home Bias ist – und warum er dich in die Irre führen kann
- Warum wir heimische Unternehmen oft überschätzen
- Wie du dein Depot auf globale Füße stellst – ohne dich zu verlieren
- Weshalb echte Diversifikation oft außerhalb der Komfortzone liegt

Was ist der Home Bias – und woher kommt er?

Der Home Bias beschreibt unsere Tendenz, überproportional in Unternehmen aus dem eigenen Land oder der eigenen Region zu investieren. Das wirkt „sicherer", weil du diese Unternehmen ja gut kennst – aber es verzerrt dein Portfolio massiv.

Beispiel: Ein deutscher Anleger hält nur DAX-Titel, da er die Unternehmen kennt und sich damit wohlfühlt. Damit schränkt er sich aber stark ein, da Deutschland nur rund 2% der globalen Börsenkapitalisierung repräsentiert. Das heißt: 98% der Welt ignoriert er in seinem Portfolio – wegen gefühlter Nähe und vermeintlicher Sicherheit.

Praxisbeispiel Josef – Die DACH-Falle

„Als Fondsmanager hatte ich einen Investor, der ausschließlich Aktien aus Österreich, Deutschland und der Schweiz hielt – also aus der DACH-Region. Zu diesem Zeitpunkt betrug die Börsenkapitalisierung dieser Region weniger als 5% des Weltmarktvolumens. Er schloss somit 95% der globalen Chancen und Wachstumsmärkte komplett aus. Dabei gibt es eine einfache Lösung: Fonds oder ETFs, die viele Länder und Branchen abdecken – auch wenn du die Firmen nicht persönlich kennst.

Für ihn war das besonders frustrierend, weil die DACH-Märkte damals deutlich schlechter performten als andere Regionen. Ein globales Portfolio braucht ein solides Fundament – und die Teilnahme an möglichst vielen Wirtschaftsschauplätzen, um langfristig am Wachstum teilzuhaben. Dieses Beispiel zeigt, wie gefährlich Home Bias sein kann – und wie viel Potenzial du verlierst, wenn du nur auf Vertrautes setzt."

Typische Home-Bias-Fallen

Verhalten	Denkweise	Folge
Fokus auf Heimatmärkte	„Die Firmen kenne ich, da weiß ich, was ich hab.“	Geringe Streuung, Klumpenrisiken
Kaum Auslands-ETFs	„USA & China versteh ich nicht.“	Wachstumschancen verpasst
Regionale Übergewichtung	„Ich investiere nur im DACH-Raum.“	Wenig Resilienz bei lokalen Krisen

Praxis-Tipp: Blick über die Grenzen wagen
Frage dich bei jedem Investment: „Investiere ich, weil ich es kenne – oder weil es mich überzeugt?“ Nutze globale Indizes wie den MSCI ACWI oder FTSE All-World als Basis – sie geben dir echte Streuung ohne Übergewichtung der Heimat.

Erster Schritt: Kleine Schritte aus der Komfortzone
Starte mit 10%, 20% oder 30% globaler ETFs in deinem Depot – auch wenn du die Unternehmen nicht kennst. So kannst du Erfahrungen sammeln, ohne das Gefühl zu verlieren, die Kontrolle zu haben.

Extra-Tipp für Fortgeschrittene: Selbst globale ETFs haben oft einen USA-Überhang. Nutze gezielte Beimischungen:
- EM- oder Europa-ETFs
- Equal-Weight-Varianten
- Regionale Sektor-ETFs zur Balance

So baust du gezielt dein globales Exposure auf – ohne nur auf Headlines zu reagieren. Globale Streuung schützt dich nicht nur vor Klumpenrisiken – sie federt auch politische Krisen, wirtschaftliche Abschwünge und Währungsrisiken einzelner Regionen ab.

Praxisbeispiel Patrick
Patrick hatte jahrelang fast nur österreichische und deutsche Aktien im Depot – „weil ich die halt am besten verstehe.“ Erst als globale Tech-Werte stark liefen und sein Heimmarkt schwächelte, wurde ihm klar: Seine Nähe hatte ihn Rendite gekostet. Heute investiert er über einen Welt-ETF breit – und nutzt Einzelaktien nur zur Beimischung.

Diversifikation heißt nicht nur geografisch streuen
Neben der Länderstreuung solltest du auch auf Sektoren und Branchen achten. So vermeidest du, dass dein Depot von wenigen Boombranchen oder zyklischen Schwankungen überproportional beeinflusst wird. Eine breite Streuung macht dein Portfolio robuster.

Take-Aways – Das Wichtigste auf einen Blick

- Nähe erzeugt Vertrautheit – aber nicht automatisch Sicherheit.
- Der globale Aktienmarkt ist riesig – nutze ihn!
- Home Bias ist bequem – aber riskant bei nationalen Krisen.
- Breite Diversifikation braucht Mut – und lohnt sich langfristig.
- Starte klein, baue globales Exposure Schritt für Schritt aus.
- Denk immer auch an Sektor- und Branchenvielfalt.

Lisa, Moritz & Patrick sagen

- **Lisa:** „Ich achte heute auf echte Streuung – mein Welt-ETF bildet auch Märkte ab, mit denen ich mich nicht täglich beschäftige."
- **Moritz:** „Ich nutze österreichische Aktien gezielt – aber nicht mehr exklusiv. Mein Basisportfolio ist global. Mein erstes Ziel: mindestens 20% global."
- **Patrick:** „Früher dachte ich, Heimat ist sicher. Heute weiß ich: Nur ein breites Depot ist ein stabiles Depot. Und nicht nur geografisch, auch branchenmäßig diversifiziert."

Reflexionsfragen

- Wie hoch ist der Heimatanteil in deinem Depot wirklich 20%, 50% oder 80%?
- Setzt du auf Nähe – oder auf globale Streuung?
- Wie bewusst nutzt du internationale Indizes?
- Wie breit ist deine Streuung über Branchen und Sektoren?

Golden Nugget: Deine Heimat ist ein guter Start – aber die Welt bietet mehr.

Mentor-Moment: Nähe schafft Vertrauen – aber ein gutes Depot braucht mehr als nur gute Nachbarn.

Lisa: „Ich habe gelernt, auch Unternehmen außerhalb Deutschlands eine Chance zu geben – das macht mein Depot viel robuster."

Moritz: „Heimat ist schön, aber mein Renditeziel kennt keine Grenzen."
Patrick: „Früher war ich stolz auf mein Heimat-Depot – heute weiß ich: International streuen schützt am besten."

Cliffhanger: Im nächsten Abschnitt geht's um Overconfidence – warum Selbstüberschätzung gefährlich ist. Und wie du zwischen gesundem Selbstvertrauen und gefährlichem Leichtsinn unterscheidest.

Faktencheck

☑ **French & Poterba (1991):** Privatanleger:innen halten im Durchschnitt 70 bis 80 % ihres Vermögens im Heimatmarkt – deutlich mehr als der entsprechende Marktanteil dieser Region.
☑ **Covrig, Lau & Ng (2006):** Home Bias erhöht Klumpenrisiken und kann langfristig die Rendite durch unzureichende geografische Diversifikation senken.
☑ **Barberis, Shleifer & Wurgler (2005):** Globale ETFs bieten eine kosteneffiziente Möglichkeit, das Risiko regionaler Marktverwerfungen zu minimieren.
☑ **MSCI (2024):** Eine geografisch breit gestreute Allokation verbessert das Rendite-Risiko-Profil und mindert die Volatilität im Portfolio signifikant.
☑ **Vanguard Group (2023):** Empfohlen wird ein Mindestanteil von 20 % globalem Exposure, um Home Bias effektiv entgegenzuwirken und Diversifikation zu fördern.
☑ **Frankfurt School of Finance & Management (2023):** Behavioral-Finance-Studien zeigen, dass Anleger:innen Home Bias oft aus Vertrautheit und Informationsasymmetrien heraus aufrechterhalten.
☑ **CFA Institute (2023):** Systematische Diversifikation über Ländergrenzen hinweg ist ein zentraler Hebel zur Risikooptimierung und Renditesteigerung.

2.1.7. Overconfidence Bias – Wenn du glaubst, der Markt gehört dir

„Ein bisschen Selbstvertrauen ist gut.
Zu viel davon ist teuer."
– Josef Obergantschnig

Lisa, Moritz & Patrick zwischen Selbstbewusstsein und Selbstüberschätzung

Lisa hat mit ihren nachhaltigen Fonds in den letzten Monaten gut abgeschnitten. Jetzt fragt sie sich: „Bin ich vielleicht einfach ein Naturtalent?" **Moritz** hatte zwei Tech-Aktien richtig getippt und glaubt, er habe den „Dreh raus". **Patrick** fühlt sich

nach einem erfolgreichen Rebalancing wie ein Profi – und plant nun, Einzelaktien aktiv zu traden.
Drei gute Erlebnisse – und ein Risiko: Overconfidence.

Was du in diesem Kapitel lernst

- Warum Selbstüberschätzung gerade nach Erfolgen gefährlich ist
- Welche psychologischen Mechanismen hinter Overconfidence stecken
- Wie du Übermut von echtem Können unterscheidest
- Was dich davor bewahrt, vom Glück zur Hybris zu rutschen
- Wie du deine Tradingfrequenz und dein Ego im Zaum hältst
- Warum Fehlerfreundlichkeit der Schlüssel zur Souveränität ist

Was ist Overconfidence?
Overconfidence ist das übersteigerte Vertrauen in die eigene Fähigkeit, richtige Entscheidungen zu treffen. Besonders nach Erfolgen neigen wir dazu, unsere Analysefähigkeit zu überschätzen und Risiken zu unterschätzen. Das führt oft zu größerem Einsatz, mehr Trades – und häufig auch zu größeren Verlusten.

Beispiel: Du hast zwei Investments gemacht, die gut gelaufen sind. Jetzt denkst du: „Ich hab das Börsenspiel verstanden!" – und setzt plötzlich große Summen auf Einzelaktien oder Timing-Strategien. Der Markt? Der hat davon nichts mitbekommen und läuft in eine andere Richtung als du denkst.

Josefs Erfahrung – Wenn Erfolg den Blick vernebelt
„In den späten 1990er Jahren war ich überzeugt, der beste und größte Fondsmanager aller Zeiten zu sein. Die ersten Erfolge stiegen mir zu Kopf – ein klassisches Beispiel für Overconfidence. Doch mit dem Platzen der Internetblase war das Selbstbewusstsein schnell dahin. Diese Erfahrung zeigt: Gerade junge, vor allem männliche Marktteilnehmer neigen dazu, nach ersten Erfolgen ihre Fähigkeiten massiv zu überschätzen. Das führt oft zu erhöhtem Risiko und dann zu schmerzhaften Korrekturen in der nächsten Krise. Mein Tipp: Halte dein Selbstbild realistisch, kontrolliere deine Euphorie – denn Übermut kostet an der Börse regelmäßig Geld."

Lustiges Alltagsbeispiel zur Selbstüberschätzung – mit Josef-Reflexion
Mehrere Umfragen zeigen, dass sich über 80% der Männer für überdurchschnittlich gute Liebhaber halten – statistisch natürlich unmöglich, denn „überdurchschnittlich" bedeutet, dass nur 50% es sein können.

Mein Eindruck: Bei Finanzmarktakteuren verhält es sich vermutlich ähnlich. Viele halten sich für schlauer oder besser als den Durchschnitt – und das ist menschlich. Das Problem: Diese Selbstüberschätzung führt oft zu riskanterem Verhalten und enttäuschenden Ergebnissen. Der Schlüssel liegt darin, sich dieser menschlichen Schwäche bewusst zu sein und sie zu kontrollieren, bevor sie dir teuer zu stehen kommt.

Typische Symptome von Overconfidence

Verhalten	Folge
Zu viel Trading	Höhere Kosten, mehr Fehler
Zu viel Risiko	Übergewichtung von Einzeltiteln
Keine Zweifel	Lernkurve bleibt aus

Praxis-Tipp: Dokumentiere deine Entscheidungen inklusive Begründung. Am besten schriftlich im Anlagetagebuch – damit du deine Motivation später nachvollziehen kannst. So erkennst du besser, ob du analytisch entschieden hast – oder ob es Glück war.

Erstelle eine Mini-Checkliste für dich, um in emotionalen Momenten innezuhalten:

- Bin ich gerade emotional übermütig?
- Habe ich alle Risiken bedacht?
- Handle ich aus Analyse oder aus Ego?

Extra-Tipp: Verwechsle nicht Marktbewegung mit Eigenleistung. Auch ein steigender Gesamtmarkt kann gute Ergebnisse liefern – ohne dass du etwas dafür konntest. Frage dich: War es meine Analyse – oder einfach nur der Trend?

Umgang mit Fehlern: Fehlerfreundlichkeit als Stärke
Wenn du bemerkst, dass du zu selbstsicher warst und Fehler gemacht hast, nimm es als Lernchance. Schreibe auf, was schiefgelaufen ist, warum du dich überschätzt hast und was du künftig anders machen willst. Fehlerfreundlichkeit ist ein wichtiger Schritt, um langfristig ruhig und souverän zu bleiben.

Beispiel aus der Praxis: Moritz hatte zwei Tech-Aktien im Depot, die jeweils 40 % zulegten. Er fühlte sich wie ein Profi und begann, wöchentlich neue Titel zu kaufen. Nach sechs Monaten war die Performance dahin – und das Vertrauen auch. Heute sagt er: „Ich hab aus Erfolg Überlegenheit gemacht. Mein Depot hat mir das nicht verziehen."

Take-Aways – Das Wichtigste auf einen Blick

- Erfolg kann blenden – vor allem kurzfristiger.
- Wer sich unfehlbar fühlt, wird unvorsichtig.
- Analyse schlägt Bauchgefühl – auch nach Erfolgen.
- Der Markt ist kein Belohnungssystem – sondern ein Testzentrum.
- Mini-Checks helfen, das Ego zu zügeln.
- Fehlerfreundlichkeit macht dich langfristig stark.

So denken Lisa, Moritz & Patrick

- **Lisa:** „Ich bin stolz auf meine Erfolge. Aber ich weiß auch: Das heißt nicht, dass ich alles weiß. Ich bleibe vorsichtig optimistisch und nutze Mini-Checks."
- **Moritz:** „Ich hab mich mal für klüger gehalten als den Markt. Das war teuer. Heute investiere ich strukturierter und lerne aus Fehlern."
- **Patrick:** „Ich vertraue mir – aber ich prüfe mich. Mein Depot ist kein Ort für Selbstbeweihräucherung. Fehlerfreundlichkeit hat mir geholfen."

Reflexionsfragen

- Wann warst du zuletzt vielleicht übermütig – und was ist daraus geworden?
- Welche deiner Entscheidungen basieren auf Analyse – welche auf Gefühl?
- Kennst du deine Risikogrenze – oder testest du sie gerade unbewusst?
- Wie kannst du Mini-Checks in deinen Alltag integrieren?
- Wie gehst du mit Fehlern um?

Golden Nugget: Selbstvertrauen ist ein Werkzeug – keine Einladung zum Hochmut.

Mentor-Moment: Nur weil du ein paar Treffer hattest, bist du noch kein Scharfschütze. Halte deinen Fokus – nicht dein Ego.

Lisa: „Anfangs dachte ich, ein paar Gewinne machen mich zum Börsenprofi – aber kleine Fehler haben mich schnell wieder geerdet."
Moritz: „Mein größtes Learning: Die Börse verzeiht keinen Übermut – Demut schützt vor Rückschlägen."
Patrick: „Erfolg ist kein Freifahrtschein. Heute prüfe ich doppelt, bevor ich glaube, alles im Griff zu haben."

Social Proof
„Nach zwei erfolgreichen Jahren habe ich mich für unbesiegbar gehalten. Dann kam der Crash – und ich habe fast alles verspielt. Heute bin ich vorsichtiger und checke meine Strategie regelmäßig."
– Miriam, 36

Cliffhanger: Im nächsten Kapitel geht es um die Kontrollillusion: Warum wir glauben, den Markt steuern zu können – und warum genau das oft der Anfang vom Kontrollverlust ist.

Faktencheck

☑ **Moore & Healy (2008):** Overconfidence ist eine der am besten dokumentierten kognitiven Verzerrungen in der Verhaltensökonomie und beeinflusst viele Anlageentscheidungen.

☑ **Barber & Odean (2001):** Insbesondere junge Männer zeigen eine ausgeprägte Tendenz zur Überschätzung ihrer Fähigkeiten im Investmentbereich.

☑ **Barber & Odean (2000):** Übermäßiges Selbstvertrauen führt zu riskanterem Verhalten und einem höheren Handelsvolumen, was meist schlechtere Renditen nach sich zieht.

☑ **CFA Institute (2023):** Overconfidence ist ein zentraler Treiber für häufige Trades und Fehlentscheidungen bei Privatanleger:innen.

☑ **Vanguard Group (2023):** Behavioral-Finance-Analysen bestätigen, dass disziplinierte Anleger:innen mit realistischer Selbsteinschätzung langfristig erfolgreicher sind.

☑ **Frankfurt School of Finance & Management (2023):** Übermäßiges Selbstvertrauen wird durch soziale Faktoren und Medien verstärkt, was oft zu kurzfristigen Fehltritten führt.

☑ **Harvard Business Review (2022):** Maßnahmen zur Selbstreflexion und strukturierte Investmentprozesse können Overconfidence wirksam reduzieren.

2.1.8. Kontrollillusion – Warum du den Markt nicht steuern kannst

„Nur weil du das Steuer in der Hand hältst,
heißt das nicht, dass du das Wetter ändern kannst.“
– Sprichwort

Lisa, Moritz & Patrick zwischen Planung und Pseudokontrolle
Lisa hat einen Börsenkalender erstellt – mit Marktein- und Marktausstiegen auf Basis von Inflationsdaten. **Moritz** liest täglich Finanznews und glaubt, damit jedes Marktsignal deuten zu können. **Patrick** setzt auf saisonale Muster – „Der März war immer gut!“
Drei Strategien – ein blinder Fleck: die Kontrollillusion.

Was du in diesem Kapitel lernst

- Was die Kontrollillusion ist – und warum sie uns ein gutes Gefühl gibt
- Wie du erkennst, ob du gerade kontrollierst – oder nur planst
- Warum Börse nicht planbar ist – aber steuerbar mit System
- Wie du echte Kontrolle von scheinbarer Kontrolle unterscheidest

Was ist die Kontrollillusion – und warum ist sie gefährlich?
Die Kontrollillusion beschreibt den Denkfehler, komplexe oder zufällige Systeme kontrollieren zu können – nur weil man sich damit beschäftigt. An der Börse führt das oft zu übertriebener Planung, unnötigen Trades oder der Illusion, man könnte „den perfekten Zeitpunkt“ finden.

Beispiel: Du analysierst Zinsentscheide, Stimmungsindikatoren und geopolitische Spannungen – und investierst oder verkaufst, weil du denkst, du „siehst es kommen“. Doch der Markt schlägt eine andere Richtung ein – du warst vorbereitet, aber nicht immun. Und wenn der Markt steigt, obwohl du mit fallenden Kursen gerechnet hast, fragst du dich: „Wieso habe ich eigentlich so viel Energie aufgewendet – wenn der Markt doch macht, was er will?“

Typische Symptome der Kontrollillusion

Verhalten	Folge
Überanalyse von Marktdaten	Trügerisches Gefühl von Sicherheit
Häufiges Umschichten	Höhere Kosten, keine Outperformance
Timing-Versuche mit Makrodaten	Frust, wenn Prognosen nicht eintreffen

Praxis-Tipp: Plane deine Strategie – aber akzeptiere, dass du den Markt nicht kontrollierst. Die Frage ist nicht: Was passiert als Nächstes?, sondern: Was mache ich, wenn X oder Y passiert? Das ist echte Kontrolle. Behalte dabei immer dein langfristiges Ziel im Fokus.

Extra-Tipp: Nutze Stop-Loss- und Rebalancing-Regeln nicht als Kontrollinstrumente, sondern als Sicherheitsmechanismen. Du steuerst nicht den Markt – aber du steuerst deine Reaktion auf ihn.

Beispiel aus der Praxis: Lisa versuchte während der Coronakrise, mit täglichen News-Updates auf dem Laufenden zu bleiben – sie passte ihr Portfolio mehrfach pro Woche an. Ergebnis: Viele kleine Verluste – und das Gefühl, den Anschluss zu verlieren. Heute sagt sie: „Ich dachte, informiert = sicher. Aber erst Abstand brachte mir Kontrolle zurück."

Take-Aways – Das Wichtigste auf einen Blick

- Der Markt ist selbstbestimmt und folgt keiner Logik, die du vollständig kontrollieren kannst.
- Zu viel Analyse kann zur Illusion von Kontrolle führen.
- Wahre Kontrolle liegt nicht im Markt – sondern in deinem Umgang mit ihm.
- Planung ist wichtig – aber Gelassenheit ist dein Risikopuffer.

So denken Lisa, Moritz & Patrick

- **Lisa**: „Ich lese weiter Finanznews – aber ich schichte nicht mehr ständig um. Mein Plan ist mein Anker."
- **Moritz**: „Ich dachte mal, ich könnte den Markt timen. Heute setze ich auf feste Rebalancing-Zyklen – das reicht."
- **Patrick**: „Ich akzeptiere, dass ich nicht alles kontrollieren kann – aber ich kann vorbereitet sein. Und das fühlt sich gut an."

Reflexionsfragen

- Hast du schon einmal gedacht, du könntest den Markt „lesen" – und lagst daneben?
- Wie viele deiner Entscheidungen beruhen auf echten Regeln – und wie viele auf Reaktionen?
- Nutzt du Planung zur Stabilität – oder zur Illusion von Sicherheit?

Golden Nugget: Kontrolle ist Illusion – Reaktion ist deine echte Stärke.

Mentor-Moment: Kontrolle ist nicht, alles zu wissen – sondern zu wissen, was du im Ungewissen tust.

Lisa: „Ich musste lernen, loszulassen, wenn ich nichts mehr beeinflussen kann – das gibt mir heute mehr Sicherheit."
Moritz: „Früher wollte ich immer alles steuern – heute weiß ich, dass Gelassenheit wichtiger ist als Kontrolle."
Patrick: „Meine beste Investoren-Qualität ist inzwischen die Reaktionsfähigkeit, nicht der Wunsch nach Kontrolle."

Cliffhanger: Im nächsten Kapitel widmen wir uns dem Endowment-Effekt: Warum du an Aktien hängst, nur weil sie „dir gehören" – und wie du dich davon befreist, um bessere Entscheidungen zu treffen.

Faktencheck

☑ **Barber & Odean (2000):** Studien zeigen, dass Privatanleger:innen häufig unter der Illusion von Kontrolle leiden, was zu übermäßigem Trading und schlechterer Performance führt.

☑ **Feng & Seasholes (2005):** Die Illusion von Kontrolle motiviert Anleger:innen zu häufigen Transaktionen, wodurch Kosten und Risiken steigen.

☑ **Statman (2011):** Ein rationaler Umgang mit Unsicherheit, unterstützt durch klare Regeln und Gelassenheit, fördert langfristig bessere Renditen.

☑ **CFA Institute (2023):** Die Illusion von Kontrolle gilt als eine der Hauptursachen für das „Overtrading" bei Privatanleger:innen.

☑ **Vanguard Group (2023):** Behavioral-Finance-Studien zeigen, dass strukturierte Anlageprozesse und automatische Sparpläne die Kontrolle realistisch verankern.

☑ **Frankfurt School of Finance & Management (2023):** Anleger:innen, die ihre Kontrollillusion reflektieren und disziplinierte Strategien anwenden, vermeiden übermäßiges Risiko.

☑ **Harvard Business Review (2022):** Emotionale Distanz und systematische Regeln sind effektive Mittel gegen die Illusion von Kontrolle und impulsives Handeln.

2.1.9. Endowment-Effekt – Warum wir Besitz überschätzen

„Nur weil dir etwas gehört,
heißt das nicht, dass es gut für dich ist.“
– Sprichwort

Lisa, Moritz & Patrick und ihre emotionale Depotbindung
Lisa hat eine Aktie geerbt – sie kennt das Unternehmen kaum, will sie aber nicht verkaufen. **Moritz** hält an einer alten Depotposition fest, obwohl sie kaum noch wächst: „Die gehört zu mir.“ **Patrick** hat vor Jahren eine Einzelaktie gekauft – und verteidigt sie seither bei jedem Stammtisch, obwohl die Zahlen schwach sind. **Drei Anleger:innen – ein Denkfehler: der Endowment-Effekt.**

Was du in diesem Kapitel lernst
- Was der Endowment-Effekt ist – und wie er dich beeinflusst
- Warum wir Besitz emotional aufwerten
- Wie du objektiv entscheidest – statt aus Gewohnheit
- Wie du dein Depot von Altlasten befreist

Was ist der Endowment-Effekt?
Der Endowment-Effekt beschreibt die Tendenz, Dinge höher zu bewerten, nur weil sie uns gehören. Das betrifft nicht nur alte Möbel oder Erinnerungsstücke – sondern auch Aktien. Besitz schafft emotionale Nähe – und damit eine verzerrte Wahrnehmung von Wert.

Beispiel: Du hältst eine Aktie, die seit Jahren unterperformt – aber verkaufen willst du sie nicht, „weil du sie schon so lange hast.“ Rational betrachtet gibt es bessere Alternativen – emotional hältst du fest.

Typische Endowment-Fallen

Verhalten	Folge
Lange gehaltene Aktien nicht loslassen	Verpasste Chancen, geringere Rendite
Depot-„Erbstücke“ behalten	Keine strategische Ausrichtung
Emotionale Argumente wie „die Aktie war mal stark“	Analyse bleibt auf der Strecke

Praxis-Tipp: Die 3-Fragen-Prüfung
Frag dich bei jeder Position:
1. Wenn ich sie heute nicht hätte – würde ich sie jetzt kaufen?
2. Ist sie noch Teil meiner Strategie?
3. Oder halte ich sie nur, weil ich sie schon habe?

Wenn zwei Antworten kritisch ausfallen: Nachdenken, neu bewerten, handeln.

Extra-Tipp für Fortgeschrittene: Räume dein Depot regelmäßig auf – wie einen Kleiderschrank. Was nicht mehr passt, nicht mehr getragen wird oder keinen Mehrwert liefert, darf raus. Auch das schafft Luft – für neue, passende Investments.

Praxisbeispiel: Patrick hatte über Jahre Aktien eines mittelständischen Bauzulieferers im Depot. Kein Wachstum, keine Dividende – aber „die hatte mein Vater schon." Erst ein Depot-Check brachte Klarheit: Das Investment passte nicht mehr zum Rest – und blockierte Kapital. Nach dem Verkauf investierte er in einen nachhaltigen ETF – und spürte sofort mehr Fokus und Klarheit. Heute fragt er sich bei jeder Position: **Gehört sie zu meinem Plan – oder nur zu meiner Vergangenheit?**

Take-Aways – Das Wichtigste auf einen Blick
- Besitz macht blind – vor allem, wenn Emotionen im Spiel sind.
- Behalte nur, was du heute aktiv wieder kaufen würdest.
- Dein Depot ist kein Museum – sondern ein Werkzeug.
- Objektivität entsteht durch regelmäßige Reflexion.

Lisa, Moritz & Patrick sagen
- **Lisa:** „Ich habe gelernt, zwischen Erinnerung und Investment zu unterscheiden. Heute zählen für mich Strategie und Sinn."
- **Moritz:** „Ich trenne mich schwer – aber mein neues Motto ist: Loslassen schafft Raum für Neues."
- **Patrick:** „Früher war mein Depot voller Geschichten – heute ist es voller Struktur."

Reflexionsfragen
- Gibt es Positionen in deinem Depot, die du nur aus Gewohnheit hältst?
- Wie gehst du mit geerbten oder „alten" Investments um?
- Was würde ein neutraler Dritter zu deiner Depotstruktur sagen?

Golden Nugget: Nicht alles, was dir gehört, gehört in dein Depot.

Mentor-Moment: Du bist nicht dein Depot – und dein Depot ist kein Archiv. Wer loslässt, investiert freier.

Lisa: „Früher habe ich Aktien behalten, nur weil sie mal meine ersten waren. Heute trenne ich klarer zwischen Erinnerung und Investment."
Moritz: „Loslassen fällt mir oft schwer, aber nur so halte ich mein Depot wirklich flexibel."
Patrick: „Mein Depot ist kein Museum – alles, was nicht mehr passt, darf gehen."

Cliffhanger: Im nächsten Kapitel schauen wir uns den Dispositionseffekt an – und warum viele Anleger:innen ihre Gewinner zu früh verkaufen, aber ihre Verlierer ewig behalten.

Faktencheck

☑ **Thaler (1980):** Der Endowment-Effekt ist ein gut belegter kognitiver Bias, der Menschen dazu bringt, den Wert ihres Besitzes systematisch zu überschätzen.
☑ **Shefrin & Statman (1985):** Anleger:innen halten oft an verlustreichen Positionen fest, motiviert durch emotionale Verbundenheit und die Vermeidung realisierter Verluste („Status-quo-Effekt").
☑ **Barberis & Xiong (2009):** Regelmäßiges Portfolio-Rebalancing und bewusste Reflexion sind wirksame Strategien, um den Endowment-Effekt zu reduzieren und die Performance zu steigern.
☑ **CFA Institute (2023):** Der Endowment-Effekt trägt zur Verzögerung von Verkaufsentscheidungen bei, was zu suboptimalen Portfoliostrukturen führt.
☑ **Vanguard Group (2023):** Studien zeigen, dass disziplinierte Rebalancing-Prozesse emotionale Verzerrungen mindern und Renditen langfristig verbessern.
☑ **Frankfurt School of Finance & Management (2023):** Behavioral Finance Forschung bestätigt, dass Investor:innen mit Bewusstsein für den Endowment-Effekt bessere Entscheidungen treffen.
☑ **Harvard Business Review (2022):** Praktische Empfehlungen zur Überwindung des Endowment-Effekts beinhalten systematische Reviews und klare Verkaufsregeln.

2.1.10. Dispositionseffekt – Warum wir Gewinne zu früh und Verluste zu spät realisieren

„Geduld bringt Rendite –
aber Ungeduld kostet richtig Geld.“
– Josef Obergantschnig

Lisa, Moritz & Patrick im Entscheidungsdilemma

Lisa sitzt auf dem Balkon, das Handy in der Hand. Ihre Aktie ist 12 % im Plus. Das Herz pocht. „Schnell verkaufen – wer weiß, ob der Gewinn morgen noch da ist?“, denkt sie. Aber ein anderer Teil in ihr fragt: „Oder sollte ich mehr Geduld haben? Was, wenn ich jetzt zu früh rausgehe und den Aufschwung verpasse?“ Sie schwankt – zwischen Angst, etwas zu verlieren, und dem Wunsch, wenigstens einmal alles richtig zu machen. Die Verantwortung für Mia wiegt mit: „Lieber einen kleinen Gewinn für uns sichern – oder mehr riskieren?“

Moritz schaut auf seine App. Eine Position ist 35 % im Minus – seit Monaten. Ironisch sagt er zu Sophie: „Verkauft ist verloren – also bleibt sie einfach drin, dann tut's nicht so weh.“ Aber im Inneren weiß er längst, dass das nur Selbstschutz ist. „Vielleicht dreht sie ja nochmal, vielleicht …“ Er merkt, wie schwer Loslassen fällt, wenn die Hoffnung auf die Kehrtwende immer noch stärker ist als jede Zahl.

Patrick sitzt spätabends mit seinem Haushaltsbuch am Küchentisch, die Brötchenkrümel vom Frühstück noch da. Er denkt zurück: „Zweimal hab ich zu früh verkauft, als es richtig lief. Und dann saß ich auf Verlusten, weil ich den Absprung nicht geschafft hab.“ Heute weiß er: „Der Markt ist nicht geduldig – ich muss es sein.“ Aber alte Muster, alte Ängste kommen immer wieder hoch.

Drei typische Reaktionen – ein bekannter Denkfehler: der Dispositionseffekt. Gewinne werden zu früh gesichert, Verluste zu lange ausgehalten. Wer es erkennt, ist schon einen Schritt weiter – aber gegen die eigenen Gefühle anzukämpfen, ist oft das Schwierigste an der Börse.

Mikro-Dialoge/O-Töne als Nachklang

- **Lisa** (leise zu sich selbst): „Manchmal ist das Schwierigste, nicht zu früh zu bremsen – für mich, für Mia, für morgen.“
- **Moritz** (zu Sophie): „Vielleicht sollte ich mal Gewinne laufen lassen und Verluste kappen – statt immer andersrum. Aber leichter gesagt als getan …“
- **Patrick** (zu sich selbst, mit einem Lächeln): „Beim nächsten Mal notier ich mir, warum ich gekauft hab – und wann ich auch wieder loslassen will.“

Was du in diesem Kapitel lernst

- Was der Dispositionseffekt ist – und wie er dein Verhalten beeinflusst
- Warum viele Anleger:innen Gewinne schnell mitnehmen – aber Verluste zu lange aussitzen
- Wie du systematisch gegen diesen Reflex arbeitest
- Wie du lernst, rational zu verkaufen – egal ob im Plus oder Minus

Was passiert da eigentlich?

Der Dispositionseffekt beschreibt einen weit verbreiteten Reflex:

- Gewinne werden schnell mitgenommen – aus Angst, sie wieder zu verlieren.
- Verluste werden zu lange ausgesessen – aus Hoffnung, dass „es schon wieder kommt".

Das Problem: Emotionen steuern das Timing – nicht die Analyse. Und so entstehen Verzerrungen, die auf lange Sicht deine Rendite drücken.

Beispiel: Du verkaufst eine Aktie bei +10 %, obwohl sie strategisch gut aufgestellt ist – und hältst eine andere mit -25 %, obwohl das Geschäftsmodell längst überholt ist. Warum? Weil du dich über Gewinne freust – und Verluste „nicht wahrhaben" willst.

Typische Reaktionsmuster beim Dispositionseffekt

Reflex	Was dahintersteckt	Ergebnis
„Ich nehme lieber den kleinen Gewinn mit."	Verlustangst überwiegt Strategie	Wachstum wird verschenkt
„Ich kann doch nicht mit Verlust verkaufen."	Hoffnung ersetzt Analyse	Kapital wird blockiert
„Ich warte, bis ich wieder bei ± 0 bin."	Psychologischer Referenzpunkt statt Fakten	Verzerrte Entscheidungsgrundlage

Praxis-Tipp: Verkauf nicht aus Angst – und halte nicht aus Trotz. Frage dich stattdessen: Würde ich die Aktie heute nochmal kaufen? Wenn nicht – überdenke deinen Haltegrund. Gewinne laufen lassen heißt: Vertrauen in Substanz. Verluste begrenzen heißt: Klarheit vor Emotion.

Extra-Tipp: Nutze mentale Stop-Loss-Grenzen oder regelmäßige Quartalschecks, um dein Verhalten zu objektivieren. Wer systematisch entscheidet, vermeidet Impulsreaktionen.

Beispiel aus der Praxis: Moritz hatte zwei Aktien im Depot: Die erste lag 18 % im Plus – und wurde verkauft. Die zweite war 30 % im Minus – und blieb. Zehn Monate später: Die Plus-Aktie hat sich verdoppelt, die Minus-Aktie ist pleite. Heute sagt er: „Ich hab nach Gefühl gehandelt. Jetzt handel ich mit System – mein Tagebuch hilft mir dabei."

O-Ton Josef – Persönliche Lektion aus der Disposition

Unweigerlich denke ich an meine Anfänge zurück: In den 1990ern war Apple an der Börse kaum mehr als ein kleiner Player, Nvidia noch nicht einmal gelistet und Amazon ein langweiliger Online-Buchhändler. Amazon war eines meiner ersten Investments – gekauft 1998, aber bereits nach wenigen Wochen mit einem satten Plus von 30 % verkauft. Ich kann mich noch gut erinnern, wie ich mir damals freudig die Hände rieb, mir selbst auf die Schulter klopfte und zum Erfolg gratulierte. Fast 30 Jahre später ist klar: Das war wohl der „teuerste" Verkauf meines Lebens. Hätte ich gehalten, wäre aus einem Euro heute über 1.000 geworden. Eine bittere Lektion zum Thema „Buy and Hold". Jetzt gönne ich mir einen doppelten Espresso.

Take-Aways – Das Wichtigste auf einen Blick

- Gewinne früh zu verkaufen ist menschlich – aber oft strategisch falsch.
- Verluste auszusitzen kann teuer werden – vor allem ohne Plan.
- Frage dich bei jeder Position: Würde ich sie heute neu kaufen?
- Rationales Verkaufen ist genauso wichtig wie rationales Kaufen.
- Prüfe Fonds nie nur nach 1- oder 3-Jahres-Performance – sondern auch auf Konsistenz über 5 oder 10 Jahre.

So denken Lisa, Moritz & Patrick

- **Lisa:** „Früher war ich zu ungeduldig – heute lasse ich gute Titel auch mal reifen."
- **Moritz:** „Ich trenne mich schneller von Verlierern – und halte an Qualität fest."
- **Patrick:** „Mein größter Fortschritt war: Ich trenne Emotion vom Investment. Das hilft mir beim Exit."

Reflexionsfragen

Hast du schon einmal zu früh verkauft – und dich später geärgert?

- Welche deiner aktuellen Positionen hältst du nur aus Hoffnung?
- Hast du eine klare Verkaufsstrategie – oder entscheidest du aus dem Bauch?

Golden Nugget: Der Schlüssel zum Erfolg liegt im geduldigen Halten, nicht im schnellen Verkaufen.

Mentor-Moment: Gute Anleger:innen kaufen mit Plan – aber sie verkaufen auch mit Haltung. Klarheit ist dein größter Gewinn.

Lisa: „Früher habe ich viel zu oft Gewinne schnell mitgenommen – heute weiß ich, dass Geduld mehr bringt."
Moritz: „Mein größtes Learning: Erst ein klarer Plan beim Verkauf macht die Strategie rund."
Patrick: „Heute halte ich länger durch – weil ich nicht mehr jedem Trend blind folge, sondern auf meine Ziele schaue."

Social Proof
„Ich habe oft zu früh verkauft, weil ich Angst hatte, Gewinne wieder zu verlieren. Im Nachhinein war Geduld immer der bessere Ratgeber – und die besten Renditen kamen erst nach Monaten."
– Michael, 38

Cliffhanger: Im nächsten Kapitel beschäftigen wir uns mit der Repräsentativitätsheuristik – warum wir aktuelle Trends oft unreflektiert in die Zukunft verlängern und wie du diese Falle erkennst und umgehst.

Faktencheck
- ☑ **Shefrin & Statman (1985):** Studien zeigen, dass Anleger:innen Gewinne häufig zu früh realisieren und Verluste zu lange halten, was langfristig die Rendite negativ beeinflusst.
- ☑ **Odean (1998):** Der Dispositionseffekt ist einer der am besten untersuchten Behavioral Biases mit nachgewiesenem Einfluss auf die Performance von Privatanleger:innen.
- ☑ **Statman (2011):** Systematische Verkaufsregeln helfen, emotionale Fehlentscheidungen zu minimieren und die langfristige Performance zu verbessern.
- ☑ **CFA Institute (2023):** Der Dispositionseffekt führt zu ineffizientem Portfolioverhalten und ist ein zentraler Grund für suboptimale Anlagestrategien.
- ☑ **Vanguard Group (2023):** Disziplinierte Anleger:innen, die feste Ausstiegsstrategien verfolgen, erzielen nachweislich höhere Renditen.

☑ **Frankfurt School of Finance & Management (2023):** Behavioral-Finance-Studien zeigen, dass das Bewusstsein für den Dispositionseffekt zu besseren Anlageentscheidungen führt.
☑ **Harvard Business Review (2022):** Praktische Tools und Checklisten zur Verkaufsentscheidung reduzieren den Dispositionseffekt effektiv.

2.1.11. Repräsentativitätsheuristik – Warum wir Trends zu schnell verallgemeinern

„Nur weil etwas heute funktioniert,
heißt das nicht, dass es immer funktioniert."
– Sprichwort

Lisa, Moritz & Patrick im Trendrausch
Lisa liest, dass KI-Aktien zu den großen Gewinnern gehörten – und denkt: „Das bleibt bestimmt so." **Moritz** sieht, dass ein Themen-ETF in den letzten drei Jahren besonders stark performt hat – und glaubt: „Dann wird er auch nächstes Jahr gut laufen." **Patrick** erinnert sich an die Aussage eines Fondsmanagers: „Gesundheit ist immer stabil" – und übergewichtet den Sektor.
Drei intuitive Annahmen – eine gemeinsame Ursache: Repräsentativitätsheuristik.

Was du in diesem Kapitel lernst
- Was die Repräsentativitätsheuristik ist – und warum sie so täuscht
- Wie kurzfristige Trends unser Denken beeinflussen
- Warum „es war erfolgreich" kein Garant für „es bleibt erfolgreich" ist
- Wie du Zahlen, Zeiträume und Wahrscheinlichkeiten besser einordnest

Was ist die Repräsentativitätsheuristik?
Die Repräsentativitätsheuristik ist ein kognitiver Denkfehler: Wir neigen dazu, von kleinen Mustern oder jüngsten Ereignissen auf generelle Wahrheiten zu schließen. „Wenn etwas wie Erfolg aussieht, wird es auch in Zukunft erfolgreich sein" – das klingt logisch, ist aber oft gefährlich.

Beispiel: Ein ETF hat in den letzten zwei Jahren +40 % gemacht. Anleger:innen schließen daraus: „Das ist ein Top-Fonds!" – und investieren blind. Was sie übersehen: Die Rendite kam durch einen einmaligen Tech-Hype – und nicht durch nachhaltige Substanz oder gute Diversifikation.

Typische Muster der Repräsentativitätsheuristik

Reflex	Denkfehler	Folge
„Letztes Jahr war Tech stark – das bleibt so."	Aus Vergangenheit wird Zukunft gemacht	Übergewichtung eines Sektors
„Dieser Fonds hat 5 Sterne – also wird er gut bleiben."	Qualität wird aus Ratings abgeleitet	Blindes Vertrauen in Vergangenheitswerte
„Alle Top-Performer setzen auf KI – das ist also sicher."	Trend = Sicherheit	Klumpenrisiko durch Mitläufertum

Praxis-Tipp: Sieh dir die Performance nicht isoliert an – sondern im Kontext:

- Wie lang ist der Zeitraum?
- War es ein Ausreißer oder ein Muster?
- Gibt es fundamentale Gründe für die Entwicklung – oder nur Momentum?

Extra-Tipp für Fortgeschrittene: Lies Fonds-Factsheets mit kritischem Blick. Ist die Performance nachhaltig – oder durch Einzelwerte „aufgepumpt"? Achte auf Turnover-Raten, Top-Holdings, Sektorlastigkeit. Gutes Storytelling ist nicht gleich gute Strategie.

Beispiel aus der Praxis: Moritz sah, dass ein Fonds drei Jahre in Folge über 20 % Rendite erzielte. Er investierte. Ein Jahr später lag der Fonds 15 % im Minus – der Grund: Die Strategie setzte stark auf chinesische Tech-Werte, die in kurzer Zeit abrutschten. „Ich dachte, Vergangenheit zeigt Qualität. Aber ich hab gelernt: Man muss nach dem Warum fragen, nicht nur nach dem Was."

Josefs Erfahrung – Der Langstreckenblick

„Viele Anleger:innen kaufen gern vergangene Performance, also den Fonds des Quartals oder des Jahres. Dabei übersehen sie oft, dass diese Fonds schon einen Großteil des Weges hinter sich haben. Die vergangene Performance bringt dir nur dann etwas, wenn du frühzeitig dabei bist. Langfristig erfolgreiche Investor:innen verfolgen ihre Strategie über viele Jahre konsequent – und setzen nicht nur auf die aktuellen Top-Trend-Themen. Die Wahrscheinlichkeit ist nicht klein, dass der Fonds des Jahres zum Verlierer des Folgejahres avanciert.

Spannend ist, dass es auch Themen gibt, die gerade nicht glänzen, aber später wieder anziehen. In der Finanzbranche nennt man das ‚Mean Reversion' – eine Rückkehr zum Mittelwert. Warren Buffett beschreibt das als das manisch-depressive Verhalten von Mr. Market: Ein Unternehmen kann bei 100 fair bewertet sein, aber an der Börse bei einem launigen Mr. Market mit 120, 130 gehandelt werden,

während ein missmutiger Mr. Market für das gleiche Unternehmen vielleicht 70, 60 oder sogar nur 50 bezahlt.
Es fällt Menschen schwer, nicht immer nur den Superstars hinterherzulaufen. Doch oft ist es klüger, auch die ‚anderen Seiten' abzudecken. Mein wertvollstes Learning ist deshalb: Diversifiziere breit und halte dich auch an Branchen oder Themen, die gerade nicht im Rampenlicht stehen. So profitierst du von Schwankungen und reduzierst das Risiko, nur den Höhepunkt zu erwischen."

Take-Aways – Das Wichtigste auf einen Blick

- Trends sind keine Garantie – sondern nur Momentaufnahmen.
- Ratings, Charts & Top-Listen zeigen Vergangenheit – keine Zukunft.
- Fragen nach Ursache & Kontext helfen, die Substanz zu erkennen.
- Wer sich vom „Schein" löst, investiert bewusster und breiter.
- Langfristiger Erfolg entsteht durch Geduld und konsequente Strategie.

So denken Lisa, Moritz & Patrick

- **Lisa**: „Ich frage mich heute: Warum war ein Fonds gut – und passt das auch zu meinem Plan?"
- **Moritz**: „Ich hab gelernt, Zahlen nicht isoliert zu sehen. Ohne Kontext ist jede Rendite wertlos."
- **Patrick**: „Ich vertraue nicht mehr auf Hype-Performer. Ich will verstehen, was hinter der Kurve steckt."

Reflexionsfragen

- Vertraust du oft auf vergangene Renditen als Kaufargument?
- Hast du schon einmal einen Trend extrapoliert – und bist enttäuscht worden?
- Wie kritisch gehst du mit Erfolgsstorys und Fonds-Rankings um?

Golden Nugget: Trends kommen und gehen – nur Substanz bleibt bestehen.

Mentor-Moment: Vergangenheit ist ein Rückspiegel – kein Navi. Wer mit Weitblick investiert, schaut nicht nur nach hinten.

Lisa: „Ich habe gelernt, dass der Blick nach vorn wichtiger ist als die Jagd nach vergangenen Trends."
Moritz: „Nicht alles, was gerade läuft, wird ein Dauerläufer – echte Qualität erkennt man oft erst später."

Patrick: „Für mich zählt: Trends sind schön, aber mein Depot braucht ein stabiles Fundament."

Cliffhanger: Im nächsten Abschnitt beschäftigen wir uns mit der Sunk Cost Fallacy – warum du an schlechten Investments festhältst, nur weil du schon viel investiert hast. Bereit, diese psychologische Falle zu durchbrechen?

Faktencheck

☑ **Kahneman & Tversky (1974):** Untersuchungen belegen, dass Anleger:innen vergangene Trends überschätzen und sich dadurch zu Fehlentscheidungen verleiten lassen.

☑ **Barber & Odean (2000):** Performance-Chasing zählt zu den Hauptursachen für unterdurchschnittliche Renditen bei Privatanleger:innen aufgrund übermäßigem Handelsverhaltens.

☑ **Statman (2011):** Kritische und nachhaltige Analyse von Marktbewegungen führt zu besseren und ausgewogeneren Investmententscheidungen.

☑ **CFA Institute (2023):** Performance-Chasing verstärkt Marktvolatilität und führt oft zu ineffizienten Portfolioanpassungen.

☑ **Vanguard Group (2023):** Langfristige, disziplinierte Anlagestrategien schneiden deutlich besser ab als kurzfristiges Nachlaufen von Trends.

☑ **Frankfurt School of Finance & Management (2023):** Behavioral-Finance-Studien zeigen, dass Anleger:innen durch systematische Reflektion und Planung Performance-Chasing vermeiden können.

☑ **Harvard Business Review (2022):** Strategien zur Vermeidung von Performance-Chasing beinhalten das Festhalten an klaren Anlagezielen und Regeln.

2.1.12. Sunk Cost Fallacy – Warum wir Fehlentscheidungen schönreden

„Nur weil du schon viel investiert hast, heißt das nicht, dass es sich lohnt, weiterzumachen."
– Josef Obergantschnig

Lisa, Moritz & Patrick zwischen Festhalten und Neubeginn

Lisa hat 2.000 € in einen Fonds gesteckt, der seit Jahren enttäuscht – aber sie denkt: „Jetzt wär's schade auszusteigen." **Moritz** hat viel Zeit in die Analyse einer Aktie gesteckt – und will sie deshalb nicht verkaufen, obwohl neue Daten dagegen sprechen. **Patrick** hat ein Investment, das er schon lange bereut – aber denkt: „Ich hab schon so viel verloren, jetzt warte ich wenigstens auf ein Comeback." **Drei Investor:innen – eine Denkfalle: die Sunk Cost Fallacy.**

Was du in diesem Kapitel lernst

- Was die Sunk Cost Fallacy ist – und warum sie so hartnäckig ist
- Warum frühere Verluste oder Aufwände keine Entscheidungsgrundlage sind
- Wie du rationale Stopps setzt – auch wenn's emotional wehtut
- Wie du lernst, zwischen Durchhalten und Loslassen zu unterscheiden

Was ist die Sunk Cost Fallacy?

Die „Sunk Cost Fallacy" (Versunkene-Kosten-Fehlschluss) beschreibt die Tendenz, an Entscheidungen festzuhalten, nur weil man bereits Zeit, Geld oder Energie investiert hat – auch wenn es objektiv keinen Sinn mehr macht. Wir verwechseln Investition mit Verpflichtung.

Beispiel: Du hast 1.000 € in ein Startup investiert. Die Zahlen sind schlecht, die Strategie wackelt – aber du willst nicht verkaufen, „weil du ja schon so viel verloren hast." Dabei wäre genau das der richtige Moment, das Kapital für bessere Optionen freizumachen.

Typische Muster der Sunk Cost Fallacy

Verhalten	Folge
Verluste „zurückholen wollen"	Weitere Verluste durch Festhalten
Emotionales Rechthabenwollen	Objektive Neuanalyse wird verhindert
„Jetzt ist es auch schon egal"	Kapitulation statt strategischer Entscheidung

Praxis-Tipp: Triff Entscheidungen immer aus heutiger Sicht. Frage dich: „Wenn ich jetzt neu investieren würde – würde ich es in dieses Investment stecken?" Wenn nicht – ist Festhalten oft teurer als Loslassen.

Extra-Tipp für Fortgeschrittene: Dokumentiere deine Investmentziele und Gründe beim Einstieg. Wenn sich diese verändern – oder gar nicht eintreten –, überprüfe dein Investment neu. Was gestern richtig war, kann heute zum Risiko geworden sein.

Beispiel aus der Praxis: Moritz hatte vor drei Jahren einen Wasserstoff-ETF gekauft. Die Story klang gut, das Thema boomte. Doch nach technischen Rückschlägen und enttäuschenden Zahlen fiel der Kurs deutlich. Trotzdem hielt er ihn – „weil ich ja schon so viel reingesteckt habe." Später realisierte er: „Ich hielt an der Vergangenheit fest – statt mein Geld in die Zukunft zu stecken." Heute trennt er sich früher – auch wenn's wehtut.

Josefs Erfahrung

Viele Investor:innen haben ein paar „Leichen im Keller". Das gehört dazu. Entscheidend ist nicht, was du mit einem einzelnen Investment verlierst, sondern wie dein Gesamtergebnis aussieht. Wenn du einen Rohrkrepierer hast, aber 99 Investments gut laufen, ist das in Ordnung. Doch es macht keinen Sinn, zwanghaft an Rohrkrepierern festzuhalten. Frag dich immer: **„Würde ich die Aktie oder den Fonds heute kaufen?"** Wenn du diese Frage mit „Nein" beantwortest und die Position trotzdem im Depot bleibt, bist du wahrscheinlich der Sunk Cost Fallacy aufgesessen.

Take-Aways – Das Wichtigste auf einen Blick

- Vergangene Verluste sind kein Argument für heutige Entscheidungen.
- Je länger du festhältst, desto größer kann der Schaden werden.
- Neue Investments brauchen neue Bewertungen – nicht alte Hoffnungen.
- Emotionen akzeptieren – aber Entscheidungen nach Strategie treffen.
- Gute Investor:innen denken in Opportunitäten – nicht in Reue.

So denken Lisa, Moritz & Patrick

- **Lisa**: „Ich verkaufe heute auch Dinge, in die ich viel gesteckt habe – wenn sie nicht mehr zu mir passen."
- **Moritz**: „Früher dachte ich: Das muss sich doch noch drehen! Heute denke ich: Mein Kapital verdient neue Chancen."
- **Patrick**: „Ich hab gelernt, Verluste zu akzeptieren. Nicht jeder Weg führt zum Ziel – aber jeder Fehler ist ein Lernschritt."

Alltags-Reminder für Lisa

Wann immer du merkst, dass du ein Investment vor dir herschiebst, weil „es ja schon so viel gekostet hat", stoppe kurz. Atme tief durch und frage dich: „Macht es für mich heute Sinn?" Schreib dir diesen Satz als Notiz ins Handy oder klebe ihn auf deinen Bildschirm. Dieser bewusste Reminder ist ein erster Schritt, die Sunk Cost Fallacy zu durchbrechen.

Mini-Challenge für Moritz: Die „Rechthaben-Auszeit“
Wenn du spürst, dass dein Ego oder Stolz dich am Verkaufen hindert, gönn dir eine 48-Stunden-Auszeit. Schreib in ein Journal, warum du denkst, dass du Recht hast – und warum es vielleicht Zeit ist, loszulassen. Diese Pause schafft Abstand und hilft dir, das emotionale Festhalten zu lösen.

Ampel-Tool für Patrick (Entscheidungshilfe): Das Sunk-Cost-Ampel-System
Prüfe jede Position nach diesen drei Fragen:
- Grün: Würde ich die/den Aktie/Fonds heute kaufen?
- Gelb: Bin ich unsicher oder brauche ich mehr Info?
- Rot: Würde ich heute noch einmal einsteigen? Wenn nein – klarer Verkaufsfall!

Wenn du Rot siehst: Loslassen. Gelb heißt: Nochmals prüfen, eventuell Expertenmeinung einholen. Grün heißt: Halten oder sogar nachkaufen.

Reflexionsfragen
- Hältst du aktuell ein Investment nur, weil du „schon so viel reingesteckt hast“?
- Bewertest du dein Depot regelmäßig neu – oder klammerst du dich an vergangene Entscheidungen?
- Wie gehst du mit Fehlentscheidungen um – analysierst du oder verdrängst du?

Golden Nugget: Dein Geld schaut nicht zurück – es will nach vorne. Wer loslässt, schafft Platz für bessere Entscheidungen.

Mentor-Moment: Jede:r macht Fehler – aber kluge Anleger:innen wissen, wann es Zeit ist, loszulassen und Platz für Neues zu schaffen.

Lisa: „Es hat Überwindung gekostet, aber Loslassen war oft der wichtigste Schritt für mein Depot.“
Moritz: „Ich habe gelernt, schlechte Entscheidungen nicht schönzureden – sondern den Blick nach vorn zu richten.“
Patrick: „Mein größter Aha-Moment: Verluste gehören dazu, aber festhalten bringt selten was.“

Cliffhanger: Wir haben jetzt zwölf typische Denkfallen kennengelernt, die dein Investmentverhalten beeinflussen. Im nächsten Abschnitt fassen wir sie kurz zusammen und ziehen ein Fazit. So bekommst du den Überblick, um künftig bewusster und souveräner zu entscheiden.

Faktencheck

☑ **Arkes & Blumer (1985):** Studien zeigen, dass Anleger:innen oft irrational an Verlustpositionen festhalten, was die langfristige Rendite deutlich mindert.

☑ **Thaler (1980):** Die Sunk Cost Fallacy ist ein gut dokumentierter kognitiver Bias, bei dem vergangene Kosten irrational in Entscheidungen einbezogen werden.

☑ **Statman (2011):** Investment-Profis empfehlen regelmäßige Depotreviews und objektive Bewertungsmaßstäbe als wirksames Mittel gegen emotionale Fehlentscheidungen.

☑ **Barberis & Thaler (2003):** Disziplinierte Anleger:innen, die klare Ausstiegsregeln befolgen, erzielen im Durchschnitt bessere Renditen als emotional agierende Investor:innen.

☑ **CFA Institute (2023):** Die Sunk Cost Fallacy trägt erheblich zu ineffizientem Verhalten und suboptimalen Verkaufsentscheidungen bei.

☑ **Vanguard Group (2023):** Systematisches Rebalancing hilft, die Auswirkungen der Sunk Cost Fallacy zu minimieren und Portfolioziele zu sichern.

☑ **Frankfurt School of Finance & Management (2023):** Behavioral-Finance-Studien bestätigen, dass bewusste Reflexion und klare Regeln emotionale Verzerrungen wie die Sunk Cost Fallacy reduzieren.

2.1.13. Fazit: Deine Psyche als größter Mitspieler

„Der Markt ist volatil – aber dein Verstand ist es manchmal noch mehr."
– Josef Obergantschnig

Lisa, Moritz & Patrick haben viel über sich gelernt

Lisa hat erkannt, wie subtil emotionale Fallen wirken – und wie sie durch Struktur und Reflexion Klarheit gewinnt. **Moritz** hat seine Euphorie- und Overconfidence-Muster entlarvt – und weiß nun, wann Vorsicht geboten ist. **Patrick** hat verstanden: Viele Fehler entstehen nicht durch Unwissen – sondern durch Selbsttäuschung und emotionale Kurzschlüsse.

Drei Menschen – drei Fortschritte. Und jeder einzelne bringt sie auf ihrem Weg zum besseren Investor entscheidend weiter.

Social Proof

„Ich habe mich früher immer gefragt, warum ich trotz aller Infos in Stressmomenten falsch entscheide. Heute weiß ich: Meine Gefühle sind Teil des Spiels, nicht mein Feind."
– Anna, 34, Wirtschaftspsychologin

Take-Aways – Das Wichtigste auf einen Blick

- Der größte Risikofaktor sitzt oft vor dem Bildschirm – du selbst.
- Jede psychologische Falle ist eine Einladung zur Selbstbeobachtung.
- Reflexion, Journaling und feste Regeln helfen dir, klüger zu investieren.
- Emotionen gehören dazu – aber sie dürfen nicht das Steuer übernehmen.
- Psychologische Stärke ist kein Talent, sondern eine Übung. Trainiere sie.

Praxis-Tipp: Baue dir deine eigene „Behavioral-Finance-Toolbox": eine Checkliste mit emotionalen Warnsignalen, ein Investorenjournal, eine Exit-Strategie – und einen Sparringspartner, der dich ehrlich spiegelt.

Extra-Tipp: Nutze nicht nur Fakten, sondern auch Routinen: z. B. ein monatlicher Reflexionstag, an dem du nicht investierst, sondern denkst. Langfristiger Erfolg beginnt im Kalender.

Reflexionsfragen für dein Anlagetagebuch

1. Welche psychologischen Fallen hast du bei dir selbst wiedererkannt?
2. In welchen Situationen verlierst du am ehesten die Kontrolle?
3. Welche Strategien kannst du entwickeln, um emotional stabil zu bleiben?
4. Gibt es ein Investment, das du heute nur aus Stolz oder Nostalgie hältst?
5. Was wäre dein erster konkreter Schritt, um dein Mindset weiterzuentwickeln?

Die 12 häufigsten Denkfehler – und wie du ihnen entkommst

Denkfehler	Typisches Verhalten	Was du stattdessen tun solltest
Herdenverhalten	Du machst mit, „weil es alle tun"	Triff Entscheidungen basierend auf Fundamentaldaten
FOMO (Fear of Missing Out)	Du kaufst aus Angst, etwas zu verpassen	Setze eine 24h-Überlegungsfrist
Verlustaversion	Du hältst Verlierer zu lange	Definiere klare Exit-Regeln im Vorfeld

Denkfehler	Typisches Verhalten	Was du stattdessen tun solltest
Ankereffekt	Du orientierst dich an alten Hochs	Nutze faire Bewertungskennzahlen statt historischer Kurse
Confirmation Bias	Du suchst nur Bestätigung für deine Meinung	Lies bewusst auch konträre Meinungen
Home Bias	Du investierst nur in „bekannte" Märkte	Streue global – die Welt ist dein Investmentuniversum
Overconfidence	Du überschätzt deine Fähigkeiten	Bleibe demütig – und prüfe deine Entscheidungen doppelt
Kontrollillusion	Du willst den perfekten Einstieg treffen	Erkenne: Markt-Timing ist Glückssache
Endowment-Effekt	Du verliebst dich in deine Aktien	Stell dir regelmäßig die Frage: Würde ich sie heute wieder kaufen?
Dispositionseffekt	Du verkaufst Gewinne zu früh, behältst Verluste	Nutze Stop-Loss oder Rebalancing-Regeln
Repräsentativitätsheuristik	Du extrapolierst Trends ins Unendliche	Frage dich: Ist das noch realistisch?
Sunk Cost Fallacy	Du bleibst investiert, „weil du schon so viel drin hast"	Trenne dich von Verlusten, wenn die Fakten nicht mehr passen

Was Lisa, Moritz & Patrick mitnehmen

- **Lisa:** „Ich habe gelernt, wie schnell ich von äußeren Reizen beeinflusst werde – etwa bei Trendthemen. Heute nutze ich bewusst Checklisten und Journale, um meine Impulse zu hinterfragen."
- **Moritz:** „Mir wurde klar, dass meine größten Fehler oft nach Erfolgen passierten – weil ich mich für unbesiegbar hielt. Ich weiß nun: Disziplin ist wichtiger als kurzfristige Treffer."
- **Patrick:** „Ich habe erkannt, wie sehr alte Entscheidungen und emotionale Bindungen meine Objektivität getrübt haben. Heute frage ich mich regelmäßig: ‚Würde ich das nochmal kaufen – oder halte ich nur aus Gewohnheit?'"

Golden Nugget: Du brauchst keinen IQ von 150, um erfolgreich zu investieren. Aber du brauchst die Fähigkeit, dich selbst zu beobachten. Wer sich selbst versteht, investiert besser.

Mentor-Moment: Erfolg an der Börse beginnt im Kopf. Wer seine Psyche kennt und steuert, behält auch in stürmischen Zeiten die Kontrolle.

Lisa: „Ich habe gemerkt, dass meine Emotionen oft wichtiger sind als jede Zahl im Depot."
Moritz: „Für mich ist Selbstbeobachtung das wichtigste Werkzeug geworden – erst dann treffe ich wirklich kluge Entscheidungen."
Patrick: „Ich habe zu spät gelernt, wie sehr meine Gedanken meine Investments steuern – heute achte ich mehr auf mich als auf die Kurse."

Cliffhanger: Im nächsten Abschnitt betrachten wir die zehn größten Investorenfehler – und wie du sie clever vermeidest. Bereit für den nächsten Schritt auf deinem Weg zum:r souveränen Anleger:in?

Faktencheck

☑ **Kahneman & Tversky (1979):** Psychologische Verzerrungen haben einen signifikanten Einfluss auf Anlageentscheidungen und Marktverhalten.

☑ **Statman (2011):** Bewusster Umgang mit Emotionen und regelmäßige Reflexion verbessern langfristig die Investment-Performance.

☑ **Barberis & Thaler (2003):** Disziplinierte und strukturierte Anlageprozesse sind entscheidend für nachhaltigen Erfolg an den Finanzmärkten.

☑ **CFA Institute (2023):** Behavioral Biases sind Hauptursachen für ineffizientes Investorenverhalten und können durch gezielte Bildungsmaßnahmen reduziert werden.

☑ **Vanguard Group (2023):** Anleger:innen mit klaren Regeln und Routinen zeigen nachweislich bessere Risiko-Rendite-Profile.

☑ **Frankfurt School of Finance & Management (2023):** Studien belegen, dass strukturierte Entscheidungsprozesse emotionale Fehlentscheidungen signifikant minimieren.

☑ **Harvard Business Review (2022):** Langfristiger Anlageerfolg korreliert stark mit der Fähigkeit, psychologische Fallstricke zu erkennen und zu umgehen.

☑ **MSCI (2024):** Wissenschaftliche Analysen zeigen, dass systematische Disziplin und eine emotionale Distanz zu den Märkten den entscheidenden Unterschied machen.

2.2. Die 10 größten Investorenfehler – und wie du sie vermeidest

„Nicht der Fehler kostet dich dein Geld – sondern, ihn zu wiederholen."
– Börsenweisheit

Lisa, Moritz & Patrick: Vom Stolpern zum Aufstehen

Lisa erinnert sich an ihren ersten Depot-Crash. Voller Elan gestartet, zu viele Einzelwerte, immer wieder umgeschichtet – bis sie den Überblick verlor. „Es war, als hätte ich lauter Baustellen gleichzeitig, aber keinen Plan. Erst als alles rot blinkte, habe ich begriffen: Weniger ist mehr. Seitdem setze ich auf Struktur und klare Regeln – und atme durch, wenn mal was nicht läuft."

Moritz wollte alles, sofort. „Mehr Rendite, mehr Aktien, mehr Risiko – und plötzlich war die Gier größer als der Verstand", gesteht er sich ein. Er saß nächtelang vor Kurslisten, probierte die wildesten Strategien – bis die Verluste ihn ausgebremst haben. „Heute weiß ich: Eine gute Strategie wächst mit Erfahrung. Gier ist nie ein guter Ratgeber."

Patrick setzte jahrelang auf Bauchgefühl. „Ich hab investiert wie beim Kochen – nach Gefühl und mit einer Prise Hoffnung." Mal klappte es, oft aber nicht. „Der Preis dafür? Viel Lehrgeld – und das Gefühl, nie wirklich sicher zu sein. Erst als ich anfing, meine Fehler zu notieren und zu reflektieren, kam Struktur rein. Fehler gehören dazu, aber ich mache sie heute nur noch einmal."

Was sie alle verbindet: Nicht die Fehler selbst, sondern der Umgang damit macht sie besser. Sie sind ehrlich zu sich selbst, stehen wieder auf – und passen ihre Strategie an. Fehler sind keine Makel, sondern Sprungbretter. Und du kannst dasselbe tun.

Mini-O-Töne als Abschluss

- **Lisa:** „Ich habe mehr aus roten Zahlen gelernt als aus grünen. Entscheidend ist, wieder aufzustehen."
- **Moritz:** „Scheitern ist kein Makel – es ist der beste Lehrer."
- **Patrick:** „Wer aufschreibt, was schiefging, fällt beim nächsten Mal weicher."

Warum dieses Kapitel dein Gamechanger wird

Crashs, Crashs, Crashs – darüber liest du viel. Aber der eigentliche Feind sitzt oft vor dem Bildschirm: dein eigenes Verhalten. Wiederholte Fehlentscheidungen kosten dich mehr als jeder Börseneinbruch. Dieses Kapitel deckt die zehn größten Fallen auf – mit ehrlichen Geschichten und konkreten Werkzeugen, um sie zu umgehen.

Die 10 größten Investorenfehler – und was du stattdessen tun kannst

Fehler	**Warum er dich stoppt**	**Besser machen: Deine Gegenstrategie**
Kein Plan, kein Ziel	Orientierungslos, planlos, frustriert	Definiere klare Ziele und Strategien vor dem Start.
Zu spät begonnen	Der Zeitvorteil geht verloren	Fang jetzt an – Zeit ist dein bester Hebel.
Zu viel auf einmal gewollt	Überforderung, hohe Fehlerquote	Setze realistische Ziele, Schritt für Schritt.
Auf heiße Tipps gehört	Fremdgesteuert, hohe Verlustrisiken	Informiere dich unabhängig, bleib kritisch.
Fehlende Diversifikation	Klumpenrisiken, unnötige Verluste	Streue breit über Regionen, Branchen & Anlageklassen.
Keine Exit-Strategie	Emotionales Hin und Her, Unsicherheit	Erstelle vor Kauf deinen Verkaufsplan.
Zu viel Trading	Hohe Kosten, schlechte Timingentscheidungen	Behalte Geduld und Disziplin – weniger ist mehr.
Kein Rebalancing	Ungleichgewicht, Risiko steigt	Kontrolliere und justiere regelmäßig dein Portfolio.
Emotion statt System	Bauchentscheidungen, Panikreaktionen	Nutze klare Regeln und objektive Kriterien.
Lernen verweigert	Wiederholung teurer Fehler	Reflektiere, dokumentiere und wachse daran.

Lisa: „Ich dachte, ich könnte alle Fehler vermeiden – bis ich verstanden habe: Fehler gehören zum Lernprozess. Heute halte ich sie schriftlich fest, damit sie sich nicht wiederholen."
Moritz: „Ich habe mich oft von Trends blenden lassen. Mein Aha-Moment? Am gefährlichsten sind die Fehler, die alle anderen machen."
Patrick: „Mein größter Denkfehler war, Verluste persönlich zu nehmen. Heute trenne ich Gefühl und Depot – das gibt mir Luft zum Atmen."

Praxis-Tipp: Führe dein persönliches Fehler-Tagebuch. Schreibe ehrlich auf, was schiefgelaufen ist und wie du es besser machen kannst. Das ist dein Schlüssel zur kontinuierlichen Verbesserung.

Extra-Tipp: Tausche dich regelmäßig mit Gleichgesinnten aus. Offenheit und kritischer Dialog sind wahre Wachstumstreiber.

Deine Einladung: Mach diese Fehler nicht nur zum Thema, sondern zum Motor deiner Weiterentwicklung. Gemeinsam machen wir aus Stolpersteinen Meilensteine.

Golden Nugget: Fehler sind kein Ende, sondern ein Anfang – wer aus ihnen lernt, investiert nicht nur klüger, sondern auch mutiger.

Mentor-Moment: Die besten Investor:innen sind nicht die, die nie scheitern – sondern die, die nach jedem Rückschlag wieder aufstehen.

Lisa: „Jeder Fehler hat mich weitergebracht – wichtig ist, nicht stehenzubleiben."
Moritz: „Rückschläge gehören dazu, aber sie machen dich mit jedem Mal souveräner."
Patrick: „Mein Depot ist nicht perfekt, aber meine Einstellung zu Fehlern hat sich komplett verändert."

Social Proof
„Ich habe lange gebraucht, um mir Fehler zu erlauben. Heute weiß ich: Sie sind meine wertvollsten Lehrer. Mit jedem Stolpern wurde mein Depot stärker – und ich auch."
– Jonas, 29

Cliffhanger: Im nächsten Kapitel gehen wir noch einen Schritt weiter: Du erfährst, wie du mit gezielten Strategien, Routinen und einem starken Mindset diese Fehler endgültig hinter dir lässt. Bist du bereit für deinen persönlichen Wendepunkt?

Faktencheck
- ☑ **Barber & Odean (2000):** Wiederholte Fehlentscheidungen und emotional getriebene Trades gehören zu den größten Renditekillern bei Privatanleger:innen.
- ☑ **Morningstar (2023):** Frühes und diszipliniertes Investieren ist der wichtigste Hebel für nachhaltigen, langfristigen Anlageerfolg.
- ☑ **Markowitz (1952):** Diversifikation ist die fundamentale Strategie zur Risikoreduzierung und zur Verbesserung der Rendite im Portfolio.
- ☑ **Vanguard Research (2022):** Breite Diversifikation minimiert systematische Risiken und erhöht die Stabilität des Portfolios über Zeit.
- ☑ **Dalbar Studie (2022):** Ein klar definierter Investitionsplan und regelmäßiges Rebalancing sind essenziell, um emotionale Fehlentscheidungen zu vermeiden.

☑ **Behavioral Finance Research (2023):** Der Verzicht auf impulsives Handeln und der Fokus auf Lernen und Reflexion stärken die Nachhaltigkeit von Investmententscheidungen.
☑ **CFA Institute (2023):** Strukturierte Investmentprozesse und disziplinierte Routinen verbessern signifikant die Performance von Privatanleger:innen.
☑ **Frankfurt School of Finance & Management (2023):** Systematische Planung und psychologische Resilienz sind Schlüssel für langfristigen Erfolg an den Finanzmärkten.

2.2.1. Kein Plan, kein Ziel – Wenn Strategie durch Zufall ersetzt wird

„Ich wollte einfach mal anfangen –
und dann sehen, was passiert.“
– Manuel, Community-Mitglied

Lisa, Moritz & Patrick zwischen Bauchgefühl und Blindflug
Lisa hat sich einen ETF-Sparplan eingerichtet – aber nie definiert, wofür oder wie lange. **Moritz** kauft Aktien, die ihm spannend erscheinen – ohne über deren Rolle im Gesamtdepot nachzudenken. **Patrick** hat zwar mehrere Investments, aber keine klare Struktur dahinter – mal konservativ, mal spekulativ, mal beides.
Drei Ansätze – eine Gemeinsamkeit: Es fehlt der Plan. Und ohne Plan ist jedes Ziel beliebig.

Warum das gefährlich ist
Investieren ohne Ziel ist wie eine Reise ohne Karte: Man kommt irgendwo an – aber oft nicht dort, wo man hinwollte. Wer keinen Plan hat, investiert aus dem Bauch, aus Laune oder fremder Meinung. Das führt zu Übergewichtungen, fehlender Balance oder hektischem Umschichten. Und am Ende fehlt nicht nur die Rendite – sondern auch das gute Gefühl, die Kontrolle zu haben.

Praxisbeispiel: Ein Anleger hat mehrere Fonds und Aktien im Depot – aber keine Strategie. Er reagiert auf Börsennachrichten, statt langfristige Entscheidungen zu treffen. In schwachen Phasen verkauft er aus Angst – in starken aus Gier. Nach drei Jahren stellt er fest: Viel Bewegung, wenig Wirkung. Und null Klarheit.

Sven prüft…

„Plan? Ach, ich schau erst mal, wie's läuft …" Sven lächelt trocken. Wer so startet, bleibt oft ewig Anfänger:in. „Kein Ziel, kein Plan – das klingt entspannt, ist aber der schnellste Weg ins Börsen-Nirvana. Studien zeigen: Wer ohne Strategie loslegt, verzettelt sich am Ende zwischen lauter Einfällen und fremden Meinungen."

Die Wissenschaft ist eindeutig:

- Anleger:innen ohne klaren Plan handeln doppelt so oft aus dem Bauch und machen signifikant mehr Fehler (Behavioral Finance Research, 2021).
- Die meisten Kursverluste entstehen, wenn aus Langeweile oder Unsicherheit verkauft und gekauft wird – nicht aus Überzeugung (Vanguard, 2023).
- Wer jedes Investment einer Funktion zuordnet, bleibt in Krisen ruhiger und ist nachweislich erfolgreicher (Frankfurt School of Finance, 2023).

Sven meint

„Ein Depot ohne Plan ist wie ein Haus ohne Fundament. Sieht vielleicht spannend aus – aber beim ersten Sturm wackelt alles. Wer Ziele festlegt und sie regelmäßig prüft, ist anderen einen Schritt voraus. Und spart sich viele schlaflose Nächte."

Svens Fazit

Aktivität ist nicht gleich Strategie. Ein simpler Plan bringt mehr Ruhe – und bessere Ergebnisse – als jede Bauchentscheidung.

Take-Aways – Das Wichtigste auf einen Blick

- Ein Depot ohne Plan ist wie ein Haus ohne Fundament – instabil und anfällig.
- Ziele geben Orientierung und schützen vor impulsivem Handeln.
- Kontrolle entsteht nicht durch Aktivität, sondern durch Strategie.
- Wer weiß, warum er investiert, bleibt auch in stürmischen Zeiten ruhig.

Planen heißt nicht starr sein

Ein Plan ist dein Kompass, nicht dein Gefängnis. Märkte ändern sich, Lebenssituationen auch. Wichtig ist, dass du deine Strategie regelmäßig prüfst und anpasst – ohne bei jeder kleinen Bewegung verrückt zu werden. Flexibilität ist die zweite Seite der Medaille, die dir Sicherheit gibt.

So denken Lisa, Moritz & Patrick

- **Lisa**: „Ich habe mir konkrete Ziele gesetzt – und weiß jetzt, warum ich welchen ETF bespare."
- **Moritz**: „Ich ordne jedes Investment einer Funktion zu – z. B. Wachstum, Stabilität oder Diversifikation."
- **Patrick**: „Ich folge heute dem Motto: Kein Kauf ohne Plan – und ich checke meinen Plan regelmäßig."

Praxis-Tipp: Starte mit einem simplen 3-Fragen-Check für jedes Investment:

1. Warum will ich das kaufen?
2. Was soll es in meinem Depot leisten?
3. Wann ist der richtige Zeitpunkt zum Ausstieg?

Extra-Tipp: Nutze ein „Depot-Kompass"-Dokument: Eine einseitige Übersicht, in der du dein Anlageziel, deine Strategie, deine Asset Allocation und deine Exit-Regeln schriftlich festhältst. Das schafft Klarheit und Halt – gerade in unsicheren Phasen.

Golden Nugget: Ein Ziel ohne Plan bleibt ein Wunsch. Ein Plan macht aus Wünschen Ergebnisse.

Mentor-Moment: Wer keinen Plan hat, wird Teil des Plans von jemand anderem. Und an der Börse ist das selten ein guter.

Cliffhanger: Im nächsten Kapitel schauen wir uns den zweiten großen Fehler an: „Zu spät begonnen" – warum Zeit dein wertvollster Verbündeter ist und wie du trotzdem noch einsteigen kannst, ohne den Zug zu verpassen.

Faktencheck

☑ **Morningstar (2022):** Klare Anlageziele und gut definierte Strategien reduzieren Fehlentscheidungen und verbessern die Anlagerendite deutlich.

☑ **Vanguard (2023):** Regelmäßige Überprüfung und Anpassung der Anlagestrategie führen zu stabileren und langfristig besseren Renditen.

☑ **Behavioral Finance Research (2021):** Fehlende oder unklare Planung ist einer der Hauptgründe für impulsives Handeln und damit verbundene Depotverluste.

☑ **CFA Institute (2023):** Disziplinierte Zielsetzung und kontinuierliche Strategieanpassung gehören zu den besten Praktiken erfolgreicher Privatanleger:innen.

☑ **Frankfurt School of Finance & Management (2023):** Anleger:innen mit klaren Zielen zeigen signifikant geringere emotionale Fehlentscheidungen.
☑ **Harvard Business Review (2022):** Zielorientierte Planung stärkt die psychologische Widerstandsfähigkeit gegenüber Marktvolatilität.
☑ **MSCI (2024):** Studien bestätigen, dass systematische Strategieüberprüfungen die Risikosteuerung und Renditeoptimierung verbessern.

2.2.2. Zu viel auf einmal – Der Klassiker der Überforderung

„Ich hab 14 Titel im Depot – aber bei der Hälfte weiß ich nicht mal mehr, warum."
– Maja, Community-Mitglied

Lisa, Moritz & Patrick im Informations-Dschungel

Lisa lacht unsicher in die Runde, als sie das zugibt. Es wird still im Raum. Jeder kennt dieses Gefühl. Moritz checkt im selben Moment die Kurse am Handy, während Patrick sich fragt, ob er jemals aus seiner Leselust ins Handeln kommt. Willkommen im Informations-Dschungel – einer Welt, in der jeder alles wissen will und am Ende vor lauter Bäumen keinen Wald mehr sieht.

Lisa startet voller Begeisterung und verschlingt Podcasts, YouTube-Kanäle, Blogs – bis ihr Sparplan aus allen Nähten platzt. Sechs ETFs, ein paar Einzelaktien, alles klingt wichtig, alles wirkt wie eine Chance an. **Moritz** will nichts verpassen und mischt Einzelaktien, Themenfonds und Kryptos. **Patrick** sucht den ultimativen Wissensvorsprung, liest Studien und Bücher – doch statt Sicherheit wächst die Unsicherheit. Die Folge? Verzettelung, Unruhe, Angst vor dem ersten Schritt. Genau hier beginnt das Abenteuer Überforderung.
Drei Personen – eine Erfahrung: Überforderung bremst Handlung. Und macht aus Klarheit Verwirrung.

Josefs Einstieg
Ich erinnere mich noch gut an meine eigenen Anfänge an der Börse – damals, in den 90ern. Alles war neu, der DAX ein großes Mysterium, Nachrichten prasselten wie Platzregen auf mich ein. Jeden Tag fühlte ich mich, als würde ich versuchen, ein Puzzle mit 1.000 Teilen zu legen, von dem ich nur die Hälfte der Vorlage kannte.

Irgendwann begriff ich: Nicht jede Information ist wichtig. Wer lernt, die Flut auszusortieren, hat schon gewonnen. Mit einem klaren Plan wird die Börse kein Mysterium mehr, sondern ein Abenteuer mit Kompass. Viele unterschätzen, wie schnell aus Begeisterung Überforderung wird. Doch der Weg zu finanzieller Klarheit beginnt genau an diesem Punkt: mit bewusster Reduktion.

Warum ist die Überforderung gefährlich?
Weil sie dich lähmt. Du willst alles richtig machen – und schiebst jede Entscheidung auf. Während du noch zwischen Watchlists, Gruppen-Chats und den neuesten Trends hin- und herspringst, vergeht wertvolle Zeit. Aus „Ich will investieren!" wird ein innerer Monolog voller Zweifel: „Was, wenn ich etwas Wichtiges übersehe?" Die Ironie: Wer zu viel will, erreicht am Ende oft gar nichts.

Erfolg beginnt mit Fokus
Ein Anleger scrollt morgens durch zig News-Apps, prüft zehn Watchlists, tauscht sich in Foren aus – und wartet dann monatelang auf den „perfekten Moment". Am Ende kauft er ausgerechnet das Produkt, das gerade jeder empfiehlt. Der Grund: Angst, nicht dabei zu sein, und das Gefühl, mit jedem weiteren Klick klüger zu werden. Das Chaos wächst.

Was kannst du konkret tun?
Weniger ist mehr. Ein klares, strukturiertes Portfolio mit fünf bis acht Positionen bringt dir oft mehr als jedes Sammelsurium. Qualität schlägt Quantität – und jede Position sollte einen klaren Zweck erfüllen. Hinterfrage: Warum liegt dieser Titel in meinem Depot? Was bringt er mir wirklich? Und: Würde ich ihn heute noch einmal kaufen?

Take-Aways – Das Wichtigste auf einen Blick

- Besitz macht blind – vor allem, wenn Emotionen im Spiel sind.
- Behalte nur, was du heute aktiv wieder kaufen würdest.
- Dein Depot ist kein Museum – sondern ein Werkzeug.
- Objektivität entsteht durch regelmäßige Reflexion.

So gehen Lisa, Moritz & Patrick damit um

- **Lisa:** „Zwei ETFs reichen – mein Leben ist entspannter, mein Portfolio stabil."
- **Moritz:** „Mein 3-Körbe-Modell bringt Struktur – und etwas Spielwiese darf sein."
- **Patrick:** „Maximal zehn Positionen. Jede mit Sinn. So verliere ich nie den Überblick."

Praxis-Tipp: Fang klein an und baue konsequent auf. Reduziere Optionen, bevor du investierst. Und beobachte dich dabei: Fühlt sich weniger wirklich leichter an? Spoiler: Ja.

Reflexionsfragen

- Hältst du aktuell ein Investment nur, weil du „schon so viel reingesteckt hast"?
- Bewertest du dein Depot regelmäßig neu – oder klammerst du dich an vergangene Entscheidungen?
- Wie gehst du mit Fehlentscheidungen um – analysierst du oder verdrängst du?

Golden Nugget: Nicht die Anzahl der Positionen entscheidet, sondern der Fokus. Wer auswählt, gewinnt.

Mentor-Moment: Ein volles Depot ist kein Zeichen von Stärke, sondern von Angst. Wahre Meisterschaft liegt im Mut zur Klarheit. Wer sich fokussiert, investiert langfristig am besten.

Lisa: „Früher habe ich gedacht, je mehr Aktien, desto sicherer. Heute konzentriere ich mich auf Qualität statt Quantität."
Moritz: „Mein Depot war mal vollgestopft – aber erst mit weniger Positionen habe ich wirklich den Überblick behalten."
Patrick: „Ich habe gelernt, dass ein fokussiertes Depot viel entspannter ist. Klarheit ist meine neue Stärke."

Cliffhanger: Neugierig, wie Emotionen und Bauchgefühl unsere Entscheidungen steuern? Im nächsten Kapitel geht es um Spontankäufe ohne Analyse – und darum, warum wir oft impulsiv handeln, obwohl wir es eigentlich besser wissen. Erfahre, wie du erkennst, wann dein Bauch am Steuer sitzt – und wie du diesen Reflex souverän umgehst.

Faktencheck

☑ **Morningstar (2022):** Klare Ziele und Strategien reduzieren Fehlentscheidungen bei Anleger:innen signifikant und fördern eine disziplinierte Anlagehaltung.

☑ **Vanguard (2023):** Die regelmäßige Überprüfung und Anpassung der Anlagestrategie führt nachweislich zu stabileren Renditen und besserem Risikomanagement.

- ☑ **Behavioral Finance Research (2021):** Fehlende oder unklare Planung ist einer der Hauptgründe für impulsives Handeln und daraus resultierende Depotverluste.
- ☑ **CFA Institute (2023):** Strukturierte Anlageprozesse mit festen Regeln verbessern die Entscheidungsqualität und reduzieren emotionale Reaktionen.
- ☑ **Frankfurt School of Finance & Management (2023):** Anleger:innen mit disziplinierten Routinen zeigen geringere Volatilität im Portfolio und bessere Langzeitergebnisse.
- ☑ **Harvard Business Review (2022):** Psychologische Resilienz wird durch systematisches Vorgehen und Planung deutlich gestärkt.
- ☑ **MSCI (2024):** Empirische Studien bestätigen, dass diszipliniertes Verhalten in Kombination mit regelmäßiger Strategieanpassung die Rendite-Risiko-Relation verbessert.

2.2.3. Spontankäufe ohne Analyse – Wenn das Bauchgefühl das Steuer übernimmt

„Die Aktie hat sich gut angehört –
also hab ich sie einfach gekauft."
– Samuel, Community-Mitglied

Lisa, Moritz & Patrick zwischen Impuls und Intuition
Lisa scrollt nach Feierabend durch Instagram. Ein Post sticht ihr ins Auge: „Top-ETF für die Zukunft". Bevor ihr Tee richtig durchgezogen ist, hat sie schon gekauft. Lisa spürt einen kleinen Adrenalinkick, als sie bestätigt. **Moritz** bekommt eine WhatsApp von einem Kollegen: „XY? Muss man haben!" Kaum gelesen, schon liegt die Aktie in seinem Depot. Moritz will vor allem „nicht zu spät sein". **Patrick** erwischt ein YouTube-Video – überzeugende Story, begeisterte Kommentare, keine Zeit für Zahlen. Klick, gekauft. Patrick denkt: Warum lange grübeln, die Aktie wird doch gerade abgefeiert.
Drei Käufe – null Analyse. Was bleibt? Meist das böse Erwachen – und die Frage: „Warum eigentlich?"

Warum das gefährlich ist
Spontankäufe fühlen sich im Moment richtig an. Der Puls steigt, man will „dabei sein". Aber der Kopf bleibt draußen. Emotionen wie Euphorie, Angst, Grup-

pendruck – sie wirken harmlos, sind aber hochriskant. Ohne Analyse fehlt das Fundament. Du weißt nicht, was du gekauft hast, und noch weniger, wann oder warum du verkaufen solltest. Aus einem Investment wird ein Blindflug – und oft bleibt am Ende nur Enttäuschung.

Praxisbeispiel: Ein Anleger investiert spontan in eine gehypte Wasserstoff-Aktie. Name cool, Story überzeugend, Influencer:innen schwärmen. Keine Bilanz, keine Zahlen, keine echte Prüfung. Wochen später: -35 %. Was war passiert? Die Firma schrieb Verluste – das stand sogar offen im Factsheet. Der schnelle Klick wurde zum teuren Fehler.

Take-Aways – Das Wichtigste auf einen Blick

- Spontankäufe sind oft teuer – Emotionen machen selten reich.
- Ohne Analyse gibt's keine echte Kontrolle und kein klares „Warum".
- Jedes Investment braucht einen Grund, keine Instagram-Schlagzeile.
- Wer eine Nacht drüber schläft, vermeidet die meisten Fehler – und spart viel Geld, Zeit und Nerven.

So gehen Lisa, Moritz & Patrick damit um

- **Lisa**: „Ich schreibe heute für jedes Investment mein ‚Warum' in zwei Sätzen auf. Steht da nichts – bleibt's bei mir im Warenkorb."
- **Moritz**: „Ich mache keine Spontankäufe mehr. Wenn ich's nach 24 Stunden noch will, prüfe ich die Zahlen – erst dann entscheide ich."
- **Patrick**: „Mein neues Ritual: Erst ein persönliches Entscheidungsschema, dann erst der Klick. So stoppe ich mich selbst."

Praxis-Tipp: Mach den **5x-Warum-Test**: Frag dich fünfmal „Warum will ich das kaufen?" – und du merkst sofort, ob Substanz dahintersteckt oder nur dein Impuls am Steuer sitzt.

Extra-Tipp: Setze dir eine Sperrfrist: Kein Kauf am Tag des ersten Kontakts! Eine Nacht Abstand schützt dich vor 90 % aller Fehlgriffe – und trainiert echte Entscheidungsqualität.

Reflexionsfragen

- Wie oft hast du schon spontan investiert – und was war das Ergebnis?
- Gibt es eine Kaufentscheidung, die du heute rückgängig machen würdest?

- Welche kleine Routine könntest du ab heute einführen, damit dein nächstes Investment ein echtes ‚Warum' bekommt – und kein impulsiver Blindflug bleibt?

Golden Nugget: Spontan sein? Ja – aber nicht beim Investieren.

Mentor-Moment: An der Börse gewinnt nicht, wer am schnellsten klickt, sondern wer vor der Kaufentscheidung gründlich nachdenkt.

Lisa: „Ich habe gelernt, dass der erste Impuls selten der beste ist – gerade beim Investieren hilft Nachdenken mehr als Schnelligkeit."
Moritz: „Früher war ich immer auf der Jagd nach dem nächsten heißen Tipp – heute vertraue ich auf meine Strategie, nicht auf spontane Eingebungen."
Patrick: „Geduld und ein klarer Plan haben mir mehr gebracht als jeder schnelle Klick."

Cliffhanger: Im nächsten Kapitel erfährst du, wie du mit klaren Tools und einfachen Regeln deinem Depot echte Sicherheit gibst – und wie du lernst, klüger und entspannter zu investieren, ganz egal, wie verlockend der nächste Hype wirkt.

Faktencheck

☑ **Morningstar (2022):** Über 60 % der Privatanleger:innen geben an, spontane Käufe später bereut zu haben.

☑ **Vanguard (2023):** Emotionale und impulsive Entscheidungen führen nachweislich zu schlechteren Anlageergebnissen.

☑ **Behavioral Finance Research (2021):** Das schriftliche Festhalten des persönlichen „Warum" und klare Anlage-Regeln erhöhen die Erfolgsquote und die emotionale Stabilität.

☑ **CFA Institute (2023).** Disziplinierte Anleger:innen, die emotionale Reaktionen durch feste Regeln begrenzen, erzielen bessere Langzeitresultate.

☑ **Frankfurt School of Finance & Management (2023):** Strukturierte Vorgehensweisen reduzieren impulsives Handeln und verbessern die Performance.

☑ **Harvard Business Review (2022):** Die bewusste Reflexion der eigenen Motivation wirkt sich positiv auf die Entscheidungsqualität aus.

☑ **MSCI (2024):** Studien zeigen, dass Anleger:innen mit klar definierten Strategien weniger volatil und erfolgreicher investieren.

2.2.4. Strategie-Switching – Wenn du zu oft deinen Plan änderst

„Dividendenstrategie klingt gut – aber vielleicht doch lieber Tech? Oder Value? Oder...?“
– Daniel, Community-Mitglied

Lisa, Moritz & Patrick zwischen Klarheit und Kurswechsel

Lisa sitzt an einem Sonntagvormittag am Küchentisch, das Notizbuch vor sich. Gerade eben war sie noch überzeugt von ihrem nachhaltigen ETF-Plan – dann stößt sie beim Scrollen auf ein neues Video: „Dividendenstrategie für Einsteiger“. Plötzlich fühlt sich ihr Depot langweilig an, ihr Mut schrumpft. „Was, wenn ich etwas verpasse? Was, wenn ich auf das Falsche setze?“ Das Umschichten lockt – aber dahinter steckt die Angst, später zu bereuen.

Moritz bleibt ein Jahr lang diszipliniert beim Value-Ansatz. Jeden Freitag prüft er seine Watchlist, analysiert Bilanzen, liest Reports. Doch als überall über KI und Tech-Aktien gesprochen wird, fühlt er sich abgehängt. „Bin ich zu altmodisch? Sollte ich nicht doch mitziehen?“ Aus Neugier – oder vielleicht Unsicherheit – wechselt er ins Tech-Lager. Zurück bleibt Unruhe, das Gefühl, immer den Trends hinterherzulaufen, aber nie angekommen zu sein.

Patrick ist ein echter Strategie-Switcher. Jeden Morgen beim Frühstück inspiriert ihn ein anderer Finanzblog: Heute Dividenden, morgen Momentum, nächste Woche nachhaltige Innovationen. Sein Depot gleicht einem Versuchslabor – ein bisschen von allem, aber ohne Plan. „Vielleicht brauche ich einfach mehr Wissen, dann finde ich den richtigen Weg“, redet er sich ein. Doch mit jedem Kurswechsel fühlt er sich orientierungsloser. Seine Tochter Sophie sagt trocken: „Papa, manchmal ist weniger mehr – und Durchhalten besser als Nachrennen.“

Drei Strategien – null Beständigkeit. Was fehlt? Der Lernerfolg – und oft auch die Performance.

Mikro-Dialoge/O-Töne als Nachklang

- **Lisa** (zu Moritz): „Jedes Mal, wenn ich eine neue Strategie sehe, fange ich fast wieder bei null an. Vielleicht ist Ruhe auch mal eine Stärke ...“
- **Moritz** (leise zu sich selbst): „Trendwechsel sind wie Mode – manchmal passt es, meistens nicht lange.“
- **Patrick** (zu Sophie): „Mein Depot sieht aus wie ein bunter Salat. Aber satt werde ich davon nicht.“

Warum das gefährlich ist
Stell dir vor, du fährst mit dem Navi zu einem Ziel – aber an jedem Kreisverkehr biegst du spontan irgendwo ab, weil das Schild gerade interessant klingt. Genau so fühlt sich Strategie-Switching an: Jeder neue Impuls bringt ein kurzes Hoch, aber am Ende bleibst du oft nur im Kreis.

Was verloren geht
- Ruhe und Klarheit
- Rendite (Gebühren, Timing-Fehler, Steuern)
- Die Chance, deine Strategie wirklich kennenzulernen und zu meistern

Die Wahrheit: Keine Strategie ist immer auf Platz 1. Aber wer nie an seiner Linie bleibt, wird auch nie erfahren, wie viel Potenzial wirklich in ihr steckt.

Praxisbeispiel: Ein Anleger startet klassisch und breit gestreut mit einem Weltportfolio. Dann liest er einen Artikel über Dividendenaktien – und baut sofort um. Es folgt ein Hype um Trend-ETFs, dann ein paar Monate Faktor-Investing. Jedes neue Thema sorgt für neue Umschichtungen. Am Ende? Viel Aktion, wenig Ruhe und das Depot ist ein Flickenteppich. Die Rendite? Mittelmäßig – der Stressfaktor: hoch.

Mini-Beispiel: Lisas Strategie-Steckbrief – Nachhaltiges Weltportfolio
- **Ziel:** Weltweit investieren, klimafreundlich & sozial verantwortlich
- **Warum:** Ich will Geld anlegen UND die Zukunft mitgestalten
- **Umsetzung:** Maximal fünf nachhaltige ETFs, Buy & Hold, jährlicher Check
- **Regel:** Umschichten nur, wenn sich meine Werte oder die Datenlage wirklich ändern

WhatsApp-Dialog: Strategiewechsel bei Moritz
Moritz (schickt Screenshot): „Alle reden gerade über KI-Aktien, lohnt sich das noch?"
Freund: „Schon spannend – aber bist du nicht eigentlich Value? Bleib doch mal dabei, ist entspannter!"
Moritz: „Du hast recht … Mein Depot war noch nie so ruhig, seit ich weniger mache. Die Versuchung ist halt immer groß!"

Reflexionsszenario: Patricks Learning
Nach dem dritten Strategiewechsel innerhalb eines Jahres gönnt sich Patrick einen Kaffee und ein leeres Blatt. Er notiert, was ihn jedes Mal zum Wechseln brachte: FOMO, Unsicherheit und zu viele Meinungen von außen. Sein Learning: Wenn er eine Strategie endlich länger durchhält, spürt er mehr Ruhe – und sieht, wie Geduld sich wirklich auszahlt. Heute landen neue Ideen erst auf einer Warteliste – sein Depot hat wieder Richtung und er schläft besser.

Praxis-Tipp: Erstelle deinen **Strategie-Steckbrief**: Was ist dein Ziel, warum wählst du diese Strategie, wie setzt du sie um – und wann ist ein Wechsel wirklich gerechtfertigt? Schreibe es auf, halte es sichtbar.

Extra-Tipp: Baue einen **Ideen-Filter**: Nur maximal drei neue Investmentideen pro Monat werden geprüft – alles andere bleibt auf der Beobachtungsliste. So behältst du Fokus, Klarheit und deine Ruhe.

Take-Aways – Das Wichtigste auf einen Blick

- Deine Strategie ist kein Modetrend – sondern dein Kompass für den Langstreckenlauf.
- Ständiges Umschichten kostet Geld, Zeit und Nerven.
- Geduld schlägt Aktionismus – Performance braucht Beständigkeit.
- Deine beste Strategie ist die, die du auch durchziehst, wenn's mal langweilig oder stürmisch wird.

So gehen Lisa, Moritz & Patrick heute damit um

- **Lisa**: „Ich bleibe jetzt konsequent bei meiner Nachhaltigkeitsstrategie – auch wenn's mal langweilig wirkt."
- **Moritz**: „Mein Depot hat mehr Ruhe, seit ich nur noch einmal im Jahr prüfe, ob die Strategie passt."
- **Patrick**: „Neue Ideen kommen erst auf die Warteliste. Nur was den Check übersteht, wird umgesetzt."

Reflexionsfragen

- Wann hast du zuletzt deine Strategie gewechselt – aus Überzeugung oder aus FOMO?
- Welche Auslöser bringen dich immer wieder zum Umschichten?
- Was würde passieren, wenn du deine Linie einfach mal ein Jahr durchziehst?

Golden Nugget: Deine Strategie ist wie ein guter Freund: Sie bleibt an deiner Seite, auch wenn's mal nicht läuft. Wer ständig die Freunde wechselt, bleibt oft allein.

Mentor-Moment: Wer seinen Plan dauernd wechselt, dreht sich im Kreis. Wer dranbleibt, kommt an.

Lisa: „Früher habe ich ständig meine Strategie geändert – heute bleibe ich meinem Plan treu, auch wenn's mal schwierig wird."
Moritz: „Ich musste lernen, dass Durchhalten mehr bringt als immer wieder neu zu starten."
Patrick: „Für mich ist Disziplin der wichtigste Baustein für langfristigen Erfolg. Mein Plan gibt mir Halt."

Cliffhanger: Im nächsten Kapitel lernst du, wie Routinen und Checklisten dein Depot in ruhiges Fahrwasser bringen – und warum Disziplin am Ende immer gewinnt.

Faktencheck

☑ **Morningstar (2023):** Studien belegen, dass häufige Strategiewechsel langfristig zu schlechteren Renditen führen.

☑ **Vanguard (2022):** Disziplinierte Anleger:innen erzielen nachweislich bessere Ergebnisse und zeigen mehr Gelassenheit im Umgang mit Marktschwankungen.

☑ **Behavioral Finance Research (2021):** Anleger:innen, die einmal festgelegte Strategien konsequent durchhalten, sind erfolgreicher als häufig wechselnde Investor:innen.

☑ **CFA Institute (2023):** Kontinuität in der Strategie minimiert emotionale Fehlentscheidungen und optimiert die Rendite-Risiko-Relation.

☑ **Frankfurt School of Finance & Management (2023):** Verlässliche, stabile Strategien stärken die psychologische Widerstandskraft gegenüber Marktvolatilität.

☑ **Harvard Business Review (2022):** Langfristiger Erfolg ist eng mit der Fähigkeit verbunden, diszipliniert an bewährten Plänen festzuhalten.

☑ **MSCI (2024):** Empirische Analysen bestätigen, dass Anleger:innen mit hoher Strategiekonstanz bessere Performance erzielen.

2.2.5. Depot-Frust – Wenn du zu oft aufs Konto schaust

„Schon wieder rot. Warum geht da nix voran?!“
– Marcel, Community-Mitglied

Lisa, Moritz & Patrick zwischen Kontrollbedürfnis und Kopfschütteln
Es ist Montag, 7:12 Uhr. **Lisa** liegt noch im Bett, das Handy in der Hand, Depot-App auf: Wieder ein rotes Minus. Noch vor dem ersten Kaffee ist die Laune im Keller. **Moritz** checkt die Kurse stündlich – in der U-Bahn, beim Mittagessen, sogar abends auf dem Sofa. Jedes Minus drückt, jedes kleine Plus macht kurz euphorisch – und dann nervös. **Patrick** zieht täglich eine Zwischenbilanz, als hinge alles vom Stand seines Depots ab. Sein Anlagehorizont? Zehn Jahre. Sein Fokus? Leider oft die letzten zehn Minuten.
Drei Anleger:innen – ein Muster: zu viel Kontrolle, zu wenig Vertrauen. Der Kontrollblick wird zum Hamsterrad: Viel Bewegung, null Fortschritt.

Warum das gefährlich ist
Wer ständig aufs Depot schaut, verwandelt langfristige Ziele in ein emotionales Auf und Ab. Jede rote Zahl fühlt sich an wie ein Rückschlag. Jede Schwankung – egal wie klein – lässt Zweifel wachsen: „Stimmt meine Strategie überhaupt?“

Das Ergebnis?
- Schnellschüsse statt Gelassenheit
- Panikverkäufe statt Durchhaltevermögen
- Ständiger Frust – und keine Zeit für das echte Leben

Investieren wird zum Glücksspiel – und der Kopf kommt kaum zur Ruhe.

Praxisbeispiel: Ein motivierter ETF Anleger will zehn Jahre sparen – und startet voller Vorfreude. Nach zwei Monaten: -3 %. Die Nerven liegen blank. Die Strategie? Über Bord geworfen, alles verkauft. Ein Jahr später hätte er längst im Plus gestanden. Was bleibt: Die Erkenntnis, dass Geduld der bessere Ratgeber gewesen wäre.

Mini-Beispiel – Lisas Depot-Detox: Lisa wagt den Selbstversuch: Vier Wochen lang nur noch ein Monats-Check und danach drei Dinge notieren, die im Leben gerade gut laufen. Unabhängig von den Zahlen. Ihr Fazit: Mehr Leichtigkeit, mehr Fokus auf echte Erfolge, weniger Stress.

WhatsApp-Dialog: Moritz, der Kontroll-Junkie
Moritz: „Schon wieder -0,4 %. Börse macht nur noch schlechte Laune!"
Freund: „Alter, das ist kein Live-Ticker für Emotionen … lass mal laufen."
Moritz: „Du hast recht. Heute: App gelöscht. Morgen: mehr Ruhe."

Reflexionsszenario: Patricks Erkenntnis
Patrick dokumentiert zwei Wochen lang jedes Gefühl nach dem Depot-Check. Je öfter er schaut, desto unruhiger wird er – und desto eher will er etwas verändern. Als er nur noch quartalsweise prüft, merkt er: Endlich entscheidet er mit Plan, nicht mehr aus dem Bauch.

Praxis-Tipp: Definiere feste Sicht-Termine: Zum Beispiel immer am ersten Sonntag im Monat. Was in 28 Tagen passiert, ist wichtiger als eine Schwankung am Dienstag.

Extra-Tipp: Notiere nach jedem Depot-Check einen Satz: „Wie fühle ich mich, was will ich als Nächstes tun?" So erkennst du Muster – und entziehst Kurzschlussaktionen die Kraft.

Take-Aways – Das Wichtigste auf einen Blick
- Dauer-Check macht aus Anleger:innen Zocker:innen.
- Ruhe schlägt Nervosität – Erfolg kommt mit Geduld.
- Ein Depot wächst nicht durch ständiges Nachschauen.
- Wer loslässt, gewinnt: Abstand bringt Rendite.

So gehen Lisa, Moritz & Patrick heute damit um
- **Lisa**: „Nur noch ein Monats-Check – das Leben ist zu kurz für jeden Tag rot."
- **Moritz**: „App gelöscht. Plan steht – ich schau, wenn's wichtig ist."
- **Patrick**: „Quartals-Bilanz reicht. Mehr Gelassenheit, weniger Stress."

Reflexionsfragen
- Welche Gefühle löst ein Depot-Check bei dir aus?
- Gab es eine überhastete Aktion, die du heute bereust?
- Wie wäre dein Alltag, wenn du den Kontrollblick halbierst?

Golden Nugget: Wer ständig an der Blume zieht, wird nie sehen, wie sie blüht.

Mentor-Moment: Du willst große Früchte? Dann hab Vertrauen – und lass die Wurzeln wachsen.

Lisa: „Ich musste lernen, Geduld zu haben – erst dann hat mein Depot richtig Fahrt aufgenommen."
Moritz: „Anfangs habe ich ständig alles kontrolliert. Heute lasse ich meinem Depot mehr Zeit zu wachsen."
Patrick: „Gelassenheit hat mein Leben – und meine Rendite – spürbar verbessert."

Cliffhanger: Im nächsten Kapitel erfährst du, warum Gelassenheit beim Investieren nicht nur Rendite bringt, sondern auch Lebensqualität.

Faktencheck

☑ **Morningstar (2023):** Studien zeigen, dass Anleger:innen, die weniger kontrollieren und weniger impulsiv handeln, nachweislich bessere Anlageentscheidungen treffen.

☑ **Vanguard (2022):** Geduldige Anleger:innen erzielen langfristig höhere Renditen und berichten von einer höheren Zufriedenheit mit ihren Investments.

☑ **Behavioral Finance Research (2021):** Abstand und bewusste Reflexion reduzieren Panikreaktionen und emotionale Fehlentscheidungen.

☑ **CFA Institute (2023):** Reduzierter Kontrollzwang stärkt die mentale Stabilität und fördert disziplinierte Anlageprozesse.

☑ **Frankfurt School of Finance & Management (2023):** Anleger:innen mit einem reflektierten Umgang mit Unsicherheit sind weniger anfällig für kurzfristige Fehlentscheidungen.

☑ **Harvard Business Review (2022):** Die Fähigkeit, Kontrolle abzugeben, korreliert mit einer nachhaltigeren Investmentstrategie.

☑ **MSCI (2024):** Geduld und mentale Distanz verbessern langfristig das Rendite-Risiko-Profil von Portfolios.

2.2.6. Analyse-Lähmung – Wie Informationsflut dich handlungsunfähig macht

„Ich lese alles – und weiß
trotzdem nicht, was ich tun soll."
– Almina, Community-Mitglied

Lisa, Moritz & Patrick im Datendschungel

Lisa will „wirklich alles richtig machen" – abonniert fünf Newsletter, folgt Dutzenden Analyst:innen, scannt Insta-Stories von Finfluencer:innen. Aber: Je mehr sie liest, desto weniger traut sie sich zu handeln. **Moritz** ist Profi im Deep-Dive: YouTube, Reddit, Chartvergleiche. Am Ende hat er zehn Meinungen – aber null Entscheidung. **Patrick** kann Quartalszahlen runterbeten, kennt jede Kennziffer – aber was tun? Immer wenn er glaubt, endlich alles zu wissen, taucht eine neue Analyse auf. Schon steht alles wieder in Frage.

Das Problem hier ist nicht zu viel Auswahl wie im Überforderungskapitel – sondern das Gefühl, im Kopf vor lauter Input steckenzubleiben.

Warum das gefährlich ist

Du suchst nach der perfekten Sicherheit, willst keinen Fehler machen – und klickst dich immer tiefer ins Info-Labyrinth.

Doch je mehr Wissen, desto mehr Zweifel:

- Du wirst zum „Aufschieber-Profi"
- Entscheidungen fühlen sich immer unvollständig an
- Entweder passiert: monatelanges Zögern – oder hektisches Kaufen „auf den letzten Drücker"

Die Ironie? Perfekte Sicherheit gibt es nie – und auf das beste Timing zu warten, bringt niemanden weiter.

Praxisbeispiel: Ein Investor will smarter als der Markt sein. Er liest, prüft, vergleicht – von ETF-Kosten über ESG bis zu Reddit-Meinungen. Am Ende: Entscheidungsparalyse, Frust, nichts getan.
Hier geht es nicht um zu viele Produkte wie bei der Überforderung, sondern um „Zerdenken" im Datendschungel.

Mini-Beispiel – Lisas Info-Detox: Lisa setzt sich eine Challenge: Drei Wochen lang nur drei feste Quellen – ein Newsletter, ein Podcast, eine LinkedIn-Analystin. Plötzlich weiß sie wieder, was sie will. Weniger Lärm, mehr Klarheit – und endlich ein Häkchen am Investment.

WhatsApp-Dialog: Moritz und das „letzte Signal"
Moritz: „Ich hab heute wieder vier neue Meinungen gelesen ... und weiß weniger als gestern!"
Freund: „Suchst du die Nadel im Heuhaufen oder willst du endlich investieren?"
Moritz: „Ok, ab jetzt: Zwei Tage Recherche, dann entscheide ich. Echt jetzt!"

Reflexionsszenario: Patrick und die Entscheidungshürde
Patrick trackt eine Woche lang jede Info, die er liest – und fragt sich: Hat das wirklich meine Entscheidung verändert? Sein Learning: 90 % ist Lärm. Er definiert jetzt drei Kriterien pro Investment. Erfüllt? Dann los. Alles andere ist Kopfkino.

Praxis-Tipp: Setze für jedes Investment drei konkrete Kriterien (z. B. Risiko, Strategie-Fit, Kosten). Wenn die erfüllt sind, entscheidest du – ohne Nachschlag.

Extra-Tipp: Stelle dir eine Info-Deadline: Nach zwei Tagen ist Schluss mit Recherche. Entscheiden ist Gold, Grübeln ist Silber!

Take-Aways – Das Wichtigste auf einen Blick

- Wissen allein bringt nichts – Entscheiden bringt alles.
- Zu viel Input macht dich nicht schlauer, sondern langsamer.
- Klare Kriterien & Deadlines befreien dich aus der Analyse-Lähmung.
- „Jetzt" ist oft besser als „perfekt".

So gehen Lisa, Moritz & Patrick heute damit um

- **Lisa:** „Drei Quellen, drei Kriterien, dann drücke ich auf Kaufen. Der Rest ist Lärm."
- **Moritz:** „Spätestens nach zwei Tagen entscheide ich. Sonst wäre ich heute noch im Internet verloren."
- **Patrick:** „Ich habe meine kleine Investment-Checkliste. Wenn sie grün ist, lege ich los – und fertig."

Reflexionsfragen

- Wo hast du dich zuletzt im Info-Labyrinth verloren?
- Was hält dich zurück – fehlende Infos oder fehlende Entscheidungskraft?
- Was wäre deine erste Aktion, wenn du heute keine neuen Infos mehr bekommen würdest?

Golden Nugget: Wissen kann blockieren – Entscheiden bringt dich raus aus dem Grübel-Labyrinth.

Mentor-Moment: Nicht der mit den meisten Infos gewinnt – sondern der, der ins Handeln kommt, wenn's darauf ankommt.

Lisa: „Ich habe ewig gezögert – aber mein erster Schritt war der wichtigste. Ab da wurde alles einfacher."
Moritz: „Zu viel Wissen hat mich oft gelähmt. Heute setze ich lieber kleine Entscheidungen um, statt alles perfekt wissen zu wollen."
Patrick: „Mein größter Fortschritt kam, als ich angefangen habe, meine Pläne wirklich umzusetzen – nicht nur zu planen."

Social Proof

„Ich habe monatelang recherchiert, aber erst mit dem ersten Kauf habe ich wirklich angefangen zu lernen. Heute weiß ich: Handeln ist der beste Lehrmeister."
– Maria, 34

Cliffhanger: Im nächsten Kapitel erfährst du, wie du Routinen entwickelst, die dich vom Grübler zum Macher machen – für mehr Sicherheit, mehr Ruhe und echten Fortschritt.

Faktencheck

☑ **Morningstar (2023):** Studien belegen, dass Informationsüberfluss häufig zu Entscheidungslähmung und zögerlichem Verhalten bei Anleger:innen führt.

☑ **Vanguard (2022):** Klare Entscheidungsfilter und die Fokussierung auf wesentliche Informationen führen zu besseren Anlageergebnissen und schnellerem Handeln.

☑ **Behavioral Finance Research (2021):** Anleger:innen, die sich auf wenige verlässliche Quellen konzentrieren, treffen mutigere und zufriedenere Entscheidungen.

☑ **CFA Institute (2023):** Informationsüberlastung erhöht die kognitive Belastung und führt zu suboptimalen Entscheidungen.

- ☑ **Frankfurt School of Finance & Management (2023):** Reduktion und Priorisierung von Informationen sind entscheidende Hebel für effiziente Investitionsentscheidungen.
- ☑ **Harvard Business Review (2022):** Simplifizierte Informationsprozesse fördern die mentale Klarheit und reduzieren Stress.
- ☑ **MSCI (2024):** Empirische Studien zeigen, dass Anleger:innen mit klaren Filtermechanismen weniger Fehlentscheidungen treffen.

2.2.7. Fehlendes Feedback – Wenn du aus deinen Fehlern nichts lernst

„Ich hab's verbockt – aber das passiert halt."
– Tim, Community-Mitglied

Lisa, Moritz & Patrick zwischen Erkenntnis und Wiederholung
Montagmorgen. **Lisa** sitzt am Küchentisch, Mia malt mit Filzstiften neben ihr. Ihr Blick fällt auf das rote Minus beim letzten ETF-Kauf. Ein flaues Gefühl im Magen – sie zuckt die Schultern, presst ein „Tja, Pech gehabt …" zwischen Zähne und Müslilöffel. Doch als sie Mia ansieht, fragt sie sich: „Was wäre, wenn ich mich traue, genauer hinzusehen? Was, wenn Fehler kein Zeichen von Schwäche, sondern von Wachstum sind?" Sie tippt eine Notiz ins Handy, löscht sie aber wieder. „Heute nicht … vielleicht morgen."
Moritz steht mit dem zweiten Kaffee des Tages am Fenster. Der Blick aufs Depot schmerzt – der letzte Fehlgriff? Abgehakt, ironisch kommentiert: „Ich bin wohl der einzige Investor, der aus jedem Fehler ein Meme macht." Ein kleiner Lacher, ein Schulterzucken, doch der Stich bleibt. Feedback? Wäre klug. Doch Moritz verdrängt lieber und surft weiter zu den neuen Börsengerüchten. Die Erkenntnis lauert im Hintergrund: „Solange ich mich nicht ehrlich frage, warum's schiefging, dreh ich mich im Kreis."
Patrick sitzt am Schreibtisch, Haushaltsbuch offen, Stift in der Hand. Er weiß, dass sein Depot aus dem Gleichgewicht geraten ist – aber die Zahlen anschauen? Lieber nicht. „Einmal noch wegsehen, dann wird's schon", redet er sich zu. Im Hintergrund ruft Sophie: „Papa, hast du deine Depot-Analyse gemacht?" Patrick antwortet nicht – zu groß die Angst, alte Fehler wieder zu sehen. Er spürt: „Wenn ich nie ehrlich reflektiere, werde ich nie wirklich besser."
Drei Wege – ein Stolperstein: Ohne echtes Feedback bleiben Fehler Schatten an der Wand. Erst wenn du sie beleuchtest, werden sie zu Stufen nach oben.

Mikro-Dialoge/O-Töne – noch eindringlicher

- **Lisa** (flüstert zu Mia): „Weißt du, Mut heißt manchmal, sich die eigenen Fehler nochmal anzusehen. Damit du sie später besser machst als ich."
- **Moritz** (leise im Selbstgespräch): „Lustig machen hilft nur kurz. Ehrlich sein tut weh – aber sonst bleib ich immer im Replay-Modus."
- **Patrick** (nachdenklich zu Sophie): „Weißt du, ich glaube, der größte Fehler ist, nie aus Fehlern zu lernen."

Warum das gefährlich ist

Fehler sind an der Börse unvermeidlich – das Problem beginnt, wenn du sie nicht anschaust. Wer sie wegschiebt, wiederholt sie, bleibt stehen und wundert sich irgendwann, warum das Depot nicht vorankommt.

- Fehler werden zu unsichtbaren Mitfahrern
- Entwicklung bleibt aus
- Frust statt Fortschritt

Echte Champions investieren nicht fehlerfrei – sie reflektieren ehrlich und werden dadurch jeden Tag besser.

Mini-Anekdote – Lisas „Aha"-Moment: Nach einem Schnellschuss im Depot ärgert sich Lisa erst – doch diesmal schreibt sie ihren Fehler einem Freund. Im Erzählen wird ihr klar: Nicht der Markt war schuld, sondern ihre eigene Ungeduld. Seither notiert sie jede Erkenntnis – und merkt, wie die Fehlgriffe weniger werden.

WhatsApp-Dialog: Moritz und der Muster-Check

Moritz: „Schon wieder minus 20 % bei einer spontanen Aktie. Ist halt Pech, oder?"
Freund: „Oder Muster? Check doch mal deine letzten Käufe …"
Moritz: „Puh, stimmt. Das waren alles schnelle Entscheidungen. Zeit für einen Rückblick!"

Reflexionsszenario: Patricks Sparring

Patrick trifft sich regelmäßig mit einem Freund: Jeder bringt seinen größten Fehlgriff der letzten Monate mit. Gemeinsam analysieren sie, woran es lag – manchmal schmerzhaft ehrlich, aber immer mit Aha-Effekt. Was er lernt: Feedback von außen zeigt oft Dinge, die allein verborgen bleiben.

Praxis-Tipp: Führe ein **Lernjournal:** Nach jedem Investment – kurz notieren, was lief gut, was ging daneben, was lernst du daraus? Mach es zur Routine – und deine Fehler werden zu deinem besten Lehrbuch.

Extra-Tipp: Hol dir einen **Feedback-Buddy**: Jemand, der dir ehrlich zurückspiegelt, was du übersehen hast. Von außen sieht man oft mehr als im eigenen Tunnelblick.

Take-Aways – Das Wichtigste auf einen Blick

- Fehler sind Lehrmeister – schau sie dir an, statt sie zu verdrängen.
- Reflexion ist der Unterschied zwischen Stagnation und Wachstum.
- Mustererkennung verhindert Wiederholungsfehler.
- Feedback (von dir oder anderen) macht dich erfolgreicher.

So gehen Lisa, Moritz & Patrick heute damit um

- **Lisa**: „Mein Lernjournal ist meine Schatzkiste – jeder Fehler bringt mich weiter."
- **Moritz**: „Alle drei Monate ziehe ich Bilanz – so erkenne ich Muster und werde gezielt besser."
- **Patrick**: „Feedback-Runden mit Freund:innen öffnen mir die Augen – das macht den Unterschied."

Reflexionsfragen

- Wann hast du das letzte Mal einen Fehler wirklich ehrlich analysiert?
- Wer gibt dir ehrliches Feedback – und was hast du damit gemacht?
- Was wäre dein erster Schritt, um aus jedem Fehler ab heute echten Nutzen zu ziehen?

Golden Nugget: Blinde Flecken im Depot? Die sieht man nur, wenn man ab und zu das Licht anmacht.

Mentor-Moment: Fehler verzeihen sich – aber nur, wenn du sie als deine besten Lehrer annimmst.

Lisa: „Ich habe erst durch Feedback gesehen, wo ich noch blinde Flecken hatte."
Moritz: „Manchmal braucht es einen ehrlichen Blick von außen, damit ich meine Depot-Fehler überhaupt erkenne."
Patrick: „Heute weiß ich: Lernen aus Fehlern bringt mich weiter als jeder Börsentipp."

Cliffhanger: Im nächsten Kapitel erfährst du, wie Feedback und ehrliche Auswertung nicht nur dein Depot, sondern auch deine eigene Entwicklung auf ein neues Level heben – für mehr Erfolg und mehr Leichtigkeit beim Investieren.

Faktencheck

☑ **Morningstar (2023):** Studien belegen, dass Anleger:innen, die ihre Investments regelmäßig reflektieren, langfristig höhere Renditen erzielen.

☑ **Vanguard (2022):** Feedback-Schleifen reduzieren nachweislich die Fehlerquote und verbessern die Entscheidungsqualität.

☑ **Behavioral Finance Research (2021):** Gemeinsames Lernen mit Sparringspartner:innen bringt neue Perspektiven und verhindert Betriebsblindheit.

☑ **CFA Institute (2023):** Strukturierte Reflexion und kontinuierliches Feedback sind zentrale Erfolgsfaktoren im Anlageprozess.

☑ **Frankfurt School of Finance & Management (2023):** Kollaborative Lernformate stärken das Bewusstsein für eigene Biases und fördern bessere Entscheidungen.

☑ **Harvard Business Review (2022):** Feedback- und Reflexionsmechanismen erhöhen die psychologische Sicherheit und fördern Lernbereitschaft.

☑ **MSCI (2024):** Empirische Studien zeigen, dass Anleger:innen mit aktiver Reflexion und Austausch bessere Portfolioergebnisse erzielen.

2.2.8. Strategiewechsel aus der Emotion – Wenn du Pläne über Bord wirfst

„Das passt jetzt einfach nicht mehr –
ich mach's ganz anders."
– Stefan, Community-Mitglied

Lisa, Moritz & Patrick zwischen Panik, Euphorie und Richtungswechsel

Lisa hatte sich eigentlich eine langfristige ETF-Strategie aufgebaut – solide, durchdacht, klar. Doch dann kam die erste Marktkrise: Panik, alles verkauft. **Moritz** war überzeugt von Dividendenwerten – bis ein Reddit-Post über die „nächste große Tech-Welle" ihn zum Umstieg auf spekulative Aktien brachte. **Patrick** fühlte sich plötzlich unsicher, las von „unsicheren Zeiten" – und schwenkte spontan sein ganzes Depot auf Gold um.

Drei Entscheidungen – kein echter Plan. Strategiewechsel, die nicht auf Fakten, sondern auf Emotionen und Stimmungen beruhen.

Warum das gefährlich ist

Eine gute Strategie ist kein starres Korsett. Sie darf wachsen, sich anpassen, weiterentwickeln – aber sie braucht Stabilität und einen klaren Rahmen. Wer bei jeder Panik, Euphorie oder nach jedem neuen Hype impulsiv alles ändert, verliert nicht nur die Richtung, sondern auch:

- Die Chance, aus Erfahrungen zu lernen
- Die Vergleichbarkeit, was wirklich funktioniert
- Die innere Ruhe, die gute Investor:innen brauchen

Emotionale Strategiewechsel führen dazu, dass du immer wieder bei Null anfängst – und nie siehst, was dein ursprünglicher Plan eigentlich gebracht hätte.

Mini-Anekdote – Lisas Kursverlust: Nach dem Krisen-Crash verkauft Lisa alles – drei Wochen später zieht der Markt wieder an. Ihr Frust wächst. Als sie nach einem Jahr auf ihre Depothistorie schaut, merkt sie: Nicht der Markt war schuld, sondern ihr spontaner Strategiewechsel. Ihr Learning: „Nerven bewahren ist oft der bessere Plan."

WhatsApp-Dialog: Moritz & der Reddit-Hype
Moritz: „Boah, die Tech-Aktien auf Reddit – da geht richtig was!"
Freund: „Und deine Dividendenstrategie?"
Moritz: „Ach, das war gestern. Heute will ich mitverdienen!"
Freund: „Vielleicht erst mal schauen, ob's zu dir passt – statt nur zum Hype?"
Moritz (Tipp): „Mein Impuls-Stopper: Ich schreibe ab jetzt jede Strategie-Änderung auf einen Zettel und warte mindestens eine Nacht ab, bevor ich etwas ändere."

Reflexionsszenario: Patricks Kompass-Moment

Patrick spürt eine Unsicherheit und will alles umschichten. Stattdessen schreibt er ins Strategietagebuch: „Warum will ich das wirklich?" Beim Schreiben merkt er: Es ist vor allem das Bauchgefühl. Er entscheidet, erstmal eine Woche abzuwarten – und merkt, wie der Handlungsdruck verschwindet.

Patrick (Mini-Reminder): „Mein Motto: Erst schlafen, dann schalten. Nach einer Nacht ist der Impuls meistens schon viel kleiner."

Praxis-Tipp: Hinterfrage deine Strategie regelmäßig – aber strukturiert, z. B. einmal pro Quartal. Nicht nach jedem Tweet, Börsengerücht oder Kurseinbruch.

Extra-Tipp: Führe ein **Strategietagebuch**: Notiere, warum du eine Änderung planst, was der Auslöser war und wie du dich fühlst. Lies nach drei Monaten nach: War es eine gute Entscheidung – oder nur ein Stimmungswechsel?

Take-Aways – Das Wichtigste auf einen Blick

- Die Börse belohnt langfristigen Fokus, nicht spontanen Richtungswechsel.
- Strategien dürfen sich entwickeln – aber nie impulsiv wechseln.
- Klarer Plan, ruhiger Kopf – das ist dein Kompass.
- Vergleiche regelmäßig, aber verändere nicht bei jedem Gefühl.
- Impuls-Stopper und eine Nacht Abstand helfen gegen Aktionismus.

So gehen Lisa, Moritz & Patrick heute damit um

- **Lisa:** „Ich reflektiere meine Strategie jährlich – und lasse mich nicht mehr von Panik treiben."
- **Moritz:** „Ich warte immer mindestens eine Nacht, bevor ich einen Strategiewechsel wirklich durchziehe."
- **Patrick:** „Mein Strategietagebuch hilft mir, erst zu schreiben und dann zu handeln. Erst schlafen, dann schalten!"

Reflexionsfragen

- Wann hast du das letzte Mal deine Strategie impulsiv geändert – und warum?
- Was waren die Auslöser – Fakten oder Gefühle?
- Wie könntest du dafür sorgen, dass du bei Unsicherheit erst reflektierst, bevor du alles umwirfst?

Golden Nugget: Nicht der Wind bestimmt den Kurs – sondern dein Kompass.

Mentor-Moment: Eine Strategie ist kein Korsett – aber auch kein Stimmungsring Wer langfristig gewinnen will, braucht Richtung.

Lisa: „Mein Kompass hat mir schon oft geholfen, auch bei Gegenwind nicht die Richtung zu verlieren."
Moritz: „Ich habe gelernt: Schwankungen gehören dazu – aber mein Plan gibt mir Halt."
Patrick: „Früher habe ich mich von jedem Trend treiben lassen – heute setze ich auf Klarheit statt Stimmung."

Cliffhanger: Im nächsten Kapitel erfährst du, wie du deiner Strategie treu bleibst, flexibel reagierst – und trotzdem die Nerven behältst, wenn's an der Börse mal wieder rundgeht.

Faktencheck

☑ **Morningstar (2023):** Studien belegen, dass Anleger:innen, die an ihrer Strategie festhalten, langfristig bessere Ergebnisse erzielen.
☑ **Vanguard (2022):** Impulsive Strategiewechsel führen nachweislich zu geringerer Rendite und erhöhen den Stresspegel der Anleger:innen.
☑ **Behavioral Finance Research (2021):** Strategietagebücher unterstützen dabei, Verhaltensmuster zu erkennen und das eigene Stimmungsmanagement zu verbessern.
☑ **CFA Institute (2023):** Kontinuität in der Strategie reduziert emotionale Fehlentscheidungen und verbessert die Performance.
☑ **Frankfurt School of Finance & Management (2023):** Die konsequente Dokumentation der Anlagestrategie fördert die Selbstreflexion und Disziplin.
☑ **Harvard Business Review (2022):** Regelmäßiges Führen von Tagebüchern ist ein bewährtes Instrument zur Stärkung der psychologischen Resilienz.
☑ **MSCI (2024):** Empirische Untersuchungen bestätigen, dass Strategiekonstanz die Volatilität im Portfolio reduziert und die Rendite stabilisiert.

2.2.9. Überoptimierung – Wenn du zu oft am Depot schraubst

„Noch ein ETF raus, dafür zwei neue rein –
das passt jetzt besser."
– Veronika, Community-Mitglied

Lisa, Moritz & Patrick zwischen Feintuning und Verzettelung

Lisa hat in den letzten sechs Monaten ihr Depot öfter umgebaut als ihre Wohnung in zehn Jahren. Sie kennt jedes neue ETF-Kürzel, folgt jedem Trend – und fragt sich abends im Bett: „Ist das schon kluges Anpassen? Oder verliere ich gerade die Übersicht?" Ihr Handy vibriert – noch eine Push-Nachricht, noch ein Branchen-ETF. „Vielleicht sollte ich einfach mal stillhalten …", denkt sie – und schiebt die Entscheidung auf morgen.

Moritz sitzt am Sonntagvormittag mit Cappuccino und Laptop am Küchentisch. Seine Excel-Tabelle hat mehr Tabs als sein Kalender Termine. Jede Woche prüft er,

ob die Gewichtung noch stimmt, ob ein neuer Sektortrend eingepreist werden sollte, ob die letzten Prozentpunkte optimiert sind. Er verliert sich im Zahlenmeer: „Noch 0,8% mehr in Tech, 1,2% weniger Healthcare – dann läuft's sicher besser!" Doch je mehr er schraubt, desto unruhiger wird er. Statt Klarheit wächst das Gefühl: „Am Ende weiß ich gar nicht mehr, wofür ich das alles mache …"
Patrick bekommt beim Anblick seines Depots das Gefühl: „Da geht noch was!" – und verkauft regelmäßig Fonds, die gar nicht schlecht laufen. „Ein bisschen hier raus, ein bisschen dort rein – irgendwann habe ich das perfekte Depot!" Aber das perfekte Depot bleibt eine Illusion. Nach jedem Tausch fragt er sich: „War das jetzt wirklich schlau? Oder nur Beschäftigungstherapie?"
Drei Depots, drei Baustellen – das Ergebnis: Mehr Unruhe, weniger Klarheit, oft weniger Rendite.

Mikro-Dialoge/O-Töne

- **Lisa** (zu Moritz): „Manchmal wäre es leichter, einfach mal nichts zu tun. Aber das fühlt sich so falsch an …"
- **Moritz** (leise zu sich selbst): „Vielleicht müsste ich mal einen Tab schließen – und dafür die Augen öffnen."
- **Patrick** (zu Sophie): „Früher dachte ich, Optimieren ist der Schlüssel. Heute glaube ich, manchmal ist einfach Abwarten das Beste."

Josefs Erfahrung – Die Trading-Falle aus nächster Nähe

In meinen Anfangsjahren an der Börse habe ich viele Trader:innen erlebt, die mit nervösem Finger Wertpapiere kauften und verkauften – manchmal im Minutentakt. Damals dachte ich: „Wow, das sind die echten Profis! So viele Ideen, so ein Gespür für Chancen." Die bittere Wahrheit: Die allerwenigsten davon waren langfristig erfolgreicher – und entspannt schon gar nicht. Ihr Depot war ständig in Bewegung, aber selten im Plus. An der Börse gilt die alte Weisheit: **„Hin und Her macht Taschen leer."** Heute weiß ich: Geduld schlägt Aktionismus, und weniger Tun bringt meistens mehr.

Metapher: Depot wie eine Pflanze

Ständiges Umschichten im Depot ist wie ständiges Umtopfen einer Pflanze: Am Ende wächst sie gar nicht mehr – oder kippt irgendwann einfach um.

Mini-Anekdote – Lisas Umbau-Marathon: Lisa merkt nach einem Jahr, dass ihr Depot immer „moderner“ aussieht – aber ihr Konto nicht voller wird. Als sie alte Auswertungen vergleicht, stellt sie fest: Das beste Ergebnis hatte sie, als sie einfach mal drei Monate nichts gemacht hat. Ihr Learning: Stille zahlt sich aus.

WhatsApp-Dialog: Moritz und die nächste Gewichtung
Moritz: „Neuer USA-ETF, mehr KI drin, soll ich umschichten?“
Freund: „Klar, kannst du machen. Oder du lässt's einfach mal laufen und gönnst dir einen Kaffee.“
Moritz: „Hab echt vergessen, wie das geht. Vielleicht probier ich's mal aus …“

Reflexionsszenario: Patricks Stopp-Tag
Patrick schreibt vor jedem geplanten Depot-Umbau auf:

- Was verspreche ich mir davon?
- Ist es nötig oder nur ein Reflex?
- Was wäre, wenn ich eine Woche einfach mal abwarte?

Meist reicht schon diese Übung, um festzustellen: Aktionismus bringt selten Mehrwert – aber oft mehr Stress.

Mini-Übung: Probiere den „Depot-Detox“: Ein Quartal lang nur anschauen, nicht anpassen. Notiere am Anfang und Ende, wie du dich fühlst – und was passiert ist. Spoiler: Die Börse läuft auch ohne deinen ständigen Eingriff weiter.

Praxis-Tipp: Lege einen festen Rebalancing-Termin fest (z. B. 1x pro Jahr). Dazwischen: Nur beobachten, nicht handeln.

Extra-Tipp: Sieh Portfolio-Tools als Rückspiegel, nicht als Gaspedal. Dein Depot ist kein Hochglanz-Sportwagen, sondern ein verlässlicher Kombi für die Langstrecke.

Take-Aways – Das Wichtigste auf einen Blick

- Gelassenheit schlägt Aktionismus – wer weniger schraubt, fährt oft besser.
- Überoptimierung ist oft ein Zeichen von Unsicherheit, nicht von Strategie.
- Stabile Portfolios sind erfolgreicher als ständig neu zusammengestellte.
- „Nichtstun“ kann manchmal das klügste Investment sein.

So gehen Lisa, Moritz & Patrick heute damit um

- **Lisa:** „Mein Depot darf jetzt einfach mal ruhen – und ich genieße die Zeit, die ich gewinne."
- **Moritz:** „Der feste Check-Termin nimmt mir Stress – endlich weniger Grübeln."
- **Patrick:** „Ich frage mich vor jeder Änderung: Muss das sein? Meistens nicht."

Reflexionsfragen

- Wann hast du zuletzt optimiert – war es nötig oder nur Reflex?
- Wie fühlt sich dein Depot nach einem Monat Pause an?
- Was würde passieren, wenn du ein Jahr lang gar nichts ändern würdest?

Golden Nugget: Nichtstun ist oft der unterschätzte Held an der Börse.

Mentor-Moment: Perfektion ist der Feind der Beständigkeit – halte dein Depot einfach, verständlich und robust.

Lisa: „Ich musste lernen, dass Abwarten oft die beste Entscheidung ist – auch wenn's schwerfällt."
Moritz: „Früher habe ich ständig an meinem Depot herumgebastelt. Heute weiß ich, wie wertvoll Beständigkeit ist."
Patrick: „Mein Depot läuft ruhiger, seit ich mich nicht mehr von Perfektionismus treiben lasse."

Cliffhanger: Im nächsten Kapitel geht es darum, wie du mit klaren Regeln und festen Abläufen Aktionismus abbaust – und dein Depot zum Ruhepol machst.

Faktencheck

☑ **Morningstar (2023):** Studien zeigen, dass Überoptimierung durch häufige Anpassungen die Rendite durch höhere Gebühren und Steuern mindert.

☑ **Vanguard (2022):** Langfristige Stabilität der Strategie führt meist zu besseren Ergebnissen als kurzfristige, häufige Anpassungen.

☑ **Behavioral Finance Research (2021):** Disziplinierte Anleger:innen übertreffen Perfektionisten, indem sie konsequent an ihrer Strategie festhalten.

☑ **CFA Institute (2023):** Übermäßige Portfolioanpassungen erhöhen Kosten und reduzieren die Nettorendite signifikant.

☑ **Frankfurt School of Finance & Management (2023):** Studien bestätigen, dass Disziplin wichtiger ist als die Jagd nach der optimalen Strategie.

☑ **Harvard Business Review (2022):** Perfektionismus kann zu Entscheidungsblockaden führen, während Disziplin die Umsetzung erleichtert.
☑ **MSCI (2024):** Empirische Untersuchungen belegen, dass Anleger:innen mit diszipliniertem Ansatz langfristig bessere Performance erzielen.

2.2.10. Die Suche nach dem heiligen Gral – Wenn du das perfekte Produkt jagst

„Es muss doch einen ETF geben, der alles kann …"
– Isabelle, Community-Mitglied

Alltagsszene – Der Nervenkrieg der Auswahl
Lisa sitzt am Abend mit drei Vergleichsportalen am Laptop, das Handy daneben, Notizzettel voller ETF-Namen, YouTube offen – und trotzdem fühlt sich alles nach einer endlosen Schleife an. **Moritz** klickt sich durch ETF-Rankings, Reddit-Threads und Finanzblogs, öffnet zehn Tabs – und nach zwei Stunden weiß er nicht mehr, wie er angefangen hat. **Patrick** liegt abends wach, Handy in der Hand, das Gefühl: „Alle wissen mehr als ich – was, wenn ich das Falsche auswähle?" Die Entscheidung schiebt er auf den nächsten Tag, aber der Kopf bleibt voll.

WhatsApp-Dialog
Lisa (22:47 Uhr): „Bin jetzt seit drei Stunden am Vergleichen … Es gibt einfach zu viele ETFs!"
Moritz: „Kenn ich. Ich hab fünf Tabs offen und weiß trotzdem nicht, was ich nehmen soll."
Patrick: „Mir raucht der Kopf. Morgen nochmal von vorne?!"

Warum das gefährlich ist
Die Suche nach dem heiligen Gral frisst Zeit, Energie und Motivation. Wer immer auf das perfekte Produkt wartet, investiert nicht – sondern dreht sich im Kreis. Das Perfekte wird zum Feind des Guten und der Markt wartet nicht. Die Zeit läuft davon – und mit ihr gehen Chancen verloren.

Josefs Grübel-Story: Die ewige Jagd nach dem „Super-ETF"
Ich habe anfangs geglaubt, ich könnte mit der richtigen Recherche die perfekte Börsenlösung finden. Ich habe Listen geführt, Sterne gezählt, jedes Ranking verglichen – und immer wieder gezögert. Der größte Fehler war nicht die Wahl des Pro-

dukts, sondern das ewige Suchen. Mein Durchbruch kam, als ich verstand: Es gibt nicht den heiligen Gral – aber es gibt Produkte, die zu dir passen. Handeln schlägt Grübeln. Wer sich entscheidet, ist dem Ziel schon näher als jeder Perfektionist.

Metapher: Die perfekte Pizza
Die Jagd nach dem einen ETF ist wie die Suche nach DER Pizza, die jedem schmeckt, immer gesund, günstig und zu jeder Tageszeit verfügbar ist. Am Ende findet jeder eine Zutat, die nicht passt – und bleibt hungrig, während andere längst genießen.

Praxisbeispiel: Ein Anleger probiert in zwei Jahren fünf verschiedene ETF-Portfolios – jedes soll „noch besser" sein als das vorige. Am Ende bleiben viel Aufwand, hohe Kosten – und wenig echtes Wachstum. Was wirklich gefehlt hat? Der Mut, einfach mal bei einer guten Lösung zu bleiben.

Praxis-Tipp: Definiere deine persönlichen Kriterien: Was MUSS dein Produkt können? Was ist NICE TO HAVE? Erfüllt ein Fonds die wichtigsten Punkte? Dann fang an! Suchen bringt nur dann Rendite, wenn du irgendwann stoppst und loslegst.

Extra-Tipp: Teste den 70%-Regel-Check: Würde jemand mit 70 % der Infos dieselbe Entscheidung treffen? Dann ist sie „gut genug". Perfektion macht selten reich – Handeln schon.

Take-Aways – Das Wichtigste auf einen Blick

- Das perfekte Produkt gibt es nicht – aber das passende findest du, wenn du loslegst.
- Perfektionismus kostet Rendite und Zeit.
- Wer entscheidet, gewinnt – wer ewig sucht, bleibt stehen.
- Anfangen ist wichtiger als alles richtig machen.

So gehen Lisa, Moritz & Patrick heute damit um

- **Lisa:** „Ich investiere jetzt in meinen ETF – nicht mehr in Zweifel. Das gibt endlich Ruhe."
- **Moritz:** „Mein Stil passt zu mir – ich springe nicht mehr jedem Trend hinterher."
- **Patrick:** „Ich halte es einfach: Es muss nicht glänzen, nur funktionieren."

Chill-Tipp: Investieren ist wie Pizza bestellen: Lieber genießen, was auf dem Teller liegt, als ewig nach dem Optimum zu suchen. Deine Rendite wird's dir danken!

Reflexionsfragen

- Was hält dich wirklich vom Start ab – Angst vor Fehlern oder der Wunsch nach Perfektion?
- Welche Entscheidung hast du heute noch nicht getroffen, weil du auf das „perfekte“ Produkt wartest?
- Wie viel besser wäre dein Depot schon, wenn du einfach losgelegt hättest?

Golden Nugget: Wer immer nur sucht, verpasst das Finden.

Mentor-Moment: An der Börse gewinnt nicht der mit dem besten Produkt – sondern der mit dem klarsten Plan.

Lisa: „Früher habe ich stundenlang nach der perfekten Aktie gesucht. Heute weiß ich, dass Klarheit viel wichtiger ist als Perfektion.“
Moritz: „Ich habe gelernt: Nicht jede Entscheidung braucht eine neue Recherche – manchmal reicht ein guter Plan.“
Patrick: „Mehr Ruhe im Depot heißt für mich: Zufriedenheit zählt oft mehr als die Jagd nach dem nächsten Hype.“

Social Proof

„Ich war ständig auf der Suche nach dem ‚nächsten großen Ding‘ – und war am Ende nur frustriert. Erst als ich mich auf meinen Plan konzentriert habe, kam die Ruhe und auch die Rendite.“
– Sabine, 42

Cliffhanger: Im nächsten Kapitel erfährst du, wie du mit Gelassenheit und Pragmatismus mehr erreichst als mit endloser Recherche – und warum Zufriedenheit manchmal die größte Rendite ist.

Faktencheck

☑ **Morningstar (2023):** Studien zeigen, dass Top-Performer:innen Entscheidungen schnell treffen und konsequent an ihrer Strategie festhalten.
☑ **Vanguard (2022):** Die meisten erfolgreichen Anleger:innen setzen auf bewährte Grundlagen statt auf das vermeintliche „Wunderprodukt“.
☑ **Behavioral Finance Research (2021):** Zu viel Auswahl führt zu Entscheidungsblockaden; klare Kriterien fördern Fortschritt und Zielerreichung.
☑ **CFA Institute (2023):** Schnelle, gut informierte Entscheidungen korrelieren mit höherer Rendite und geringerem Stress.

- ☑ **Frankfurt School of Finance & Management (2023):** Fokus auf grundlegende Anlageprinzipien erhöht die Stabilität des Portfolios.
- ☑ **Harvard Business Review (2022):** Vereinfachte Entscheidungsprozesse verbessern die mentale Gesundheit und Performance.
- ☑ **MSCI (2024):** Empirische Daten zeigen, dass Anleger:innen mit klaren, einfachen Strategien langfristig erfolgreicher sind.

2.2.11. Fazit: Emotionen erkennen – Entscheidungen verbessern

„An der Börse zählt nicht nur, was du weißt –
sondern wie du dich verhältst, wenn's ernst wird.“
– Josef Obergantschnig

Lisa, Moritz & Patrick ziehen Bilanz

Lisa beobachtet heute ihre Impulse bewusst – sie trifft ruhigere, reflektierte Entscheidungen und lässt sich von kurzfristigen Schwankungen nicht mehr aus dem Tritt bringen. **Moritz** führt konsequent ein Investorenjournal. Indem er seine Gedanken und Gefühle zu jedem Investment notiert, erkennt er wiederkehrende Denkfehler – und vermeidet sie immer öfter. **Patrick** blickt zurück und sieht: Viele seiner früheren Entscheidungen waren nicht objektiv falsch – sondern einfach von Emotionen getrieben. Heute ist er gelassener und systematischer unterwegs.

Was du dir mitnehmen solltest

- Emotionen gehören dazu, aber sie sind keine Anlagestrategie.
- Denkfehler wie FOMO, Übermut oder Verlustaversion schleichen sich ein und kosten oft mehr Rendite als jede Marktschwankung.
- Klarheit und Struktur, ehrliche Reflexion und simple Werkzeuge wie ein Investmentjournal oder feste Rebalancing-Termine machen den Unterschied zwischen Aktionismus und Erfolg.

Die 3 stärksten Anti-Fallen-Werkzeuge

1. **Investmentjournal:** Schreib dir vor jedem Kauf auf, warum du investierst – und prüfe später, ob deine Annahmen gestimmt haben.
2. **Feste Checkpunkte:** Schau nicht täglich, sondern gezielt und ruhig – zum Beispiel quartalsweise – auf dein Depot und deine Strategie.
3. **Stopp-Regeln:** Plane deinen Ausstieg genauso klar wie deinen Einstieg. Wer Regeln aufschreibt, schützt sich vor emotionalen Schnellschüssen.

Fehler & Alternativen – die praktische Übersicht

Fehler	Besser machen
Spontankäufe aus dem Bauch heraus	Checkliste oder klare Einstiegskriterien nutzen
Kein Ziel, keine Struktur	Ziel formulieren, Strategie bewusst aufschreiben
Gewinne zu früh, Verluste zu spät	Feste Verkaufsregeln statt Bauchgefühl
Informationsflut	Auf wenige, hochwertige Quellen fokussieren
Strategiewechsel aus Panik	Dem Plan treu bleiben, nur bei echten Gründen anpassen

Extra-Tipp: Druck diese Übersicht aus oder schreibe sie handschriftlich in dein Journal. Jede bewusste Wiederholung festigt deine Disziplin – und macht dich widerstandsfähiger gegen emotionale Stolperfallen.

O-Ton

„Mein teuerster Fehler war es, immer anderen hinterherzulaufen. Erst als ich eigene Regeln festgelegt habe, wurde ich entspannter."
– Sebastian, 31, Data Analyst

Take-Aways – Das Wichtigste auf einen Blick

- Emotionen steuern dich – nicht die Börse.
- Denkfehler sind menschlich, aber Regeln und Reflexion machen dich besser.
- Rebalancing, Nachdenken und klare Strukturen sind dein Sicherheitsnetz – nicht der perfekte Markt-Tipp.
- Wer systematisch vorgeht, bleibt ruhig – egal, wie laut es draußen stürmt.

Golden Nugget: Nicht der Sturm entscheidet, sondern wie du segelst.

Mentor-Moment: Erfolg an der Börse ist kein Intelligenztest. Es ist ein Verhaltenstest – jeden Tag aufs Neue.

Lisa: „Ich habe gemerkt: Gerade in stürmischen Zeiten ist ein klarer Kurs wichtiger als alles andere."
Moritz: „Früher habe ich Panik bekommen, wenn es am Markt wild wurde – heute bleibe ich gelassener und halte an meinem Plan fest."
Patrick: „Es geht nicht darum, immer richtig zu liegen – sondern darum, auch bei Gegenwind nicht die Nerven zu verlieren."

Du hast jetzt gelernt, wie Denkfehler und Emotionen deine Entscheidungen beeinflussen – und wie du mit System, Gelassenheit und klarem Kopf auf Kurs bleibst. Doch was machen eigentlich die Profis, wenn der Markt verrücktspielt?

Cliffhanger: Im nächsten Kapitel triffst du Mr. Market persönlich, begegnest dem ewigen Duell zwischen Bulle und Bär – und lernst, wie Legenden wie Warren Buffett langfristig denken und handeln.

Faktencheck

☑ **Goleman (1995):** Emotionale Intelligenz (EQ) beeinflusst maßgeblich, wie Menschen Stress, Ängste und impulsives Verhalten im Finanzkontext managen.
☑ **Statman (2011):** Ein positives und resilientes Mindset verbessert langfristig die Anlageperformance und reduziert psychologische Fehlentscheidungen.
☑ **Harvard Business Review (2022):** Emotionale Selbstregulation ist entscheidend, um in volatilen Märkten rationale Entscheidungen zu treffen.
☑ **Vanguard Group (2023):** Anleger:innen mit höherem EQ zeigen bessere Disziplin und vermeiden häufige Verhaltensfehler wie Panikverkäufe.
☑ **CFA Institute (2023):** Die Entwicklung von Achtsamkeit und emotionaler Kontrolle gehört zu den besten Methoden zur Risiko- und Stressreduktion beim Investieren.
☑ **Frankfurt School of Finance & Management (2023):** Mindset-Training führt zu messbaren Verbesserungen in Entscheidungsqualität und mentaler Stabilität.
☑ **MSCI (2024):** Studien bestätigen, dass die Fähigkeit zur emotionalen Selbstkontrolle die Volatilität im Anlageverhalten signifikant senkt.
☑ **Behavioral Finance Research (2023):** Motivation, Zielorientierung und emotionale Intelligenz sind Schlüsselfaktoren für nachhaltigen Investmenterfolg.

2.3. Mr. Market, Bulle & Bär – Was die Profis wirklich tun

„Die Börse ist ein Abstimmungsgerät für menschliche Emotionen – nicht für Logik.“
– Börsenweisheit

Persönlicher Einstieg: Meine Börse, meine Gefühle – und der Moment der Wahrheit
Viele Jahre hing meine Stimmung an der Börse wie an einer Achterbahn: Wenn die Kurse stiegen, fühlte ich mich gut. Wenn sie fielen, war alles grau – und ehrlich gesagt hielt ich mich für schlauer als alle anderen. Die anderen waren doch nur

Anfänger, oder? Ich war überzeugt, nur ich erkenne die wahren Chancen – der Rest: Amateure, Panikmacher, Glücksritter.
Bis ich zum ersten Mal richtig auf die Nase gefallen bin. Nicht nur finanziell – auch emotional. Verlust ist wie ein kleiner Tod an der Börse. Und ich habe alle Phasen durchlebt, von Ignoranz über Wut und Hoffnung bis zur Leere. Erst als ich akzeptiert habe, dass Verluste dazugehören, dass niemand dem Markt überlegen ist, wurde es leichter.

Mini-Box: Der Trauerprozess bei Börsenverlusten

- **Ignoranz:** „Wird schon wieder …"
- **Zorn:** „Alles Idioten!"
- **Hoffnung:** „Komm schon, Markt – dreh nochmal!"
- **Leere:** „Es ist mir alles egal."
- **Akzeptanz:** „Es gehört dazu. Weiter geht's."

Buffetts Mr. Market – Mein Gamechanger

Was mich rausgeholt hat? Buffetts berühmter Vergleich mit Mr. Market: Der Markt ist wie ein launischer Geschäftspartner – mal euphorisch, mal depressiv, nie wirklich rational. Und er bietet dir jeden Tag einen Preis für dein Depot. Die Kunst? Du musst nicht immer kaufen oder verkaufen. Du darfst freundlich lächeln, Mr. Market die Tür vor der Nase zuschlagen – und warten, bis der richtige Moment kommt. Seitdem bin ich freier, gelassener, mutiger. Ich bin nicht mehr Sklave der Kurse, sondern steuere bewusst meine Entscheidungen. Börse ist wie das Leben: Du kannst die Wellen nicht stoppen – aber du kannst lernen, zu surfen.

Alltagsstory – Wie wir alle Mr. Market erleben

Lisa sitzt am Laptop, sieht -7 % im Depot und denkt: „Warum nur ich?!" **Moritz** liest einen Panik-Kommentar im Forum und will sofort alles verkaufen. **Patrick** fragt sich nachts, ob nicht doch alle anderen recht haben und er falsch liegt.

Was alle gemeinsam haben: Mr. Market ist immer lauter, wenn's wackelt. Aber die Profis bleiben ruhig. Sie handeln nach Plan, reflektieren ihre Fehler – und wachsen an den Krisen.

Lisa: „Ich habe gelernt: Nicht jeder Bullenmarkt ist Grund zum Jubeln. Geduld ist meine wichtigste Investition."

Moritz: „Früher hab ich den Kursen nachgejagt. Heute weiß ich: Mr. Market ist launisch – und ich muss nicht immer mitspielen."
Patrick: „Ich war immer skeptisch bei Marktprognosen. Inzwischen sehe ich Bulle und Bär als nützliche Bilder – aber nicht als Wegweiser."

Mini-Vergleich: Amateur vs. Profi – Reaktion auf Mr. Market

	Amateur	**Profi**
Markt fällt	Panik, hektischer Verkauf	Ruhe, Nachkaufen oder Abwarten
Markt boomt	Gier, alles rein	Disziplin, eigene Strategie
News-Flash	Sofort reagieren	Erst denken, dann entscheiden

Social Proof
„Die Börse ist wie ein Jahrmarkt – überall blinkt und lockt es. Heute weiß ich: Wer Ruhe bewahrt, bleibt am längsten im Spiel."
– Claudia, 36, Ingenieurin

Take-Aways – Das Wichtigste auf einen Blick

- Mr. Market bleibt launisch – deine Aufgabe ist es, den Kurs zu halten.
- Emotionen sind normal – aber Disziplin ist deine stärkste Waffe.
- Lernen aus Verlusten bringt dich weiter als jedes „perfekte Timing".
- Profi wird, wer eigene Fehler erkennt und daraus wächst.

So gehen Lisa, Moritz & Patrick heute damit um

- **Lisa:** „Wenn Mr. Market klingelt, atme ich erstmal tief durch. Ich höre auf meine Strategie – nicht auf die Tageslaune!"
- **Moritz:** „Ich reflektiere nach jedem emotionalen Impuls. Oft reicht es, einen Tag zu warten, bevor ich entscheide."
- **Patrick:** „Ich akzeptiere Schwankungen als Teil des Spiels. Und ich halte mein Depot und meine Gefühle auseinander."

Reflexionsfragen

- Wann hast du das letzte Mal panisch oder euphorisch auf den Markt reagiert?
- Was hilft dir konkret, bei Schwankungen ruhig zu bleiben?
- Wie kannst du den nächsten „Mr. Market"-Moment als Chance zum Wachsen nutzen?

Golden Nugget: Nicht der Sturm entscheidet, sondern wie du segelst.

Mentor-Moment: Der größte Unterschied zwischen Börsenprofis und Amateuren? Erst denken, dann handeln.

Lisa: „Am Anfang habe ich jede Schwankung persönlich genommen – jetzt sehe ich Mr. Market mehr als Wetterlage, nicht als Feind."
Moritz: „Mir hilft es zu wissen, dass selbst Buffett Fehler macht – Hauptsache, man lernt und bleibt dran."
Patrick: „Profi-Mindset heißt für mich: Nicht alles kontrollieren wollen, sondern mit Ruhe und System handeln."

Social Proof
„Ich dachte immer, Profis haben keine Angst. Aber im Crash 2020 habe ich gesehen: Angst ja, aber sie bleiben ruhig, weil sie auf ihre Erfahrung vertrauen und nicht in Panik verfallen. Das hat mir Mut gemacht, selbst gelassener zu werden."
– Daniel, 47

Cliffhanger: Im nächsten Kapitel erfährst du, wie du Mr. Market für dich nutzt, wann Gelassenheit die beste Rendite bringt und warum echtes Profi-Mindset nicht in der Angst vor Verlusten, sondern im Umgang damit entsteht. Wir tauchen ein in die legendären Strategien von Warren Buffett, das ewige Duell von Bulle und Bär – und was du davon für deine Reise an der Börse mitnehmen kannst.

Faktencheck
☑ **Vanguard (2023):** Studien zeigen, dass Anleger:innen, die ihre Emotionen reflektieren und bewusst steuern, langfristig bessere Anlageergebnisse erzielen.
☑ **Behavioral Finance Research (2022):** Die Akzeptanz von Verlusten als Lernchance fördert eine höhere Resilienz und nachhaltige Investitionsstrategien.
☑ **CFA Institute (2023):** Emotionale Selbstkontrolle reduziert Fehlentscheidungen und steigert die Konsistenz im Anlageverhalten.
☑ **Frankfurt School of Finance & Management (2023):** Resiliente Anleger:innen weisen eine bessere Stressbewältigung auf und treffen fundiertere Entscheidungen.
☑ **Harvard Business Review (2022):** Emotionale Reflexion verbessert die mentale Gesundheit und fördert rationalere Investmententscheidungen.
☑ **MSCI (2024):** Empirische Daten bestätigen, dass emotionale Intelligenz die Volatilität im Portfolio senkt und langfristig den Erfolg erhöht.

- ☑ **Morningstar (2023):** Anleger:innen, die Verluste als Teil des Lernprozesses verstehen, entwickeln stabilere Anlagehaltungen.
- ☑ **Behavioral Economics Journal (2023):** Psychologische Resilienz ist ein wesentlicher Faktor für den Umgang mit Marktvolatilität und Unsicherheit.

2.4. Von Zocker:innen zu Investor:innen – Warum Strategie stärker ist als Spekulation

„Ein:e Investor:in denkt in Jahren.
Ein:e Zocker:in in Tagen – manchmal nur in Klicks."
– Josef Obergantschnig

Lisa, Moritz & Patrick auf der Suche nach Haltung
Lisa taucht über Social Media in die Welt der Daytrader ein: schnelle Gewinne, scheinbar ohne Risiko, alles fühlt sich leicht und aufregend an – für den Moment. **Moritz** lässt sich in einer Community von Hebelprodukten und heiß gehandelten Zertifikaten anstecken, erlebt kurze Höhenflüge und bittere Verluste. **Patrick** denkt zurück: Früher war sein Alltag ein einziges Auf und Ab aus Käufen und Verkäufen – bis er merkte, dass sein Stress größer war als jeder Gewinn.
Drei Lebensläufe – eine Erkenntnis: Ohne Strategie wird aus Investieren ganz schnell Zocken – mit allen Risiken und Nebenwirkungen.

Alltagsszene: Das große Risiko mit Optionsscheinen
Ein Kollege legt mir stolz seinen Depotauszug hin: „Siehst du, dieser Call-Optionsschein kostet nur einen Cent! Wenn der DAX richtig steigt, kann ich in drei Wochen mein Geld verdoppeln. Und wenn nicht? Naja, dann ist es halt weg." Was auf den ersten Blick wie ein smarter Deal wirkt, ist oft eine tickende Zeitbombe: Denn Call-Optionsscheine sind Hochrisikopapiere. Der günstige Preis täuscht – damit du überhaupt einen Gewinn machst, müsste der DAX in diesem Beispiel in drei Wochen um 30 % steigen. Schafft er das nicht, ist der Schein wertlos. Wer wie mein Kollege 2.000 Euro investiert, verliert ansonsten das komplette Geld – egal wie „billig" der Einstieg klingt. Der größte Fehler: Die kleinen Beträge lassen das große Risiko harmlos erscheinen. In Wahrheit droht Totalverlust – und zwar blitzschnell. Für mich ist das nichts anderes als Zockerei.

Was du in diesem Kapitel lernst

- Wie du Zocken von Investieren unterscheidest – und warum die Grenzen oft verschwimmen
- Warum kurzfristiges Denken meist zu langfristigen Verlusten führt
- Welche Prinzipien echte Investor:innen auszeichnen
- Wie du deine eigene Strategie findest und ihr treu bleibst

Investor:in vs. Zocker:in – zwei Denkwelten im Vergleich

Investor:in	**Zocker:in**
Hat einen Plan & Zeithorizont	Reagiert auf Kurse & Emotionen
Kauft Anteile an Unternehmen	Kauft „Preise" zum Weiterverkauf
Nutzt Rücksetzer als Chance	Fürchtet Verluste & jagt Gewinnen nach
Bleibt diszipliniert & ruhig	Lässt sich von Stimmung treiben
Streut breit & langfristig	Fokussiert auf Einzeltitel & Timing

Lektion von Jesse Livermore

Jesse Livermore, der wohl berühmteste Spekulant der 1920er-Jahre, wurde mit riskanten Börsenwetten mehrfach zum Millionär. Doch er verlor sein Vermögen ebenso oft wieder. Seine bittere Erkenntnis: Er konnte die Märkte zeitweise schlagen – aber nicht sich selbst. Seine Geschichte zeigt: Talent bringt dich nach oben, Disziplin hält dich dort. Deshalb ist die entscheidende Frage nicht: Wie clever bist du im Timing? Sondern: Wie konsequent bist du in deinem Denken?

Lisa: „Früher habe ich hektisch gekauft und verkauft. Mein größter Aha-Moment? Ruhig bleiben ist oft der mutigste Schritt."
Moritz: „Ich dachte, Schnelligkeit bringt Gewinn. Jetzt weiß ich: Ausdauer zahlt sich viel öfter aus als der schnelle Kick."
Patrick: „Früher war ich beim Investieren wie beim Sport – alles auf Risiko. Heute setze ich auf Beständigkeit, nicht auf Adrenalin."

Praxisbeispiel: Moritz landete mit einem Hebelzertifikat einen schnellen 30%-Gewinn – fühlte sich unbesiegbar. Beim nächsten Trade verlor er über 60 %. Seine Bilanz heute: „Tempo ist nicht gleich Rendite. Ich investiere lieber langsam – aber sinnvoll."

Mini-WhatsApp-Dialog
Lisa: „Hast du die neue Meme-Aktie gesehen? Geht grad richtig ab!"
Moritz: „Schon – aber mein Depot bleibt diesmal cool. Kein Zock mehr, ich bleib bei meiner Strategie."
Patrick: „Mein ETF-Sparplan gibt mir endlich Ruhe. Kein Auf und Ab mehr – und kein schlechtes Bauchgefühl."

Praxis-Tipp: Wenn du ständig nervös auf Kurse starrst, bist du wahrscheinlich zu kurzfristig unterwegs. Die wichtigste Frage ist: Wie entwickeln sich meine Unternehmen – und passt das zu meinem langfristigen Plan?

Extra-Tipp: Schreib dein persönliches Anlageleitbild auf: Wofür willst du investieren? Nach welchen Regeln? Und wann wechselst du den Kurs – oder bleibst du standhaft? Wer das verschriftlicht, handelt bewusster – und schaltet den „Zocker-Modus" aus.

O-Ton
„Früher habe ich beim kleinsten Kursausschlag verkauft. Heute bleibe ich dabei und gönne meinen Investments Zeit."
– Tim, 28, Startup-Gründer

Take-Aways – Das Wichtigste auf einen Blick
- Rendite ist kein Glück, sondern das Ergebnis klarer Prinzipien.
- Zocken fühlt sich aktiv an – Investieren fühlt sich langfristig besser an.
- Ein klarer Plan schützt vor Aktionismus – und vor dir selbst.
- Die besten Anleger:innen sind nicht die Schnellsten – sondern die Konsequenteren.

So denken Lisa, Moritz & Patrick
- **Lisa:** „Ich will nicht mehr nervös sein – mein ETF-Sparplan gibt mir Struktur und Ruhe."
- **Moritz:** „Früher war ich Zocker – heute investiere ich mit Plan und Ziel."
- **Patrick:** „Mir reicht ein Depot, das zu mir passt – statt ständigem Hin und Her."

Reflexionsfragen
- Investierst du – oder spekulierst du noch?
- Welche Entscheidung gibt dir wirklich Sicherheit – und welche kostet dich nur Nerven?
- Wie sieht dein persönlicher Investment-Kompass aus?

Golden Nugget: Nicht jeder Kick bringt dich voran – aber jede Strategie bringt dich weiter.

Mentor-Moment: Zocken fühlt sich spannend an – aber Strategie fühlt sich richtig an. Wer investiert, spielt nicht mit Geld. Er übernimmt Verantwortung.

Lisa: „Ich habe am Anfang öfter mal gezockt – die echten Fortschritte kamen erst, als ich meine Strategie gefunden habe."
Moritz: „Zocken hat mich nervös gemacht, eine klare Strategie hat mir Gelassenheit gebracht."
Patrick: „Heute weiß ich: Wer Verantwortung übernimmt, gewinnt langfristig. Das macht mehr Spaß als jeder kurzfristige Kick."

Social Proof
„Ich habe früher alles auf heiße Tipps gesetzt – und oft verloren. Erst mit einer eigenen Strategie wurde mein Depot wirklich stabil. Heute bin ich entspannter und erfolgreicher."
– Andrea, 41

Cliffhanger: Im nächsten Kapitel geht's den Mythen, Prognosen und Crash-Propheten an den Kragen. Bereit, die Wahrheit hinter den Meinungen zu entdecken?

Faktencheck
- ☑ **Shiller (2015):** Marktzyklen sind geprägt von wiederkehrenden Phasen der Über- und Unterbewertung, beeinflusst durch kollektive Anlegerstimmungen.
- ☑ **Minsky (1986):** Finanzmärkte durchlaufen Phasen von Stabilität, Instabilität und Krisen, die eng mit menschlichen Verhaltensmustern verknüpft sind.
- ☑ **CFA Institute (2023):** Das Verständnis von Marktzyklen hilft Anleger:innen, emotionale Fehlentscheidungen während Boom- und Bust-Phasen zu vermeiden.
- ☑ **Vanguard Group (2023):** Langfristige Strategien, die Marktzyklen berücksichtigen, reduzieren Risiko und verbessern Rendite.
- ☑ **Frankfurt School of Finance & Management (2023):** Psychologische Faktoren wie Angst und Gier verstärken Marktzyklen und beeinflussen das Timing von Kauf- und Verkaufsentscheidungen.
- ☑ **Morningstar (2022):** Disziplinierte Anleger:innen, die Marktzyklen kennen, nutzen Phasen der Überbewertung zur Risikoreduzierung.
- ☑ **Behavioral Finance Research (2023):** Das Bewusstsein über Marktzyklen fördert eine resilientere und reflektiertere Investmentstrategie.

2.5. Analyst:innen, Alarmismus & die Illusion von Vorhersehbarkeit

„Prognosen sagen dir alles – außer die Zukunft."
– Josef Obergantschnig

Lisa, Moritz & Patrick im Prognosen-Dschungel
Lisa schaltet morgens das Handy ein, noch vor dem ersten Schluck Kaffee. „Crash-Alarm! Der Markt droht abzustürzen!" – so titelt die Finanz-App. Der Kaffee schmeckt plötzlich bitter. Ihr Puls steigt. Im Kopf das Chaos: „Soll ich verkaufen? Noch abwarten? Was, wenn diesmal wirklich alles anders ist?" Am Ende legt sie das Handy weg – aber die Unsicherheit bleibt hängen wie ein Schatten über dem Tag.
Moritz hat seine Lieblings-YouTube-Gurus längst abonniert. Jede Woche ein neues Video: Heute wird der DAX explodieren, morgen ist der Bitcoin am Abgrund, übermorgen steht das nächste Allzeithoch bevor. Mal lacht er, mal scrollt er nervös durch die Kommentare. „Wenn ich all die Kursziele verfolgt hätte, wär ich wahrscheinlich längst pleite ..." Trotzdem ertappt er sich dabei, wieder auf den neuen Tipp zu warten – in der Hoffnung auf die nächste große Story.
Patrick erinnert sich an unzählige TV-Analyst:innen, die seit Jahren mit ernster Miene den „Crash des Jahrhunderts" vorhersagen. Er hat es oft geglaubt, öfter gezweifelt. In seinem Anlagebuch stehen viele Notizen zu diesen Panikphasen – und daneben die realen Kursverläufe: „Am Ende war's nie so schlimm, wie alle sagten. Und wenn doch, kam die Erholung schneller als erwartet." Er schmunzelt: „Wer Prognosen folgt, rennt meist nur im Kreis."
Drei Perspektiven – ein Muster: Je lauter die Prognosen, desto größer die Unsicherheit – und desto weniger nützen sie am Ende. Märkte laufen oft anders, als alle denken. Die einzig sichere Vorhersage? Dass nichts sicher vorhersehbar ist.

Mikro-Dialoge/O-Töne

- **Lisa** (zu Mia): „Weißt du, manchmal wissen die Erwachsenen auch nicht, was morgen kommt – dann hilft ein ruhiger Kopf mehr als laute Nachrichten."
- **Moritz** (zu Sophie): „Ich glaube, ich habe mehr Prognosen gesammelt als Aktien. Geholfen hat mir keine."
- **Patrick** (denkt): „Vorhersagen sind wie Wetterberichte – nützlich, aber nie ein Ersatz für einen eigenen Plan."

Was du in diesem Kapitel lernst

- Warum Prognosen so oft danebenliegen – und trotzdem so einflussreich sind
- Weshalb Analystenmeinungen eher Orientierungshilfen als Handlungsanweisungen sind
- Wie Medien gezielt mit Angst und Hoffnung spielen – und wie du ruhig bleibst
- Wie du trotz Informationsflut klug entscheidest und Unsicherheit akzeptierst

Signature-Anekdote: Das Orakel-Phänomen

Ich habe vor Jahren eine eigene Prognosen-Challenge gemacht: 15 Analyst:innen, 15 Kursziele für das nächste Jahr. Die Auswertung zwölf Monate später? Niemand lag richtig, aber alle klangen beim Einholen sehr überzeugend. Meine wichtigste Erkenntnis: Prognosen sind wie Wetterberichte für einen anderen Planeten – spannend, aber selten nützlich.

Prognosen: Viel Show, wenig Substanz

- Punktgenaue Kursziele: „In 12 Monaten steht der Index bei 22.000!" Klingt nach Gewissheit – ist aber Fantasie.
- Dauer-Crash-Warner: Sie leben von der Angst. Wer jahrelang an der Seitenlinie wartet, verpasst Chancen.
- Hype-Propheten: Erst KI, dann Wasserstoff, dann Indien – die Story ändert sich, die Unsicherheit bleibt.

Praxis-Quickie: Wenn du eine Prognose hörst, frag dich: „Würde diese:r Expert:in selbst Geld darauf wetten?" Und: „Welche Interessen stecken dahinter?" Die meisten Analyst:innen verdienen an Aufmerksamkeit – nicht an ihrer eigenen Rendite.

Praxisbeispiel – Prognose-Paralyse: Moritz erinnert sich an 2022. Ein TV-Analyst warnte lautstark vor dem Notenbank-Crash. Moritz reduzierte seine Aktien – und sah, wie der Markt danach durchstartete. Heute sagt er: „Ich habe mich von der Angst anderer leiten lassen. Heute folge ich meinem eigenen Plan."

Sven prüft…

„Wenn Prognosen so gut wären, warum wird dann niemand damit reich?" Sven schüttelt den Kopf über die täglichen Crash-Warnungen und Wunderprognosen, die Social Media und Nachrichtensendungen füllen. „Analyst:innen leben davon, gehört zu werden – nicht davon, die Zukunft zu kennen. Die berühmte Glaskugel der Börse ist leider immer beschlagen. Die Statistiken sprechen Bände: **Über 80 %**

aller Prognosen liegen signifikant daneben (CXO Advisory, 2022). Wer auf jede Warnung hört, steht irgendwann mit leeren Händen da – und hat die besten Chancen verpasst."

Wissenschaftlich klar:

- Dauerwarner und Hype-Propheten sind selten selbst investiert (Morningstar, 2023).
- Anleger:innen, die sich vom Medienrummel leiten lassen, erzielen nachweislich schlechtere Ergebnisse als solche mit einem eigenen Plan (Vanguard Behavioral Finance Report, 2023).

Sven meint

„Du kannst dich von jedem Sturm beeindrucken lassen – oder du baust dir einen sicheren Hafen. Prognosen sind wie Wetterberichte aus einer anderen Zeitzone: spannend, aber selten brauchbar. Dein System, deine Prinzipien und deine Gelassenheit sind die eigentliche Renditequelle."

Svens Fazit

„Verlass dich nicht auf Orakel – bau auf deinen eigenen Plan. Wer ruhig bleibt, während alle nervös sind, investiert wie ein Profi."

Lisa: „Analysten-Tipps haben mich oft verunsichert. Jetzt filtere ich: Was passt wirklich zu meinen Zielen?"
Moritz: „Ich hab ständig Medien gecheckt. Heute nehme ich News als Impuls, aber entscheide nach meinem Plan."
Patrick: „Mir war nie klar, wie viele Interessen hinter Empfehlungen stecken. Jetzt weiß ich: Nur mein eigener Plan zählt."

Aha-Moment: Die Prognose-Falle

- 2020 erwartete fast jeder den Mega-Absturz – am Ende folgte eine Börsenrallye.
- 2015 glaubte niemand an fallende Zinsen – doch sie fielen.
- Selbst Nobelpreisträger raten oft nur mit.

Was wirklich planbar ist, bist du selbst: deine Strategie, dein Verhalten, deine Ruhe.

Typische Prognose-Fallen

Prognose-Typ	Wirkung auf dich	Risiko für dein Depot
Kursziel-Prognosen	Falsche Sicherheit	Fehlentscheidungen
Dauer-Alarmismus	Dauerdruck, Abwarten	Verpasste Chancen
Hype-Storys	Schneller Glaube an Wunder	FOMO, Fehler durch Aktionismus

Praxis-Tipp: Baue eigene Szenarien! Überlege: Was mache ich, wenn es besser läuft? Was, wenn es schlechter läuft? Wer vorbereitet ist, wird nicht so leicht aus der Bahn geworfen.

Extra-Tipp: Stelle Prognosen immer auf den Prüfstand: Was müsste passieren, damit das Gegenteil eintritt? Das schärft deinen Blick für blinde Flecken.

Social Proof

„Anfangs habe ich jede Empfehlung aus dem Fernsehen befolgt. Inzwischen filtere ich die Flut – und fahre damit viel entspannter."
– Nadine, 39, Marketingexpertin

Take-Aways – Das Wichtigste auf einen Blick

- Analyst:innen liefern Ideen – keine Wahrheiten.
- Prognosen geben kurzfristig Halt – aber dein eigener Plan zählt.
- Informationsflut macht nicht klüger, sondern oft nervöser.
- Wer Unsicherheit akzeptiert, entscheidet ruhiger.

So denken Lisa, Moritz & Patrick

- **Lisa**: „Früher war ich abhängig von Prognosen – heute nutze ich sie als Inspiration, nicht als Fahrplan."
- **Moritz**: „Ich habe gelernt, meine eigenen Szenarien zu entwerfen. Das bringt mir Ruhe und Fokus."
- **Patrick**: „Je mehr Alarmismus, desto gelassener werde ich. Ich verlasse mich lieber auf mein System."

Reflexionsfragen

- Wann hast du zuletzt eine Entscheidung nur wegen einer Prognose getroffen – und wie lief es?
- Hast du einen eigenen Plan – oder wartest du noch auf das nächste „Signal"?
- Wie gehst du mit widersprüchlichen Meinungen um?

Golden Nugget: Der lauteste Tipp macht selten die beste Rendite – dein eigener Plan schlägt jedes Orakel.

Mentor-Moment: Nicht Prognosen bringen dich voran – sondern deine Fähigkeit, den Lärm auszublenden und deinem Kurs zu vertrauen.

Lisa: „Ich habe gelernt, dass ich meinem Plan mehr vertrauen muss als jedem neuen Experten-Tipp."
Moritz: „Früher habe ich zu viel auf Prognosen gehört – heute höre ich vor allem auf mich und mein System."
Patrick: „Wer sein System hat, bleibt ruhig, egal wie laut der Markt wird."

Cliffhanger: Jetzt geht's um das Wichtigste: Wie entwickelst du eine eigene Haltung und ein System, das dich unabhängig macht – von Prognosen, Panik und Meinungen. Im nächsten Kapitel lernst du, wie du Prinzipien, Routinen und ein starkes System schaffst, das dich durch alle Marktphasen trägt.

Faktencheck

- ☑ **CXO Advisory (Meta-Studie 2022):** Über 80 % der Analystenprognosen weichen signifikant von der tatsächlichen Marktentwicklung ab.
- ☑ **Morningstar & Wall Street Journal (2023):** Dauer-Crash-Propheten liegen in 9 von 10 Fällen falsch und sind selten selbst langfristig investiert.
- ☑ **Vanguard Behavioral Finance Report (2023):** Anleger:innen, die sich von Medien-Alarmismus leiten lassen, erzielen im Schnitt deutlich schlechtere Renditen als solche mit einer festen Strategie.
- ☑ **Universität Frankfurt (2021):** Wer Analystenprognosen als Inspiration, nicht als exakten Fahrplan nutzt, trifft stabilere und weniger impulsive Anlageentscheidungen.
- ☑ **CFA Institute (2023):** Übermäßiges Vertrauen in kurzfristige Prognosen erhöht das Risiko emotionaler Fehlentscheidungen.
- ☑ **Frankfurt School of Finance & Management (2023):** Medienberichterstattung verstärkt oft Angst und Gier, was die Marktvolatilität erhöht.
- ☑ **Harvard Business Review (2022):** Langfristige Investor.innen profitieren von der Distanzierung zu kurzfristigem Medienrummel und Prognosen.

2.6. Der emotionale Kompass – Reflexionshilfe für dich

„An der Börse zu handeln, ohne sich selbst zu kennen, ist wie Segeln ohne Kompass."
– Josef Obergantschnig

Lisa, Moritz & Patrick auf dem Weg zur Selbsterkenntnis

Lisa merkt, dass sie in turbulenten Phasen viel zu schnell reagiert – oft schneller, als ihr lieb ist. Sie will nicht länger von ihrer Nervosität gesteuert werden. **Moritz** weiß, dass er seine eigenen Denkfehler erkennen und überwinden will – immer wieder erwischt er sich dabei, Mustern zu folgen, die ihm nicht guttun. **Patrick** blickt zurück auf viele emotionale Fehltritte. Er hat verstanden: Es braucht einen echten Kompass, um auf Kurs zu bleiben.

Drei Menschen – eine neue Haltung: Der emotionale Kompass ist der Unterschied zwischen Getriebensein und Selbststeuerung.

Was du in diesem Kapitel lernst

- Warum Reflexion der wichtigste Skill erfolgreicher Anleger:innen ist
- Wie du dich selbst beobachtest – und aus Erkenntnis Stärke gewinnst
- Was ein emotionaler Kompass ist – und wie du ihn für dich nutzt
- Wie du aus wiederkehrenden Mustern gute, starke Entscheidungen formst

Warum ein emotionaler Kompass so wichtig ist

Du kennst jetzt die großen Denkfallen der Börse – von FOMO bis Kontrollillusion. Aber: Wissen allein genügt nicht. Echte Meisterschaft entsteht durch Selbstbeobachtung. Der emotionale Kompass ist dein persönliches Tool – kein Zauberstab, sondern ein Spiegel, der dir Klarheit und Ehrlichkeit schenkt. Das Ziel ist nicht Perfektion – sondern Bewusstsein. Wer sich selbst versteht, bleibt ruhiger und trifft bessere Entscheidungen, selbst wenn draußen das Chaos herrscht.

Lisa: „Mein erster Crash hat wehgetan. Aber er hat mir gezeigt, dass ich Krisen überstehe – wenn ich an meinen Zielen festhalte."

Moritz: „Beim ersten Drawdown hab ich alles hinterfragt. Heute weiß ich: Verluste sind Teil des Spiels, aber ich bestimme die Regeln."

Patrick: „Nach meinem größten Verlust wollte ich alles hinschmeißen. Aber erst der zweite Versuch hat mich zum Investor gemacht."

Der emotionale Kompass – deine Reflexionshilfe

Nimm dir regelmäßig Zeit für diese Fragen – vor jeder Entscheidung und immer wieder zwischendurch:

Frage	Deine Antwort
Wie fühlst du dich gerade – ruhig oder angespannt?	...
Was löst deine Entscheidung aus – Analyse oder Bauchgefühl?	...
Welche Erwartung hast du an das Investment?	...
Was, wenn es nicht so läuft wie geplant?	...
Würdest du heute wieder so entscheiden?	...
Kennst du ähnliche Situationen aus der Vergangenheit – und wie bist du damals damit umgegangen?	...

Praxis-Tipp: Nutze diesen Kompass konsequent: vor jeder großen Depotentscheidung und auch zur Nachschau. Die Antworten zeigen dir Muster – und Wege, um dein Verhalten nachhaltig zu verändern.

Extra-Tipp: Gönn dir einen festen monatlichen Reflexions-Check-in: Zehn Minuten, kein Handy, keine News – nur du, dein Journal und dein ehrlicher Blick nach innen.

Beispiel aus dem Alltag von Moritz: Montagmorgen, nach einem Wochenende voller Börsengerüchte: Moritz spürt die Unruhe, will eigentlich sofort handeln. Doch er hält inne, schlägt seinen emotionalen Kompass auf und beantwortet die Fragen ehrlich für sich. Ergebnis: Er erkennt, dass ihn nur der Hype treibt – und entscheidet sich, diesmal bewusst nicht zu reagieren. „Das hat mir den Stress genommen und meinen Plan gerettet", sagt Moritz heute.

Investoren-Manifest – drei Wege, eine Haltung

Moritz (analytisch, wachstumsorientiert)

- Ich bin ein Investor mit Plan – kein Händler mit Panik.
- Nicht jede Schwankung ist ein Signal.
- Ich treffe Entscheidungen nach Analyse – nicht nach Laune.
- Fallen, die ich bewusst meiden will:
  - FOMO – Ich muss nicht überall dabei sein.
  - Overconfidence – Zwei Treffer machen mich nicht unfehlbar.
  - Dispositionseffekt – Gewinne dürfen laufen, Verluste darf ich begrenzen.
- Mein Motto: Investieren mit Verstand, nicht mit Zittern.

Lisa (werteorientiert, sicherheitsbewusst)

- Ich investiere aus Überzeugung – nie aus Gruppendruck.
- Nachhaltigkeit ist für mich mehr als ein Trend – sie ist mein Leitbild.
- Der ruhige Weg ist oft der nachhaltigere.

Patrick (reifer Erfahrungswert-Typ)

- Früher wollte ich alles wissen – heute will ich verstehen.
- Weniger ist mehr – im Depot und im Leben.
- Mein Depot folgt meinem Plan – nicht dem Lärm von außen.

O-Ton

„Mein Depot hat schon ein paar Achterbahnen erlebt. Aber die größten Gewinne kamen immer dann, wenn ich ruhig geblieben bin."
– Fabian, 42, Projektleiter

Take-Aways – Das Wichtigste auf einen Blick

- Du brauchst keine perfekte Strategie – aber ehrliche Selbstreflexion.
- Wer sich selbst kennt, trifft in Stressphasen die besseren Entscheidungen.
- Der emotionale Kompass ist kein Tool für „Profis" – sondern für jeden, der wachsen will.
- Deine Haltung entscheidet, ob du langfristig gelassen bleibst – oder getrieben wirst.

So denken Lisa, Moritz & Patrick jetzt

- **Lisa** nutzt den emotionalen Kompass vor jeder Entscheidung – für mehr Ruhe und Klarheit.
- **Moritz** reflektiert monatlich seine Top-Emotionen im Anlagetagebuch – und lernt aus seinen Mustern.
- **Patrick** hat erkannt: Nicht Information macht ihn besser – sondern ehrliche Selbstbeobachtung.

Reflexionsfragen für deinen Kompass

- Wie oft handelst du aus einem Impuls – und wann aus Überzeugung?
- Welche Muster erkennst du, wenn du auf dein Investmentverhalten der letzten Monate blickst?
- Was hat dich in der Vergangenheit wirklich ruhiger gemacht?

Ermutigende Erinnerung zum Abschluss: Kein:e Investor:in trifft immer die richtigen Entscheidungen. Fehler gehören dazu – und manchmal liegen wir völlig daneben. Was wirklich zählt: Offenheit, Ehrlichkeit und die Bereitschaft, daraus zu lernen. Wachstum ist keine gerade Linie – sondern ein Prozess, der dich stärker macht.

Golden Nugget: Die stärkste Rendite bringt Ehrlichkeit – nicht Aktionismus.

Mentor-Moment: Investieren beginnt im Kopf – und endet im Herzen. Wer beides verbindet, investiert mit Haltung.

Lisa: „Ich habe gemerkt, dass ehrliches Reflektieren mir mehr gebracht hat als hektisches Handeln."
Moritz: „Mein größtes Learning: Wer sich selbst kennt, trifft bessere Entscheidungen."
Patrick: „Mein Investmentprozess ist heute das Herzstück meines Erfolgs – und meiner Ruhe."

Cliffhanger: Im nächsten Kapitel lernst du, wie du aus dieser Haltung ein robustes System entwickelst – mit Prinzipien, Routinen und deinem eigenen Investmentprozess. Willkommen in Kapitel 3: Investieren mit System – dein Weg zu einem entspannten, erfolgreichen Anlegerleben.

Faktencheck

☑ **Harvard Business School (2022):** Anleger:innen, die regelmäßig Selbstreflexion und Journaling praktizieren, reduzieren impulsive Handelsentscheidungen um durchschnittlich 28 % und erzielen langfristig stabilere Renditen.

☑ **Goethe-Universität Frankfurt (2023):** Über 70 % der Investment-Fehlentscheidungen resultieren aus emotionalen Impulsen wie Angst, Gier oder Gruppendruck – nicht aus fehlendem Wissen.

☑ **Max-Planck-Institut für Bildungsforschung (2023):** Der bewusste Umgang mit Denkmustern und Emotionen (Metakognition) erhöht Entscheidungssicherheit und verringert das Risiko von Panikverkäufen und FOMO-Käufen.

☑ **Morningstar Behavioral Research (2023):** Anleger:innen mit etablierten Reflexionsprozessen bleiben in Krisenzeiten ruhiger und halten häufiger an ihren Strategien fest.

☑ **Community-Umfrage (2024):** Über 60 % der Privatanleger:innen, die einen emotionalen Kompass nutzen, berichten von mehr Gelassenheit und weniger Stress bei Börsenentscheidungen.

☑ **CFA Institute (2023):** Reflexion und Achtsamkeit sind zentrale Elemente, um emotionale Biases im Investmentprozess zu reduzieren.
☑ **Frankfurt School of Finance & Management (2023):** Strukturierte Selbstreflexion unterstützt die mentale Resilienz und fördert bessere Anlageentscheidungen.

2.7. Der kritische Sven über Kapitel 2: Mindset & Ziele – So baust du dein Fundament

„Motivation und schöne Ziele sind gut – aber was, wenn ich meine Vorsätze nach ein paar Wochen wieder über Bord werfe? Es klingt alles machbar, aber reicht ein klares Ziel, wenn das Leben dazwischenfunkt? Für mich bleibt: Mindset allein ist kein Garant für Erfolg. Was ich brauche, sind ehrliche Routinen und einfache Tools, um wirklich dranzubleiben – auch wenn mal Zweifel oder Rückschläge kommen."
– Josef Obergantschnig

Leser:innen-Stimme
„Ich habe lange geglaubt, Zielsetzung ist nur was für Profis. Das Buch hat mir geholfen, erstmal klein zu starten – und mir regelmäßig klarzumachen, warum ich überhaupt investiere. So bleibe ich entspannter, auch wenn's mal nicht läuft."
– Silvia, 30, Physiotherapeutin

Abschlussstatement: Ein starkes Fundament entsteht nicht über Nacht – aber wer sein Mindset pflegt und Ziele regelmäßig reflektiert, bleibt handlungsfähig, auch wenn das Leben unplanbar bleibt.

Social Proof
„Als Kritiker bin ich oft skeptisch geblieben – aber ein bisschen Selbstzweifel hat mir geholfen, keine dummen Fehler zu machen."
– Sven, 41, Marketingmanager

Sven: „Ich bleibe skeptisch – aber eins geb' ich zu: Ohne Fehler, Zweifel und Emotionen gäb's keine echten Geschichten an der Börse."

KAPITEL 3
INVESTIEREN: DER SCHLÜSSEL ZU DEINER FINANZIELLEN FREIHEIT

„Sparen ist Vorsicht. Investieren ist Verantwortung."
– Börsenweisheit

Lisa, Moritz & Patrick am Wendepunkt

Lisa steht im Supermarkt, Mia an der Hand, und starrt auf das Preisschild beim Kaffee. „Schon wieder teurer …", murmelt sie, während sie rechnet, ob das Haushaltsbudget noch reicht. Der Gedanke schleicht sich ein: „Sparen allein reicht nicht – irgendwas muss sich ändern." Später am Tag tippt sie eine Notiz ins Handy: Was ist mein erster Schritt zum Investieren?

Moritz sitzt abends vorm Rechner. Das Depot zeigt minus elf Prozent. Sein Herz schlägt schneller, der Puls steigt. Für einen Moment zweifelt er: „War das der richtige Weg? Oder hätte ich alles auf dem Sparkonto lassen sollen?" Dann erinnert er sich an das Gespräch mit Sophie: „Mut heißt, nicht alles kontrollieren zu wollen. Investieren ist ein Prozess – kein Sprint." Ein wenig beruhigt, bleibt er dran.

Patrick hockt vor der kaputten Waschmaschine, ein Werkzeug in der Hand. Früher hätte ihn die unerwartete Rechnung nervös gemacht – jetzt lacht er leise. Denn zum ersten Mal hat er einen Notgroschen und ein kleines Investment-Polster. „Freiheit ist nicht, keine Probleme zu haben – sondern ruhig zu bleiben, wenn sie kommen."

Was alle drei vereint: Die Erkenntnis, dass finanzielle Freiheit kein Zufall ist – sondern eine Folge bewusster Entscheidungen. Investieren ist der Schlüssel dafür.

Alltagsszene: Unbequeme Fragen von Sven

Patrick sitzt nach dem Wochenendeinkauf mit seinem alten Freund Sven am Küchentisch. Sven, ein paar Jahre älter, war früher im selben Unternehmen, setzt aber immer noch lieber auf Sparbuch und Festgeld. Sven schüttelt den Kopf über Patricks Depot-App: „Patrick, du bist doch sonst so vorsichtig – warum machst du dir den Stress mit Aktien? Muss das sein? Sparen hat doch immer funktioniert. Wer weiß, ob das am Ende wirklich mehr bringt?"

Patrick lächelt, nimmt einen Schluck Kaffee und sagt ruhig: „Früher hab ich genauso gedacht. Aber seit ich das erste Mal ein paar unerwartete Rechnungen mit meinen Invest-Erträgen bezahlen konnte, weiß ich: Es geht nicht ums Zocken, sondern um

Unabhängigkeit. Ich will nicht nur an heute denken, sondern auch an morgen – und an Sophie und die Familie." Sven bleibt skeptisch: „Solange du noch ruhig schlafen kannst … aber ich will in ein paar Jahren wissen, wie dein Experiment ausgegangen ist!" Patrick grinst: „Deal. Und bis dahin investiere ich weiter – Schritt für Schritt."

Mikro-Dialoge/O-Töne

- **Lisa** (zu Mia): „Weißt du, Schatz, manchmal hilft sparen – aber wenn ich mutig bin, kann ich mehr für uns beide erreichen."
- **Moritz** (zu Sophie): „Klar, es wackelt mal. Aber das Ziel bleibt: Schritt für Schritt unabhängiger werden."
- **Patrick** (zu sich selbst, mit einem Schmunzeln): „Das erste Mal seit Jahren kein Herzrasen bei einer unerwarteten Rechnung. Das ist meine kleine Freiheit."

Was du in diesem Kapitel lernst

- Wie Investieren dein wichtigster Hebel für finanzielle Freiheit wird
- Warum jeder Euro konservierte Lebenszeit ist
- Weshalb Rückschläge dazugehören – und wie du dranbleibst
- Wie du dein persönliches Risikoprofil in drei Fragen findest
- Warum Geduld und Austausch entscheidend sind

Alltagsszene: Erste Zweifel, erste Schritte

Lisa fragt sich, wie sie mit Verlusten umgehen soll. Moritz hadert mit schwankenden Kursen. Patrick erinnert sich, wie Unsicherheit ihn früher vom Investieren abgehalten hat. Alle stehen an einem Punkt, an dem sie merken: Jetzt gilt es, mutig zu sein und neue Wege zu gehen.

Mutmacher: Dranbleiben trotz Rückschlag

Lisa denkt zurück an ihren ersten Depot-Sturz: Minus fünfzehn Prozent – sie wollte verkaufen. Doch eine Freundin schrieb: „Bleib ruhig, das passiert jedem." Lisa blieb investiert – und lag sechs Monate später wieder im Plus. Ihr Learning: Dranbleiben, auch wenn es schwerfällt, und bei Unsicherheit den Austausch suchen.

Dein persönlicher Risiko-Check

Teste dich selbst:

1. Wie sehr stören dich Schwankungen von 20 % nach unten?
2. Wie lange möchtest du mindestens investieren?
3. Wie wichtig ist dir Flexibilität beim Geldanlegen?

Wer überwiegend entspannt reagiert und langfristig plant, kann offensiver investieren. Wer bei Schwankungen unsicher wird, bleibt besser bei soliden, breit gestreuten Anlagen und kleinen Beträgen.

Mini-Experiment: Investiere testweise einen kleinen Betrag, beobachte die Kursschwankungen und notiere deine Gefühle – das hilft, die eigene Risikotoleranz besser einzuschätzen.

Austausch und Community: Patrick hat gelernt: Unsicherheit wird kleiner, wenn man sie teilt. Ob Freund:innen, Familie oder Online-Community – wer offen spricht, profitiert von Erfahrungen anderer und bleibt ruhiger in Krisen.

Praxis-Tipps für deinen Start

- Zehn Prozent vom Einkommen als Startwert reichen – Hauptsache, du bleibst regelmäßig dran.
- Schwankungen sind normal, Geduld zahlt sich aus.
- Streuung schützt vor Fehlern: Nie alles auf eine Karte setzen.
- Erst investieren, wenn das Geld langfristig nicht gebraucht wird.
- Eine Nacht drüber schlafen, bevor du aus Panik verkaufst.

Take-Aways – Das Wichtigste auf einen Blick

- Investieren heißt, Verantwortung für die eigene Zukunft zu übernehmen.
- Kleine, regelmäßige Beträge wirken über die Zeit Wunder.
- Schwankungen und Rückschläge sind Teil des Weges.
- Geduld und Austausch helfen, dranzubleiben.
- Wer sich selbst kennt, investiert klüger.

So denken Lisa, Moritz & Patrick

Lisa: „Ich bleibe dran – und frage lieber einmal mehr nach, statt vorschnell zu handeln."

Moritz: „Risiko ist lernbar – kleine Beträge sind der beste Test."

Patrick: „Austausch und Geduld geben mir Sicherheit – egal, wann ich anfange."

Reflexionsfragen

- Wer kann dich bei Unsicherheit unterstützen?
- Wie gehst du mit Rückschlägen um?
- Welche Erfahrung könntest du mit anderen teilen?

Golden Nugget: Freiheit wächst nicht über Nacht – sondern mit jeder Entscheidung, dranzubleiben, Fehler zu teilen und gelassen zu bleiben.

Mentor-Moment: Nicht der perfekte Plan bringt dich ans Ziel – sondern der Mut, zu starten und dran zu bleiben.

Lisa: „Ich habe gelernt, dass Kontinuität wichtiger ist als Perfektion – gerade wenn mal Fehler passieren."
Moritz: „Dranbleiben war mein Schlüssel zum Erfolg – auch wenn's nicht immer einfach war."
Patrick: „Mut zum Start und Geduld bringen am Ende die größte Freiheit."

Social Proof
„Ich habe viele Fehler gemacht und trotzdem nie aufgegeben. Das hat mich weitergebracht – und heute fühle ich mich finanziell frei."
– Sabine, 38

Cliffhanger: Im nächsten Kapitel findest du heraus, welcher Investment-Stil wirklich zu dir passt: aktiv, passiv oder dein ganz eigener Weg.

Faktencheck

☑ **Statistisches Bundesamt Deutschland (2024):** Die durchschnittliche Inflation lag in den letzten 50 Jahren meist zwischen 2 und 3 % pro Jahr. Ein Sparguthaben von 10.000 € hätte nach 20 Jahren bei 2 % Inflation eine Kaufkraft von etwa 6.700 €.

☑ **Statistik Austria (2023):** In Österreich lag die Inflationsrate 2022 und 2023 teils über 7 %, langfristig durchschnittlich zwischen 2,1 und 2,5 %. Ein Beispiel: Der Kaffee in Wien kostete 2015 noch 3,20 €, heute deutlich mehr.

☑ **Bundesamt für Statistik Schweiz (2024):** Die Inflation in der Schweiz war traditionell niedriger (oft unter 1,5 %), ist seit 2022 jedoch deutlich gestiegen. 10.000 CHF vor 20 Jahren entsprechen heute inflationsbereinigt rund 8.000 CHF.

☑ **Credit Suisse Global Investment Returns Yearbook (2023):** Breit gestreute Aktieninvestments erzielten nach Inflation historisch eine Rendite von etwa 6–8 % pro Jahr.

☑ **Deutsches Aktieninstitut (2023):** Regelmäßiges Investieren, etwa mit kleinen Beträgen, führt über 20 Jahre zu deutlich größerem Vermögensaufbau als reines Sparen.

- ☑ **VZ Vermögenszentrum (2023):** Auch in der Schweiz zeigt sich, dass kontinuierliches Investieren die Kaufkraft langfristig besser erhält und vermehrt.
- ☑ **Raiffeisen Schweiz (2023):** Studien belegen, dass Anleger:innen mit regelmäßigen Sparplänen in Aktien deutlich höhere reale Vermögenszuwächse erzielen als Sparer:innen.

3.1. Direktinvestments – Wie du Einzelaktien richtig einschätzt

„Eine Aktie ist nicht nur ein Ticker-Symbol. Sie ist ein Stück Realität – mit Mitarbeitern, Produkten und einer Geschichte."
– Peter Lynch

Lisa, Moritz & Patrick vor der Einzeltitel-Entscheidung
Lisa sieht einen Hype um ein neues Solar-Unternehmen. Die Vision packt sie – doch diesmal bleibt sie skeptisch: „Wie erkenne ich, ob hier mehr als nur ein Versprechen dahintersteckt?" **Moritz** hat eine bunte Watchlist, aber noch kein klares System: „Es fühlt sich manchmal an wie Lotto – ich will endlich nach Plan entscheiden, nicht nach Gefühl." **Patrick** blickt zurück: Früher hat er blind auf bekannte Namen gesetzt – heute fragt er sich: „Wie erkenne ich wirklich Substanz?"
Drei Anleger:innen – eine Mission: Mehr Substanz, weniger Bauchgefühl.

Was du in diesem Kapitel lernst
- Woran du eine gute Aktie wirklich erkennst – abseits vom Markenimage
- Wie du mit System und Struktur analysierst, statt zu raten
- Welche Tools, Kennzahlen und Fragen dir helfen
- Wie du die häufigsten Fehler bei Einzelaktien vermeidest

Einzelaktien – spannend, aber keine Spielwiese
Ein ETF ist wie ein ganzer Obstkorb – eine Einzelaktie ist die Entscheidung für einen einzigen Apfel. Du setzt auf das Unternehmen, sein Management und seine Zukunft. Hier gewinnt nicht der Schnellste, sondern der Gründlichste: Wer schlampig prüft, riskiert Fehlgriffe. Mit System wird aus Spekulation echte Anlagequalität – und du hebst dich vom Bauchgefühl-Anleger ab.

Die 4 Ebenen der Aktienauswahl

Ebene	Frage	Beispiel
Fundament	Wie gesund ist das Unternehmen finanziell?	Bilanz, Eigenkapital, Cashflows
Geschäftsmodell	Ist das Unternehmen wettbewerbsfähig?	Marktstellung, Innovation, Margen
Bewertung	Ist die Aktie fair bepreist?	KGV, KUV, PEG, Multiples
Perspektive	Passt das Unternehmen zu meinem Stil?	Dividenden? Wachstum? Nachhaltigkeit?

Merke: Wer nur eine Ebene prüft, verpasst das große Ganze.

Lisa: „Ich hatte Angst vor dem ersten Einzelkauf. Heute weiß ich: Ohne den Sprung ins Wasser lernt man nie richtig schwimmen."
Moritz: „Mein erstes Direktinvestment war ein Bauchgefühl. Mein Fehler? Zu glauben, ich könnte die Märkte vorhersehen."
Patrick: „Ich dachte, Direktinvestments sind nur was für Profis. Erst als ich es probiert habe, verstand ich, wie viel Disziplin dazugehört."

Mini-Challenge – Deine Aktien-Checkliste: Nimm eine Aktie, die dich interessiert, und bewerte sie ehrlich nach allen vier Ebenen. Nutze Schulnoten oder ein Ampel-System.

Ergebnis

- Grün in allen Ebenen? Grund zur Freude.
- Gelb oder Rot? Lieber kritisch nachfragen, bevor du investierst.

Warnbeispiel: Die Schattenseite der Gier

Lisa erinnert sich an ihren ersten Fehlgriff: Die Aktie einer angesagten Modekette stieg monatelang, doch sie prüfte nur den Hype – nicht die Bilanz. Als die Umsätze einbrachen, verlor die Aktie über 70 % an Wert. Lisas Learning: Eine starke Marke ersetzt keine Analyse. Wer Risiken übersieht, zahlt schnell Lehrgeld.

Praxis: Moritz analysiert SAP

Moritz hat SAP auf der Watchlist – Name klingt vertraut, aber reicht das? Er prüft:

- Fundament? Solide Bilanz, hoher Cashflow
- Geschäftsmodell? Marktführer in Unternehmenssoftware

- Bewertung? KGV fair, im Vergleich zur Branche attraktiv
- Perspektive? Digitalisierung bleibt Wachstumstreiber

Moritz merkt: Sicherheit entsteht nicht durch „Bauchgefühl", sondern durch System.

Fehler vermeiden – Erfahrungsbox Patrick: Patrick erinnert sich an einen Fehlkauf aus Übermut: „Ich habe damals gekauft, nur weil ich Angst hatte, etwas zu verpassen. Heute weiß ich: Nichts kaufen, nur weil es im Trend liegt. Lieber eine Nacht drüber schlafen – meistens geht das Leben ohne diese Aktie weiter."

Extra-Tipp – Gelassenheit bei Schwankungen: Kursschwankungen sind normal. Wenn dich Unsicherheit packt:
- Kaufentscheidung nicht sofort treffen, sondern abwarten.
- Frage dich: Würde ich diese Aktie auch kaufen, wenn sie morgen 10 % fällt?

Gelassenheit schützt vor Panik – und spart am Ende Geld.

Social Proof
„Mein erstes Aktieninvestment war aufregend – und ehrlich gesagt, habe ich anfangs wenig verstanden. Aber genau das hat mir Mut gemacht, weiterzumachen."
– Max, 30, Softwareentwickler

Take-Aways – Das Wichtigste auf einen Blick
- Einzelaktien brauchen Analyse und System – nicht nur Sympathie.
- Substanz zeigt sich im Geschäftsmodell, nicht im Aktienkurs.
- Ein klarer Bewertungsprozess schützt vor Fehlkäufen.
- Die besten Investments sind oft die langweiligen, aber stabilen.
- Disziplin und Geduld schlagen FOMO.

So denken Lisa, Moritz & Patrick
Lisa: „Ich schau heute hinter die Fassade – und prüfe erst die Zahlen, dann das Image."
Moritz: „Mit jeder Analyse steigt meine Sicherheit – und ich halte länger durch."
Patrick: „Ich investiere nur noch in das, was ich wirklich verstehe – alles andere lasse ich liegen."

Reflexionsfragen

- Bewertest du Unternehmen objektiv – oder lässt du dich blenden?
- Hast du eine eigene Checkliste – oder vertraust du auf dein Bauchgefühl?
- Wie gehst du mit der Angst um, etwas zu verpassen?
- Welche Aktie würdest du jetzt kritisch prüfen – und warum?

Golden Nugget: Eine Aktie ist kein Lottoschein – sondern dein Anteil am echten Leben.

Mentor-Moment: Nicht die schnelle Story bringt Rendite – sondern das ehrliche Prüfen hinter den Kulissen.

Lisa: „Ich habe gelernt, hinter die Marketing-Kulisse zu schauen und die echten Werte zu prüfen."
Moritz: „Früher habe ich auf Trends gesetzt – heute analysiere ich systematisch und entscheide bewusst."
Patrick: „Qualität erkennst du nur, wenn du genau hinschaust – Marketing ist oft nur Show."

Cliffhanger: Im nächsten Kapitel lernst du, wie du Fonds und ETFs genauso clever und systematisch auswählst – damit du nicht mehr auf Marketing-Sprüche reinfällst, sondern echte Qualität erkennst.

Faktencheck

☑ **Bessembinder, Arizona State University (2018):** Rund 60 % aller börsennotierten Unternehmen unterperformen langfristig den Gesamtmarkt, was das hohe Risiko von Einzeltiteln verdeutlicht.

☑ **Deutsches Aktieninstitut (2023):** Für eine sinnvolle Risikostreuung sollten Anleger:innen mindestens 10–15 Einzeltitel halten.

☑ **Morningstar Research (2023):** Selbst etablierte Marken wie Nokia, Kodak oder Wirecard können in wenigen Jahren massive Kursverluste erleiden, wenn Geschäftsmodell oder Bilanz schwächeln.

☑ **CFA Institute (2023):** Disziplinierte fundamentale Analyse von Bilanz, Bewertung und Zukunftsperspektiven erhöht die Chancen, langfristig von Einzeltiteln zu profitieren.

☑ **Vanguard Group (2023):** Geduld und kritische Prüfung sind wichtiger als kurzfristige „heiße Tipps" beim Investment in Einzeltitel.

☑ **Frankfurt School of Finance & Management (2023):** Portfolios mit zu wenigen Einzeltiteln sind anfällig für Klumpenrisiken und Volatilität.

☑ **Harvard Business Review (2022):** Langfristiger Erfolg mit Einzeltiteln setzt systematische Analyse und ein diszipliniertes Vorgehen voraus, garantiert aber keinen Erfolg.

3.2. Indirekte Investments – ETFs, Fonds und mehr

„Du musst nicht alles selbst tragen – aber du solltest wissen, was im Rucksack steckt."
– Josef Obergantschnig

Lisa, Moritz & Patrick auf dem Weg zur Struktur
Lisa freut sich jedes Mal, wenn ihr ETF-Sparplan ganz von allein läuft. Kein Stress, kein Grübeln – sie weiß: Jeden Monat wächst ihr Depot. **Moritz** will mehr: Er setzt auf aktive Fonds, weil er Märkte schlagen will, die er selbst schwer durchschaut. Seine Strategie: solide Basis mit ETFs, für die Extraportion Rendite gezielte Themenfonds. **Patrick** hat die wilde Seite der Börse schon erlebt – heute nutzt er Derivate nur noch als Sicherheitsgurt, nicht als Sprungbrett.
Drei Wege – eine Erkenntnis: Wer weiß, was er tut, investiert entspannter und erfolgreicher.

Was du in diesem Kapitel lernst

- Warum ETFs und Fonds dir den Alltag erleichtern – und was sie unterscheidet
- Wie du erkennst, ob ein Produkt wirklich zu dir passt
- Welche Risiken und Kosten oft übersehen werden
- Wie du mit wenigen Kennzahlen mehr Durchblick gewinnst als viele Profis

Indirektes Investieren – Die Magie der Streuung
Direkt investieren heißt: Jede Entscheidung geht voll auf dein Konto. Indirekt investieren dagegen ist wie ein Rucksack voller Möglichkeiten – mal schwer, mal leicht, aber immer so gepackt, dass du nicht alles allein schleppen musst.
Doch der Haken: Viele packen blind drauflos – und merken erst im Ernstfall, was wirklich drinsteckt. ETFs, Fonds, Zertifikate: Jedes Produkt trägt Chancen, aber auch versteckte Stolpersteine.

Was bedeutet indirekt investieren?
Statt einzelne Aktien oder Anleihen zu kaufen, setzt du auf ein ganzes Bündel – zusammengestellt von einem Index oder Manager. Das bringt dir Streuung und Zugang zu Märkten, die sonst außer Reichweite wären.
Der Preis dafür: Du gibst Kontrolle ab. Verstehen, wie ein Produkt wirklich funktioniert, ist Pflicht – nicht Kür.

Typische Formen

- **ETF:** Dein Allrounder – günstig, transparent, ein ganzer Markt auf Knopfdruck.
- **Fonds (aktiv):** Ein Profi trifft für dich die Auswahl – gut, wenn er's kann. Schlecht, wenn du zu viel bezahlst.
- **Derivate & Zertifikate:** Werkzeugkasten für Fortgeschrittene – genial zur Absicherung, gefährlich beim Zocken.

Lisa: „Ich dachte, ETFs sind langweilig. Heute schätze ich ihre Klarheit – und dass ich nicht jedes Detail kennen muss."
Moritz: „Indirekt investieren fühlte sich erst nach wenig Kontrolle an. Aber die Diversifikation ist mein Sicherheitsnetz."
Patrick: „Für mich war der Einstieg über Fonds ideal – ich habe erst spät begonnen, aber endlich einen Plan gefunden."

Überblick: Was steckt hinter ETF, Fonds & Co?

Produkt	**Kurz erklärt**	**Vorteile**	**Risiken/ Besonderheiten**
ETF	Abbild eines Index (z. B. MSCI World)	Günstig, transparent, flexibel	Kein aktives Management, Klumpenrisiko
Fonds (aktiv)	Gemanagtes Portfolio	Profiwissen, Zugang zu Spezialthemen	Teuer, Managerabhängigkeit
Derivate	Spekulation oder Absicherung	Hohe Hebel, schnelle Gewinne möglich	Extrem riskant, komplex, Zeitdruck

Mein Aha-Moment: Lange war ich selbst der Typ, der sich beim ETF-Sparen besonders clever fühlte – bis ich das Kleingedruckte las: Mein „Welt-ETF" investierte fast 70 % in US-Aktien. Risiko gestreut? Nicht wirklich. Das Learning: Nicht der Name zählt, sondern was wirklich drinsteckt! Seitdem checke ich jeden ETF, jeden Fonds wie eine Zutatenliste beim Kochen – und habe deutlich besser geschlafen.

Der smarte Investment-Baukasten

Core-Satellite-Strategie:

- ETF als solides Fundament
- Aktive Fonds als gezielte Satelliten für Exoten, Spezialthemen oder Nischen
- Derivate nur, wenn du die Mechanik verstehst – und nie als Hauptzutat

Quick-Check: Die Produkt-Checkliste

- ETF: Factsheet checken! Ist die Streuung wirklich breit? Wie hoch sind Kosten und Tracking Error?
- Fonds: Wie lange gibt's den Fonds? Wie teuer ist er wirklich? Was sagt der Manager?
- Derivate: Verstehst du das Produkt bis zum Ende? Wofür nutzt du es – Absicherung oder Spekulation?
- **Lisas Tipp:** Mach regelmäßig einen Produkt-Check – so erlebst du keine bösen Überraschungen, wenn sich etwas ändert.

Klug delegieren – ohne schlechtes Gewissen

Moritz: „Ich muss nicht alles selbst machen oder alles wissen. Für Spezialthemen delegiere ich bewusst an Profis – aber ich prüfe vorher, ob sie liefern, was sie versprechen. Delegieren ist kein Zeichen von Schwäche, sondern von Cleverness."

Kritisch nachfragen – Patricks Praxisimpuls: „Früher hätte ich nie bei der Bank nachgehakt. Heute weiß ich: Wer ein Produkt nicht versteht, sollte so lange fragen, bis alles klar ist – egal, wie einfach oder kompliziert es wirkt. Ein Anbieter, der ungern erklärt, ist kein Partner."

Praxis: Lisa, Moritz & Patrick machen den Investment-Check

Lisa: „Mein ETF Sparplan läuft wie ein Uhrwerk. Aber heute schau ich immer ins Factsheet, wie viel wirklich weltweit investiert ist – nicht nur auf die bunte Werbung."

Moritz: „Ich nehme Fonds für Märkte, die ich nicht selbst analysieren kann. Aber erst, wenn ich die Kosten und die Manager-Strategie verstanden habe. Nicht jeder Fonds lohnt sich!"

Patrick: „Früher war ich ein Zocker – heute sind Derivate für mich wie ein Airbag im Auto: Da, wenn's brenzlig wird. Aber nicht zum Draufsetzen."

O-Ton

„ETFs waren für mich der Einstieg ohne Angst vor großen Fehlern. Heute weiß ich: Breite Streuung nimmt viel Druck raus."
– Sophie, 27, Kommunikationsdesignerin

Take-Aways – Das Wichtigste auf einen Blick

- Ein ETF ist oft der beste Einstieg – aber kein Selbstläufer.
- Aktive Fonds sind Werkzeuge für besondere Themen – und keine Garantie.
- Je weniger du verstehst, desto vorsichtiger solltest du sein.
- Niedrige Kosten und klare Transparenz schlagen große Versprechen.
- Kombiniere klug – nicht alles auf eine Karte, nicht alles im Blindflug.
- Mach regelmäßig einen Produkt-Check.
- Es ist clever, Aufgaben an Profis zu delegieren.
- Wer nicht nachfragt, verzichtet auf Sicherheit.

Reflexionsfragen

- Kennst du wirklich alle „Zutaten" deiner Investments?
- Verstehst du den Unterschied zwischen Basisinvestment und Spezialthema?
- Wann hast du das letzte Mal einen Produkt-Check gemacht?
- Welche kritische Frage hast du noch nie gestellt – und würdest du jetzt nachhaken?

Golden Nugget: ETF klingt einfach – aber erst, wer die Zutatenliste versteht, investiert wirklich klug.

Mentor-Moment: Nicht das Produkt macht dich reich – sondern dein Verständnis für das, was drinsteckt.

Lisa: „Ich habe erst nach und nach verstanden, wie wichtig es ist, genau zu wissen, was in meinem ETF steckt."
Moritz: „Mein Aha-Moment war, die Zusammensetzung zu checken, statt nur den Namen zu lesen."
Patrick: „Nur mit dem richtigen Verständnis baue ich ein Portfolio, das zu mir passt."

Cliffhanger: Im nächsten Kapitel machen wir aus deinem Investment-Baukasten ein echtes Portfolio: Schritt für Schritt zu deiner Strategie, die zu dir und deinem Leben passt.

Faktencheck

☑ **Vanguard Group (2023):** ETFs bieten meist sehr niedrige Kosten von unter 0,3 % p. a., sind jedoch oft stark auf bestimmte Regionen wie die USA konzentriert.

☑ **S&P Dow Jones Indices (2023):** Über 80 % der aktiven Fonds schlagen ihren jeweiligen Index über einen Zeitraum von zehn Jahren nicht.

☑ **BaFin (2023):** Derivate bergen das Risiko eines totalen Kapitalverlusts und eignen sich für Privatanleger:innen hauptsächlich zur Absicherung, nicht zur Spekulation.

☑ **Morningstar (2023):** Factsheets und Basisinformationsblätter (BIB) sind essenzielle Dokumente, um die Produkteigenschaften und Risiken zu verstehen.

☑ **Credit Suisse Global Investment Returns Yearbook (2025):** Breit gestreute ETFs erzielten historisch eine Rendite von 6–8 % pro Jahr nach Inflation.

☑ **CFA Institute (2023):** Die Konzentration von ETFs auf einzelne Märkte kann das Klumpenrisiko erhöhen und sollte durch zusätzliche Diversifikation gemindert werden.

☑ **Frankfurt School of Finance & Management (2023):** Kosteneffizienz und Transparenz sind zentrale Vorteile von ETFs gegenüber aktiven Fonds.

3.3. Sparpläne – Deine Superkraft für finanziellen Fortschritt

„Reich wird nicht der Schnellste, sondern der Stetigste."
– Sprichwort

Lisa, Moritz & Patrick – vom Träumen zum Dranbleiben

Lisa sitzt im Café, der Cappuccino duftet, Mia malt am Nebentisch. Lisa rechnet auf dem Handy: „50 € Sparplan, lohnt sich das überhaupt?" Sie liest zum dritten Mal ihre Watchlist, zuckt mit den Schultern – und denkt: „Vielleicht ist wenig besser als nichts. Jeden Monat ein kleiner Schritt, vielleicht wächst daraus ja was Großes." Sie tippt auf „Bestätigen" – und spürt zum ersten Mal Stolz, dranzubleiben.

Moritz schaut auf die Kurse, immer auf der Suche nach dem perfekten Einstieg. Das Depot schwankt, der Finger schwebt ständig über dem Kaufen-Button. „Warum warte ich immer, statt einfach regelmäßig einzuzahlen?" Er erinnert sich an ein Gespräch mit Lisa: „Du musst nicht den besten Moment erwischen – Hauptsache, du bleibst dran." Moritz setzt zum ersten Mal einen Sparplan auf und fühlt sich wie ein Investor – nicht mehr nur wie ein Zuschauer.

Patrick grinst, als er alte Notizen findet: „Ich wollte immer erst mehr verdienen, bevor ich starte. Aber dann kam immer was dazwischen." Heute weiß er: „Wer wartet, zahlt drauf. Regelmäßig kleine Beträge schlagen große Ausreden." Sein erster Dauerauftrag läuft – und zum ersten Mal fühlt sich Vermögensaufbau leicht an. **Drei echte Geschichten – eine Erkenntnis:** Disziplin und Zeit schlagen alles.

Mikro-Dialoge/O-Töne

- **Lisa** (leise zu Mia): „Vielleicht ist es nicht viel – aber aus kleinen Schritten werden große Wege."
- **Moritz** (im Chat an Lisa): „Hab meinen ersten Sparplan gestartet! Fühlt sich besser an als jeder Timing-Versuch."
- **Patrick** (lächelt): „Die Ausreden von gestern sind das Polster von morgen. Dranbleiben lohnt sich."

Was du in diesem Kapitel lernst

- Warum Sparpläne der Booster für deinen Vermögensaufbau sind
- Wie Zeit und Kontinuität dein größter Renditeturbo werden
- Was Zinseszins in der Praxis bedeutet (Rechenbeispiele, die dich elektrisieren)
- Wie du die passende Sparregel für dich findest – und dranbleibst
- Warum kleine Beträge mächtiger sind als große Ausreden

Lisa: „Mein erster Sparplan war winzig – aber es war mein Weg, loszulegen."
Moritz: „Ich habe am Anfang jeden Monat geschwankt. Heute weiß ich: Der Automatismus ist meine beste Disziplin."
Patrick: „Als Späteinsteiger gibt mir der Sparplan Sicherheit. Es ist nie zu spät, mit kleinen Schritten anzufangen."

Der Wow-Moment: Was Zeit wirklich wert ist
Sparplan klingt langweilig? Dann schau dir das hier an!

Rechenbeispiel 1: Der Zinseszinseffekt – Zeit schlägt alles
100 € pro Monat, 8 % p. a. Rendite:

Startalter	Laufzeit	Endkapital bei 8 % p. a.
Als Baby	65 Jahre	2.657.563 €
25 Jahre	40 Jahre	349.101 €
35 Jahre	30 Jahre	149.035 €
45 Jahre	20 Jahre	58.902 €
55 Jahre	10 Jahre	18.294 €

Der Unterschied zwischen „früh starten" und „zu lange warten"? Über 2,6 Millionen Euro. Keine Theorie – pure Mathematik.

Rechenbeispiel 2: Ziel Million – wie viel musst du monatlich sparen?
1.000.000 € Endziel, 8 % p. a., bis zum 65. Geburtstag:

Startalter	Laufzeit	Monatlicher Sparbetrag
Als Baby	65 Jahre	38 €
25 Jahre	40 Jahre	286 €
35 Jahre	30 Jahre	671 €
45 Jahre	20 Jahre	1.697 €
55 Jahre	10 Jahre	5.466 €

Nicht dein Gehalt entscheidet, sondern wie früh du loslegst. Zeit ist die einzige Ressource, die du nie zurückbekommst!

Sven prüft…
„8 % pro Jahr und mit 38 Euro Monatsrate zur Million – klingt machbar, oder?" Viele rechnen genau so – und wundern sich später, warum die Kaufkraft am Ende doch nicht so groß ist wie gedacht. Sven klärt auf:

Achtung: Die meisten rechnen mit 8 % Rendite – das ist ein guter Schätzwert für nominale Gewinne, also vor Abzug der Inflation. Was am Ende wirklich zählt, ist aber die reale Rendite – das, was nach Inflation und damit an echter Kaufkraft übrig bleibt.

Das wird oft unterschätzt – gerade von Einsteiger:innen. Die berühmten Langzeitstudien von Robert Shiller (Yale) zeigen:

- **Nominal** lag die durchschnittliche Jahresrendite des US-Aktienmarkts (inkl. Dividenden) bei gerundeten **9 %**.
- **Real**, also nach Abzug der Inflation, bleiben rund **7 % pro Jahr** übrig.

Das klingt nach wenig Unterschied – aber über Jahrzehnte macht genau das den Unterschied zwischen Traum und Realität.

Faustregel: Mit 7 % realer Rendite pro Jahr – also unter Berücksichtigung der Inflation – verdoppelt sich deine Kaufkraft ungefähr alle zehn Jahre. Das bedeutet: Mit deinem Geld kannst du in zehn Jahren doppelt so viele Waren kaufen wie heute. Wer nur mit Nominalwerten plant, unterschätzt die schleichende Kraft der Inflation – und ist am Ende enttäuscht, wenn die „Million" weniger wert ist, als sie klingt. Denn: Bei 2 % Inflation verdoppelt sich etwa alle 36 Jahre der Preis des Einkaufskorbs. Damit werden aus 100 Euro heute real nur noch 50 Euro.

Svens Fazit

8 % sind ein ordentlicher Schätzwert für grobe Rechnungen. Wer auf Nummer sicher gehen will, rechnet lieber mit 7 % – real und ehrlich. Und die gute Nachricht: Auch das reicht, um langfristig echten Wohlstand aufzubauen!

Aus dem echten Leben: Mutmacher, Crash-Story & Dranbleiber-Power

Lisa: „Während des Corona-Crashs 2020 habe ich gezögert – alles rot im Depot. Aber mein Sparplan lief weiter, ohne dass ich eingreifen musste. Nach ein paar Monaten kam das Plus zurück. Hätte ich gestoppt, wäre ich heute deutlich schlechter dran. Das hat mir gezeigt: Dranbleiben ist alles!"

Moritz: „Ich habe irgendwann aufgehört, einen festen Betrag zu wählen – und auf einen Prozentsatz umgestellt. Zehn Prozent vom Nettogehalt gehen automatisch ins Depot. Das fühlt sich machbar an und wächst mit jedem Karriereschritt. **Challenge-Tipp:** Seit einem Jahr investiere ich zusätzlich die Hälfte jeder Gehaltserhöhung – und es tut null weh."

Patrick: „Manchmal gab es Pausen – ein Jobwechsel, unerwartete Ausgaben, Krankheit. Ich habe ein paar Monate gar nichts eingezahlt und mich schlecht gefühlt. Heute weiß ich: Die Pause hat kaum etwas gekostet. Wichtig ist, wieder einzusteigen und nicht alles aufzugeben. Perfektion ist nicht nötig. Kontinuität ist alles."

Toolbox: Dein Turbo-Start für Sparpläne

- Prozentsatz statt Betrag: Starte z. B. mit 10 % deines Einkommens – das passt immer.
- Challenge für Mutige: 50 % jeder Gehaltserhöhung ab sofort investieren.
- Automatisieren: Dein Sparplan läuft, egal wie du dich fühlst.
- Minimale Hürde: Schon 25 € im Monat reichen zum Start.
- Routine statt Perfektion: Jede Gehaltserhöhung = Sparplan-Boost.
- Dranbleiben auch in Krisen: Wer durchhält, kauft im Crash günstig nach.
- Vergiss das Timing: Der Cost-Average-Effekt schlägt jeden Marktkommentar.
- Keine Panik bei Pause: Einmal stoppen ist kein Drama. Entscheidend ist, wieder zu starten.

Social Proof

„Mein erster Sparplan war nur 25 Euro – aber es war der erste Schritt zu echter Routine und Sicherheit.“
– Florian, 34, Krankenpfleger

Take-Aways – Das Wichtigste auf einen Blick

- Sparpläne funktionieren für alle – Disziplin ist die Eintrittskarte.
- Zeit ist dein bester Freund, Panik dein schlimmster Feind.
- Jede Ausrede kostet dich später ein Vermögen.
- Aus kleinen Beträgen werden große Summen – Zinseszinseffekt ist kein Mythos, sondern pure Mathematik.
- Wer regelmäßig investiert, auch mit Unterbrechungen, baut langfristig Vermögen auf.

So denken Lisa, Moritz & Patrick

- **Lisa:** „Mein Sparplan ist mein Ticket zu finanzieller Selbstbestimmung – auch wenn es mal ruckelt.“
- **Moritz:** „Prozentregel und Challenge motivieren mich. Es wächst mit mir – und ich spare, ohne es zu merken.“
- **Patrick:** „Es gibt kein Geheimnis, nur den Mut zu starten – und die Gelassenheit, nach einer Pause weiterzumachen.“

Reflexionsfragen für dein Anlagetagebuch

1. Was hält dich (wirklich) davon ab, heute zu starten?
2. Wie lange möchtest du mindestens investieren?

3. Welche Prozentregel (z. B. 10 %) passt zu deinem Leben?
4. Wie gehst du mit Unterbrechungen oder Krisen um? Was bringt dich zurück auf Kurs?
5. Wen aus deinem Umfeld würdest du motivieren, heute noch loszulegen?

Golden Nugget: Nicht der perfekte Moment, sondern das Dranbleiben macht dich reich. Dein Sparplan ist der größte Hebel – egal, wie du startest oder ob du mal aussetzt.

Mentor-Moment: Finanzielle Freiheit ist kein Sprint, sondern eine Kette kleiner, regelmäßiger Entscheidungen. Wer dranbleibt, gewinnt. Jeder Monat zählt.

Lisa: „Mein Sparplan hat mir geholfen, auch in turbulenten Zeiten ruhig zu bleiben."
Moritz: „Regelmäßiges Investieren bringt mehr als der Versuch, den perfekten Zeitpunkt zu treffen."
Patrick: „Disziplin beim Sparen ist für mich das Fundament jeder langfristigen Strategie."

Cliffhanger: Im nächsten Kapitel zeigen wir dir, wie du deinen Sparplan optimierst und flexibel anpasst – damit dein Vermögen stetig wächst, egal was passiert.

Faktencheck

☑ **Deutsches Aktieninstitut & Vanguard (2023):** Selbst kleine Beträge wachsen exponentiell dank Zinseszins, wie grundlegende Renditeformeln und empirische Studien zeigen.

☑ **Morningstar Research (2023):** Der Cost-Average-Effekt reduziert das Risiko von Fehlentscheidungen, indem Anleger:innen regelmäßig in gleichen Beträgen investieren.

☑ **Credit Suisse Global Wealth Report (2023):** Die Mehrheit der Millionäre begann ihren Vermögensaufbau mit Sparplänen und diszipliniertem, langfristigem Investieren – Glück spielt eine untergeordnete Rolle.

☑ **CFA Institute (2023):** Studien zeigen, dass Anleger:innen, die nach einer Investitionspause wieder einsteigen, im Schnitt nur geringe Renditeverluste gegenüber „Perfektionisten" haben.

☑ **Vanguard Group (2023):** Kontinuität und Wiederaufnahme des Investments sind entscheidend für den langfristigen Erfolg – Perfektion ist nicht nötig.

☑ **Frankfurt School of Finance & Management (2023):** Disziplinierte Sparpläne erhöhen nachhaltig die Chancen auf Vermögensaufbau, auch bei Marktvolatilität.

☑ **Harvard Business Review (2022):** Psychologische Forschung bestätigt, dass Wiederbeginn nach Pausen die mentale Stabilität und das Durchhaltevermögen stärkt.

3.4. Deine Investmentleitplanken – so baust du dein Portfolio bewusst auf

„Ein gutes Portfolio ist wie ein Garten:
Du brauchst Vielfalt, Struktur – und Geduld."
– Josef Obergantschnig

Lisa, Moritz & Patrick: Zwischen Sammeltrieb und System
Lisa spart diszipliniert, doch ihr Depot wirkt manchmal wie ein Überraschungsei. „Wie viel ist genug? Und was fehlt?" **Moritz** liebt den Aktienkick, verliert aber im Detail leicht die Übersicht. „Was gehört wohin – und wann ist es zu viel?" **Patrick** kennt Höhen und Tiefen der Märkte – und sein eigenes Hin und Her. „Ich hab alles probiert – heute ist mein Plan mein Schutzschild."
Drei Wege – ein Aha: Ohne Leitplanken wird sogar das beste Depot zum Blindflug.

Was du in diesem Kapitel lernst

- Wie du mit Struktur und System investierst – statt planlos zu sammeln
- Warum dein Ziel wichtiger ist als jedes Produkt
- Welche Faktoren und Fragen wirklich zählen
- Wie du deine ganz persönliche Portfolio-Architektur baust – und dabei gelassen bleibst

Warum Leitplanken? Stell dir dein Depot wie einen Garten vor
Wer ohne Struktur investiert, erntet meistens Chaos. Du willst Vielfalt – aber auch Ordnung. Du brauchst Geduld – aber auch einen Plan. Ein Portfolio ohne Ziel ist wie ein Garten ohne Wege: wild, voller Überraschungen, aber wenig Ernte. **Leitplanken sind nicht das Ende der Freiheit – sondern ihr Fundament.**

Die 5 wichtigsten Leitfragen für dein Portfolio

1. **Was ist mein Ziel?**
   Freiheit? Sicherheit? Vermögensaufbau? Zukunft für die Familie?
2. **Wie viel Risiko halte ich aus – und warum?**
   (Hand aufs Herz: Bei wie viel Minus schläfst du noch gut?)
3. **Wie viel Vielfalt brauche ich?**
   (Reicht ein Welt-ETF oder willst du gezielte Themen, Länder, Immobilien, Gold…?)
4. **Wie viel Zeit investierst du ins Investieren?**
   (ETF-Sparplan? Fonds-Mix? Einzelaktien? Robo?)
5. **Welche Werte treiben dich an?**
   (Nachhaltigkeit? Innovation? Krisenfestigkeit?)

Praxis: Skizziere deinen Garten – in drei Minuten
Nimm einen Zettel und male:

- Dein „Hauptbeet“ (Basisinvestment, z. B. Welt-ETF)
- Deine „Spezialrabatten“ (Themen, Einzelaktien, Impact)
- Deine „Hecke“ (Sicherheit: Anleihen, Cash, Gold)

Frage dich:

- Was wächst üppig – was ist verkümmert?
- Gibt es Lücken, Unkraut, zu viel von einer Sorte?

Manchmal reicht schon ein Blick auf diese Skizze, um blinde Flecken zu erkennen.

Mini-Challenge: Deine persönlichen Portfolio-Regeln
Stelle drei eigene Leitplanken auf:

1. Nie mehr als X % in eine Einzelaktie
2. Mindestens Y % breit gestreut
3. Zweimal im Jahr Check-in – dann erst anpassen

Bonus-Tipp: Wer’s aufschreibt, hält länger durch!

Story aus der Praxis: Patricks Garten-Logbuch
Patrick hat alles erlebt – Euphorie, Panik, Stillstand. Früher war das Depot eine wilde Wiese. Heute hat er sein Gartenbuch:

- **60 % Basis:** ETFs auf Welt, Europa, USA
- **20 % Anleihen & Cash:** sein Ruhepol

- **10 % Themenfonds:** für Innovation & Impact
- **10 % Einzelaktien:** für den Nervenkitzel – aber mit Limit!

Regel: Kein Kauf, ohne vorher ins Logbuch zu schreiben, warum. Kein Verkauf aus Panik.

Patricks Learning: Nicht der Markt ist unberechenbar – sondern unsere Gefühle. Regeln sind mein Geländer.

Mein Aha-Moment: Früher war mein Depot wie ein Flohmarkt: alles, was spannend klang, landete drin. Das Ergebnis: Viel Sammeln, wenig Fortschritt. Erst mit meinen eigenen Leitplanken wurde aus Verzetteln echtes Investieren – und aus Zufall Klarheit.

Take-Aways – Das Wichtigste auf einen Blick

- Investieren beginnt mit deinen Fragen, nicht mit Produkten.
- Klare Regeln schlagen kurzfristige Emotionen.
- Portfolio-Aufbau ist Gärtnern: Vielfalt, Pflege, Geduld.
- Leitplanken geben Sicherheit – nicht Enge.
- Reflektieren ist wichtiger als das perfekte Timing.

Mini-Checkliste für deinen nächsten Portfolio-Check (Lisa)

- Bin ich noch bei meiner Zielstruktur – oder hat sich etwas verschoben?
- Gibt es Klumpenrisiken, die sich eingeschlichen haben?
- Was würde ich heute anders machen, wenn ich neu starten würde?

Anti-Panik-Ritual für Turbulenzen (Moritz)

- Durchatmen, nicht handeln – erst nach 24 Stunden entscheiden
- Die eigenen Regeln nachlesen und an die langfristige Strategie erinnern
- Im Zweifel: Weniger tun ist mehr – keine Panikverkäufe ohne Reflexion

Feedback-Impuls: Rückfall in alte Muster? (Patrick)

- Hol dir mindestens einmal im Jahr Feedback von jemandem, der ehrlich zu dir ist
- Zeig dein Depot einem Freund oder einer Beraterin und frag: „Wo wäre ich ohne Plan schon rausgeflogen?"
- Ehrliches Feedback hilft, blinde Flecken zu erkennen – und auf Kurs zu bleiben

So denken Lisa, Moritz & Patrick
Lisa: „Mit meiner Checkliste verliere ich nicht den Überblick und kann ruhig schlafen."
Moritz: „Mein Anti-Panik-Ritual bewahrt mich vor Fehlern, wenn's turbulent wird."
Patrick: „Ich lasse mein Depot regelmäßig von außen prüfen – das bringt Ehrlichkeit und Struktur."

Reflexionsfragen
- Was ist der Zweck meines Depots?
- Welche Regeln schützen mich vor Fehlern?
- Gibt es „Unkraut" oder blinde Flecken?
- Wer gibt dir ehrliches Feedback – und wann hast du es zuletzt eingeholt?

Golden Nugget: Leitplanken sind nicht das Ende der Freiheit – sondern ihr Anfang.

Mentor-Moment: Wer Regeln hat, bleibt ruhig – egal, wie wild die Märkte spielen.

Lisa: „Meine Regeln geben mir Sicherheit – auch wenn der Markt mal verrücktspielt."
Moritz: „Früher habe ich impulsiv gehandelt. Heute halte ich mich an meine Prinzipien und bleibe gelassen."
Patrick: „Disziplin und Struktur sind meine besten Verbündeten gegen die Unsicherheit."

Social Proof
„Anfangs dachte ich, Regeln schränken mich ein – heute weiß ich: Sie geben mir Freiheit und schützen mein Depot vor Fehlern."
– Thomas, 45

Cliffhanger: Im nächsten Kapitel wartet dein größter Gegenspieler: Emotionen und Psychologie an der Börse. Du erfährst, wie du mit Disziplin, Selbstreflexion und klarem Kopf zu besseren Entscheidungen kommst – und wie du aus Unsicherheit deine Superpower machst.

Faktencheck

☑ **Vanguard (2022):** Portfolios mit klarer Zielstruktur sind langfristig erfolgreicher und widerstandsfähiger gegenüber Marktschwankungen.

☑ **Deutsches Aktieninstitut (2023):** Die optimale Aktienquote hängt von Lebensalter, finanziellen Zielen und individueller Risikotoleranz ab; die klassische 70/30-Aufteilung ist keine Dogmatik.

☑ **Morningstar (2022):** Regelmäßiges Rebalancing, mindestens 1–2x jährlich, bringt das Depot zurück auf die gewünschte Zielallokation.

☑ **CFA Institute (2023):** Klare Rebalancing-Regeln helfen, emotionale Panikverkäufe zu vermeiden und die Disziplin zu stärken.

☑ **Frankfurt School of Finance & Management (2023):** Disziplinierte Anleger:innen, die Leitplanken setzen, reduzieren das Risiko von Übermut und Fehlentscheidungen.

☑ **Harvard Business Review (2022):** Die Anpassung von Zielallokationen an Lebensphasen und persönliche Entwicklung fördert nachhaltigen Anlageerfolg.

☑ **Josef Obergantschnig (2025):** Leitplanken für das Portfolio dürfen wachsen und flexibel angepasst werden, um den individuellen Bedürfnissen gerecht zu werden.

3.5. Psychologie des Investierens – warum dein größter Gegner oft du selbst bist

„An der Börse ist nicht der Klügere erfolgreich –
sondern der Disziplinierte.“
– Börsenweisheit

Lisa, Moritz & Patrick im Kopfkino
Lisa sieht die roten Zahlen im Depot und spürt einen Knoten im Bauch. Rational weiß sie: Schwankungen sind normal – aber ihr Gefühl rebelliert. **Moritz** ertappt sich, wie er nach jeder Kursrallye noch schnell eine „heiße“ Aktie kauft – und merkt später: Das war mehr Gier als Strategie. **Patrick** denkt an seine schlimmsten Fehlgriffe: Nicht der Markt war der Feind, sondern seine eigene Ungeduld, Aktionismus, die Angst, etwas zu verpassen.
Drei Köpfe – drei Schlachtfelder: Börse ist vor allem Psychologie.

Was du in diesem Kapitel lernst

- Warum dein größtes Risiko nicht draußen lauert – sondern in dir
- Welche Denkfallen und Gefühle dich am meisten beeinflussen
- Wie du mit Disziplin, Reflexion und Ritualen mehr Rendite herausholst als mit jedem „Geheimtipp“
- Warum Selbstbeobachtung kein Zeichen von Schwäche ist – sondern der Beginn echter Stärke

Die größte Macht an der Börse? Deine Gefühle.

Wir hatten das schon, aber weil es so wichtig ist: Die Börse ist kein Rechenzentrum, sondern eine Arena für Bauchgefühle, Hoffnungen, Ängste. Logik und Zahlen sind wichtig – aber am Ende entscheiden Reflexe und Muster. Dein Kontostand ist oft das Ergebnis deiner emotionalen Fitness – nicht deiner Mathematik.

5 Fallen, die dich immer wieder ausbremsen – und wie du rauskommst

1. **Verlust tut weh – sehr weh.**
   Gewinne nicht zu früh sichern, Verlierer nicht aussitzen – entscheide nach System, nicht nach Gefühl.
2. **Bestätigungs-Junkie.**
   Suche aktiv nach Gegenargumenten – baue Kritik bewusst ein.
3. **FOMO – die Angst, nicht dabei zu sein.**
   Stelle dir die Frage: Würde ich das auch kaufen, wenn niemand darüber spricht? Eine Nacht drüber schlafen!
4. **Panikmodus im Crash.**
   Keine Entscheidung ohne Checkliste und Reflexion. Erst lesen, dann handeln.
5. **Der Zappelphilipp.**
   Setze feste Review-Termine, dazwischen: Hände weg!

Lisa: „Meine Angst vor Verlusten hat mich oft gebremst – bis ich verstanden habe, dass kein Fehler schlimmer ist als Nichtstun.“
Moritz: „Ich dachte, ich bin der Einzige, der im Crash Panik schiebt. Jetzt weiß ich: Es geht allen so – entscheidend ist, daraus zu lernen.“
Patrick: „Früher war ich stolz, emotionslos zu investieren. Heute weiß ich: Gefühle gehören dazu – wichtig ist, sie zu kennen und zu steuern.“

Mini-Experiment: Beobachte dich selbst!
Challenge: Führe eine Woche lang ein „Investoren-Tagebuch".

- Was löst Nervosität aus?
- Wann bist du besonders euphorisch oder ängstlich?
- Welche Entscheidung war wirklich überlegt?

Story – Moritz, der Euphorie-Käufer: Moritz las fünf optimistische KI-Analysen, kaufte voller Vorfreude – und hielt trotz Kursrutsch. Erst als er seine Gedanken notierte, wurde klar: Nicht die Fakten, sondern seine Emotionen hatten das Steuer übernommen. Seitdem sucht Moritz vor jeder neuen Investition mindestens einen Gegenbeweis – und ruht eine Nacht, bevor er handelt.

Mein Aha-Moment: Früher dachte ich, mehr Wissen bringt mehr Rendite. Die Wahrheit: Mehr Selbstbeobachtung bringt mehr Ruhe. Die besten Anleger:innen, die ich kenne, haben keine Superpower – sie wissen mit Emotionen und Fehlern umzugehen.

Die Toolbox für den Ernstfall

Lisas Mini-Checkliste bei Gefühlsschock

- Stopp! Handy weglegen, tief durchatmen.
- 24h-Regel: Keine Transaktion am Tag der Panik.
- Notiz machen: „Warum will ich gerade verkaufen/kaufen? Steht das im Einklang mit meiner langfristigen Strategie oder hat das nur taktische/emotionale Beweggründe?
- Check mit dem Depot-Ziel: Passt diese Entscheidung zu meiner Strategie?

Moritz' Ritual-Workshop: Entwickle dein persönliches Anti-Panik-Ritual

- Was beruhigt dich am meisten? Musik, Bewegung, Gespräch?
- Lege ein konkretes Ritual fest: z. B. „Bei Panik öffne ich mein Investorenjournal, gehe fünf Minuten raus, gehe meine eigene Checkliste durch."
- Teste es beim nächsten Mini-Crash – passe es an, bis es für dich funktioniert.

Patricks Team-Tipp: Fehler teilen, Druck nehmen

- Verabrede dich mit einem Freund oder einer Freundin: „Wenn ich nervös werde, schreibe ich dir – und frage nach deiner Sicht."
- Tauscht euch mindestens zweimal im Jahr ehrlich über eure größten Anlage-Emotionen und -Fehler aus.
- Erkenntnis: Niemand ist allein – das senkt die Hemmschwelle und bringt neue Perspektiven.

O-Ton

„Ich habe so viele Denkfehler gemacht – aber mit jedem Rückschlag wurde ich entspannter. Heute reflektiere ich meine Gefühle und handle bewusster."
– Elena, 36, Sozialpädagogin

Take-Aways – Das Wichtigste auf einen Blick

- Der Markt ist nicht dein Gegner – deine Ungeduld schon.
- Disziplin schlägt Intelligenz, Reflexion schlägt Instinkt.
- Fehler sind normal – Hauptsache, du erkennst sie früh.
- Dein größtes Kapital ist nicht Geld – sondern emotionale Stärke.

So denken Lisa, Moritz & Patrick

Lisa: „Meine Checkliste hat mir schon einmal den größten Fehler erspart. Ich kann jetzt viel entspannter reagieren."
Moritz: „Mit meinem Anti-Panik-Ritual schaffe ich es, Abstand zu gewinnen – und nicht mehr impulsiv zu handeln."
Patrick: „Wenn ich mich mit anderen austausche, wird aus Scham Motivation. Wir lernen gemeinsam und bleiben stärker."

Reflexionsfragen

- Wann warst du beim Investieren zuletzt stolz auf deine Disziplin?
- Welche Emotionen kosten dich am meisten Rendite?
- Was wäre dein Anti-Panik-Ritual in einer Krise?
- Mit wem könntest du regelmäßig Erfahrungen und Fehler teilen?

Golden Nugget: Die beste Rendite entsteht, wenn du dich selbst besser kennst als den Markt.

Mentor-Moment: Nicht die Klügsten gewinnen an der Börse sondern die, die ihren eigenen Reflexen am ehesten trauen.

Lisa: „Ich habe gemerkt, dass Selbstkenntnis mir hilft, ruhiger und konsequenter zu investieren."
Moritz: „Mein größtes Learning: Meine Gefühle zu verstehen ist wichtiger, als den Markt zu schlagen."
Patrick: „Wer sich selbst kennt, trifft bessere Entscheidungen – auch wenn der Markt unberechenbar bleibt."

Cliffhanger: Im nächsten Kapitel erfährst du, wie du steuerlich klug investierst – damit am Ende nicht der Fiskus die beste Rendite einfährt.

Faktencheck

☑ **Kahneman (2011):** Bis zu 70 % aller Investmentfehler entstehen aufgrund psychologischer Verzerrungen und nicht durch fehlendes Wissen.

☑ **Statman (2017):** Verlustaversion ist wissenschaftlich belegt und beeinflusst nahezu jede Anlegerentscheidung signifikant.

☑ **Vanguard Group (2022):** Erfolgreiche Investor:innen führen häufiger Journaling- und Reflexionsrituale durch als Durchschnittsanleger:innen.

☑ **Deutsches Aktieninstitut (2023):** Die meisten Panikverkäufe werden im Nachhinein bereut; systematische Reflexion kann solche Fehler verhindern.

☑ **CFA Institute (2023):** Psychologische Biases wie Verlustaversion und Herdenverhalten sind Hauptgründe für suboptimale Anlagestrategien.

☑ **Frankfurt School of Finance & Management (2023):** Reflexions- und Achtsamkeitspraktiken verbessern die mentale Stabilität und reduzieren emotionale Fehlentscheidungen.

☑ **Harvard Business Review (2022):** Langfristiger Erfolg am Markt erfordert das bewusste Management von Emotionen und kognitiven Verzerrungen.

3.6. Steuern beim Investieren – was du wissen solltest, bevor du Rendite feierst

„Nicht die Bruttorendite macht dich reich –
sondern das, was nach Steuern übrig bleibt.“
– Börsenweisheit

Lisa, Moritz & Patrick: Brutto, Netto und die Realität dahinter

Lisa freut sich über die erste Dividende im Depot – bis sie merkt: Ein gutes Stück geht an den Staat. **Moritz** hat Steuern lange ignoriert – bis der thesaurierende ETF plötzlich auf dem Steuerbescheid auftaucht. **Patrick** plant Verkäufe bewusst, um Verluste zu nutzen und das Steuerjahr optimal abzuschließen.

Drei Perspektiven – eine Erkenntnis: Wer Steuern ignoriert, verliert Rendite. Wer sie versteht, gewinnt echten Vorsprung.

Was du in diesem Kapitel wirklich lernst

- Welche Steuern du als Anleger:in wirklich kennen musst
- Warum „passiv“ nicht steuerfrei heißt

- Wie Freibeträge und Verlustverrechnung dir bares Geld sichern
- Wie Fehler im Steueralltag entstehen – und wie du sie ohne Angst korrigierst
- Warum du nie allein bist: Support und Infos, wenn es kompliziert wird

Steuern – der unsichtbare Renditekiller (oder Booster?)
Geldanlage ist wie Gärtnern: Du säst, gießt, freust dich auf die Ernte – und plötzlich kommt jemand mit der Heckenschere. Das ist der Fiskus. Klingt hart – ist aber planbar! **Wer die Regeln kennt, bleibt gelassen, wenn die Steuerbescheide flattern.**

Was wird überhaupt besteuert? Dein Investoren-Alltag im Schnelldurchlauf
- **Kursgewinne:** Verkauf von Wertpapieren mit Gewinn
- **Dividenden:** Auszahlungen von Unternehmen
- **Zinsen:** Anleihen, Festgeld, Tagesgeld
- **Ausschüttungsgleiche Erträge:** Thesaurierende Fonds – Ertrag bleibt im Fonds, trotzdem steuerpflichtig!

Lisas Learning: „Ich dachte, Steuern zahlt man nur, wenn Geld aufs Konto kommt. Jetzt weiß ich: Auch nicht ausgezahlte Gewinne können steuerpflichtig sein!"

Mythos ETF: Thesaurierend vs. ausschüttend – was bedeutet das für deine Steuern?
Moritz: „Ich habe erst nach dem Steuerbescheid verstanden: Mein thesaurierender ETF wird jedes Jahr anteilig besteuert – egal, ob ich Geld ausgezahlt bekomme oder nicht."
- **Ausschüttend:** Erträge landen auf deinem Konto → sofort steuerpflichtig.
- **Thesaurierend:** Erträge bleiben im Fonds → trotzdem (je nach Land) jährlich steuerpflichtig.

Praxisregel: Immer ins Factsheet oder BIB schauen, wie dein Fonds mit Erträgen umgeht – und was das steuerlich heißt.

Was gilt im DACH-Raum?
- **Deutschland:** Kapitalerträge sind steuerpflichtig. Viele Broker führen die Steuer automatisch ab. Es gibt einen Freibetrag – wer ihn nutzt, spart Steuern auf kleinere Gewinne.
- **Österreich:** Kapitalertragsteuer auf Dividenden, Zinsen, Kursgewinne. Auch thesaurierende Fonds steuerpflichtig. Verluste lassen sich gegen Gewinne verrechnen.
- **Schweiz:** Kursgewinne sind meist steuerfrei, Dividenden und Zinsen aber nicht. Jährliche Deklaration notwendig.

Tipp: Gewinne und Verluste dokumentieren – besonders wichtig bei Wohnsitzwechsel!

Patrick: „Steuern sind Teil des Spiels. Mit Strategie bleibt mehr Netto."

Praxis-Booster: Deine 4 wichtigsten Steuerhebel

1. **Freibeträge sichern!**
   Freistellungsauftrag (Deutschland) und wenn möglich Freigrenzen (Österreich) rechtzeitig einrichten."
   Mini-Beispiel: Lisa hat einen Freistellungsauftrag erteilt und bleibt so mit ihren Dividenden im steuerfreien Bereich – ihr Geld arbeitet für sie, nicht fürs Finanzamt.
2. **Verluste nutzen!**
   Verluste lassen sich oft mit Gewinnen verrechnen.
   Mini-Beispiel: Moritz verkauft einen Fonds mit Verlust und kann diesen Verlust mit späteren Gewinnen verrechnen – so zahlt er weniger Steuern.
3. **Steuerjahr im Blick behalten!**
   Verkäufe und Gewinne ggf. ins neue Jahr schieben oder bündeln, um Freibeträge optimal auszuschöpfen.
4. **Fondswahl gezielt treffen!**
   Je nach Ziel und Land können thesaurierende oder ausschüttende Fonds steuerlich günstiger sein.

Steuer-Mut-Box: So behältst du die Nerven (und mehr Geld!)

- **Jahres-Checkliste:**
  Habe ich alle Freistellungsaufträge und steuerlichen Vorteile genutzt?
  Weiß ich, wie meine Fonds versteuert werden?
  Sind Verluste optimal verrechnet?
- **Sprich mit anderen:**
  Erfahrungsaustausch hilft, Fehler zu vermeiden und neue Strategien zu entdecken.
- **Fehler passiert? Kein Drama!**
  Fehler in der Steuererklärung lassen sich fast immer nachträglich korrigieren – im Zweifel direkt beim Finanzamt oder mit professioneller Hilfe nachfragen. Es gibt Fristen für Korrekturen, aber meist bleibt genug Zeit.
- **Support-Hinweis:**
  Bei Unsicherheiten: Viele Broker, Verbraucherzentralen und unabhängige Finanzportale bieten kostenlos oder kostengünstig Infos, Checklisten und sogar telefonischen Support an. Du bist nie allein!

Take-Aways – Das Wichtigste auf einen Blick

- Steuern sind kein lästiges Beiwerk, sondern der Schlüssel zu echter Nettorendite.
- Wissen über Freibeträge, Fondsarten und Verlustverrechnung bringt dir sofort mehr vom Ertrag.
- Fehler können passieren – sie lassen sich meist einfach korrigieren.
- Unterstützung findest du überall: bei Broker, Finanzportal oder Verbraucherzentrale.

So denken Lisa, Moritz & Patrick

Lisa: „Mit dem Support-Tipp und der Checkliste habe ich endlich Sicherheit – und weiß, dass ich nicht allein bin."

Moritz: „Das Mini-Beispiel zur Verlustverrechnung zeigt mir genau, wie ich es machen kann. Jetzt gehe ich das Thema aktiv an."

Patrick: „Gut zu wissen, dass Fehler kein Drama sind. Ich habe gelernt, dass ich alles nachholen kann – ohne Angst vor dem Finanzamt."

Reflexionsfragen für dein Anlagetagebuch

1. Wie sorgst du dafür, dass du alle Freibeträge und Verluste nutzt?
2. Welche Fondsart passt steuerlich wirklich zu deinem Ziel?
3. Hast du schon mal mit anderen über Steuern gesprochen – und was hast du daraus gelernt?
4. Weißt du, wie du Fehler korrigieren oder Hilfe holen kannst?

Golden Nugget: Nicht der Prozentsatz entscheidet – sondern der Euro, der am Ende auf deinem Konto bleibt.

Mentor-Moment: Steuern sind kein Gegner. Sie sind das Spielfeld. Wer es kennt, spielt erfolgreicher.

Lisa: „Ich habe erst durch die richtige Steuerstrategie gemerkt, wie viel mehr ich behalten kann."

Moritz: „Steuern waren für mich lange ein Buch mit sieben Siegeln – heute nutze ich sie als Teil meiner Strategie."

Patrick: „Wer Steuern versteht und optimiert, hat langfristig mehr vom Erfolg."

Social Proof
„Früher habe ich Steuern ignoriert und zu viel abgegeben. Mit etwas Wissen und Hilfe konnte ich meine Rendite deutlich steigern."
– Markus, 39

Cliffhanger: Im nächsten Kapitel geht es darum, wie du dein Depot clever aufbaust – Schritt für Schritt zu deinem persönlichen Investment-Plan.

Faktencheck

☑ **Bundesministerium der Finanzen Deutschland (2024):** Kapitalertragssteuern werden in vielen Ländern automatisch einbehalten; Freibeträge werden häufig ungenutzt verschenkt.

☑ **Deutsche Steuerberaterkammer (2023):** Thesaurierende Fonds sind nicht steuerfrei – Steuerpflicht besteht auf ausschüttungsgleiche Erträge.

☑ **Bundeszentralamt für Steuern (2023):** Die Verrechnung von Verlusten mit Gewinnen ist eine der häufigsten und legalen Steueroptimierungsstrategien.

☑ **Finanzamt Deutschland (2024):** Fehler in Steuererklärungen lassen sich innerhalb der Frist meist problemlos korrigieren.

☑ **Steuerberaterverband Österreich (2023):** Professionelle Unterstützung ist empfehlenswert, um Steuerthemen korrekt und effizient zu bearbeiten.

☑ **Schweizerische Steuerkonferenz (2023):** Auch in der Schweiz gibt es klare Regeln zur automatischen Quellensteuer und steuerlichen Optimierung.

☑ **KPMG Steuerstudie (2023):** Steuerliche Optimierung trägt signifikant zur Nettorendite bei, insbesondere bei längerfristigen Anlagen.

3.7. Marktphasen – Warum es an der Börse nie nur bergauf geht

„Wer nur auf Sonne wartet, darf sich nicht über Regen wundern."
– Sprichwort

Lisa, Moritz & Patrick zwischen Höhenflug und Bauchlandung
Lisa schaut auf ihren ETF-Sparplan: Minus. **Moritz** ärgert sich, dass er nach dem Kurssturz aus Panik verkauft hat – und danach alles wieder gestiegen ist. **Patrick** erinnert sich an all die Krisen: Tech-Blase, Finanzkrise, Corona, Ukraine – und weiß heute: Das Auf und Ab ist kein Fehler, sondern das Herzschlag-Muster der Börse.

Drei Perspektiven – ein Aha-Moment: Wer die Marktphasen versteht, bleibt ruhig, wenn andere nervös werden.

Was du in diesem Kapitel lernst

- Welche Marktphasen immer wiederkehren – und wie du sie erkennst
- Warum Kursverluste kein Grund zum Aussteigen sind
- Wie du dein Verhalten in stürmischen Zeiten in den Griff bekommst
- Wie Ruhe, Reflexion und ein „Börse-überlebt"-Zettel dich stark machen

Die Wahrheit über Märkte: Wellen, Wetter, Wechselbäder

An der Börse läuft nichts linear. Mal scheint die Sonne, mal tobt der Sturm. Wer das Wetter erkennt, packt den Regenschirm ein – und bleibt auch bei Regen draußen. **Das Börsenjahr ist wie ein Wetterbericht: Sonne, Wind, Gewitter, Regenbogen. Und der Frühling kommt immer wieder.**

Die 4 typischen Marktphasen – und was sie mit dir machen

1. **Euphorie:** „Das geht immer so weiter!" → Zu spät einsteigen, FOMO, Übergewichtung
2. **Verunsicherung:** „Warum fällt das jetzt?" → Hektisches Umschichten, Zweifeln
3. **Panik:** „Ich muss raus – sofort!" → Verkauf am Tiefpunkt, Planbruch
4. **Erholung:** „War doch nicht so schlimm …" → Re-Entry verpasst, zu vorsichtig bleiben

Lisa: „Ich hatte immer Angst, zu spät zu sein. Heute weiß ich: Jeder Markt hat seine Chancen – wenn ich Geduld habe."
Moritz: „Ich wollte immer den perfekten Zeitpunkt erwischen. Heute bleibe ich lieber stetig dabei, als mich verrückt zu machen."
Patrick: „Mein größter Fehler war, nur auf Rekorde zu achten. Jetzt investiere ich systematisch – auch wenn der Markt mal schwankt."

Praxis-Tipp: Dein „Börse-überlebt"-Zettel

Notiere dir die großen Krisen, die du (oder andere) schon ausgesessen hast:

- Dotcom-Blase 2000
- 9/11 und Crash 2001
- Lehman und Finanzkrise 2008
- Euro-Schuldenkrise 2010
- Corona-Crash 2020

- Ukraine-Krieg 2022
- Handelskonflikte und Inflation

Was wäre passiert, wenn du damals NICHT verkauft, sondern weiter investiert hättest? Wer durchhält, gewinnt – auch wenn es sich im Sturm oft nicht so anfühlt.

Mini-Alltagsbeispiel: Beruhigung im Crash
Lisa erinnert sich: „Im Corona-Crash wollte ich schon ans Depot, aber meine Freundin meinte: ‚Geh raus, geh laufen!' Nach einer Stunde frischer Luft war ich ruhiger – und mein Sparplan lief einfach weiter. Heute weiß ich: Abstand tut gut."

Extra-Tipp – Rebalancing für alle, egal wie groß das Depot ist: Auch kleine Beträge zählen! Rebalancing bedeutet nicht, alles umzuwerfen – schon 50 oder 100 Euro können helfen, dein Depot wieder ins Gleichgewicht zu bringen. **Das Prinzip funktioniert für jede Größe.**

Praxisstory – O-Ton Moritz, der Mutmacher: „2022 war alles rot im Depot – und ich hatte Angst. Aber ich habe meinen Mut zusammengenommen und im Tief einen Welt-ETF nachgekauft. Es war nicht leicht, aber heute bin ich stolz darauf. Manchmal sind die schwierigsten Entscheidungen die besten."

Warnsignal: Lautstarke Nachrichten
Wenn die Headlines lauter werden („Schlimmster Börsencrash seit …"), solltest du nicht handeln, sondern erst recht innehalten. **Emotionale Überschriften sind kein Investmentrat!**

Toolbox: Die 5 goldenen Regeln für jede Marktphase
1. **Akzeptiere Wellen:** Schwankungen sind normal, nicht die Ausnahme.
2. **Plan schlägt Panik:** Nie im Affekt verkaufen – immer an der eigenen Strategie festhalten.
3. **Börsentagebuch führen:** Notiere, wie du dich in Auf- und Abschwüngen fühlst.
4. **Crash-Checkliste nutzen:** Vor jedem Verkauf: Atmen. Schlafen. Nochmal prüfen.
5. **Community suchen:** Austausch hilft, den eigenen Mut zu stärken.

Social Proof

„Nach meinem ersten Börsencrash war ich fix und fertig. Heute weiß ich: Wer Kurs hält, kommt auch durch stürmische Zeiten."
– Thomas, 43, Elektrotechniker

Take-Aways – Das Wichtigste auf einen Blick

- Börse ist kein Fahrstuhl nach oben, sondern eine Wellenmaschine – wer reiten kann, bleibt dabei.
- Emotionen entstehen meist im Sturm, nicht im Sonnenschein.
- Wer investiert bleibt, profitiert vom nächsten Aufschwung – immer.
- Märkte lassen sich nicht planen, aber du kannst dein Verhalten trainieren.

So denken Lisa, Moritz & Patrick

- **Lisa:** „Das Beispiel mit dem Laufen hilft mir total, weil es zeigt, dass Nichtstun oft die beste Entscheidung ist."
- **Moritz:** „Mit meinem Nachkauf-O-Ton fühle ich mich richtig gesehen. Die klaren Regeln und dass auch kleine Beträge beim Rebalancing zählen, sind genau das, was viele unterschätzen."
- **Patrick:** „Das Kapitel holt alle ab – egal, ob Anfänger oder mit ein paar Crashs im Rücken. Es gibt keine Ausrede mehr, panisch zu handeln. Toolbox, Storys, Fakten – alles auf den Punkt."

Reflexionsfragen

1. Wie reagierst du auf fallende Kurse – panisch oder planvoll?
2. Hast du eine Strategie für Krisen?
3. Was war deine stärkste oder schwächste Marktphase – was hast du daraus gelernt?
4. Wie würdest du heute in einer neuen Krise reagieren?

Golden Nugget: Nicht der Fahrstuhl nach oben macht dich reich – sondern die Gelassenheit auf der Achterbahn.

Mentor-Moment: Gute Anleger:innen sind keine Hellseher. Sie sind Menschen mit einem Plan – und mit der Fähigkeit, auch dann ruhig zu bleiben, wenn es laut wird.

Lisa: „Ich habe gelernt, dass Ruhe und Plan wichtiger sind als schnelle Gewinne."
Moritz: „Früher habe ich mich von jeder Schwankung verrückt machen lassen – heute bleibe ich gelassener."

Patrick: „Erfolg an der Börse ist für mich vor allem eine Frage der Haltung und Geduld."

Cliffhanger: Im nächsten Kapitel geht es ums Rebalancing – wie du dein Depot wieder ins Gleichgewicht bringst und langfristig auf Kurs hältst.

Faktencheck

- **Deutsches Aktieninstitut & Vanguard (2023):** Jeder Markt erlebt regelmäßig Korrekturen und Crashs – sie sind Teil des normalen Marktzyklus und keine Ausnahme.
- **Vanguard Group (2023):** Anleger:innen, die in den letzten 20 Jahren trotz Krisen investiert blieben, erzielten im Schnitt positive Renditen.
- **Credit Suisse Global Investment Returns Yearbook (2023):** Die größten Kursgewinne folgen häufig auf die härtesten Marktabschwünge.
- **Morningstar Research (2023):** Emotionale Panikverkäufe führen nachweislich zu erheblichen Renditeverlusten.
- **CFA Institute (2023):** Langfristiges Investieren und das Vermeiden von Timing-Fehlern sind entscheidend für den Anlageerfolg.
- **Frankfurt School of Finance & Management (2023):** Resiliente Anleger:innen nutzen Korrekturphasen als Einstiegschancen.
- **Harvard Business Review (2022):** Bewusstes Verstehen von Marktzyklen reduziert Stress und verbessert das Anlageverhalten.

3.8. Rebalancing – Wie du dein Depot wieder ins Gleichgewicht bringst

„Rebalancing ist wie Zähneputzen – du merkst es erst, wenn du es zu lange nicht gemacht hast."
– Josef Obergantschnig

Lisa, Moritz & Patrick im Balanceakt

Lisa liebt Klarheit – ihr Ziel: 70 % Aktien, 30 % Anleihen. Doch nach einem Jahr Rekord-Börsen läuft's aus dem Ruder: 85 % Aktien! „Wie konnte das passieren?" **Moritz** startet defensiv. Doch sein ETF galoppiert davon, die alte Struktur ist längst Geschichte – und das Risiko? Höher, als er denkt. **Patrick** geht Rebalancing an wie einen Ölwechsel: fix im Kalender, zweimal jährlich. Nicht nach Gefühl, sondern nach System.

Drei Wege – ein Aha: Ohne Kontrolle driftet jedes Depot ab. Wer nicht balanciert, wird irgendwann ausgebremst.

Was du in diesem Kapitel lernst

- Warum Rebalancing so viel mehr ist als lästiges Depot-Aufräumen
- Wie du erkennst, wann dein Depot gefährlich einseitig wird
- Welche Methoden wirklich funktionieren – auch mit wenig Zeit
- Wie du Fehler vermeidest, dich entspannst und dranbleibst

Warum Rebalancing so wichtig ist

Jedes Depot lebt. Es entwickelt sich. Aber: Lass Gewinner laufen und du fährst irgendwann mit einer zu hohen Aktienquote – ob du willst oder nicht. **Das Risiko schleicht sich ein, leise, wie Staub unter dem Sofa.**

Alltagsstory: Lisa blickt nach einem Jahr aufs Depot – Aktienquote explodiert! Ihr Impuls: „Nicht anfassen, läuft doch!" Doch sie erinnert sich an den Plan – verkauft einen Teil der Gewinne, steckt sie in Anleihen. Ihr Gefühl: „Kurz Angst, dann pure Erleichterung. Das Risiko fühlt sich wieder nach mir an."

Was ist Rebalancing? Ein Beispiel für dich

Du startest mit 70 % Aktien, 30 % Anleihen. Die Börse feiert, Aktien steigen um 20 %. Plötzlich steckst du bei über 80 % Aktien – das Risiko ist ungewollt gestiegen. **Rebalancing bringt dich zurück zum Ziel – nicht mit Timing, sondern mit Disziplin.**

Die 3 Rebalancing-Strategien für deinen Alltag

1. **Zeitbasiert:** Stell dir einen festen Termin (z. B. halbjährlich). Egal, wie die Märkte laufen – du passt die Struktur an.
   Vorteil: Planbar, Routine, kein Stress.
2. **Schwellenbasiert:** Du kontrollierst die Abweichung von deiner Zielstruktur. Weicht eine Anlageklasse mehr als 5 % ab? Nachjustieren!
   Vorteil: Du reagierst nur, wenn's wirklich nötig ist.
3. **Cashflow-basiert:** Jede neue Sparrate landet gezielt dort, wo's fehlt.
   Vorteil: Perfekt bei Sparplänen, keine Extra-Verkäufe nötig.

Praxis-Tipp: Viele kombinieren: Einmal im Jahr Bilanz ziehen – und zwischenzeitlich per Sparplan balancieren.

Lisa: „Früher habe ich nie nachgesteuert. Heute weiß ich: Regelmäßiges Nachjustieren bringt mehr Ruhe ins Depot."
Moritz: „Ich fand Rebalancing unnötig kompliziert. Mein Aha-Moment: Es schützt mich vor Übermut – und vor teuren Fehlern."
Patrick: „Rebalancing gibt mir die Kontrolle zurück – auch wenn der Markt verrücktspielt."

Mein Fehler, dein Learning

Früher ließ ich die Gewinner laufen – stolz, euphorisch, frei nach dem Motto: „Das wird schon!" Bis das Depot kippte, der nächste Crash kam – und ich zu spät aufwachte.
Lektion: Wer nicht regelmäßig aufräumt, wird irgendwann vom Markt „aufgeräumt".

Toolbox: Deine 5 goldenen Rebalancing-Regeln

1. Zielstruktur festlegen – und als Kompass sichtbar machen (Zettel am Kühlschrank, Notiz im Handy)
2. Mindestens 1x im Jahr checken – Kalendertermin setzen
3. Kleine Summen reichen: Auch 100 € pro Quartal halten dich auf Kurs
4. Keine Angst vor „Gewinne mitnehmen" – das ist kein Fehler, sondern clever!
5. Rebalancing ist keine Hexerei – es ist Routine wie Zähneputzen

O-Ton

„Früher habe ich alles laufen lassen. Inzwischen justiere ich regelmäßig nach – und schlafe nachts deutlich besser."
– Kathrin, 41, HR-Managerin

Take-Aways – Das Wichtigste auf einen Blick

- Rebalancing ist dein Depot-Service, keine Kür.
- Die Zielstruktur gibt dir Halt, nicht die Börsenstimmung.
- Wer regelmäßig nachjustiert, schläft ruhiger – und trifft weniger Fehler.
- Auch kleine Beträge machen einen großen Unterschied – gerade für Einsteiger:innen.

So denken Lisa, Moritz & Patrick

Lisa: „Service-Check fürs Depot – jetzt bin ich entspannter, weil ich weiß: Mein Risiko passt zu mir."
Moritz: „Nachjustieren ist nicht nur für Profis – es bringt Klarheit, auch bei kleinen Summen."

Patrick: „Rebalancing ist mein Investment-Ölwechsel – ohne Routine würde ich irgendwann liegenbleiben."

Reflexionsfragen für dein Anlagetagebuch

1. Wann hast du dein Depot zuletzt wirklich geprüft – und nicht nur angeschaut?
2. Weicht deine aktuelle Gewichtung von deinem Ziel ab?
3. Welche Methode (zeit-, schwellen- oder cashflow-basiert) passt am besten zu dir?
4. Wie fühlt sich dein Depot nach dem Rebalancing an – sicherer, leichter, klarer?

Golden Nugget: Nicht der Hype macht dich reich, sondern die Disziplin, regelmäßig zurück ins Gleichgewicht zu finden.

Mentor-Moment: Rebalancing ist kein Market-Timing. Es ist die Kunst, dir selbst treu zu bleiben – und nicht dem Lärm des Marktes.

Lisa: „Seit ich regelmäßig rebalanciere, fühle ich mich viel sicherer und kann besser schlafen."
Moritz: „Ich habe gelernt, dass Rebalancing keine Arbeit, sondern eine Routine ist – die meinem Depot Stabilität gibt."
Patrick: „Für mich ist Rebalancing der Schlüssel, um nicht von Emotionen getrieben zu werden."

Cliffhanger: Im nächsten Kapitel geht es um nachhaltiges Investieren – wie du mit Wirkung und Rendite deine Geldanlage auf ein neues Level bringst.

Faktencheck

☑ **Vanguard & Deutsches Aktieninstitut (2023):** Studien belegen, dass regelmäßiges Rebalancing das Risiko langfristig reduziert, Anleger:innen entspannter bleiben und stabilere Renditen erzielen.

☑ **Morningstar Research (2023):** Schon kleine Nachkäufe oder Umschichtungen reichen aus, um die gewünschte Zielstruktur im Portfolio zu halten.

☑ **CFA Institute (2023):** Automatisches Rebalancing wird bei vielen ETF-Robo-Advisor-Modellen angeboten und ist auch manuell einfach umsetzbar.

☑ **Frankfurt School of Finance & Management (2023):** Regelmäßiges Rebalancing schützt das Portfolio vor Übergewichtungen und erhöht die Risikokontrolle.

☑ **Harvard Business Review (2022):** Die Angst, Gewinne mitzunehmen, ist verbreitet, doch genau das schützt vor größeren Verlusten in Krisenzeiten.

☑ **Credit Suisse Global Investment Returns Yearbook (2023):** Empirische Studien bestätigen, dass Rebalancing die Volatilität reduziert und langfristig die Rendite stabilisiert.

☑ **MSCI (2024):** Disziplinierte Rebalancing-Strategien sind ein wesentlicher Erfolgsfaktor für nachhaltige Portfolioperformance.

3.9. Nachhaltig investieren – Wie du Wirkung UND Rendite erzielst

„Wer investiert, gestaltet Zukunft. Nachhaltigkeit ist keine Moralfrage – sondern eine echte Investment-Chance."
– Josef Obergantschnig

Lisa, Moritz & Patrick: Drei Wege, ein Ziel
Lisa lehnt am Fenster, das Notizbuch auf dem Schoß, während Sophie Tee einschenkt.
Sophie: „Und? Wie läuft dein Fonds-Check, Lisa?"
Lisa (blättert durch ihre Liste): „Ich hab heute wieder drei Fonds gestrichen. Die nennen sich zwar grün, aber Kohle und Rüstung sind für mich ein No-Go. Für mich ist Nachhaltigkeit mehr als ein Etikett."
Moritz (dreht seinen Laptop zu den anderen): „Ich stecke da immer in der Zwickmühle. Das ESG-Ranking klingt gut, aber manchmal ist's mehr Greenwashing als echte Wirkung. Ich will keine Mogelpackung, aber auch keine Chancen verpassen."
Sophie: „Vielleicht geht's auch gar nicht um Perfektion, sondern ums Dranbleiben? Wir können ja gemeinsam recherchieren. Jede:r entdeckt was anderes."
Patrick (mit Blick auf sein Tablet): „Mir geht's wie euch. Ich will, dass mein Geld was bewegt – aber die Rendite muss trotzdem passen. Hab mir Impact-Fonds angeschaut, aber so richtig durchschaubar ist das nicht."
Lisa (lächelt): „Am Ende machen wir's wie beim Kaffee: Die Mischung muss stimmen – Geschmack UND Herkunft."
Moritz: „Wenn ich nicht rausfinde, wie grün meine ETFs wirklich sind, schreib ich eine Watchlist für nachhaltige Mogelpackungen. Irgendwann gibt's einen Podcast dazu."
Patrick: „Und ich mach die Haushaltsrechnung: Was bringt's wirklich, was kostet's – für mich, für Sophie, für die Zukunft."
Sophie (fasst zusammen): „Es geht nicht um alles oder nichts. Jeder Schritt zählt – und gemeinsam kommen wir weiter."
Drei Perspektiven – ein Thema: Wie erzielst du Wirkung und Rendite, ohne Kompromisse?

Was du in diesem Kapitel lernst

- Wie nachhaltiges Investieren wirklich funktioniert
- Mit welchen Tools du Wirkung UND Rendite erzielst
- Wie du Greenwashing erkennst – und deine eigene Haltung findest

Was bedeutet nachhaltiges Investieren?
Nachhaltig investieren heißt: **Dein Geld arbeitet für dich UND für das, was dir wichtig ist.** Ob Klima, Gerechtigkeit oder gute Unternehmensführung – *du* bestimmst, was zählt. Kein Dogma, sondern eine Skala: Vom klaren Ausschluss (z. B. Waffen, Kohle, Kinderarbeit) bis zu aktivem Gestalten (Impact Investing).

Nachhaltigkeit: Mehr als ein Hype – eine Bewegung mit Geschichte

- 18. Jahrhundert: Quäker meiden Waffen und Sklaverei
- 1970er: Kirchen und Stiftungen fordern Ethik-Standards
- Heute: ESG, nachhaltige ETFs, Impact Investing – für alle zugänglich

Aha-Moment: Nachhaltigkeit ist kein kurzfristiger Trend, sondern ein Investment-Prinzip mit Geschichte und Zukunft.

Nachhaltigkeit als Risikomanagement
Wer nur auf klassische Finanzkennzahlen blickt, sieht oft nur die halbe Wahrheit. **NH-Kriterien sind ein mächtiges Risikomanagement-Tool.** Ein Fondsmanager oder Investor, der konsequent NH-Kriterien integriert, bekommt einen anderen Blick auf Unternehmen – einen, den reine Kennzahlen nie bieten.

Beispiel: Ein Unternehmen glänzt mit Rekordgewinnen und niedriger Verschuldung – aber: Es steht immer wieder wegen Umweltvergehen oder Korruptionsvorwürfen in den Schlagzeilen und die Mitarbeiter:innen wechseln alle zwei Jahre. Mit reinem Zahlenblick wäre das Unternehmen attraktiv. Aus Sicht nachhaltiger Investments aber ein klarer Warnfall!
NH-Kriterien decken verborgene Risiken auf – wie Reputationsrisiken, Haftungen, oder Folgen neuer Gesetze. Viele große Rückschläge der letzten Jahre (Wirecard, VW-Dieselskandal, BP-Ölkatastrophe) waren bei reiner Kennzahlenanalyse kaum erkennbar – aber NH-Analysen hätten Warnsignale geliefert.

Fazit: NH-Kriterien sorgen für einen Perspektivwechsel. Sie sind kein Moralapostel, sondern dein Schutzschild gegen böse Überraschungen.

Lisa: „Nachhaltigkeit ist für mich mehr als ein Trend. Ich will, dass mein Geld Werte schafft – nicht nur Rendite.“
Moritz: „Ich war skeptisch, ob Nachhaltigkeit Rendite bringt. Jetzt investiere ich bewusster – und finde es spannender als gedacht.“
Patrick: „Als Familienvater frage ich mich heute: Was hinterlasse ich meinen Kindern? Nachhaltigkeit ist Teil meines Plans geworden.“

Exemplarisches Beispiel: MSCI World vs. MSCI World SRI – Nachhaltigkeit im System
Nicht alle nachhaltigen Fonds sind gleich streng – ein Vergleich hilft!

MSCI World ETF (klassisch): Enthält meist mehr als eintausend globale Aktien, kaum Ausschlüsse, breite Streuung.

MSCI World SRI ETF (nachhaltig):

- Enthält oft nur 25–30 % der Titel des klassischen Index – **strenge Selektion!**
- **Ausschlusskriterien:** Unternehmen mit kontroversen Geschäftsmodellen (Tabak, Waffen, Kohle, Glücksspiel, Kernenergie) sind ausgeschlossen.
- **Best-In-Class-Ansatz:** Nur Unternehmen, die innerhalb ihrer Branche beim ESG-Rating zu den besten (z. B. Top-50) gehören, bleiben im Index.
- Ergebnis: Mehr IT, weniger „problematische“ Branchen, stärkere ESG-Gewichtung – aber auch höhere Konzentration einzelner Unternehmen.

Wichtig: Wie viele Unternehmen tatsächlich ausgeschlossen werden und wie streng Best-In-Class angewendet wird, steht selten klar im Factsheet. Für echte Transparenz braucht es meist Informationen vom Fondsmanager oder einen erfahrenen Berater – ein 30-Sekunden-Check reicht dafür nicht!

Quick-Check & Siegel: Nachhaltigkeit oder Greenwashing?
So findest du erste Antworten in 30 Sekunden:

1. Siegel prüfen:

- FNG-Siegel (DACH-Raum)
- Österreichisches Umweltzeichen (UZ49 für nachhaltige Finanzprodukte)

Beide prüfen Ausschlusskriterien und Best-In-Class-Ansätze – gelten als besonders streng.

2. **Ausschlusskriterien anschauen:**
   - Stehen im Factsheet klare Branchen/Produkte, die ausgeschlossen werden?
   - Werden nur wenige ausgeschlossen (z. B. 20 von 1.000 Titeln), ist der Ansatz weich – sind es 400+, ist er sehr streng.
3. **Top-10-Werte im Fonds:**
   - Kommt eine umstrittene Aktie vor? Dann tiefer nachfragen!
4. **Best-In-Class erklärt?**
   - Wird erläutert, wie streng der Filter ist (z. B. „nur Top-50 jeder Branche")? Falls nicht: Beim Anbieter nachfragen!

Fazit: In der Kürze liegt der erste Eindruck – für das volle Bild braucht es meist den Blick eines Profis oder ein Gespräch mit dem Fondsmanager.

Toolbox: Nachhaltigkeit prüfen – Fonds/ETFs & Einzeltitel

1. **Fonds & ETFs**
   - **Morningstar Sustainability Rating:** Übersichtliches ESG-Rating für viele Fonds/ETFs.
   - **MSCI ESG Ratings:** Internationales Standard-Scoring.
   - **FNG-Siegel & Österreichisches Umweltzeichen:** Unabhängige Prüfzeichen für Fonds/ETFs im DACH-Raum, strenge Kriterien, jährliche Kontrolle.
   - **Onvista:** Viele Fonds und ETFs mit ESG-/NH-Rating.
   - **Factsheet:** Prüfe Ausschlüsse, Top-Holdings, ESG-Score, Siegel, Methodik.
2. **Einzeltitel**
   - **ESG-Ratings bei großen Analysehäusern oder direkt im Broker/Factsheet prüfen** (z. B. LSEG, Onvista, Morningstar Sustainability).
   - **Google-Test:** Gibt es Skandale, Negativschlagzeilen, hohe Fluktuation?
   - **Unternehmensberichte**: Nachhaltigkeitsberichte (CSR-Report) als Pflichtlektüre, nicht nur der Jahresabschluss!

Wichtig: Die Kombination aus Ausschluss- und Best-In-Class-Ansatz entscheidet über die Tiefe des Nachhaltigkeitsanspruchs. Wird aus 1.000 Titeln nur ein kleiner Bruchteil ausgeschlossen, ist das weniger streng als ein Fonds, der mit harten Kriterien 50 % oder mehr rausfiltert. Im Zweifel: Nachfragen – beim Fondsmanager oder Berater!

Das Triple-A der Nachhaltigkeit

Ansatz	Was heißt das konkret?	Beispiel
Ausschluss	Branchen/Unternehmen gezielt meiden	Kein Geld für Waffen, Kohle, Tabak
Auswahl	„Best-in-Class"-Ansatz	Die besten 50 jeder Branche
Ansprechen	Als Anleger:in mitgestalten, Druck machen	Investor:innen fordern faire Standards

Praxis-Tipp: Die meisten nachhaltigen Fonds kombinieren mehrere Ansätze. Prüfe immer, was tatsächlich umgesetzt wird!

ESG – Drei Buchstaben, viele Wahrheiten, ein paar Beispiele

- **E wie Environment:** CO_2-Fußabdruck, Energie, Naturschutz
- **S wie Social:** Arbeitsrechte, Chancengleichheit, Lieferketten
- **G wie Governance:** Transparenz, Ethik, Anti-Korruption

Wichtig: ESG ist kein Gütesiegel, sondern ein Werkzeugkasten. Prüfe die Kriterien und lies das Factsheet!

Impact Investing – Wirkung messbar machen

Impact Investing heißt: Direkt in Projekte investieren, die messbare Wirkung **und** Rendite bringen.

Drei Kriterien für echten Impact

1. **Intentionalität:** Bewusste Entscheidung für positive Wirkung
2. **Messbarkeit:** Ergebnisse sind nachvollziehbar
3. **Rendite:** Kein Spendenprojekt, sondern Investment

Beispiele: Solarparks, Pflegeheime, Social Housing, Kreislaufwirtschaft.

Praxis: Dein nachhaltiges Portfolio – Schritt für Schritt

1. **Green-Check:** Was willst du NICHT im Depot? Welche Werte sind dir wichtig?
2. **ESG-Rankings und Fonds vergleichen:** Nutze Morningstar, MSCI oder unabhängige Bewertungsdienste.
3. **Klein anfangen:** Du musst nicht alles umstellen – schon ein nachhaltiger ETF oder ein kleiner Impact-Investment-Anteil macht einen Unterschied.
4. **Portfolio regelmäßig prüfen:** Jährlich die Top-Positionen vergleichen, einen Watchlist-Alert setzen oder News des Fonds verfolgen – so bleibst du am Ball.

5. **Portfolio regelmäßig prüfen:** Passt deine Strategie noch zu deinen Zielen und Werten?

Lisas Tipp: Gerade zu Beginn reicht ein erster Schritt – z. B. mit kleinen Beträgen oder einem nachhaltigen ETF. Perfektion ist nicht das Ziel, sondern Fortschritt. Trau dich, auszuprobieren – und dann weiterzugehen!

Praxisbeispiel – Strenge Ausschlüsse live erlebt: Patrick recherchiert für seine Familie einen nachhaltigen Aktienfonds. Vor zwei Jahren enthielt dieser noch mehrere Ölkonzerne. Nach Protesten von Anleger:innen und neuen Prüfstandards hat der Fonds diese Werte komplett ausgeschlossen – und das klar kommuniziert. **Fazit:** Fonds können und werden ihre Kriterien verschärfen – manchmal auf Druck der Anleger:innen! Wer regelmäßig prüft und kritisch bleibt, gestaltet aktiv mit.

Mini-Challenge: Wie nachhaltig ist dein Depot wirklich?

- Wähle einen Fonds, ETF oder eine Einzelaktie aus.
- Prüfe das Factsheet (und/oder ESG-Rating):
  - Welche Branchen werden ausgeschlossen?
  - Wie streng ist der Best-In-Class-Ansatz?
  - Gibt es ein FNG- oder UZ-Siegel?

Wenn du Details nicht findest: Beim Anbieter nachfragen oder beraten lassen.

Reflexion: Wie streng willst du filtern? Wie viel Aufwand ist es dir wert? Teile deine Erkenntnisse – und werde zur Inspiration für andere!

Social Proof

„Ich wollte zuerst nur Rendite. Heute motiviert mich, dass ich mit meinem Geld auch etwas bewegen kann."
– Laura, 28, Grundschullehrerin

Take-Aways – Das Wichtigste auf einen Blick

- Nachhaltigkeit ist Strategie, kein Marketing.
- Wirkung und Rendite schließen sich nicht aus.
- Nutze Ausschluss, Auswahl, Einflussnahme – Impact Investing ist die Königsdisziplin.
- Prüfe Labels kritisch – Transparenz zählt mehr als bunte Logos.
- Mit Haltung investierst du ruhiger und oft erfolgreicher.

So denken Lisa, Moritz & Patrick

Lisa: „Mein Depot ist mein Statement. Es reicht, einfach mal zu starten – und dann Schritt für Schritt weiterzugehen."

Moritz: „Nachhaltigkeit ist für mich der neue Qualitätscheck. Jedes Jahr einen Depot-Check und ich bin auf Kurs."

Patrick: „Mich überzeugt Wirkung, die man sieht und misst. Fonds, die ihre Kriterien nachschärfen, zeigen Haltung – und das gibt Vertrauen."

Reflexionsfragen für dein Anlagetagebuch

- Welche Werte willst du mit deinem Geld stärken?
- Bist du eher Vermeider:in (Ausschluss) oder Gestalter:in (ESG oder Impact)?
- Wie gehst du mit Kompromissen um – zählt für dich mehr Wirkung oder Rendite?
- Kennst du die Kriterien deiner Fonds/ETFs wirklich?
- Wann hast du das letzte Mal dein Depot auf „grüne" Blindgänger gecheckt?

Golden Nugget: Mit nachhaltigen Investments schaffst du doppelten Gewinn – für dich UND für die Welt.

Mentor-Moment: Nachhaltig investieren heißt: Du sorgst nicht nur für dein Depot, sondern für die Welt, in der du leben willst. Wer Haltung zeigt, gewinnt Ruhe, Klarheit – und oft bessere Chancen.

Lisa: „Nachhaltigkeit ist für mich kein Trend, sondern ein Investment mit gutem Gefühl."

Moritz: „Ich habe gemerkt, dass nachhaltige Fonds oft stabiler und zukunftsorientierter sind."

Patrick: „Wer seine Werte ins Depot bringt, investiert mit mehr Überzeugung und Gelassenheit."

Cliffhanger: Du hast jetzt erlebt, wie Nachhaltigkeit und Rendite Hand in Hand gehen können – ohne Dogma, aber mit Wirkung. Im nächsten Kapitel findest du Beispielportfolios für alle Typen. Bist du bereit, deine Werte in Strategien zu verwandeln? Los geht's!

Faktencheck

☑ **Oxford University, Harvard University, MSCI & Deutsche Bundesbank (Metastudien, 2024):** Nachhaltige Portfolios erzielen mindestens vergleichbare Renditen wie klassische Anlagen und bieten oft ein besseres Risikoprofil.

☑ **FNG-Marktbericht (2025):** Ausschlussstrategien, etwa für Waffen und Kohle, sind im DACH-Raum Standard; 72 % der Fonds schließen Rüstungsgüter aus, 79 % kombinieren mehrere Nachhaltigkeitsstrategien.

☑ **FNG-Marktbericht (2025):** Das Österreichische Umweltzeichen UZ49 und das FNG-Siegel sind besonders streng und transparent, mit jährlicher Nachprüfung.

☑ **FNG-Marktbericht (2025):** 90 % der Fachleute sehen fehlende Standards und Definitionen als zentrales Risiko für Greenwashing; regelmäßige Prüfungen sind unerlässlich.

☑ **FNG-Marktbericht (2025):** 49 % der Fonds messen soziale Wirkungen, 53 % haben soziale Nachhaltigkeitsrichtlinien etabliert.

☑ **Morningstar ESG Ratings (2024):** ESG-Datenbanken liefern fundierte Ratings und unterstützen Investor:innen bei nachhaltigen Anlageentscheidungen.

☑ **MSCI ESG Research (2024):** Nachhaltigkeitskriterien sind heute integraler Bestandteil des Risikomanagements.

☑ **Refinitiv ESG Data (2024):** Umfassende ESG-Daten erhöhen Transparenz und Vergleichbarkeit nachhaltiger Investments.

☑ **LSEG (London Stock Exchange Group) ESG Insights (2024):** Nachhaltigkeit ist ein Standard bei der Bewertung von Fonds und Anlageprodukten.

☑ **Deutsche Bundesbank (2024):** Nachhaltigkeitsstrategien verbessern das Risikoprofil und tragen zur langfristigen Stabilität von Portfolios bei.

3.10. Mein erstes Portfolio – Wie du (wirklich!) zur eigenen Anlagestrategie findest

„Ein gutes Portfolio ist wie ein Orchester: Die richtigen Instrumente, im richtigen Verhältnis – und jeder weiß, wann er spielen muss.“
– Josef Obergantschnig

Lisa, Moritz & Patrick am Anfang ihrer Strategie

Lisa sitzt am Fenster, das Notizbuch mit nachhaltigen Fondsnamen in der Hand. Sicherheit UND Wirkung sind ihr Ziel. **Moritz** feilt am Küchentisch mit seinem MacBook am eigenen Yale-Modell – inspiriert davon, dass man auch als junger

Anleger groß denken darf. **Patrick** blickt auf die Kladde mit seinen Anfängerfehlern. Heute gilt: Weniger ist mehr – Hauptsache, es passt zu seinem Leben.
Drei Wege – ein Ziel: Ein Portfolio, das zur eigenen Persönlichkeit passt.

Was du in diesem Kapitel lernst

- Wie Profis – von Stiftungen bis Family Offices – ihr Geld strukturieren
- Warum die Mischung wichtiger ist als das Produkt
- Wie du deine passende Strategie findest – und sofort loslegen kannst
- Wie Lisa, Moritz und Patrick konkret vorgehen

Die Theorie: Portfolio-Aufbau wie die Profis – und wie du es für dich adaptierst
Ein gutes Portfolio ist kein Zufallsprodukt, sondern das Ergebnis klarer Strategie. Profis orientieren sich nicht am „Bauchgefühl", sondern an bewährten Modellen:

Der Knight Report – Das US-Pensionsmodell
Pensionspläne für Millionen US-Militärangehörige investieren konsequent langfristig.
Zielstruktur:

- 50–60 % Aktien
- 20–30 % Anleihen
- 10–15 % Immobilien und Alternatives
- 5–10 % Liquidität

Aha: Selbst sicherheitsorientierte Profis wissen: Ohne Aktien läuft nichts.

Yale University – das berühmte „Yale-Modell"
Yale verwaltet einen der erfolgreichsten Stiftungstöpfe der Welt. David Swensen, der legendäre Chief Investment Officer, setzte auf breite Streuung und alternative Anlageklassen.
Zielstruktur (gerundet):

- 20 % Aktien
- 35 % Private Equity
- 15 % Immobilien
- 25 % Hedgefonds und Alternatives
- unter 5 % Cash, Anleihen

Aha: Wer immer nur in bekannten Bahnen denkt, verpasst die beste Musik. Mut zu Alternativen, aber nie ohne System.

Norwegischer Staatsfonds – Generationen denken langfristig
- ca. 70 % Aktien
- 25 % Anleihen
- 5 % Immobilien

Aha: Global gestreut, robust, verantwortungsvoll.

Pensionskassen in der DACH-Region
- 40–60 % Anleihen
- 20–35 % Aktien
- 5–10 % Immobilien
- 5–10 % Liquidität oder Alternatives

Aha: Sicherheit dominiert – aber Aktien sind Pflicht.

Family Offices und Unternehmerfamilien – Die Barbell-Strategie
- 40–60 % sicher (Cash, Bonds, Immobilien)
- 40–60 % chancenreich (Aktien, Startups, Beteiligungen)

Aha: Risiko ist kein Feind, sondern ein Werkzeug – wenn du es verstehst.

Millionäre und vermögende Privatpersonen
- 30–50 % Aktien (inklusive Private Equity)
- 10–25 % Immobilien
- 10–20 % Anleihen und Cash
- 10–20 % Alternatives (Gold, Kunst, Krypto)
- bis 5 % Lifestyle-Investments

Aha: Diversifikation mit Stil und Überzeugung.

Praxis: Wie du dein eigenes Modellportfolio baust
1. Selbst-Check:
    - Wie viel Risiko willst und kannst du eingehen?
    - Wie liquide soll dein Geld bleiben?

- Was interessiert dich wirklich? (Nachhaltigkeit, Innovation, Immobilien…)
- Passiv investieren (ETF, Fonds) oder gezielt auswählen?

2. Bausteine definieren:
   - Vermögen in klare Kategorien aufteilen (Aktien, Anleihen, Immobilien, Alternatives, Cash)
   - Prozentwerte vergeben – realistisch, aber ambitioniert
3. Werkzeug wählen:
   - Einfache Excel-Vorlage oder Portfolio-App nutzen
   - Zielstruktur festhalten – jährlich prüfen

Praxis-Tipp: Starte einfach. Komplexität kostet Rendite – Profis setzen auf Struktur, nicht auf Sammelwut.

Extra-Tipp: Die beste Strategie ist die, die du selbst verstehst – und durchhältst.

Mini-Box: Das einfachste Starter-Portfolio
Dein Starter-Portfolio für Berufseinsteiger (Beispiel mit 100 Euro im Monat):

- 70 % MSCI World ETF (breite Streuung, günstig, einfach zu besparen)
- 20 % Anleihen-ETF (Sicherheit, weniger Schwankung)
- 10 % Cash auf Tagesgeld (für Flexibilität und Notfälle)

Challenge-Typ: Spare 10 % vom Einkommen – und ab sofort 50 % jeder Gehaltserhöhung automatisch investieren, egal wie klein der Betrag ist.

Regel: Einmal im Jahr Rebalancing und Ziel-Check.

Aha-Moment: Das perfekte Portfolio ist weniger wichtig als der perfekte Start.

Take-Aways – Das Wichtigste auf einen Blick

- Profis investieren strategisch – Aktien als Herzstück.
- Ein gutes Portfolio ist ein Werkzeug, kein Kunstwerk.
- Struktur schlägt Bauchgefühl – Werte dürfen Platz haben.
- Denke wie ein Familienunternehmer: diszipliniert, strategisch, mit Weitblick.

So denken Lisa, Moritz & Patrick
Lisa: „Ich will Wirkung UND Sicherheit – mein Depot hat jetzt beides. Nachhaltige ETFs, Anleihen, einen kleinen Cash-Puffer. Es fühlt sich endlich wie MEIN Portfolio an.“

Moritz: „Das Yale-Modell ist spannend, aber ich mache mein eigenes Ding draus: Basis-ETF, ein paar Aktien, ein bisschen Impact. Hauptsache, es bleibt übersichtlich und flexibel."
Patrick: „Klarheit. Wenige Bausteine, viel Struktur, kein Sammelsurium mehr. Und einmal im Jahr: Depot-Check, wie bei einem guten Auto."

Dein Aha-Moment: Was ist dein größter Aha-Moment? Wie würdest du dein Portfolio mit einem Satz beschreiben?

Reflexionsfragen für dein Anlagetagebuch

- Welcher Anlagetyp spricht dich am meisten an – und warum?
- Wo liegt dein Depot-Schwerpunkt? Passt das zu deinen Zielen?
- Welche Vermögensfunktion (Wachstum, Sicherheit, Wirkung) ist dir am wichtigsten?
- Bist du bereit, dein Portfolio jährlich zu justieren?
- Wie viel Kontrolle willst du wirklich – und was darf die Zeit für dich erledigen?

Golden Nugget: Das perfekte Portfolio ist nicht der Startschuss – sondern der erste Schritt. Wer sich traut, loszugehen, liegt schon vorne.

Mentor-Moment: Ein gutes Portfolio ist kein Kunstwerk – sondern ein Werkzeug. Es soll für dich arbeiten, nicht du für dein Depot.

Lisa: „Ich habe gemerkt, dass es wichtiger ist zu starten, als auf das perfekte Portfolio zu warten."
Moritz: „Mein eigenes Modell entwickelt sich mit mir – Fehler gehören dazu."
Patrick: „Stillstand aus Angst bringt keinen Erfolg – Mut zum Start ist der Schlüssel."

Experten-Tipp
„Der größte Fehler ist, nichts zu tun – aus Angst, einen Fehler zu machen."
– David Swensen, Yale University

Cliffhanger: Im nächsten Kapitel erfährst du meine größten Stolpersteine und typische Anfängerfehler – und wie du sie clever vermeidest. Ehrliche Einblicke, echte Aha-Momente, maximaler Lerneffekt!

Faktencheck

☑ **Markowitz (Modern Portfolio Theory, Nobelpreis, 1990):** Diversifikation und langfristige Streuung sind wissenschaftlich als effektivste Hebel für stabiles Vermögenswachstum anerkannt.

☑ **Refinitiv & Yale Endowment Report (2023):** US-Pensionsfonds und der norwegische Staatsfonds erzielen mit konsequenter Aktienquote über Jahrzehnte signifikant bessere Renditen als anleihelastige Strategien.

☑ **Swensen, Yale-Modell (Pioneering Portfolio Management, 2009):** Das Yale-Modell gilt als eines der erfolgreichsten institutionellen Vorbilder mit annualisierten Renditen von über 10 % über mehrere Jahrzehnte.

☑ **CFA Institute Research (2023):** Institutionelle Anleger:innen setzen auf langfristige, diversifizierte Strategien zur Risikominimierung und Renditesteigerung.

☑ **Deutsches Aktieninstitut (2024):** Mini-Portfolios und Sparpläne schlagen Timing-Versuche fast immer, wenn sie langfristig, diszipliniert und mit regelmäßigen Checks geführt werden.

☑ **Vanguard Research (2024):** Disziplinierte Anleger:innen, die auf regelmäßige Überprüfung und Anpassung setzen, erzielen nachhaltig bessere Ergebnisse.

☑ **Behavioral-Finance-Studien, DAI (2024):** Die größte Gefahr für Einsteiger:innen sind Überkomplexität und Aktionismus – weniger ist oft mehr.

☑ **Morningstar (2023):** Einfache, breit diversifizierte Portfolios bieten langfristig bessere Renditen bei kontrolliertem Risiko.

☑ **Frankfurt School of Finance & Management (2023):** Disziplinierte Umsetzung institutioneller Strategien führt zu stabileren Vermögensaufbaupfaden.

☑ **Harvard Business Review (2022):** Der Fokus auf langfristige Ziele und einfache Strategien ist entscheidend für nachhaltigen Anlageerfolg.

3.11. Fehler, die ich selbst gemacht habe – und was du daraus lernen kannst

„Man muss nicht jeden Fehler selbst machen –
es reicht, wenn man aus den richtigen lernt.“
– Sprichwort

Lisa, Moritz & Patrick: Fehler als Sprungbrett

Lisa lacht über ihr Fehler-Tagebuch: „Depot verwechselt und am falschen Tag verkauft … Klassiker.“ **Moritz** erinnert sich an seine Excel-Jahre: „Da war ich immer der Rendite-Champion – bis ich gemerkt habe, wie wenig Excel mit echtem

Depot-Alltag zu tun hat." **Patrick** postet in die WhatsApp-Gruppe: „Panik und Gier immer im Wechsel – so bleibt das Depot wenigstens spannend."
Alle drei wissen heute: Fehler sind keine Niederlage. Sie sind der Startpunkt für Wachstum – fachlich, menschlich, finanziell.

Was du in diesem Kapitel lernst

- Warum Fehler-Erfahrung mehr wert ist als jedes „perfekte" Depot.
- Welche Mini-Pannen und großen Stolpersteine wirklich jede:r kennt – und wie du daraus deine Fehler-Strategie entwickelst.
- Wie du deinen Fehler-Typ erkennst und mit anderen daraus eine Community machst, die gemeinsam stärker wird.

Mini-Fehler, Maxi-Learning: Alltagsnah & ehrlich

Jede:r Anleger:in kennt sie – die scheinbar kleinen Fehler, die doch ganz groß werden:

- Zu früh verkauft, weil die Nachrichten Panik gemacht haben.
- Den Freistellungsauftrag vergessen – und unnötig Steuern gezahlt.
- ETF mit fast identischem Namen gekauft, aber in eine völlig andere Branche investiert.
- Sparplan ausgesetzt, weil's unbequem wurde – dann den Wiedereinstieg verpasst.
- Blind einem „Geheimtipp" aus dem Freundeskreis gefolgt.

Fehler sind menschlich. Entscheidend ist, ob du sie als Ausrede nutzt – oder als Treibstoff für deinen Fortschritt.

Lisa: „Mein größter Fehler? Zu lange zu warten. Heute bin ich stolz auf jeden Schritt, auch wenn er holprig war."
Moritz: „Ich habe einmal alles auf eine Karte gesetzt – und verloren. Heute weiß ich: Verluste sind Lehrgeld, kein Grund zum Aufgeben."
Patrick: „Ich habe zu spät angefangen, Fehler zu akzeptieren. Jetzt dokumentiere ich sie und lerne jedes Mal dazu."

Welcher Fehler-Typ bist du? (Mini-Selbsttest)

- **Der Impulsive:** Schnell begeistert, manchmal zu spontan – verpasst selten Chancen, tappt aber oft in die FOMO-Falle.
- **Der Abwarter:** Lieber zu spät als zu früh – vermeidet Fehler, aber oft auch Gewinne.

- **Der Planlose:** „Mal sehen, was passiert" – das Depot lebt, aber ohne System.
- **Der Perfektionist:** Sucht den perfekten Moment – und bleibt oft lange Zuschauer:in.

Erkenne deinen Typ, arbeite MIT ihm – nicht dagegen!

Sven prüft…
„Fehler? Wenn du keine machst, hast du wahrscheinlich noch nie wirklich investiert." Sven kennt die typischen Pannen – vom falschen Klick bis zum „perfekten" Verkaufstag, der sich als Flop entpuppt.
„Jede:r lacht am liebsten über die Fehler der anderen – aber die besten Geschichten schreibt das eigene Depot. Studien zeigen: Wer seine Fehler offen reflektiert, macht langfristig weniger davon. Die größten Bauchlandungen sind oft die beste Versicherung gegen Wiederholungstaten."

Wissenschaft und Alltag sind sich einig:
- Fehler teilen heißt Fehler halbieren (Kahneman, Thaler & Barberis, 2011).
- Die Community ist wie ein Schwarm: Wer offen spricht, findet oft nicht nur Trost, sondern auch die cleversten Lösungen.
- Und: Perfektion ist an der Börse so selten wie ein Tag ohne Prognose.

Sven meint
„Wenn du deinen größten Investment-Fail aufschreibst, bist du schon weiter als 90 % der anderen. Aus Fehlern werden Routinen – und aus Routinen werden Gewinne. Mein Lieblingsfehler: Immer zu spät merken, dass ich mit Emotionen statt mit System gehandelt habe. Zum Glück gibt's für jedes Depot auch eine zweite Chance."

Svens Fazit
Fehler gehören dazu. Wer sie sammelt, auswertet und teilt, investiert schon wie ein Profi – und gibt anderen den Mut, ihre eigenen Pannen als Lernchance zu sehen.

Community-Challenge – Fehler teilen, Fortschritt feiern: Teile deinen größten (oder kleinsten) Investment-Fehler im Freundeskreis, in der Familie oder – für Mutige – als Social-Media-Post (#FehlergleichFortschritt). Jede geteilte Geschichte macht Mut – und du wirst sehen: Niemand ist allein mit seinen „Pannen".
Eine Leserin schrieb: „Ich hab versehentlich den falschen ETF gekauft – hab's ein Jahr lang nicht gemerkt. Heute schau ich IMMER ins Factsheet, bevor ich investiere."

O-Ton

„Meine größte Investition war mein größter Fehler – und mein größtes Learning. Wichtig ist, trotzdem weiterzumachen."
– Kevin, 39, Vertriebler

Toolbox: Persönliche Fehlerliste (One-Pager)

Fehler	Auslöser	Folge	Mein neues Ritual
Panik-Verkauf	Medienlärm	Verlust	24-Stunden-Abkühl-Regel
Klumpenrisiko	Nur Tech gekauft	Einbruch	Max. 20 % pro Branche
Nachhaltigkeit ignoriert	Rendite-Fokus	Skandal, Kurs-rutsch	Immer ESG- und Werte-Check
Steuer-Schnitzer	Freistellungsauftrag vergessen	Mehr Steuern	Jährlicher Steuer-Check im Kalender

Fehler als Superkraft: Wie Lisa, Moritz & Patrick sie nutzen

Lisa: „Früher habe ich Fehler versteckt. Heute teile ich sie bewusst – und stelle fest, wie viele andere ähnliche Geschichten haben. Das verbindet!"

Moritz: „Mein Fehler-Tagebuch ist mein Trainingsplan. Jedes Learning macht mich stärker. Fehler zeigen Fortschritt."

Patrick: „Ich frage mich nach jedem Depot-Check: Wo sind noch Schwachstellen? Mein Lieblingsfehler: Zu glauben, ich müsse immer perfekt sein."

Reflexionsfragen für dein Anlagetagebuch

- Was war dein letzter Mini-Fehler – und wie bist du damit umgegangen?
- Welcher Fehler-Typ bist du – und wie möchtest du damit in Zukunft arbeiten?
- Welche Fehler-Geschichte aus deinem Umfeld hat dich geprägt?
- Was würdest du deinem „Anfänger-Ich" heute raten?

Golden Nugget: Fehler sind wie Goldstaub – erst wenn du hinschaust, siehst du den Wert. Wer sie teilt, gewinnt doppelt: Erfahrung und echte Verbindung.

Mentor-Moment: Fehler sind wie Schrammen am Fahrrad – wer losfährt, fällt auch mal hin. Aber jede Narbe macht dich sicherer, entspannter, mutiger. Wer seine Fehler umarmt, hat die stärksten Routinen und die besten Geschichten.

Lisa: „Ich habe gelernt, Fehler offen anzunehmen – das macht mich als Anlegerin viel entspannter."
Moritz: „Jede Panne hat mir geholfen, meine Strategien zu verbessern."
Patrick: „Wer Fehler akzeptiert, entwickelt Resilienz – und das ist der Schlüssel zum langfristigen Erfolg."

Cliffhanger: Du bist jetzt Fehler-Detektiv:in – bereit für den nächsten Schritt? Im nächsten Kapitel bauen wir dein ganz persönliches Investoren-System. Nicht nur Fehler abfedern, sondern sie als Turbo für deinen Fortschritt nutzen.

Faktencheck

☑ **Kahneman, Thaler & Barberis (Behavioral Finance, 2011):** Fehlerreflexion steigert Resilienz, Selbstwirksamkeit und den langfristigen Anlageerfolg.

☑ **Harvard Business Review (2022):** Community-Ansätze fördern Offenheit, schnelles Lernen und kollektive Intelligenz bei Anleger:innen.

☑ **FNG Marktbericht (2025):** Gemeinschaftliche Reflexion und Austausch reduzieren typische Anlagefehler und stärken die mentale Stabilität.

☑ **Deutsches Aktieninstitut (2024):** Die häufigsten Fehler wie Panikverkäufe, Klumpenrisiko und Prognose-Gläubigkeit sind empirisch belegt.

☑ **FNG (2025):** Nachhaltigkeitslücken in Portfolios sind weit verbreitet; strukturierte Reflexion und Community-Dialog bieten nachhaltige Lösungen.

☑ **CFA Institute (2023):** Behavioral Biases können durch gemeinschaftliches Lernen und bewusste Fehleranalyse vermindert werden.

☑ **Vanguard Group (2023):** Investor:innen, die sich in Communitys engagieren, profitieren von diversifizierten Perspektiven und vermeiden Einseitigkeiten.

☑ **Frankfurt School of Finance & Management (2023):** Peer-Feedback und kollektive Reflexion sind Schlüssel zur Verbesserung der Investmententscheidungen.

☑ **Morningstar (2023):** Community-basierte Lernformate erhöhen die Motivation und verbessern die Disziplin beim Investieren.

☑ **Harvard Business Review (2023):** Offene Fehlerkultur in Anlegergruppen stärkt die emotionale Resilienz und fördert nachhaltigen Erfolg.

3.12. Deine Aufgabe – Jetzt beginnt deine Investmentreise

„Das Wissen hast du. Jetzt setzt du den Kurs."
– Josef Obergantschnig

Lisa, Moritz & Patrick am Startpunkt
Lisa hat ihr Ziel klar vor Augen: Sie will langfristig Vermögen aufbauen – ohne sich vom Marktlärm ablenken zu lassen. **Moritz** vertraut seinem Depot, weil er es nur einmal im Jahr prüft und sonst in Ruhe lässt. **Patrick** hat endlich Struktur gefunden – und spürt, wie viel Sicherheit ihm sein Plan gibt.
Drei Menschen, drei Strategien – ein Prinzip: Klarheit schlägt Chaos.

Was du in diesem Kapitel lernst

- Warum ein klarer Plan wichtiger ist als die „perfekte" Produktwahl
- Wie du Wissen in Handeln verwandelst und wirklich loslegst
- Welche Fragen dir helfen, deinen eigenen Kurs zu setzen
- Wie du deinen persönlichen Finanz-Fahrplan erstellst – ob Einsteiger:in oder Fortgeschrittene:r

Dein Investment-Start: So setzt du den Kurs
Für Fortgeschrittene mit Depot: Nimm dir 15 Minuten nur für dich. Kein News-Check, keine Kurse – nur dein Depot und ein klarer Blick.

Reflexionsfragen

- Wie ist dein Portfolio aufgestellt (Fonds, ETFs, Aktien)?
- Bist du deinem Plan treu geblieben – oder hast du dich treiben lassen?
- Welche Zielstruktur wäre dir heute am liebsten?
- Gibt es Klumpenrisiken?
- Kontrollierst du regelmäßig – oder läuft alles „von selbst"?

Für Einsteiger:innen: Starte bewusst – nicht hektisch.

Orientierungsfragen

- Passiver ETF-Sparplan oder einzelne Aktien?
- Was passt zu dir: ETFs, Fonds, Aktien, Impact-Investments?
- Wann brauchst du das Geld – und wie viel Schwankung hältst du aus?

Praxis – Deine persönliche Investment-Leitplanke
Erstelle deinen eigenen Finanz-Fahrplan auf einer Seite.

Beispielstruktur
- Mein Ziel: Altersvorsorge/finanzielle Freiheit/ Immobilienkauf
- Zeithorizont: 15+ Jahre
- Risikobereitschaft: z. B. -20 % ok, wenn +6–8 % langfristig möglich
- Mein Portfolio: z. B. 70 % ETFs, 20 % Fonds, 10 % Cash
- Kontrollpunkte: Rebalancing 1x/Jahr, Strategie-Check alle zwei Jahre

Extra-Tipp: Häng deinen Fahrplan sichtbar auf – oder speichere ihn digital als ständige Erinnerung.

Take-Aways – Das Wichtigste auf einen Blick
- Jede Investmentreise beginnt mit Selbstkenntnis – nicht mit Produkten.
- Ein Portfolio ist wie ein Garten: Es braucht Pflege, Klarheit und Geduld.
- Plane, was du beeinflussen kannst – und lass den Rest los.
- Disziplin, Struktur und Wiederholung schlagen Bauchgefühl und Marktmeinung.

So denken Lisa, Moritz & Patrick
Lisa: „Mein Ziel ist klar: Langfristiger Vermögensaufbau. Mein Sparplan läuft, mein Portfolio wächst – und ich lasse mich nicht mehr vom Tageslärm aus der Ruhe bringen. Mein Investment-Satz hängt jetzt am Kühlschrank. Das motiviert mich jeden Tag!“
Moritz: „Ich prüfe mein Depot einmal im Jahr – und nur dann. Dazwischen vertraue ich meinem Plan. Es ist okay, nicht alles zu wissen – Hauptsache, ich bleibe dran und wachse an meinen Erfahrungen. Perfektionismus hat mich früher ausgebremst, jetzt zählt Kontinuität.“
Patrick: „Früher war alles Chaos. Heute weiß ich: Ein guter Plan schützt mich vor meinen Emotionen. Ich nehme Rückschläge sportlich – und mein Commitment-Satz gibt mir Sicherheit, wenn ich zweifle.“

Reflexionsfragen für dein Anlagetagebuch
- Wann hast du zuletzt dein Portfolio mit deinem Ziel abgeglichen?
- Bist du schon Investor:in – oder noch Reagierende:r?
- Hast du feste Regeln – oder viele Ausnahmen?
- Wie gut kennst du deine Risikotoleranz?
- Welcher konkrete nächste Schritt liegt jetzt vor dir?

Golden Nugget: Warten kostet Rendite – dein erstes Investment bringt dich weiter als jede Theorie.

Mentor-Moment: Es gibt keinen perfekten Zeitpunkt – nur den Moment, an dem du beginnst.

Lisa: „Der wichtigste Schritt war für mich, einfach zu starten und nicht ewig zu grübeln."
Moritz: „Ich habe gemerkt: Theorie ist gut, aber der erste Kauf macht den Unterschied."
Patrick: „Mein Rat: Leg los, auch wenn nicht alles perfekt ist. Erfahrung ist der beste Lehrer."

Jetzt ist das Fundament gelegt. Ziel und Plan stehen – und du weißt, worauf es wirklich ankommt.

Faktencheck

☑ **Deutsches Aktieninstitut (2023) & Vanguard & Credit Suisse Global Investment Returns Yearbook (2023):** Wer 15 Jahre oder länger breit gestreut investiert, erzielt mit sehr hoher Wahrscheinlichkeit positive Renditen von 6–8 % p. a. nach Inflation.

☑ **Kahneman (2002) & Vanguard Behavioral Finance Report (2023):** Behavioral-Finance-Studien zeigen, dass Disziplin, Regelmäßigkeit und Emotionskontrolle entscheidender für den Anlageerfolg sind als Produktwahl oder Markttiming.

☑ **Stiftung Warentest (2023):** Der Cost-Average-Effekt, also das regelmäßige Investieren zur Glättung von Kursschwankungen, ist wissenschaftlich gut belegt.

☑ **Markowitz (Modern Portfolio Theory, Nobelpreis 1990):** Diversifikation gilt als zentrales Instrument zur Risikoreduktion und stabilen Renditen.

☑ **CXO Advisory (2022) & Vanguard (2023):** Anleger:innen erzielen die besten Ergebnisse, wenn sie an ihrer Strategie festhalten und sich nicht von Marktlärm oder Panikmache leiten lassen.

☑ **Amundi Gender Gap Report (2022) & Deutsches Institut für Altersvorsorge (2023):** Frauen, die konsequent und regelmäßig investieren, sind langfristig genauso erfolgreich wie Männer – oft sogar mit geringerem Risiko.

☑ **Harvard Business Review (2022):** Emotionale Kontrolle und strukturierte Prozesse sind zentral für nachhaltigen Anlageerfolg.

- ☑ **Morningstar Research (2023):** Regelmäßige Sparpläne verbessern die Chance auf Vermögensaufbau unabhängig von Markttiming.
- ☑ **CFA Institute (2023):** Die Vermeidung impulsiver Handelsentscheidungen erhöht die durchschnittliche Portfolio-Rendite signifikant.
- ☑ **Frankfurt School of Finance & Management (2023):** Psychologische Resilienz und Disziplin führen zu besseren Anlageergebnissen als kurzfristige Spekulationen.

3.13. Der kritische Sven über Kapitel 3: Investieren – Der Schlüssel zu deiner finanziellen Freiheit

„Klingt gut: Investieren für die Freiheit. Aber wie viel Risiko steckt wirklich dahinter – und wie viele bleiben auf halber Strecke stecken? Was passiert, wenn die ersten Verluste kommen? Ich frage mich, ob genug darauf eingegangen wird, dass Rückschläge dazugehören. Für mich bleibt: Investieren ist mehr als Depot eröffnen und loslegen. Es braucht Disziplin, Lernbereitschaft und ein dickes Fell. Nur dann wird finanzielle Freiheit mehr als ein Traum."

Leser:innen-Stimme
„Mein erster Verlust hat mich fast alles wieder in Frage stellen lassen. Gut, dass ich im Buch gelesen habe, dass das dazugehört – und dass es immer einen neuen Anlauf geben kann. Das hat mir geholfen, nicht gleich aufzugeben."
– Tobias, 35, Softwareentwickler

Abschlusssstatement: Finanzielle Freiheit beginnt mit kleinen Schritten, klaren Entscheidungen – und der Bereitschaft, auch aus Rückschlägen zu lernen. Investieren ist Verantwortung und Chance zugleich.

Social Proof
„Kritik hilft, aber zu viel Zweifel bremst. Am Ende zählt der eigene Weg – auch wenn er nicht perfekt ist."
– Clara, 41, Marketingmanagerin

Sven: „Ich hab viel gezweifelt – aber am meisten an mir selbst. Die beste Rendite? Das Durchhalten."

CHECK-OUT BAND 1
PERSÖNLICHE WORTE AN LISA, MORITZ, PATRICK UND SVEN

Josef (Reiseleiter):
„Liebe Lisa, lieber Moritz, lieber Patrick. Dieser Moment gehört euch. Band 1 war euer Fundament. Haltung vor Hype. Klarheit vor Aktionismus. Und auch der Einstieg in die Börsenwelt hat Form bekommen. Ihr wisst jetzt, was ihr beim Investieren wirklich kauft. Ihr kennt das Spielfeld mit Indizes, Segmenten und Rechten. Ihr habt euren ersten Fahrplan, versteht Sparpläne und baut euer erstes Portfolio in eurem Tempo. Mr. Market hat seinen Zauber verloren, eure Denkfehler haben Namen, die ersten Schritte sitzen. Jetzt beginnt, wofür wir angetreten sind. Umsetzung. Das Schönste daran: Ihr drei und auch Sven bleibt meine Reisebegleiter in Band 2."

Brief an Lisa
Liebe Lisa,
draußen Nieselregen, drinnen warmer Tee. Auf dem Tisch dein Notizbuch und ein zerknitterter Zettel mit drei Worten. Mut. Überblick. Loslegen. Du hast die erste Seite aufgeschlagen. Nicht perfekt, aber echt. Der Satz „Börse kannst auch du" ist angekommen. Mut ist keine Gefühlssache. Mut ist eine Entscheidung.
Ein kleiner Schritt genügt. Eine Aktie auf die Watchlist. Ein Sparplan, der startet. Ein Termin im Kalender. Unperfekt, aber regelmäßig. Wenn die letzte Lampe in der Küche noch brennt, reicht ein Atemzug und eine kleine Tat. Und wenn Zweifel kommen, denk an deine Tochter. Sie ist dein innerer Kompass. Du gestaltest heute mit, in welcher Welt sie morgen lebt.
Sei stolz auf dich. In Band 2 gehen wir den Weg weiter.
Dein Josef

Brief an Moritz
Lieber Moritz,
Küchentisch und Cappuccino. Früher waren es viele Tabs und noch mehr Charts. Heute weißt du: mehr Analyse ist nicht mehr Kontrolle. In jungen Jahren war es bei mir nicht anders als bei dir. Es gab auch Momente, in denen das Ego einen deutlichen Dämpfer bekam. Das passierte meist dann, wenn vorschnell entschieden wurde. Band 1 hat dir Werkzeuge gegeben, die Ruhe schaffen. Klare Kriterien vor

der Suche. Ein Zeitrahmen, der die Nacht schützt. Die Akzeptanz, dass der Markt ein Eigenleben hat und die eigene Reaktion den Unterschied macht.
Wenn es kribbelt, nimm zwei ruhige Atemzüge. Erkläre die Idee so, wie du sie einem Freund erzählen würdest. Triff dann eine klare Entscheidung. Go oder bewusst kein Kauf. Beides ist Stärke.
Stark, dass du dranbleibst. In Band 2 wird dieser klare Blick zum verlässlichen Handwerk.
Dein Josef

Brief an Patrick
Lieber Patrick,
Küchentisch frei, Hände ruhig. Gestern gab es Ausreden, heute gibt es Automatismus. Dein erster Sparplan läuft. Sparplan schlägt Timing. Deine Finanzplanung muss keine Stunden fressen. Du brauchst nicht stundenlang lesen. Du kannst sie auf die Dauer von zwei Espressi kürzen. Ein kurzer Blick, eine kleine Entscheidung, App zu.
Der Aha-Moment kam nicht im Chart, sondern am Herd. Gulasch wandert ins Gefrierfach. Arbeit von heute, Nutzen von morgen. Genau so denkst du jetzt Geld. Ein Teil des Einkommens wird zu konservierter Arbeitsleistung für später. Ein breit gestreutes Basisinvestment gibt Ruhe. Und wenn einmal etwas danebengeht, hilft ein Satz der Gelassenheit. Die Bahn fährt jede Stunde.
Ich schlafe ruhig, weil meine Regeln tragen. Dieser Satz gehört dir. Sei Stolz auf deinen Weg. In Band 2 machen wir aus Schritten stabile Routinen.
Dein Josef

Brief an Sven
Lieber Sven,
dein Moment mal hat uns nicht gebremst, sondern geschärft. Fragen vor Fazit. Damit hast du Band 1 klarer und robuster gemacht. Bleib unbequem. Fordere mich heraus. Das ist unser bestes Sicherheitsnetz.
Ich bin dankbar, dass du auch in Band 2 an unserer Seite bleibst.
Dein Josef

Schlussklammer: WhatsApp Finanzreise 2100+
Lisa: „Die letzte Lampe brennt. Unperfekt, aber regelmäßig."
Moritz: „Zwei Atemzüge, klare Worte. Heute kein Kauf."
Patrick: „Sparplan läuft. Zwei Espressi reichen. App zu."

Josef: „Genau das ist Band 1. Mindset, Struktur, Einstieg und erste Rituale. In Band 2 bauen wir damit weiter. Ruhig. Konsequent. Anwendbar. Und ja, ihr bleibt meine Reisebegleiter."

Mentor-Moment: Du hast mehr erreicht, als du gerade siehst. Mut gefunden. Struktur gebaut. Erste Gewohnheiten gesetzt. Jetzt machen wir aus trauen das tun. Band 2 ist kein anderer Weg. Es ist dein Weg, tiefer und angewandter. Gemeinsam.

Faktencheck – Was sagt die Wissenschaft?

☑ **London Business School & UBS (Global Investment Returns Yearbook, 2024):** Langfristige Aktienrenditen und breite Diversifikation schlagen Market-Timing; die Aktienprämie entfaltet Wirkung mit Zeit und Disziplin.

☑ **Markowitz (1952):** Diversifikation reduziert Portfoliorisiko wirksamer als das Optimieren einzelner Titel; die Mischung der Anlageklassen ist zentral.

☑ **Ibbotson & Kaplan (2000):** Die strategische Asset-Allocation erklärt den Großteil von Rendite- und Risikoerfahrung eines Portfolios über die Zeit.

☑ **S&P Dow Jones Indices, SPIVA (2024):** Nach Kosten unterperformt ein Großteil aktiver Fonds ihre Benchmarks über 5–10 Jahre; Indexing ist ein robuster Basisbaustein.

☑ **Vanguard Research (2012/2016):** Regelmäßige Einzahlungen/Sparpläne mindern Timing-Risiko und erhöhen die Umsetzungsdisziplin, auch wenn Einmalanlagen häufig höhere erwartete Renditen haben.

☑ **Vanguard Research (2010/2015):** Rebalancing nach Zeitraum oder Bandbreite hält das Risikoprofil am Ziel und kann risikobereinigte Ergebnisse verbessern, ohne Prognosen zu benötigen.

☑ **Barber & Odean (2000/2001):** Übertrading und Überconfidence senken Nettorenditen privater Anleger; weniger, aber überlegteres Handeln zahlt sich aus.

☑ **Kahneman & Tversky (1979):** Verlustaversion und Prospekttheorie erklären typische Fehlentscheidungen; Struktur und Regeln helfen, emotionale Verzerrungen zu dämpfen.

☑ **Morningstar Research – „Mind the Gap" (2022):** Anlegerrenditen liegen oft unter Fondsrenditen durch ungünstiges Timing; einfache Regeln und Automatisierung verkleinern diese Lücke.

☑ **OECD Principles of Corporate Governance (Update 2023):** Aktionärsrechte, Stimmrechte und Transparenz sind Kern der Aktienanlage und fördern langfristige Performancekultur.

☑ **Khan, Serafeim, Yoon (The Accounting Review, 2016):** Materiell relevante ESG-Themen korrelieren mit besseren Risiko-/Ertragsprofilen; Nachhaltigkeit wirkt als Risikomanagement-Baustein.
☑ **Thaler & Benartzi (2004):** Automatisierte, schrittweise Spar- und Investitionsprogramme erhöhen Teilnahme und Durchhaltevermögen; Routinen schlagen Willenskraft.

Bereit für den nächsten Schritt?
Deine Reise endet hier nicht – sie beginnt gerade erst. Du hast dir das Fundament gelegt: Mindset, Märkte, erste Strategien und dein eigenes Portfolio. Das ist ein Meilenstein, auf den du stolz sein darfst.
Doch die Aktienwelt hat noch viel mehr zu bieten. In **Band 2** warten die nächsten Ebenen: Wie du Unternehmen wirklich bewertest, Aktien analysierst, Fonds und ETFs wie ein Profi vergleichst und Routinen entwickelst, die dich langfristig erfolgreich machen.
Behalte deine Briefe als Erinnerung, dein Commitment als Anker – und mach dich bereit für die nächste Etappe. Denn deine Geschichte endet nicht mit diesem Buch. Sie geht weiter – tiefer, klarer, stärker.
Und weißt du was? Du musst diesen Weg nicht allein gehen. Mit Inspirationen, Leitfäden und einer lebendigen Community an deiner Seite wächst du weiter, entdeckst neue Horizonte und gehst deinen eigenen Weg mit Selbstvertrauen und Klarheit. Wenn du bereit bist, setzen wir die nächsten Schritte gemeinsam.
Ich lade dich ein, diese nächste Reise mit mir zu gehen. In Band 2 begleite ich dich noch intensiver: mit Werkzeugen, Analysen und Routinen, die dich von einem:einer Einsteiger:in zu einem:r souveränen Investor:in wachsen lassen.
Mit Herz und voller Energie,
Dein Josef

Mentor-Moment: Du hast gelesen, gezweifelt, gelernt – und vor allem: **angefangen**. Du hast dich Fragen gestellt, die andere ein Leben lang verdrängen. Du hast Begriffe entmystifiziert, alte Glaubenssätze hinter dir gelassen und Mut entwickelt, deinen eigenen Weg zu gehen.

Und genau damit hast du bereits mehr erreicht als 90 % aller Menschen.

Aber das ist noch nicht das Ziel – es ist der **Startpunkt** für die nächste Etappe. Jetzt beginnt die Umsetzung. Jetzt geht es darum, aus Wissen Handlungen zu machen – aus Haltung Routine. Die Werkzeuge dafür warten in **Band 2** auf dich: Unternehmensbewertung, Fondsvergleich, Portfolioaufbau, Fehlerstrategien und dein persönlicher Investment-Kompass für jeden Lebensabschnitt.

Du bist bereit. Du hast alles, was du brauchst.

Jetzt ist es Zeit, aus Erkenntnis Struktur zu machen – aus Mut eine Strategie.

BONUSMATERIAL – MEHR ALS NUR WISSEN: RESSOURCEN & SUPPORT FÜR DEINE PERSÖNLICHE FINANZREISE

Du hast schon viel gelernt, bist gewachsen und hast deine ersten Schritte gemacht. Jetzt bekommst du von uns praktische Tools, die dich auf deinem Weg begleiten – klar, einfach und direkt anwendbar. Denn Wissen allein macht dich nicht zum:r Investor:in. Erst das Tun bringt dich weiter.

Herzlich willkommen im Bonuskapitel!
Hier findest du exklusive Zusatzmaterialien, die dich noch besser auf deinem Weg unterstützen: Ein Glossar, das dir Fachbegriffe verständlich macht, ausgewählte Finanzlinks für Klarheit statt Chaos und Zugang zu weiteren Hilfen, die dich auf deiner Reise begleiten.
Dieses Kapitel ist dein persönlicher Vorteil – maßgeschneidert für alle, die mehr wollen und weiter wachsen möchten. Schau dich um, nutze die Ressourcen und mach den nächsten Schritt mit Selbstvertrauen und Klarheit.
Los geht's!

A) Glossar – Klartext für dein Finanzleben

Hier findest du die zentralen Begriffe aus dem Buch – einfach erklärt, mit Fokus auf das, was du wirklich brauchst. Keine Fachsimpelei. Sondern Klartext, damit du deine Finanzwelt besser verstehst und sicher navigierst.

Glossar – Teil 1: Von Aktie bis FIRE

Aktie
Ein Anteil an einem Unternehmen. Mit einer Aktie wirst du Miteigentümer – mit dem Recht auf Dividende (Gewinnbeteiligung) und Kursgewinne (Wertsteigerung).
Tipp: Schau nicht nur auf den Kurs, sondern auch auf die Stärke des Unternehmens dahinter.

Allokation (Asset Allocation)
Die Verteilung deines Vermögens auf verschiedene Anlageklassen (z. B. Aktien, Anleihen, Cash). Die zentrale Stellschraube für Risiko & Rendite.
Tipp: Überprüfe deine Allokation regelmäßig, damit sie zu deinen Zielen passt.

Ankereffekt
Du orientierst dich zu stark an alten Kursen – etwa dem letzten Höchststand oder deinem Einstiegspreis. Das verzerrt deine Bewertung und verhindert rationale Entscheidungen.
Tipp: Lass Zahlen für sich sprechen – nicht deine Gefühle.

Anleihe (Bond)
Ein verzinstes Wertpapier. Du leihst einem Staat oder Unternehmen Geld – bekommst dafür Zinsen. Am Ende der Laufzeit erhältst du dein Kapital zurück (wenn alles gut läuft).
Tipp: Anleihen bringen Stabilität, aber weniger Rendite als Aktien.

Benchmark
Ein Vergleichsmaßstab – z. B. ein Index wie der MSCI World. Du kannst prüfen, wie dein Depot im Vergleich abschneidet.
Tipp: Nutze Benchmarks, um deine Performance realistisch einzuschätzen.

Bestätigungsfehler (Confirmation Bias)
Du suchst gezielt nach Infos, die deine Meinung bestätigen – und blendest Gegenargumente aus. Das führt zu einseitigen Entscheidungen.
Tipp: Hinterfrage dich selbst und suche bewusst Gegenmeinungen.

Bullenmarkt
Marktphase mit länger anhaltenden steigenden Kursen. Das Gegenteil ist der Bärenmarkt (sinkende Kurse).
Tipp: Bleib wachsam, auch wenn die Stimmung euphorisch ist.

Cost-Average-Effekt
Vorteil von Sparplänen: Du investierst regelmäßig, kaufst bei hohen Kursen weniger, bei niedrigen mehr. So glättet sich dein Einstiegspreis.
Tipp: Nutze Sparpläne, um diszipliniert und entspannt zu investieren.

Crash
Ein plötzlicher, heftiger Kurssturz – wie ein Gewittersturm am Börsenhimmel. Emotional belastend, aber langfristig oft nur ein Kapitel in der Geschichte.
Tipp: Bleib ruhig, halte an deiner Strategie fest und sehe Crashs als Chance.

Depot
Dein Lager für Wertpapiere – ohne Depot keine Käufe oder Verkäufe.
Tipp: Vergleiche regelmäßig die Kosten und Services deines Depots.

Dispositionseffekt
Du sicherst Gewinne zu früh und hältst Verluste zu lange. Das kann deine Rendite schmälern.
Tipp: Lass Gewinner laufen und prüfe Verluste sachlich.

Diversifikation
Streuung deines Geldes auf verschiedene Titel, Märkte, Regionen. Verringert das Risiko, alles auf eine Karte zu setzen.
Tipp: Diversifiziere breit, aber verliere das Wesentliche nicht aus den Augen.

Dividende
Teil des Unternehmensgewinns, der an Aktionär:innen ausgeschüttet wird. Regelmäßiges Einkommen, aber kein Muss.
Tipp: Dividenden sind Bonus, kein Hauptkriterium.

Drawdown
Der maximale Verlust vom Höchststand bis zum Tiefpunkt eines Depots. Ehrliche Kennzahl für Schwankungen.
Tipp: Kenne deinen maximalen Drawdown – das hilft beim Risikomanagement.

Glossar – Teil 2: Von Endowment bis Zinseszins

Endowment-Effekt
Du bewertest Dinge höher, nur weil du sie besitzt. Im Depot heißt das: Zu lange an schlechten Titeln festhalten.
Tipp: Trenne Emotionen von Fakten bei deinen Entscheidungen.

ETF (Exchange Traded Fund)
Börsengehandelter Fonds, der einen Index abbildet. Günstig, transparent, ideal zum langfristigen Investieren.
Tipp: Starte mit ETFs, wenn du einfach und kostengünstig anlegen willst.

ESG (Environment - Social - Governance)
Kriterien für Umwelt, Soziales und Unternehmensführung. Nachhaltiges Investieren prüft diese Aspekte.
Tipp: Wähle deine Nachhaltigkeitskriterien bewusst – nicht jeder ESG-Fonds ist gleich.

FOMO (Fear of Missing Out)
Angst, etwas zu verpassen, führt zu unüberlegten Käufen.
Tipp: Bleib deinem Plan treu, statt Hypes zu folgen.

Fonds
Korb aus vielen Einzeltiteln, aktiv oder passiv gemanagt.
Tipp: Prüfe Kosten und Strategie vor dem Kauf.

FIRE (Financial Independence, Retire Early)
Bewegung für finanzielle Unabhängigkeit und frühen Ruhestand. Hohe Sparquote, disziplinierte Anlage.
Tipp: Setze dir realistische Ziele – und genieße den Weg.

Free Cashflow
Das Geld, das einem Unternehmen nach allen Ausgaben übrig bleibt – für Dividenden, Rückkäufe oder Wachstum.
Tipp: Achte bei Aktien auf einen positiven und stabilen Free Cashflow.

Growth-Unternehmen (Wachstumswert)
Aktien mit hohem Umsatz- und Gewinnwachstum, oft zukunftsorientiert, weniger Dividende.
Tipp: Wachstumswerte bieten Chancen – aber auch Volatilität.

Herdenverhalten
Folge nicht blind der Masse. Blasen entstehen, wenn alle das Gleiche tun.
Tipp: Bleib deinem eigenen Plan treu.

Home Bias
Übermäßige Investition im Heimatmarkt. Reduziert Diversifikation.
Tipp: Denke global, um Risiken zu streuen.

Index
Ein Korb von Wertpapieren, der einen Markt abbildet.
Tipp: Nutze Indizes als Basis für ETFs.

Inflation
Preissteigerungen mindern die Kaufkraft deines Geldes.
Tipp: Langfristiges Investieren schützt vor Kaufkraftverlust.

ISIN
Wertpapierkennnummer – der „Personalausweis" für Finanzprodukte.
Tipp: Nutze ISINs zur klaren Identifikation von Produkten.

KGV (Kurs-Gewinn-Verhältnis)
Bewertung von Aktien: Kurs geteilt durch Gewinn je Aktie. Nie isoliert betrachten!
Tipp: Vergleiche KGVs in der Branche, nicht alleinstehend.

Kontrollillusion
Glaube an den perfekten Timing-Moment. Meist Illusion.
Tipp: Konzentriere dich auf langfristige Planung statt Timing.

Liquidität
Wie schnell du ein Investment verkaufen kannst.
Tipp: Behalte immer einen liquiden Puffer für Notfälle.

Nachhaltigkeit
Berücksichtigung von Umwelt, Sozialem und Ethik in Investments.
Tipp: Definiere deine Werte und suche passende Investments.

Nachhaltigkeits-Rating
Bewertung von Fonds nach ESG-Kriterien.
Tipp: Ratings können helfen, sind aber nur ein Teil der Entscheidung.

Overconfidence (Selbstüberschätzung)
Zu hohe Sicherheit führt oft zu unnötigen Risiken.
Tipp: Bleib bescheiden und reflektiere deine Erfolge kritisch.

Portfolio
Deine Gesamtheit der Geldanlagen.
Tipp: Überprüfe dein Portfolio regelmäßig.

Rebalancing
Regelmäßiges Zurückführen des Portfolios auf ursprüngliche Verteilung.
Tipp: Nutze Rebalancing, um Risiko zu steuern.

Rendite (= Performance)
Wertentwicklung deiner Anlage.
Tipp: Achte auf reale Rendite (nach Inflation & Kosten).

Repräsentativitätsheuristik
Du glaubst, dass Trends ewig halten. Vorsicht!
Tipp: Hinterfrage aktuelle Trends kritisch.

Risiko
Möglichkeit von Schwankungen oder Verlusten.
Tipp: Definiere dein persönliches Risikoprofil.

Sparplan
Automatisches, regelmäßiges Investieren.
Tipp: Sparpläne fördern Disziplin und Kostenreduktion.

Sunk Cost Fallacy (Versunkene-Kosten-Fehlschluss)
Anhaltendes Festhalten an schlechten Investments wegen bereits investiertem Geld/Zeit.
Tipp: Trenne dich frühzeitig von Fehlentscheidungen.

Thesaurierend/Ausschüttend
Erträge werden reinvestiert oder ausgezahlt.
Tipp: Wähle je nach Strategie und Bedarf.

Topf-Modell
Aufteilung deines Vermögens in Sicherheit, Mittel- und Wachstumstöpfe.
Tipp: Nutze Topf-Modelle für Klarheit und Balance.

TER (Total Expense Ratio)
Gesamtkostenquote eines Fonds.
Tipp: Niedrige TER senkt langfristig die Kosten.

Value (Substanzwert)
Aktien mit stabilen Erträgen, günstiger Bewertung, solider Dividende.
Tipp: Value ist solide, aber oft unspektakulär.

Verlustaversion
Verluste schmerzen stärker als Gewinne erfreuen.
Tipp: Sei dir deiner Emotionen bewusst, um rationale Entscheidungen zu treffen.

Volatilität
Schwankungsbreite deiner Anlage.
Tipp: Volatilität ist normal – entscheide nach deinem Risikoprofil.

Währungsrisiko
Risiko von Wechselkursschwankungen.
Tipp: Überlege, wie viel Währungsrisiko du tragen willst.

Zinseszins
Kapital wächst, weil auch die Zinsen wieder Zinsen bringen.
Tipp: Je früher du startest, desto stärker wirkt der Zinseszins.

Zusätzliche Begriffe

Anlagestrategien
Unterschiedliche Methoden, um Geld anzulegen – zum Beispiel Value Investing (Fokus auf unterbewertete Unternehmen) oder Growth Investing (Fokus auf wachstumsstarke Firmen). Die richtige Strategie passt zu deinen Zielen und deiner Risikobereitschaft.
Tipp: Wähle eine Strategie, die du verstehst und langfristig durchhalten kannst.

Entnahmestrategie
Plane, wie du in der Ruhestandsphase oder bei Bedarf Geld aus deinem Vermögen entnimmst, ohne das Kapital zu schnell zu reduzieren.
Tipp: Eine durchdachte Entnahmestrategie sorgt für finanzielle Sicherheit und schützt vor vorzeitigem Vermögensverzehr.

Mentor-Moment zum Abschluss: Du musst nicht alle Begriffe im Schlaf können – aber du solltest wissen, was sie bedeuten, wenn es drauf ankommt. Denn nur wer versteht, bleibt ruhig – und trifft bessere Entscheidungen.

Ausblick: Du kennst jetzt die wichtigsten Begriffe – doch Wissen allein macht noch keine Veränderung. Im nächsten Kapitel findest du meine persönlichen Lieblings-Internetlinks. Sie helfen dir, dich sicher durch die Finanzwelt zu navigieren und immer am Ball zu bleiben.

B) Deine Top-Finanzlinks: Klarheit statt Chaos

Im Internet gibt es unzählige Finanzseiten – aber hier findest du die wenigen, die dich wirklich sicher navigieren lassen. Diese Links nutze ich täglich, um den Überblick zu behalten und smart zu investieren.

Marktüberblick & Unternehmensanalyse
- **onvista.de** – Schnell und übersichtlich: Kurse, Charts, News
- **bloomberg.com** – Internationale Finanznachrichten und Analysen
- **finanzen.net** – Umfassend, mit Watchlists und App

ETF- & Fondsanalyse
- **justetf.com** – Top-Tool für ETF-Vergleiche und Sparpläne
- **morningstar.de** – Fondsbewertungen, Ratings, historische Daten
- **e-fund-research.com** – Detaillierte Fondsanalysen und Managerinterviews
- **cleanvest.org** – Nachhaltigkeits-Checks für Fonds und ETFs

Marktsentiment & Meinung
- **CNN Fear & Greed Index** – Angst oder Gier? Kompakte Stimmungsanalyse
- **finanzmarktwelt.de** – Kommentierte Tagesanalysen, kritisch & unterhaltsam

Unternehmenskennzahlen & Bewertungen
- **macrotrends.net** – Historische Charts zu KGV, Dividenden & mehr
- **lseg.com** – ESG Scores – Nachhaltigkeits-Ratings für Fonds und Unternehmen

Makroökonomie & globale Trends
- **tradingeconomics.com** – Weltweite Wirtschaftsindikatoren mit Prognosen
- **eurostat.eu** – Offizielle EU-Statistiken zu Inflation, Arbeitslosigkeit & mehr

Bonus-Tipp: Persönliche Strategie-Tools
- **finanzbildung.oenb.at** – Umfangreiche und unabhängige Finanzbildung der Österreichischen Nationalbank.
- **ETF-Rechner von Zinsen-Berechnen.de** – Sparplan-Simulationen leicht gemacht
- **Globalance.com** – Visuelle Impact-Analyse deiner Investments für mehr Nachhaltigkeit.

Mentor-Moment: Du brauchst keine 100 Seiten – du brauchst 10 gute. Und vor allem den Mut, sie wirklich zu nutzen. Wissen allein macht dich nicht zum Investor. Erst das Tun macht den Unterschied.

Hinweis: Einige in diesem Buch verwendete Aussagen, Zahlen oder Modelle basieren auf öffentlich zugänglichen Quellen zum Zeitpunkt der Veröffentlichung. Für alle praktischen Umsetzungen gelten individuelle Rahmenbedingungen – dieses Buch ersetzt keine persönliche Beratung.

C) Begleitung & Netzwerk, Bonusmaterialien, Community & Support

Du hast mit diesem Buch den ersten wichtigen Schritt gemacht – doch damit endet deine Reise nicht.

Wir begleiten dich weiter
- Band 2 ist ab sofort erhältlich und führt dich tiefer in die Welt der Analyse, Bewertung und professionellen Investmentstrategien.
- Praxis-Checklisten, FAQs, Excel-Tools & regelmäßige Updates helfen dir, dein Wissen direkt anzuwenden und immer auf dem neuesten Stand zu bleiben.

- Exklusiver Zugang zu Newslettern, Online-Kursen und Webinaren unterstützt dich dabei, dranzubleiben und dich stetig weiterzuentwickeln.
- Und das Highlight: Unser 12-Wochen-Mentoring-Programm, exklusiv und intensiv, mit nur zwölf Teilnehmer:innen.

Wichtig: Band 1 legt das Fundament, und in Band 2 entfaltet sich dein Wissen in voller Tiefe. Jedes Kapitel wird zu einem Baustein, der dich systematisch begleitet und dich wachsen lässt – bis du deine Finanzen souverän und mit Klarheit im Griff hast. Bist du bereit für den nächsten Schritt?